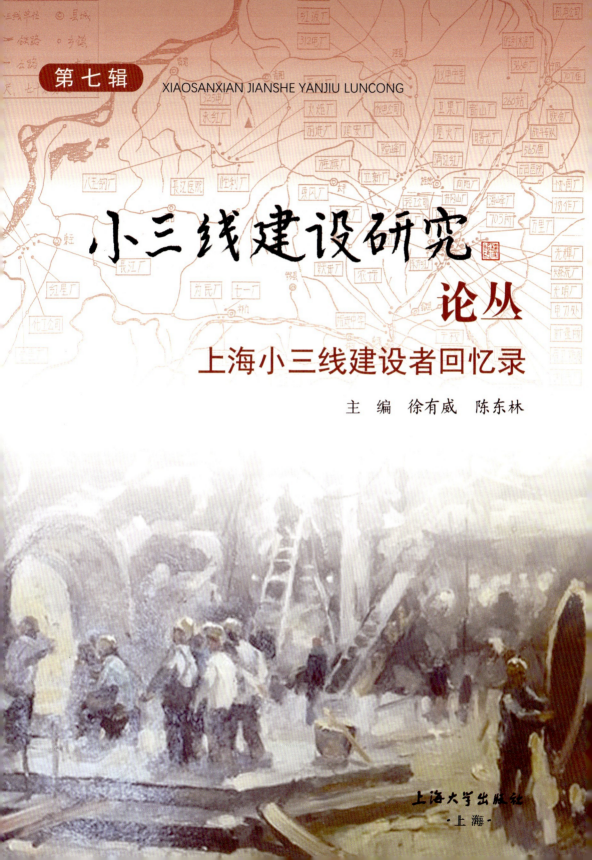

第七辑

XIAOSANXIAN JIANSHE YANJIU LUNCONG

小三线建设研究论丛

上海小三线建设者回忆录

主 编 徐有威 陈东林

上海大学出版社
·上海·

图书在版编目(CIP)数据

小三线建设研究论丛.第七辑,上海小三线建设者回忆录/徐有威,陈东林主编.—上海：上海大学出版社,2021.8
ISBN 978-7-5671-4298-5

Ⅰ.①小⋯ Ⅱ.①徐⋯ ②陈⋯ Ⅲ.①国防工业-经济建设-经济史-研究-中国 Ⅳ.① F426.48

中国版本图书馆 CIP 数据核字（2021）第 148612 号

责任编辑　盛国喾
装帧设计　柯国富
技术编辑　金　鑫　钱宇坤

小三线建设研究论丛（第七辑）

上海小三线建设者回忆录
徐有威　陈东林　主编
上海大学出版社出版发行
（上海市上大路99号　邮政编码200444）
（http://www.shupress.cn　发行热线021-66135112）
出版人　戴骏豪

*

南京展望文化发展有限公司排版
上海华业装潢印刷厂有限公司印刷　各地新华书店经销
开本710mm×970mm　1/16　印张37　字数586千
2021年8月第1版　2021年8月第1次印刷
ISBN 978-7-5671-4298-5/F·217　定价　78.00元

版权所有　侵权必究
如发现本书有印装质量问题请与印刷厂质量科联系
联系电话: 021-56475919

本书编委会

主　　编 徐有威　陈东林

副主编 张程程　张　胜　张志军

　　　　　王清华　赵宇清

目　录

艰苦创业十八年..................................原八五钢厂　陈锁锁（1）
八五回忆......................................原八五钢厂　金云爵（5）
我的八五情结..................................原八五钢厂　严国兴（12）
我与《八五通讯》的那些往事..................原八五钢厂　严明华（17）
深山里的大标语................................原八五钢厂　丁日青（21）
参加自学考试的那些日子里......................原八五钢厂　冯岳宏（23）
自己动手　丰富生活
　　——记八五钢厂04车间二三事...............原八五钢厂　张锡清（31）
在皖南的岁月里................................原八五钢厂　吴兴钢（37）
八五情..原八五钢厂　陈国兰（40）
我在小三线建设中成长..........................原八五钢厂　石文瑞（41）
三八工程回忆..................................原八五钢厂　董昌定（48）
从钢厂幼儿园到职工大学..............原八五钢厂　于翠英　陈妙和（53）
跨越半个世纪的友谊
　　——我与一个贵池农家的故事...............原八五钢厂　董国仕（59）
我的邻居......................................原八五钢厂　陈殿青（62）
创办《八五通讯》..............................原八五钢厂　倪国钧（64）
我在八五钢厂小分队习笛时的二三事..............原八五钢厂　程学良（70）
难忘的十八年..................................原八五钢厂　冯德兴（76）
买栗子的趣事..................................原八五钢厂　严根发（80）

篇目	单位	作者	页码
八五钢厂基建轶事两则	原八五钢厂	邵德润	（86）
愿好人一生平安	原八五钢厂	谈雄欣	（92）
催熟一代人 ——记皖南小三线8503二三事	原八五钢厂	曹 辉	（96）
白洋河畔的自学小组	原八五钢厂	章 军	（101）
钢厂筹建初期的小故事	原八五钢厂	陆中伟	（107）
八五钢厂职工的工余爱好掠影	原八五钢厂	沈卫东	（111）
在攻艰克难中成长	原八五钢厂	叶耀庭	（114）
我在小三线八五钢厂码头过的第一个春节	原八五钢厂	张福根	（117）
我的书法梦，缘起八五钢厂	原八五钢厂	施纯星	（120）
干群一致，创造奇迹 ——回忆上海小三线八五钢厂18个年头的点滴	原八五钢厂	王友章	（123）
童梦回池州	原八五钢厂职工子弟	姚宏发	（129）
难忘我的1971	原八五钢厂职工子弟	陈柏松	（137）
想你了，八五钢厂	原八五钢厂职工子弟	李金龙	（145）
东至怀旧行	原红星化工厂 宋锦茂	杨企正	（152）
那些年，去后方基地开会	原红星化工厂	杨企正	（156）
在初进山的那些日子里	原红星化工厂	赵纪松	（160）
小记红星化工厂六车间的筹建、安装、生产及后续	原红星化工厂	李光辉	（164）
"干打垒"的记忆	原卫星化工厂	芮永华	（168）
山月清辉	原卫星化工厂	朱海洪	（173）
午夜战山洪　奋力救女生	原火炬电器厂	谭同政	（177）
贵申情，浦江谊 ——记上海后方长江医院	原长江医院	李耀明	（180）
岁月匆匆 ——五月的回忆	原自强化工厂	田楼华	（186）
山中寂寞求知忙	原自强化工厂	陈耀明	（189）
1976年的"暑期学习班"	原化工职工子弟中学	李光辉	（194）

篇名	单位	作者	页码
我与小三线的一些往事	原707库	裘新民	(197)
回望三十年前的足迹	原金星化工厂	王均行	(201)
青春的回忆	原金星化工厂	周宝森	(206)
揭示"会战简报"刻录的旧事	原上海市第四建筑公司	计明强	(209)
在东方红厂基建科的十年	原东方红材料厂	杭首平	(212)
情系小三线,命系小三线 ——难忘的1974年	原东方红材料厂	孙大成	(220)
山里看电视杂忆	原光明机械厂	陈国伟	(223)
回沪过年的惊险历程	原光明机械厂	蒋英才	(225)
半个世纪前的记忆	原光明机械厂	王尔祥	(227)
后方基地的红旗食堂	原光明机械厂	杨伯龄	(231)
我的小三线回忆	原光明机械厂	柳光明	(235)
齐心协力,攻克"以钢代铜"难关	原光明机械厂	陆来发	(239)
亲情札记	原光明机械厂	金翠凤	(244)
写给光明机械厂的诗	原光明机械厂	徐敬懋	(246)
我的童年在光明	原光明机械厂职工子弟	吴 菲	(252)
"班车"情缘	原后方轻工公司	梁敏民	(258)
难忘的新安岁月	原新安电工厂	刘润生	(261)
我的新安生涯	原新安电工厂	王益芬	(264)
新安园丁 ——桃李芬芳	原新安电工厂	陈蓉华	(266)
山里的故事	原新安电工厂	陈锦荣	(271)
沉淀的岁月	原卫海机械厂	蒋忠华	(275)
万里生活杂记	原万里锻压厂	金春贵	(279)
追忆我们逝去的青春	原光辉器材厂	殷美玲	(283)
"光辉"岁月	原光辉器材厂	张耀海	(286)
绩溪,我的第二故乡	原光辉器材厂	郭向东	(290)
老照片里的故事	原燎原模具厂	杨志松	(296)
瀛洲旧事	原轻工中学	刘金峰	(300)

篇名	单位	作者	页码
我在绩溪瑞金医院的八年	原后方瑞金医院	吕建昌	(304)
岁月有痕·记忆难忘	原上海后方卫生工作组	陈金洋	(312)
炒青	原险峰光学仪器厂	张　侃	(316)
我的音乐梦	原险峰光学仪器厂	乐清华	(319)
春忆皖南	原险峰光学仪器厂	滕玉辉	(322)
我在险峰当采购	原险峰光学仪器厂	余启明	(326)
谦谦君子胡建华	原险峰光学仪器厂	赵燕来	(329)
难忘厂足球队	原险峰光学仪器厂	叶兆浩	(333)
一部照相机	原险峰光学仪器厂	邱善权	(335)
一盘难忘的象棋对局	原险峰光学仪器厂	陈鸿康	(338)
又忆山中红叶	原险峰光学仪器厂	刘来定	(342)
看电影	原仪电中学学生	高翠玲	(345)
岁月像条河	原工农器材厂	陈敏昆	(348)
一位厂医的手记	原延安机械厂	戴妙法	(352)
回味	原延安机械厂	钟桂芳	(357)
相思梧桐的小三线点滴	原旌旗机械厂	黄志诚	(359)
我的小三线岁月	原旌旗机械厂	丘惠云	(363)
"猴子山"下	原井冈山机械厂	诸国良	(366)
井冈碧云下的生活小浪花	原井冈山机械厂	沈国良	(371)
山沟沟里的读书梦	原向阳机械厂	王静三	(375)
照片和其背后的故事	原安装公司第六工程队	王清逢	(378)
我所经历的青工技术等级考核	原后方仪表电讯工业公司	李海洪	(382)
我在山里放映电影	原后方仪表电讯工业公司	陈　多	(388)
几件性命攸关的事件	原卫东器材厂	冯介忠	(392)
上海小三线：宁国古田医院回忆	原古田医院	陈正康	(396)
善始善终做好古田医院撤离工作	原古田医院	顾月明	(412)
上门女婿忆古田	原古田医院	王敬泽	(423)
后方古田医院是我成长的起点	原古田医院	徐黎黎	(429)
小三线肺吸虫病调研防治之回顾	原古田医院	叶永祥	(433)

篇名	单位	作者	页码
我为宁国协同机械厂架设电视信号转播塔	原协同机械厂	刘定建	（437）
我在宁国协同机械厂的日子	原协同机械厂	瞿惠相	（441）
大麻鸭	原胜利水泥厂	胡展奋	（447）
关于胜利厂矿山车间情况的回忆	原胜利水泥厂	咸德平	（450）
光淼述事	原胜利水泥厂	任光淼	（453）
不悔的青春	原胜利水泥厂	刘巽荣	（459）
抢修生料磨的回忆	原胜利水泥厂	沈新康	（466）
潜水情	原胜利水泥厂	陆玉明	（469）
我的思念 我的情怀	原胜利水泥厂	杨浦	（475）
回忆胜利水泥厂的后勤工作	原胜利水泥厂	徐敏敏	（477）
一名看火工的回忆	原胜利水泥厂	唐丁子	（481）
忆一次从宁国到屯溪的拉练	原胜利水泥厂	郭亨文	（484）
我们的车队叫683	原683场	张永斌	（486）
理发	原683场	罗文生	（488）
两个搪瓷碗	原683场	徐亚平	（490）
1979年，红波厂的那场传染病	原红波设备厂	奚莺娅	（492）
西坑缘，红波情	原红波设备厂	任天玲	（494）
真正的拉练	原红波设备厂	李守仁	（496）
皖南记事	原红波设备厂	邵志刚	（498）
那一年我们抗洪救灾	原朝阳器材厂	赵杰	（504）
山沟沟里的大年夜	原朝阳器材厂	周林云	（509）
民兵野营拉练日记	原朝阳器材厂	冯金牛	（512）
自己动手建造灯光篮球场	原朝阳器材厂	黄瑞鹏	（521）
救死扶伤 ——山友之情浓于血	原朝阳器材厂	杨宝康	（523）
粪坑救人后他淡然一笑	原朝阳器材厂	王建国	（525）
夸夸朝阳厂小分队	原朝阳器材厂	朱克成	（526）
我的父亲	原培新汽车厂	咸大年	（530）
我心中的培新厂	原培新汽车厂	滕承光	（533）

上海小三线培进中学回忆...................原培新汽车厂　余瑞生（540）
风雨之夜...................原260通讯站绩溪分站　过正海（546）
半世年华忆绩溪...................原260通讯站绩溪分站　胡勤英（548）
在水泥厂一干十余年，从上海小三线走出来的夫妻画家............徐　萧（550）
上海小三线企事业单位名录...................（558）

《小三线建设研究论丛（第一辑）》目录...................（562）
《小三线建设研究论丛（第二辑）》目录...................（565）
《小三线建设研究论丛（第三辑）》目录...................（567）
《小三线建设研究论丛（第四辑）》目录...................（569）
《小三线建设研究论丛（第五辑）》目录...................（571）
《小三线建设研究论丛（第六辑）》目录...................（573）

后　记...................（577）

艰苦创业十八年

原八五钢厂　陈锁锁

八五钢厂自1969年破土动工到1985年移交的近十七年中，共为国家生产钢近70万吨，上缴税收和利润超过1亿元。1985年4月根据国务院的指示，经上海市人民政府决策，上海在皖南的小三线企业全部无偿移交给了安徽省。

我在八五钢厂整整工作了十八年，从定点到移交，我一直是这个厂

作者陈锁锁

的主要领导之一，并为此奉献了一生中最宝贵的年华。现在的八五钢厂虽已成为历史，但它在建厂和经营过程中形成的全厂"上下团结一致、艰苦创业"的精神、"加强工农联盟、互相支持、团结协作"的精神，"加强思想政治工作，积极贯彻上级意图和决策"的精神，都是值得回忆的。

我原在上钢五厂十一车间任党总支书记。1969年3月25日接到冶金局通知，要我到安徽贵池参加上海后方特殊钢厂厂址定点仪式。在此之前，即1968年8月5日，由冶金局支内组小三线办公室杨志华带队，组织有关人员到浙江、江西、安徽一带考察，最后选定安徽贵池为特钢厂厂址。后方特钢厂厂址一定，其他厂的厂址也都陆续定了下来。特钢厂是为"五〇七"工程配套的。整个"五〇七"工程投资4亿元（后来增至7亿元），八五钢厂的投资是4 000万

前排左四为作者陈锁锁

元。国务院对这项工程很重视,特别是特钢厂的建设,1969年1月还发了电报批示。

1969年4月,我参加了在贵池潘桥举行的后方特钢厂(当时还不叫八五钢厂)定点仪式。参加定点仪式的还有南京军区副司令员饶子健,南京军区副参谋长钟发生等人。

特钢厂的定点工作曾有过一番波折。起初,南京军区首长考虑将其建在潘桥,理由是附近有铁矿,可以用来炼钢,过去又搞过"九〇〇"工程,有点基础;后来又设想建在柯岭脚下的凌村和虎冲,但均因不符合战备要求而遭否决,最后确定厂部放在西华,各车间分散到附近各山沟。

我去参加定点仪式时随身只带了一只小包,定点仪式一结束,冶金局革委会主任陈大同就决定让我留下来搞筹建,我向陈主任提出要回上海拿点东西。我回上海不到十天,局里的批文就下来了,宣布八五工厂(当时还未更名为"八五钢厂")筹建组成立,并任命了以我为主的筹建领导班子。我们首先在上海制订建厂方案,然后又马不停蹄赶回山里着手组建各车间的领导班子。1969年9月底我们完成了《五〇七工程八五工厂建厂大纲》,报局、市审批。

同时，我们又向市革委会工交组副主任高崇智汇报筹建情况，要求施工力量早日进山。

1969年10月16日，炼钢车间破土动工。参加施工的有市建工局的5个队，城建局的1个队，还有市交通运输局、供电局、电讯局、东至民兵团、学生连队和上钢五厂，加上先期到达皖南的市冶金设计院、测量队、水文地质队共2 000余人。厂筹建组也在西华祠堂挂出了牌子。当年11月，原220军管会指挥部改为812指挥部。由于工程紧迫，又需要统一领导，就成立了"五〇七"工程指挥部，基层也陆续建立了分部，八五钢厂就是其中的一个分部，当时奋斗目标是：1970年5月1日前出钢。事实上，在1970年4月28日就炼出了第一炉钢。仅用了十三个月时间就在荒山峻岭中建起了一座中型冶金工厂，这是非常不容易的事情。

我体会到，八五钢厂筹建项目之所以上得快，原因有四点：

一是战备观念强。当时国际国内形势比较紧张，"备战、备荒、为人民"，"提高警惕，保卫祖国，要准备打仗"的号召深入人心，进一步推动和加强了国防建设。当时参加小三线建设的同志都抱着"把三线建设抢在战争爆发之前"的坚强决心，抢时间、争速度，夜以继日地忘我工作；再加上内外配合比较协调，边开路、边建设，边设计、边施工，边筹建、边调集设备，完全是一副"临战"的姿态，场面确实令人振奋。

二是参加小三线建设的队伍素质比较好。先从职工队伍看，建厂初期的3 000多名职工大都是各厂生产骨干，他们为了祖国这个"大家"，不计较个人得失，从繁华的大上海来到偏僻的皖南山区，表现出很高的思想觉悟。在艰苦的生活条件下自觉地接受考验，吃杂粮，住草棚，毫无怨言。再从参加建设的民工队伍看，当时池州军分区动员了青阳、石台、铜陵、东至、贵池五个民兵团约3万人参加了"五〇七"工程建设，他们劈山开路，逢水架桥，吃的、住的都是从家乡挑来的，他们吃苦耐劳，顽强拼搏，有的甚至为小三线建设献出了自己的生命。有这样一支特别能战斗的小三线建设队伍，是八五钢厂筹建项目上得快、上得好的可靠保证。

三是思想政治工作发挥了重要作用。八五钢厂建厂初期物质条件比较艰苦，但人们意气风发，积极向上，这当中思想政治工作发挥了重要的作用。八五钢厂党、政、工、团各级组织一开始就比较注重思想政治工作，把思想政治

八五钢厂第二次职代会

工作作为调动广大职工积极性的重要手段。通过宣传党的路线、方针、政策，鼓舞广大职工为实现党提出的目标而奋斗，缓解种种矛盾，克服后顾之忧，树立精神支柱，增强信心。由于坚持抓思想政治工作，八五钢厂在建厂初期以及其后十几年时间里形成了良性循环的安定团结"小气候"。

四是得到了地方的大力支持。八五钢厂无论是筹建初期，还是在以后的数十年里，始终得到了安徽省各级政府的大力支持，只要厂里需要，他们总是竭力支持。为了保证八五钢厂大型设备通行，有的单位"拆门让路"。当地老百姓把八五钢厂职工看作是"毛主席派来的上海工人"，热情友好。八五钢厂扩建改造中，在建房、新上生活设施需要征地时，老百姓总是尽可能以最优惠的条件帮助解决困难。当厂、地之间发生某些矛盾时，双方也都能以团结互让的态度进行解决，取得比较一致的协议。连安徽省的领导也称赞八五钢厂在整个上海皖南小三线中是一面旗帜！

（陈锁锁，原八五钢厂党委书记。1930年生。1954年3月入党。1952年12月任上海家化四厂保卫科科长；1958年10月任上海第五钢铁厂十一车间总支书记；1969年3月任八五钢厂党委书记；1986年11月任上海第五钢铁厂党委副书记）

八五回忆

原八五钢厂 金云爵

我是原上海工学院仪表系六七届毕业生,毕业的时候正值特殊时期,所以一直到1968年下半年才毕业分配。分配的时候具体单位未定,我就先到浙江省军区乔司农场劳动锻炼,接受解放军的再教育。在农场一直待到1970年6月才重新分配,被分到八五钢厂,当时只知道是保密的重点工程单位。1970年6月29日,我和一起接受再教育的同学离开农场回到上海。我按报到通知规定的一周期限,到设在上钢五厂办公大楼的八五钢厂办公室报到。当时接待我的是组织科的张世存同志。姚永江、胡才东等同志还专程到我罗店的家中帮我拿行李送去码头托运。其实,当时的行李挺简单的,就是一床被子和一个小箱子。过了一天,我就到上海十六铺码头乘东方红轮船只身离开上海到八五钢厂去了,同船的有顾忠范、陈庆文、薛年庆等同在乔司农场劳动锻炼的同学。船到码头,厂里的同志来接,这天正好碰上02车间的3吨蒸汽锤设备进山,所以一路走走停停,一直到傍晚才到达厂部。在厂部,陈锁锁同志代表厂管理层接待我们,帮我们搬行李,安排我们住宿。我被分到08车间,当时08车间也就只有四五个筹建组的同志,我暂时和他们一起住在招待所的宿舍里。后来支内工人陆续进山,搭了一些芦席棚,我就搬到芦席棚里住。记得1970年的冬天特别冷,外面结冰,屋里也结冰,白天外面的冰化了,屋里的冰还没化。

08车间就是煤气车间,主设备有四台AⅡ13型煤气发生炉、三套净化系统、三台加压机。配套设备有一座变电站、两台4吨快装锅炉、两套上煤卷扬机、一套破碎机和振动筛、一座水泵房和沉淀池、一座焦油泵房,后来又建造了污水处理系统。发生炉生产的煤气通过翻山的煤气管道供应02、04两个车间的加热炉和退火炉。后来03车间扩建，由07车间负责把煤气管翻越梅村公路，经凌村接到03、01车间去。煤气管像一条绿色的巨龙，翻山越岭，很是壮观。在当时，翻山铺设煤气管道是绝无仅有的创举。ϕ920的管道还要翻山越岭，建造起来的难度是可想而知的。再后来为了解决职工的家庭用气，又把煤气管接到了家属区的每家每户。用煤气烧饭，这在当时的上海也是件令人羡慕的事。因为是工业煤气毒性大，所以在安装家用煤气时，每户的厨房窗户都要敲掉半块玻璃，保证通风。这个措施虽然简单，却很实用，没有出现过煤气中毒事故。

08车间主要由上海冶金设计院负责设计，上海市建203队负责土建，上海设备安装公司安装三队负责设备安装调试，安装五队负责管道施工。我到08车间时，主厂房已基本成型，开始进入设备安装的准备阶段。当时的工程都是边设计边施工的，为了赶进度，有句口号是"有条件要上，没有条件创造条件也要上"。有好多东西当时来不及从上海运进来，就想法在山里自己解决。我记得当时土建急需发生炉体的支撑脚的底脚螺栓，但配套的底脚螺栓还没有来，筹建组人员和我及几个在工地劳动的老三届技校生一起用板车到洪天坊拉钢材，送到07车间请金工师傅加班赶制。好了后，我们又人拉肩扛，翻越07车间到厂部的高坡，再爬坡送到车间的工地，保证了工期。反正那个时候，只要工作需要，再苦再累大家也不会有任何怨言。在设备安装阶段，大家都心往一处想，劲往一处使，目的只有一个，早日投产。共同的劳动使我和这几个技校生成了好朋友，现在还经常联系。

08车间投产时，设备只安装好了一台发生炉、一套净化装置、一台加压机、一台变压器、两台水泵和配套的喷淋冷却塔架及沉淀池。锅炉是一台临时的2吨快装锅炉，靠人工铲煤，再用卷扬机提升煤斗上煤，一切都是因陋就简。当时支内人员还没有全部进山，先来了一些主要的生产人员，组成了投产班子。我记得当时每个关键岗位都只有一两个人。第一次投产送气时，全车间的生产人员也就是十来个人，开炉送气时筹建组的林善廷、董福助两位同志忙得"上窜下跳"，期间还发生了一次跳闸停电的故障，但在大家的齐心协力下，有惊无险地完成了开炉送气投产，煤气顺利地送到了02车间。当时全厂上下都只知道抢速度，大干快上。那时候，大家都知道工作的危险性，做起事来都很小心，虽然紧张，但事故反而倒少了。十几年里，08车间在生产上没有出过重大的设备和人员伤亡事故。

投产的时候，什么生活设施也没有，浴室就在出灰坑里临时砌了个小池子，用发生炉冷却水做洗澡水，当时不知道，只觉得洗完后身上发痒，其实这个水里含有有毒物质"酚"。当时厂部浴室还没有造，有热水洗澡已经算是很好的了，连厂部的工作人员有时也会来泡上一会儿。当时煤气车间算有毒有害车间，每个月给工人多发一块香皂和一盒百雀羚，还每天发一张0.15元面额的营养券。厂里不少生活比较节约的师傅就用这营养券作为主要的生活费。

08车间是上钢五厂煤气车间负责包建的，但是仪表专业没有支内人员，组织上让我负责仪表。我虽然学的是仪表专业，但毕业后就到农场劳动了近两年。两年时间没碰过自己的专业知识，更谈不上实践，现在要负责煤气车间的仪表，对我来说是一项非常艰巨的任务。但在两年的农场劳动中，我总憋着一股劲，想着一到厂里可以接触专业，学有所用，觉得英雄有了用武之地，这股劲就全部用到了学习和工作上。当时煤气车间的仪表系统还在设计阶段，进山后领导马上叫我到上海开展设计联络，同时到上钢五厂煤气车间仪表组学习。我白天在煤气车间跟着五厂师傅边劳动边学习，同时筹备08车间投产用的仪表，检修校正上钢五厂换下来的一些旧仪表，作为车间投产时的代用仪表；晚上还要到设计院仪表组去联络仪表设计的事项，忙完以后就住在煤气车间仪表组里，继续自学。回到山里后，就和五厂来帮助的张荣甫师傅一起，因陋就简地为煤气车间投产配备了最简单的必备仪表，保证了车间的投产。记得当时的仪表就是U型管压力计、磁电式的温度计、电子管式的电子电位差计等老式仪表，仪表管线都是自己排、自己安装。当时没有那么多的安全规章制度，反正只要需要就自己干，我和张师傅两个人就这样把煤气车间的仪表搞起来了。在设计阶段，我们根据生产实际，向仪表设计人员提出了不少修改意见，用上了当时最先进的DDZⅡ型仪表和单回路自动调节系统。第一台发生炉投产后，五厂的张师傅回去了，我接手了仪表组的工作，和组里的同志边建设边生产。新的仪表来了后，都是我们仪表组的同志自己安装调试投产的。08车间成为八五厂里仪表最多、自动化程度最高的一个车间。我在山里做仪表工，总算与所学专业相结合，也算是学有所用。当时我在上海的同学大都还在炉子边做炉前工或者在开行车，做与所学专业不搭界的普通工作。所以八五钢厂也是我从事仪表专业工作的第一个平台。

后来"三八工程"（职工家属区煤气安装工程）上马，我们仪表组负责03车间扩建工程加热炉和退火炉的仪表安装任务。我们每天早迎朝霞，翻山越岭到03车间施工，一直要工作到月上树梢，摸黑回家，第二天还照样上班。当时所有参与人员都是这样一种相互协作、共同建设四化的精神面貌。正是这种精神，在回到上钢五厂后，在人群中就能很快地区分出八五钢厂的人来。工作上有什么事，只要说一声"八五厂的"，好多问题立马解决。

在山里虽然闭塞，但我们还是在跟着时代的脚步前进。随着厂里生产的发展，煤气供不应求，如何在现有的设备条件下提高煤气的品质，适应生产的需要成了当务之急。车间提出了发生炉富氧供风，提高煤气热值的想法。在厂内有关部门的支持下，煤气车间组织了一次富氧供风的试验。我们用多个氧气瓶并联到发生炉送风管，提高供风的氧浓度以实现富氧供风。为保证安全，在试验中必须保证煤气的含氧量不得超过限定值。试验组对仪表提出了实时检测氧含量的要求，我和组内同志借用中试室的气相色谱仪用于实时检测，顺利地完成了试验过程中的氧含量检测和煤气成分的分析，保证了试验的安全。从提高煤气品质的角度来看，试验达到了预期的效果，煤气热值大大提高，加热炉生产效率得到提升。但由于要富氧供风就需投入分子筛设备，而投入产出核算下来并不经济，最后这个试验就此结束。但就试验本身而言，说明我们山里同样紧跟了科技进步的步伐。

煤气车间还修过山里的第一段"柏油路"。当时山里的路都是沙石路，晴天一脸灰，雨天两脚泥。而煤气车间的废弃物是煤焦油，同志们想着是否可以变废为宝，就提出用煤焦油当沥青修路的想法。说干就干，在煤气车间修了一段"柏油路"，虽然最后只修了这么一段路，路也离真正的柏油路有很大差距，但也反映了当时自力更生的精神和改善条件的意愿。

当时煤气车间建成前，周围满目青山，山沟里流淌着清澈的山水，水里有鱼有虾。但工厂开始陆续投产后，对环境的破坏是显而易见的。煤气车间冷却塔边上的山坡上，树木都被冷却塔溢出的含酚废水腐蚀了，山沟里开始流淌混浊发黄的污水。而随着生产的持续，污水中的酚含量越来越高，对管道设备的腐蚀也越来越严重，环境越来越差。如何处理污水，成为煤气车间必须解决的问题。车间在厂部的支持下，投入了大量的财力和人力，开始了污水处理的

CO_2提酚试验小组在试验现场的合影

攻关。在上钢五厂煤气厂和中科院上海有机所的技术支持下,我们采用萃取法脱酚,用碱洗法中和工艺除酚,将污水中的酚中和成酚钠,有效降低了污水中的酚含量,处理后污水再返回循环水系统进一步净化过滤。但由此又产生了一个新问题:除酚产出的酚钠如何处理?车间在厂环保科的支持下,成立了三结合的提酚试验小组,主要成员有车间技术负责人林善廷同志,环保科的何仁杰同志,我和污水处理组的几位同志也参加了这个小组,何仁杰同志负责工艺设计。大家群策群力,搜集、翻阅资

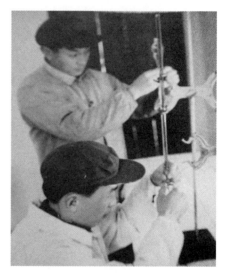

CO_2提酚试验小组在实验室做试验

料,经过反复计算和自制试验设备多次试验,最后确定了主要工艺参数和设备图纸,自己制作了一套规模虽小,但像模像样的CO_2提酚装置。提炼的粗酚送到上海有关单位分析,分析结果表明我们生产的粗酚含酚量高,可作为生产精酚的原料,这样就解决了酚钠的处理问题。在山里,由于先天不足的原因,无

法从根本上解决煤气生产所产生的环境污染问题，但这种探索无不体现出山里人的科研精神和环保意识。

1978年，厂部成立了计量科，当时的科长陈纪潮同志询问我能否调到计量科工作，我就此告别08车间，开始在厂部计量科工作。调到计量科后，我先后参与了计量科的组建和许多具体的技术工作，在那里，我一直工作到返沪回上

八五钢厂计量科全体成员与老科长陈纪潮（中）合影

八五钢厂计量科同志在03车间后山上的合影，前排左一为作者金云爵

钢五厂。在08车间工作的八年时间中有甘甜也有苦涩,但都给我留下了深刻的记忆。

2011年我和原煤气车间的几位同事重返八五钢厂,还专程到08车间、01车间、03车间、07车间和计量科(制模车间)寻访旧踪。昔日的厂房大都已荡然无存,原址上都已荒草萋萋、树木森森,恢复到原始的面貌。只有遗存的断壁残垣、荒废的厂房还能让人回忆起当初的兴旺。这里留下了我们人生最美好的时光。

两根门柱还挺立在原地,告诉过路的行人:这里曾有过无数辉煌。

2011年4月08车间的同事重返八五钢厂在厂部大楼旁合影,这里曾是八五钢厂的"心脏",二十年的历史从这里开始,也在这里结束

(金云爵,1967年毕业于上海工学院仪表系;1968年9月到浙江省军区乔司农场一营三连劳动锻炼;1970年6月分配到八五钢厂08车间仪表组任组长;1978年调到计量科从事技术工作;1987年回上钢五厂计量科工作)

我的八五情结

原八五钢厂 严国兴

我和八五钢厂结缘于1970年1月,那时我作为一钢技校中专班炼钢专业的毕业生,来到皖南池州的梅街地区参与八五钢厂的建设,从而开始了18年的八五情缘,在那里奉献了我的青春年华。

我当时是学生五连八班的班长,我们八班12位同学被安排在202工程队的混凝土小队劳动锻炼,每天拖着装满混凝土的小翻斗车奔驰在炼钢车间工地上。为了保证当年五一节前出钢,炼钢车间的水循环系统必须事先竣工。记得最深切的是初春的一个夜晚,气温在冰点以下,我安排我们班12位同学中个子最小的郑荣生、冷志强两位铲黄沙,其余同学拖翻斗车。一个晚上,我们来回百余米,完成了3 500多车混凝土的运送、浇灌。天蒙蒙亮时,食堂为我们送来了糠团和馒头,由于路远、保温差,这些食品已经凉透了,但我们同学中最多的一口气吃了十个。

我们就是这样为八五钢厂盖完厂房建宿舍,整整干了九个多月,我们辛苦并快乐着,看着一栋栋厂房、宿舍在山沟沟里拔地而起,看到火红的钢水喷薄而出,我们无比自豪。

1970年10月,我们正式进入八五钢厂,成为光荣的小三线工人。作为一个炼钢专业的中专生,十分期待能在火红的炉台边工作,成为一个当时人人羡慕的炼钢工人,然而,命运却让我成了一个浇钢场的领车工。到班组报到的时候,师傅们看到我不足百斤的瘦小身材,还戴着一副近视眼镜,还真有些不待见。后来我凭着踏实肯干,不怕苦、不怕累的精神,每天伴随着行车来回在浇钢场地上穿梭,摆锭模、拉红钢、脱模,终于赢得了师傅们的认可。

工余时间我还帮车间里刷一刷"抓革命促生产"之类的大标语,写一写生产一线的报道供车间广播站宣传鼓劲。我能写粗黑体、隶书和小文章的长处被车间领导发现后,第二年就把我抽调到车间宣传组工作。离开班组时,师傅们还真得有点不舍。

此后,我从宣传组干事到专职团干部,再到专职工会干部,从而开始了整整十年的工会工作生涯。在此期间,我还担任了《八五通讯》的通讯员。

从那年担任车间第二届工会副主席起,开始了我的专职工会干部的经历。从此,我就把在八五钢厂的工作热情全部落到职工身上,因为他们正在为祖国的钢铁事业奉献全部才华和精力。

作者严国兴拍摄的八五钢厂炼钢车间的全景

那时,工会工作有句顺口溜:"挂挂红布,敲敲锣鼓,搞搞补助。"

所谓"挂挂红布",就是要把工会办成一所学习政治时事的学校,要宣传好、教育好职工。如对干部进行政治业务常识考试,就是当年学习中央二号文件过程中,为了学有成效,由我策划、组织的一场行政组室和工段党政干部、生产大组组长的学习比武活动。《民主选炉长、炉长来组阁》的新闻报道,也是当时学习文件、提倡民主办企业的一次实践。事实证明,效果不错,尤其在提升班组凝聚力从而增强班组战斗力方面颇有成效。

所谓"敲敲锣鼓",就是工会要组织开展生产劳动竞赛,我在《八五通讯》发表的文章中,有近一半是反映我们炼钢车间组织班组劳动竞赛的信息。那时,我们炼钢车间冶炼的是特殊钢,品种多、难度大、任务重,为了促进班组的生产积极性,我们工会出面组织了炉前、浇钢两个主要工种以质量、产量为标

作者严国兴在车间阅览室阅读

的的劳动竞赛。我还在车间办公室门口的六个宣传栏框里展示用曲线图、直方图表示的两个炉座和浇钢场的劳动竞赛进展情况,而且坚持每天更新。我们当时不仅在面上鼓动,更会下班组参与。那时,我每个星期四都会回到原先的浇钢场去领行车,重操旧业,或是到炉台上和炉前工一起挥铲炼钢。尤其到了过年过节的时段,由于回沪探亲的人数众多,班组岗位紧缺,那时,留在山里的干部们都下到班组顶岗,哪里人手紧,就到哪里。所以,我们组室里的干部都是多面手,能上炉台炼钢,能下浇钢场领行车,会磨钢锭精整,会烧炉子退火……《干部炉退火2 700吨》的报道就是在这种背景下产生的。

所谓"搞搞补助",就是工会要关心好职工的生活。车间里原来支农回乡的职工不少,他们有的是上海市郊的,有的是浙江农村的,生活都比较拮据。因此,在工会工作期间,我几乎走遍了他们所有的家庭,访问、了解他们的实际情况。当时的车间,是工作场所,也是一个小社会,工会干部样样都得干:为青年职工介绍对象、主持婚礼;为职工送医治病、筹药献血;为职工子女寒暑假办暑托班、寒托班;逢周末、过节,组织食堂供应小锅菜、馄饨等;为员工退休后的子女顶替,曾徒步二十余公里进行家访、协助办理;职工去世,进行慰问、沟通、治丧、下葬,都是我们工会干部亲力亲为的。我清楚记得:为家属区上下班班车接送点,我们造过候车棚;宿舍区的球场、电视间、阅览室以及周边的小路,也都是工会组织职工自己动手解决的。我们还为全厂的家属区的烧煤问题,设计、制造了手动和机械两代煤饼机。

小三线的工会干部相对要比城市里的辛苦,但我依然觉得很快乐。

在车间工会换届时,我经民主投票选举,高票当选第三届工会主席,是八五钢厂各个车间唯一一位非中共党员的工会主席。上任伊始,我就写了"将心比心"四个大字,放在办公桌上,作为自己的座右铭。"将心比心",用现

前排右二为车间主任钱作家、右三为党总支书记龚炳高、左二为作者严国兴

在的话说就是"换位思考",就是要站在员工的立场,从他们的所思所想出发,做好工会工作。

这一阶段,我除了坚持做好工会的日常工作外,还在丰富职工的工余生活上下了功夫:厂里在盖大礼堂之前,是露天放映电影的,而且我们车间离厂部颇远,步行需半个多小时,我就与放映队沟通,落实到我们的车间食堂内放映电影;我们还积极开展文体活动,组织篮球赛、排球赛、拔河等,唐亮同志的乒乓球、唐宝同志的羽毛球、姚大连同志的中国象棋等当时在全厂都是数一数二的;我们车间的文艺活动也是人才济济,万梦麟同志的沪剧、张本泽同志的扬琴、胡锡麟同志的歌唱、王雅珍同志的舞蹈,个个都是厂文艺小分队的骨干;我和姚大连、胡锡麟两位同志作词、谱曲的组唱《炼钢颂》成为八五钢厂的主打节目,到后方小三线各家企业巡演,由此,我也成了八五钢厂文艺小分队的编创人员。

我的努力和坚持,终究还是获得了认可:在此期间,我曾评为上海市总工会组织评选的优秀工会积极分子，当选八五钢厂厂工会委员。

1986年开始，随着小三线的调整，职工逐步调回上钢五厂工作，我是整个车间返沪人员中最后一批离开山沟沟的。在此期间，我组织并亲自参与车间七百余名职工及其家属的行李、家具打包，装车，押运和送达。这段时间，工作没日没夜，确

2019年为车间做的旗帜，用于同事聚会

实辛苦，但我依然辛苦并快乐着。2019年4月，我在八五钢厂01车间老同事群的聚会上，原车间党总支书记龚炳高同志提起："我们回沪已经三十二年了，我们不能忘记严国兴为我们返沪所做的贡献，这个多人家、这么多家具行李，全部完好无损地送达每家每户！"话音刚落，台下一片掌声，老同事们的认可是我最值得欣慰的事。

（严国兴，1948年生，浙江镇海人。1962年9月起，在上海市敬业中学初中部就读；1965年9月起，在上钢一厂半工半读中等专科技术学校炼钢专业就读；1970年1月5日，进入皖南小三线，在"五〇七"工程指挥部八五钢厂工地学生五连劳动锻炼；1970年10月，进入八五钢厂01车间工作，主要经历：浇钢工段乙班领行工；车间政宣组组员；车间团总支副书记；八五钢厂01车间工会副主席、主席；1988年3月，出山，进入上钢五厂第一炼钢厂，主要经历：宣教科教育干事，厂长办公室主任；期间，于1992年5月加入中国共产党；2000年8月，在中外合资上海大通钢结构有限公司工作，担任董事会秘书、总经理办公室主任、总经济师；2008年11月退而不休：担任宝山区钢结构协会副秘书长、秘书长，2018年6月辞去协会秘书长职务，改任协会首席顾问；同月，担任上海炎黄文化研究会庄子文化专业委员会常务副主任兼秘书长）

我与《八五通讯》的那些往事

原八五钢厂　严明华

我是在1970年1月1日到安徽贵池梅街的,当时八五钢厂还没有完全建好,进去以后属"五〇七"工程指挥部的学生三连,参与造厂房、修马路、打深井。那时候劳动条件比较艰苦,冰天雪地,我们属于学生劳动锻炼。一直到当年8月16日才正式分配到八五钢厂机动部铸造工段,这个车间的代号是07,从这以后就开启了我在小三线的生活。

我在07车间的铸造工段工作到第八年时,车间领导将我调到车间工会当工会干事。我们车间职工有700多人,其中工程技术人员和技术工人人数是全厂最多的,因此我们车间是职工文化程度相对较高,技术工人较为集中的一个特殊车间。而且,我们还担负着全厂设备的大修和主要设备的中修以及全厂的水、电、空气(炼钢时使用)、氧气,及职工家属区和附近农村中的水、电的供应,责任重大。到了车间工会后,领导嘱咐我要在党政的领导下,围绕车间的中心工作,组织好职工的政治学习。在当时,政治学习的主要开展方式就是班组学习。除此之外,领导还要求把车间的宣传工作做好,把职工的好人好事宣传出去,要发挥黑板报的作用,这块黑板报有12米长、2米多高,可能是全厂最大的黑板报了。随着对车间工会工作的熟悉,我感到仅仅依靠黑板报宣传是不够的,应该把《八五通讯》作为一个平台来宣传我们的好人好事,让厂里更多人能了解我们车间发生的事情。于是我把《八五通讯》当成了自己的朋友和工具,从中我深深地感到《八五通讯》对我的工作帮助太大了。那个时候我还不太会写稿子,也没有现成稿子,但是我又很想把好人好事宣传出去,在

后排右一为作者严明华

这过程中,《八五通讯》的各位编辑给了我不少帮助和指点。我们车间有70个班组、7个工段,车间希望每个工段工会每个月能投稿2篇。尽管只要求2篇,实际上很难做到。但只要工段工会有稿件上来,我们修改后,除了用在黑板报上外,还会送到《八五通讯》编辑部。我们也会对此做出一点小小的奖励,一年奖励一次,一本笔记本或一只杯子,主要激发大家写稿的主动性和积极性。

记得在厂部组织的首次政治思想工作会议上我们车间作了一个发言,是关于如何在生活上、工作上关心后进青年,做好感化工作的。后进青年就是指一些调皮捣蛋的青年工人,我们车间爱捣蛋的小青年较多,有的小青年拿着弹弓去打老乡家的鸡,还有的把香烟壳上印有"20"字样的封条拆下来拿去和老乡换鸡蛋,说这是20斤的全国粮票等等。因此,如何从工作上、生活上关心后进青年,帮助他们实现进步就显得十分重要。我们从发现后进青年的闪光点,激发闪光点和巩固扩大这些闪光点着手,使他们在生产中做好本职工作,在生活上遵纪守法。《八五通讯》刊登了我们在大会上发言的内容后,车间里反响很大。原来后进青年的感化工作都是车间团总支在做,工会无非是协助一下。会议后,车间党、政、工、团一起来做这项工作。一段时间后,整个车间的风气得到了很大的转变,车间生产秩序得到了良好保障。没过多久,我们车间承

编辑部奖励给投稿者的《汉语成语小词典》

担了一项相当重要的任务,就是为我们厂的职工家属区安装煤气的"三八工程",将煤气车间的煤气输送到家属区。在整个工作中,车间的全体职工都动员了起来,热血沸腾地投入"三八工程",包括那些后进青年也在多个岗位上努力工作。在"三八工程"施工过程中,《八五通讯》多次报道了"三八工程"施工的进展和涌现的好人好事,对我们工程的开展起到了很大的促进作用。工程结束后得到了兄弟车间和职工们的赞誉。我们07车间的职工也为自己车间取得的成绩感到骄傲。

随着我们车间在《八五通讯》《八五团讯》中的见报率逐渐提高,稿子多了,领导也满意,车间职工也感到自己在07车间工作很自豪,整个车间的氛围变得更加和谐了,为车间的生产活动创造了有利的条件。

我还要感谢《八五通讯》,因为是《八五通讯》萌发了我对媒体工作的兴趣。在平常的工作中,由于频繁地和《八五通讯》编辑部接触,给予我很大的帮助,提高了我的写作兴趣和写作积极性。当初自己手写的文字变成了铅字印刷见报后,心里非常激动。当看到被报道的职工脸上洋溢着喜悦的笑容时,我也非常高兴,同时也激发了我继续写稿子的热情。在《八五通讯》各位编辑的帮助和指导下,本来不太会写稿子的我成了《八五通讯》的积极投稿者,是《八五通讯》促使了我走进媒体工作的大门。

在八五钢厂撤出小三线后,我于1988年3月到上钢五厂报到。随即经介绍到市政协《联合时报》报社任广告员工作。离开上海十八年，又从未接触过报纸的广告工作，心中没有底。好在当时有报社领导的关心、同仁的支持，没多久就胜任了这份工作。我们这些曾在小三线中磨炼的同志都有一股韧劲。由于曾有向《八五通讯》投稿的经历，进入报社后更激发了自己写稿、组稿、编辑的兴趣。经过学习和培训，我在报社工作中也负责了报纸版面的编辑等工作，直到被任命为报社的编委。

在小三线八五钢厂十八年的工作、生活经历是值得怀念的，尤其是我在基层工作中得到的广大职工的支持和领导的帮助，使我终生难忘。《八五通讯》各位编辑的关心和关怀，启蒙我走进了新闻媒体这一领域，是我在八五钢厂十八年中收获的一份沉甸甸的小三线硕果。

（严明华，1970年1月至1988年3月在八五钢厂07车间任工会副主席；1988年3月至2008年2月在上海市政协《联合时报》报社工作，任广告发行部主任、编委；2008年2月于上海市政协《联合时报》报社退休）

深山里的大标语

原八五钢厂　丁日青

1977年，皖南山区后方基地的面貌开始了新的变化，八五钢厂的生产建设如火如荼，02车间的蒸汽锤声昼夜回荡在山谷，不但生产军用管件，还充分挖掘潜力生产民用的锻件，经济效益逐年提高。

1978年的夏天，我在车间搞宣传工作。车间领导交给我一项任务：趁车间外的建筑脚手架还未拆除，要在沿山道路的车间外墙上刷写大幅标语"为实现社会主义四个现代化而努力奋斗！"每个字大概有2平方米，站在脚手架上面无法看出字体结构是否正确，必须到对面山坡上观看后再到脚手架上进行修改。我记得写的是仿宋体，先用白粉笔打好空心字样，然后用红漆涂刷。外墙比较毛糙，涂漆是很花功夫的，一笔一画，每个字都要涂刷几十分钟。天气炎热，有时太阳直晒头顶，写完一个字就要到对面山坡上观看一次，爬上爬下汗流浃背。

作者丁日青

我流着汗，一边写着字，一边听着旁边锻钢车间铿锵的蒸汽锤声。我清楚，锻钢工人正在蒸汽锤边紧张地战斗。面对近在咫尺的火红锻件不仅要卡量尺寸，还要切锻头，那个高温不是"炎热"两个字能描述的，烫得眉毛也会卷起来。我们是盛夏流汗，锻钢工人是一年四季都汗流浃背。高温季节他们的汗水会从厚厚的白帆布工作裤脚管里滴淌出来。他们的工作服被火星铁沫烫得都是小洞。

俗话说，天下有三苦，打铁、撑船、磨豆腐。大庆油田的王进喜是铁人，02车间的锻工也是当代伟大的"铁匠"。

我再热，有他们热吗？我再累，有他们累吗？他们是实实在在为实现四个现代化辛苦劳动，我写几个字算什么？蒸汽锤每天昼夜不停地铿锵高唱着锻钢之歌，我的巨幅标语也随着歌声一个字一个字地完成了。大概写了一个星期吧，最后一个感叹号的圆点就有脸盆那么大，整个感叹号就刷掉一整桶油漆。

脚手架拆除后，在巍巍群山之前一条鲜红的巨幅标语呈现在眼前：为实现社会主义四个现代化而努力奋斗！只要是02车间和04车间的工人，每天上下班都能看到这条巨幅标语。我为自己的劳动成果感到自豪。

阳光照耀着深山里的大标语，分外鲜红；隆隆的蒸汽锤声天天唱着赞歌，努力奋斗！

（丁日青，1962—1965年就读于上海大同中学；1965—1969年就读于上海南市区技术中等学校；1969—1970年于507工地劳动锻炼；1970—1981年为八五钢厂02车间职工；1981—1997年为无锡市自行车厂职工；1997—2008年为无锡市格兰机械集团公司职工；2008年3月退休）

参加自学考试的那些日子里

原八五钢厂 冯岳宏

作者冯岳宏

20世纪80年代,我们八五钢厂的一批政工干部组织起来,参加由复旦大学开设的"马列主义基础理论专修科"的自学考试,取得了大专文凭。三十多年过去了,但当时的情景依然历历在目,清晰可见。因为这段经历是我们这批政工干部在改革开放大潮中的一次搏击,我们战胜了自我,实现了文化知识的一次加注,享受到了学习的乐趣,获得了人生的升华。

偶然的机遇

1983年初,厂党委派我去上海参加为期三个月的党校学习。当时学习的科目是马列主义哲学和政治经济学。临结业,哲学老师鼓励我说:"你的哲学论文写得不错,我看你可以去参加复旦大学的自学考试,是市里专为政工干部开设的马列主义基础理论专修科。"

我还了解到:这个专业的自学考试科目不设外语和数理化,实行学分制,除必修课必考之外，选修课可以根据自己的条件和需求自行选择；毕业后发国家认可的大专学历文凭；学制设定为三年，但可以根据实际考试成绩和自己的安排延长学习周期；考试安排在每年5月中旬和11月中旬的两个周日，可以自行选择科目参加考试。

我觉得这是个机会，可以试试，检验一下自己的学习能力。在回厂前，我报名参加自学考试，带回了一些教科书和资料开始自学。几个月后，我头一次坐在大学的考场里，心中难免忐忑。但考试的结果却令人喜出望外，我的"马列主义哲学"居然得了72分。

随后，我很快想到应该把这份喜悦和这种机会给厂里的其他有能力又缺学历的同事们分享。那天，在厂部的会议室里，我将这方面的信息和自学的感受向厂里各个车间、部门的政工干部们进行了介绍。一石激起千层浪，大家立即兴奋地响应，一下子有十多名政工干部要求参加。在那个年代，我们这些一度失去进一步深造机会的青年、中年干部都渴望学习、渴望文凭。

但是，正因为响应广泛，问题也接踵而来。首先，我们这些政工干部都是企业基层的主管，日常工作千头万绪，学制三四年，每年要从安徽去上海考试二次，对工作没有影响是不现实的。但会影响到什么程度呢？一时无法预判。其次，我们地处皖南，远离上海，无法参加复旦大学开设的辅导课，听不到老师的讲解，课程的重点和主线靠自学是很难把握的，犹如盲人瞎马，横冲直撞能考出来吗？尤其像"大学语文"这样的课程，课本上大部分课文是文言文，自学难度尤甚……

至于我自己，文化基础不好，只有小学文凭和一年的农技培训班的结业证书，没有读过初中和高中，现在要自考大专，想一步登天，不是异想天开吗？能在政工岗位工作，靠的是工作实践中的锻炼和积累。为此，我的思想斗争很激烈，摇摆不定：顾虑的是怕考不出来，半途而废；但如果放弃，机会不会再来，又可能招致终生遗憾。

面对大家如此高涨的热情，作为信息导入者的我似乎没有退路，况且，家属也十分支持，提高了我的信心，希望能够在这样的自学群体中，通过自学互助，坚持到底。

厂党委领导得知后，也表示全力支持。据说，冶金局曾要求安排人员参加该专业的三年脱产培训，我厂也派了01车间的庄根勇同志回上海入学。现在这么多的政工干部，在尽量不影响工作的前提下，参加自学考试，理应大力支

撤离小三线前原八五钢厂运输部搬场车队驾驶员合影

持。党委还明确由厂宣传科主管高校自学考试工作,组织协调自学过程中的各种可能发生的困难。

艰辛的过程

学习是一种艰辛的过程,自学考试更是艰难,而我这样跨过中学课程,直奔大专的飞越式自学,更是难上加难。

学习是一件耗时费力的过程,没有捷径可走。首先要集中全部工余时间和节假日为学习所用,同时要保证精力集中,不被其他事务所干扰。因此,我强化自身的时间管理:上班集中全力抓好工作,各项工作要预谋思路,早作安排;下班后把脑筋转到学习上来,立即投入学习,每天大致能有四个小时的自学时间。

记得那几年山里的冬天特别难熬,我住的西华地区很冷,窗外挂着的冰凌有一巴掌长,冻得手脚都不听使唤。我就在沙发上铺上小被子,身上盖着棉大衣,用棉衣包裹的脚放在木盆里,里面再放一只"汤婆子"。面前的小桌子上放书本、资料、笔记本、词典等,连续三个冬天都是这样过来的。

在三年多的自学过程中,我一门心思扑在学习上,没做过家务,也没有时间和精力过问孩子的生活和学习,家庭重担落在爱人潘雅珍一个人的肩上。难能可贵的是,涉及自然科学的许多知识时她还充当我的辅导;遇到大学语文等课程需要大段背诵的,她就和我一起背诵,充当陪读;看到我要工作又要读书很辛苦,总会烧点好吃的慰劳我,做好后勤保障,真是患难夫妻见真情。

我参加自学考试的事,在车间里很快就无人不知。我就在领导班子里交了底,对工作肯定会有一定的影响,请大家谅解和支持!此后,行政上的一般事务便很少来找我,可贵的是许多驾驶员和机修班的组长、骨干都主动跑到我办公室来说:"书记,听说你在参加自学考试,你大胆去考,不要担心工作,我们会把工作做好,全力支持你!你是我们中一员,你考好了,我们也光荣!"这让我激动不已,多么好的职工啊!我没有理由不考好。这段时间我分管的运输部也确实处于稳定期,没出什么大问题,各项工作都还比较顺利。

自学的学习方法很重要,我的方法是:以勤补拙,以理解补背诵。我们自学的内容大多是要记忆的,当年我已经是四十多岁的人了,记忆力远不如年轻人。而这个专业的课程需要记忆的东西,可以说是"海量"。例如:大学语文,从《诗经》开始到近代文学,教材32万字,各种体裁和类型的范文都有。其中文言文最难,每篇文章中都有不认识的字,或者认识但古音不这样读,还有什么多音字、通假字之类,必须先注上已识的相似音(我不会汉语拼音,我是1956年小学毕业的,汉语拼音是1958年颁布的),然后再理解其字意才能通读全篇,理解此文的含义、背景和意境,所以叫"啃书皮",逐字逐句地"啃",难度可见一斑。"中国通史"的考试,第一次没有通过,得了58.5分,原因是内容太多,功夫不到家。从夏朝开始到中国近代,教材71万字,上下五千年的文明史囊括其中,据说是各专业学科考试中通过率最低的一门课。我就用列表方法贯通全史,以时代为序,从夏朝到清末,把每个朝代的发展历程排列在一张表格上;粘贴起来共有三米多长,挂在墙上不断地进行理解背诵,力求融会贯通,再把重大事件拎出来"重点加工"。功夫不负有心人,第二次再考得到70分。这样一门一门地"啃",终于啃完了这十四本教科书,换来了梦寐以求的一纸文凭。

自学的群体

说到自学，应该夸夸我们当时这个由自学考试结成的群体。在说我们这些自学者之前，先说说一个不能不提的人，那就是时任宣传科科长的陈敏章同志。当年他也很想参加，在党委把组织帮助自学人员的任务交给宣传科后，他更觉得应该为自学者铺路架桥，做好服务工作。有人不理解地提出："怎么把教育科的业务交给了宣传科？"陈敏章却说："因为学习的是马列主义基础理论专业，宣传科是党的宣传机构，义不容辞啊！"为了让我们能学好，他自己忍痛割爱，把另一位科长谈雄欣同志派去常驻上海，专司复旦听课、录音、做记录，送回山里供大家参考，力求弥补无法都去复旦参加讲座的缺憾；这还不够，他还到池州师范，请了两位大学老师到厂里来上课，讲解"大学语文"和写作等课程。他从请人、接送、用餐到联系招待所让老师休息等，做了大量细致的工作，使大家受益匪浅。老师辅导我们的时候，陈敏章也在听课，后来发现他没有参加考试。他跟我说："老冯啊！科里日常工作本来就很忙，还有一份《八五通讯》在我们手中，要定期出版，工作量相当大。谈雄欣已派驻上海，我很想参加考试，但脱不开身，只能先把工作干好！"他自己虽不能参加，但还是认真地把辅导工作一件一件落实得这么好。这种对工作认真负责，以事业为重，服从大局的精神，放在今天也是难能可贵的，我们会永远铭记在心。所有参加自学的人员，都打心眼里向陈敏章同志表示感谢！

说起我们的自学群体，不能不提两位车间工会干部，那就是01车间的严国兴同志和03车间的吴莱申同志。他俩都是从1983年秋天开始加入复旦大学"马列主义基层理论专修科"自学行列的，那时该专业已经开考了两次，而他们通过自己的努力，经过不到两年时间的自学，和原在上海脱产三年学习的庄根勇同志一起，成为复旦大学第一批该专业五百位大专毕业生中的一员，并应邀参加了在复旦大学礼堂举行的该专业的首届毕业典礼。他俩在工作中是同行，在学习中是同学，但他们的学习方法却并不一样：严国兴同志实施的是无重点战术，擅长做读书笔记，把厚厚的书读"薄"了，临考前只看笔记不看书；而吴莱申同志则是有重点战术，从课本上拎出重点，拟出答案，临考前只看问答不看书。但殊途同归,他俩成了我们这个自学群体的领跑者。

03车间工会主席吴莱申同志的爱人身体不好,他摆脱不了家务的操劳,记得有一次,我从西华菜场路过,掠见他的身影,只见他身挎菜篮子,依在栏杆上看书,他就是这样利用时间的。一次在考"自然科学"这门综合性的学科时,吴莱申同志突然举手对监考老师说:"题目出错了。"这门学科中有道很难的题目,给出一定的条件,用高等数学公式计算出地球表面到月球表面的实际距离,在自学时我们都没有搞懂。吴莱申同志率先解开了这道题,我们都用他的方法列式解题。可是这次出题老师把条件写错了,算不出来。事情很快反映到上海高教自学考试办公室,回答是改正来不及了,只要结论对就行。结果让我们这些不懂高等数学的人沾了光,因为我把公式和结果都背下来了的,得了满分15分,那些靠公式推算的人反而吃了亏。吴莱申同志在两年不到的时间里考出了专修科后,马不停蹄又考出了华东政法大学法律专业的大专文凭。他的文笔相当好,写的文章有新意,逻辑性很强,当年他是屈指可数的"笔杆子"。返沪后在益昌薄板厂筹建组时,他写的简报被市领导看中,准备调他到市府秘书处去工作,只是事与愿违,没想到吴莱申同志因急性胰腺炎英年早逝,令人痛惜。

01车间的严国兴同志同样在两年不到的自学中,做到工作、学习、家务三不误。他养成了见缝插针的学习习惯,出门在外把一只包挂在自行车的龙头上,包里放着寸步不离的教科书和笔记本,稍有空暇,就手不释卷,看上几页、背上两段。他的十四门考试成绩的平均分是79.8,在第一批的复旦自学毕业生中,进入前三十名。如今,严国兴同志已退休多年,但他仍在一家协会发挥余热,把当年学到的知识回馈社会。

如果说,领跑者是一种成功,那么坚持到底同样是一种胜利。那时的考试是十分严谨的,哪怕差0.5分也不会让你通过,考砸是常有的事,有的课甚至数次都考不过。有些同事因工作、时间、家庭等种种缘故中途放弃了;有的则在其他学校、其他专业设立自学考试后转考了。时任基建科党支部书记的陈仲波同志,从1983年11月参加马列主义专修科自学考试,一直到1991年5月结业,前前后后历时近八个年头(中间因工作休学一年)。1986年以后,八五钢厂和上钢五厂已无其他人参加马列主义专修科自学考试了,但他仍不畏艰难、不怕孤独地坚持着,那种特立独行的精神同样难能可贵。

丰硕的成果

虽然自学这几年很辛苦,我们这批人的收获却是巨大的。

从思想认识讲,马列主义的辩证唯物论和历史唯物论是共产党人世界观和人生观的基础,世界的本源是"物质"的……把这些精髓弄明白、学到手,就像掌握了一把万能的钥匙,使人立于不败之地。我们这些人天天在为社会主义建设服务,建设社会主义的目的是什么?当我们读到马克思主义政治经济学和科学社会主义时,就豁然开朗了,原来社会主义生产的目的就是发展生产力,以满足人民大众不断增长的物质和文化生活的需要。改革就是要使上层建筑能够适应经济基础,以推动社会生产力的不断发展,使国富民强。学习使我们对党在新时期改革开放的方针有了明确的认识,增加了自觉性和执行力。

就我个人来说,也是三年苦修,受益终生。我这一生在部队干了十年的军事教员,在八五钢厂干了十年的民兵工作,从1981年开始进入汽车运输系统。通过不断学习和探索,在几起重大事故的处理中我意识到交通安全必须放在头等重要的位置上抓,就试着用辩证法中的一些思想指导安全工作,寻找事故原因,发现管理上的问题,有针对性地采取安全措施和教育,果然有效。我们那五六十辆车,能顺利安全地把七千多名职工和家属送回上海,不是偶然的,是用科学的思想指导和策划的结果。

到了上钢五厂,我试着用学到的"三步评估法"预测交通安全和运输效益的走向。所谓"三步评估法",即统观全局,认真总结前一阶段工作中的成绩和不足;正确评估当前工作的态势,及时纠正偏差;然后在前面的基础上,预判下一阶段工作的可能走势,对可能出现的问题早做应对准备。主动权在手,工作总能有条不紊地推进。刚到汽车一队时,头年发生了一起比较严重的交通事故,当时还没有全面了解工作的基本规律,待掌握了主动权,后三年就再没有发生重大事故了。在一队稳步前进时,二队出了问题,事故不断,运量上不去,影响厂里的生产进度,领导派我去二队"救火",而且是党政一肩挑。二队拥有100多辆车,300多号人,我管了四年,没有发生死亡和重伤事故,经济效益不断提高,还评上两届上钢五厂优秀党支部。

1996年,我又到了上钢五厂与宝山镇合资的"上海申特储运公司"工作,这个单位只有20余辆十五吨"大交通",但组建以来事故不断,死亡和重伤事故弄得公司领导头痛不已。可是在我手里一年多,没有发生事故,当年事故费用为零,只是为前任留下的事故扫尾花了些钱。宝山镇资产代理人、副董事长陈聚奎同志很好奇地问我:"老冯,这一年是我们上海申特储运公司历史上第一个无事故年,效益也是最好的,看看你也不很忙,就不知道你是怎么管的。"我开玩笑地说:"戏法人人会变,各有巧妙不同。"

在上钢五厂为政工干部评定职称时,我幸运地第一批授予"政工师"的任职资格。不少"老五厂"有意见,领导解释说:"老冯在安徽八五钢厂时,通过自学考试获得国家认可的大专文凭,你们谁有?拿出来就授予职称。"

参加过自学考试后,在工作中的眼光和立足点也发生了根本性的变化。我们常常要求做好本职工作、本单位的工作,这没有错,但是本职、本单位是大单位的一部分,企业是社会生产的细胞。所以,立足本职还要着眼全局,否则就会迷失方向。我们后来从皖南回沪到上钢五厂,多数在基层和部门工作,就有一个服从全局的问题。就和打仗一样,有时需要牺牲局部才能取得全局的胜利。我们必须明确局部是为全局服务的,本职做好了,是为全局添砖加瓦的。我曾做过一些调查,我们这些学过专修科的同志,大多数把上下级关系、局部与全局的关系处理得较好,组织性和原则性都很强,许多都是单位先进和优秀党员。

峥嵘岁月未曾忘,常思念,意犹浓,皖山青青江水长。

(冯岳宏,1941年生。于1959年12月服兵役,在中国人民解放军海军东海舰队训练团任枪炮教练10年。1964年4月加入中国共产党。1970年9月转业到上海后方基地八五钢厂,从事民兵工作10年;1981年调入厂运输部任党支部书记;1988年回到上钢五厂运输系统工作,先后任汽车一队支部书记兼人事主任;汽车二队队长兼支部书记和上海申特储运公司经理。1998年,服从国家减员增效的号召提前退休)

自己动手　丰富生活
——记八五钢厂04车间二三事

原八五钢厂　张锡清

04车间是无缝钢管生产车间，车间有400多人，下设生产工段、加工工段、机修工段与办公室。生产工段是三班制的，一度分为三个工段：甲班工段、乙班工段、丙班工段。生产从圆钢进车间开始，通过热轧机将圆钢加工成直径76 mm的钢管粗坯，再经过冷拔加工成为各种规格的无缝钢管。

当年为落实毛主席"三线建设要抓紧"的指示，我们一心搞生产，所以起初生活设施简陋，条件艰苦。第一批到达的工人们因为职工宿舍还没有建造好，只能临时住芦席棚。虽然艰苦，但大家建设小三线的积极性高涨。生产与生活是密切相关的，丰富职工的生活，解除职工的后顾之忧，是我们党、政、工、团各级组织应该关注和着力解决的。

作者张锡清

开山挖土建篮球场

1971年上半年，处于石门冲内的04车间职工集体宿舍竣工，职工们陆续搬进了宿舍。宿舍南面是一个小广场，说小不算小，说大但宽度不够标准篮球

上钢五厂书记张长林来八五钢厂视察，与04车间干部职工合影，后排左一为作者张锡清

场的宽度。标准篮球场长28米，宽15米，这个广场长度够了，但宽度不够。小广场一边是防洪沟，一边是山坡，要平整出一个标准篮球场，只有朝里挖进小山坡一二米。当年职工中相当部分是二十多岁的青年。我当时是唯一的青年党员，后来担任了车间团支部书记。丰富团员青年的工余生活是我们义不容辞的职责。团员青年有建篮球场的需求，车间领导积极支持，当时车间好些设备还在安装中，职工也只是在做些生产准备工作，有空余人员。于是车间抽调了一些团员青年出来开山平整场地，我们那些团员青年十多人，有的用锄头挖，有的用铁铲铲，有的用翻斗车车走挖出的泥土石块，垫到低洼的地方。这些都是力气活，天天干得汗流浃背，不到吃饭时间肚子就饿得咕咕叫。不久篮球场地平整出来了，接下来车间安排负责机修的电焊工和木工制作篮球架，这些工人手艺都很好，包括后来放在食堂饭厅里的乒乓桌都是工人们动手制作的。篮球场弄好后，我们工余生活丰富了。我们不仅自己临时组队比赛，也约兄弟车间篮球队到我们车间来比赛。比赛一般放在休息天，打球的两边队员才十多人，但观看的人四周都是，都在为自己车间的队员加油叫好。我当时

04车间办公室干部合影,前排右二为作者张锡清

投篮水平很差,但我在中学时是长跑队的,耐力好,弹跳佳,队长柳启章就安排我盯人,死死盯防对方的主力队员,使其得不到投篮机会。"友谊第一,比赛第二",篮球场增进了我们和兄弟车间的交往与友谊。

自己建造活动室

建造车间活动室也是职工们的一大愿望,但造房子不是小事,一开始是政宣组张薇薇同志与几个团干部商量后大胆设想并实施的,砖头用大炉维修拆下的,其他材料看一些建筑工地用剩下的就去拉来,但毕竟不够。车间行政班子了解情况后,积极支持,想方设法搞来了造房子的各种材料,同时要求机修工段锻铆焊组派能工巧匠参加。经过正常派工、团员青年义务劳动,约70平方米,分割成三间的活动室很快便建造起来了。

一间大的,约50平方米的作下棋、打牌的活动室,有时也作会议室,后来有了电视,就成了电视室。另两间一间作了理发室,一间作了图书室。为什么

04车间办公室干部合影，前排左一为作者张锡清

会作理发室呢？原来当时只有厂部有理发室，但车间宿舍到厂部的路程得半小时以上，当时来回全靠两条腿，自行车很少。为解决职工理发难，工会团组织提出设想，党政大力支持，提供物资，抽调技术革新小组赵土金同志等人制造理发座椅，车间木工制造工具箱。制造完成的理发座椅与正规的产品毫无二致，能升能降，还能横下，令人伸大拇指。设备齐全后，车间理发室立即开张，由团员青年中的理发能手义务劳动，个人象征性收些费用，受到职工们的拍手称赞。

山区娱乐活动少，阅读是不少青年人的选择之一，厂部图书馆因当时刚建立，图书少，所以发放图书卡有限。我们车间工会、团组织发起捐书捐款，建立起了图书室。我是爱读书的人，也捐出了好些书，《各国概况》《联共（布）党史简明教程》等大厚本的书都捐了出来。靠大家捐出的心爱的书籍和捐款购置的新书，车间图书室成立了，满足了部分职工阅读的需求。说说容易，实际有大量的工作，编目、上架、日常的借阅、损坏书籍的修补等等都是团员青年义务承担的。

大概是1976年，厂部电视塔建成开始播放电视节目，这对山区生活而言是一种非常大的改善,从此看电视成了夜晚生活的主要内容。家属区离电视塔近,电视信号好,但远隔一个山头的04车间电视室信号极差,常常是雪花一片。要改善信号,只有搭建信号塔。还是赵土金同志等人被抽调出来,自己设计自己制造,搭建了几十米高的信号塔,改善了接收信号,解决了04车间集体宿舍职工看电视的难题。

开展为职工服务活动

那年头在上海生活过的一定知道中央商场,那里不仅有便宜货,还提供许多生活小物件的修理,在物资相对匮乏的年代,一些日常生活用品坏了后不会一丢了之,总想能否修补一下继续使用。在山沟里的厂区那时并没有这样的服务。随着一些职工生活用品坏了,比如收音机,就拿到厂里请电工师傅修理一下,道理上工作时间做私人活是不允许的,但客观上职工的确有这种困难。为解决职工修补难的实际问题,由工会与团组织提出了为职工服务的活动,并组织了实施,从开始的理发、修理小家电、补套鞋,后来扩大到配钥匙、钟表修理、洗衣服、裁剪、修自行车、换锅底、锅盖整形等等,有时食堂还会同时推出点心展销。这些为职工服务的活动,有的纯粹是义务服务,不收费,有的收一点成本费。大家互相帮助,在解决职工生活困难方面起到了非常大的作用,职工对工厂的感情也得到了深化。有的职工参加服务工作,为他人服务,同时自己小修小补的需要也得到了他人的服务,真是"我为人人,人人为我"。这个为职工服务活动的传统,在八五钢厂职工整体回迁上钢五厂后,也带到了上钢五厂,深受广大职工的欢迎。

当时工厂的重心是生产,对生活设施考虑不足,这有历史的原因,进入正常生产后,我们党政工团各级组织清醒意识到改善和丰富职工生活是决不能轻视的,职工生活中的问题直接或间接影响生产效率。我深深地觉得把问题摆到议事日程,经常倾听职工的所求,不断改进职工的生活,是增进职工对企业的情感,加强凝聚力的一条真理。

(张锡清,1949年生。1957年9月—1968年11月就读小学、初中;1968年11月—1970年12月于上钢五厂工作;1970年12月—1987年11月任八五钢厂04车间车间革委会委员、团总支书记、党总支副书记;1987年11月—2000年5月任上钢五厂钢管分厂宣教科副科长、分党委干事;2000年5月—2009年9月于上钢五厂内退;2009年10月正式退休,目前为永清新村第一支部支委、支部书记)

在皖南的岁月里

原八五钢厂　吴兴钢

30年前,我响应毛主席的号召,与4 000余名中专、技校学生一起组成30多个连队,奔赴安徽皖南山区劳动锻炼。我们来自沪东地区机修总厂、矽钢片厂等六个冶金技校的学生被编制为"沪东钢铁第一连"。在工宣队的带领下,我们连队首先来到绩溪山区,加入市建二公司208队,参加了小三线建设。刚开始,面对山秀水清的旖旎风光,劳累不堪的体力活儿,我们竟显得兴趣盎然、干劲十足。

连队采用军事化作息制度:统一起床,集体就餐,一起劳动,共同休息。编制也采用军队化:指导员、连长、排长由工宣队员担任,副连长、副排长、班长由工宣队任命。我们每天推着翻斗车沿着蜿蜒起伏的盘山道路装卸建筑材料。每当装满货物的卡车到达工地,不论是下雨还是落雪,不论是太阳当空照还是月上树梢头,我们都要随叫随到,快速卸完车上的砖瓦、水泥、黄沙、木材等。在皖南山区,我们住的是"的确凉"的芦席房,四面通风;睡的是毛竹搭的柴爿床,粗糙刺手、凹凸不平。让我记忆深刻的是那年山洪暴发,我们连的学生,不分男女,个个是顶天立地的英雄汉,同建筑工人携手共战山洪,抢救国家和人民的财产。当时尽管刚造好的大桥被凶猛的洪水冲掉了水泥,露出钢筋,连力大无比的耕牛也被水冲走了,但是我们青春似火,组成几十个战斗队,毫无畏惧,热血沸腾,加入了抢险战斗。男学生们系上安全绳,在急流直下的洪水中捞建筑材料和各种物资,连一只南瓜都不放过。女学生们在岸边,大家配合默契。一些男学生被锋利的岩石刺破双脚,也顾不上叫痛。这场惊心动

作者吴兴钢年轻时的照片

魄的抗洪情景到现在还在我的脑海中时常浮现,让人难以忘怀。在当时,我们在群山环抱,层峦叠嶂的山沟里真可叫"革命加拼命"。

十个月以后,我们连随市建二公司208队,由徽州专区转到池州专区的九华山脉。我们将山泥、煤渣等混合后,自制砖块盖厂房。三伏天,我们男学生赤膊上阵,任凭太阳曝晒;三九天,我们穿着单衣挥舞铁锹,干得满头大汗,气喘吁吁。为了尽快建造小三线厂房,我们真是不辞辛劳。

那年月,逢年过节休息时,我们在山沟买仅有几毛钱一斤的河虾、甲鱼、螃蟹等一起聚餐。也有些学生翻山越岭去寻访名胜古迹,游览历史古城。而我则约上3位志同道合的同学,悄悄从后山腰取道,上九华山旅游。口渴了就捧上泉水喝上几口,肚子饿了就向山民家买上几个山芋充饥,4个小时左右,我们就爬上满目苍翠、碧水环绕、奇峰突岩的佛教圣地九华山。

可以说,30年前,皖南山区的"上山下乡"为我今后人生道路打下了扎实基础,它让我学会了吃苦耐劳。我想将来有机会,一定要踏着以前的足迹,重新去一次皖南。

作者吴兴钢与同事们在九华山旅游

（吴兴钢，1948年生。1955年—1969年就读小学、中学、上海矽钢片厂技校，1969年下半年赴安徽绩溪劳动锻炼；1970年夏季转贵池永红厂劳动锻炼；1970年10月为八五钢厂04车间铆工；1973年—1976年于八五钢厂"七二一"职工大学政文班学习；1984年—1996年为上钢五厂钢管分厂锻铆焊组冷作工；1996年—2000年为上钢五厂钢管分厂设备科点检员，技师职称；2000年退养，被聘为殷行街道综治办文秘；2009年退休）

八 五 情

原八五钢厂　陈国兰

八五钢厂是面旗,独树一帜高举起。
旗帜就是厂党委,干群齐心又协力。
八五钢厂是个家,五千孩儿兄妹花。
上班工作是同事,下班回来邻里邦。
八五钢厂是花园,满山遍野开红花。
疑是晚霞从天降,映山红显羞答答。
这边机器隆隆响,那涧流水细又长。
忽听琅琅读书声,就是你我小儿郎。
我为八五搬过砖,你为八五加上瓦。
挥斥方遒汗如雨,几十春秋转眼过。
青葱已成鹤发人,从来没有悔当初。
回沪团聚享天伦,上海已成大魔都。
你知浦江有多深,怎知我与八五情。

作者陈国兰

（陈国兰,1968—1971年为长春柴油机厂工人；1971—1987年任八五钢厂05车间科室干部；1987—1997年任上钢五厂,科室干部；1998年退休）

我在小三线建设中成长

原八五钢厂　石文瑞

有人说,"18"是个幸运的数字,这个数字与我结下了不解之缘,从1970年1月离开上海到1988年2月回到上海,整整18年的皖南小三线工作、学习和生活,从一个刚走出校门的青年学生成为小三线建设者的其中一员,我很幸运!

可以说,我是在小三线建设过程中得到锻炼而慢慢地成长起来的。

我是上海市劳动局第二技工学校(现为上海工程技术大学高等职业学院)的1965级学生,1969年底毕业后我被分配去安徽。1970年1月

作者石文瑞

12日我与一起被分配到安徽的学生在上海十六铺码头告别亲人,乘坐东方红10号长江轮奔赴皖南池州。我们学校近五十人和杨浦技校的十几人一起被分配到先期进山的上海市第二建筑公司第三工程队(简称203工程队)参加劳动锻炼。

我们当时的生活条件比较艰苦,一个房间睡八个人(上下铺),睡的床是用毛竹与竹片搭建的,上面再铺一层稻草。我们还算幸运的,能住上刚刚盖好的砖瓦结构二层楼房,有不少学校的学生住的是简易的芦席棚。

在近一年的劳动锻炼期间,我们和上海建筑工人一起参与了八五钢厂的前期建设,虽说我被分在工程队的木工班工作,但抢工程进度的时候什么活都

要干,推翻斗车运送黄沙石子、木材、扎钢筋,浇注混凝土这些活我都干过,就是难为了我这个"小身板",每天是一身汗一身泥,常常累得我动也不想动。

我们参加过08车间厂房的建造,浇注煤气发生炉的钢筋混凝土基础。记得1970年国庆节的前一天,我们为了突击浇注煤焦油沟渠,连续工作近二十个小时,一直干到凌晨二三点钟才休息。

20世纪70年代初的工程建设施工技术还比较落后,有的施工地点在山沟或山上,设备进不了山,全靠人力来完成。记得有一天我们被安排参加浇注山上铺设煤气管道的钢筋混凝土支座任务,因08车间生产的煤气必须通过大口径管道输送到另一边的山脚下,以供应锻压车间、钢管车间生产所需的加热炉用煤气。工程队的混凝土搅拌机只能在山脚下作业,大家排着队,人与人接龙似地将搅拌机拌好的混凝土用小铁桶一桶一桶传送到山上浇注管道支座,任务完成后我们的手都不听使唤了,但谁都没有一句怨言,那个年代大家的思想都很单纯,只想早点把小三线建设好。

原定一年的劳动锻炼期实际上十个月左右就结束了,1970年的国庆节后我就去八五钢厂07车间报到了。

八五钢厂是上海后方基地规模最大的一家钢厂,员工有几千人,人员组成以上钢五厂和上海冶金局下属几家企业的支内职工为主体,加上我们这批劳动锻炼后分配进厂的中专技校、半工半读的学生,还有部分刚毕业的大学生。

全厂有炼钢、锻钢、轧钢、钢管等主要生产车间;还有煤气、机动、供应、运输、中心试验室、507码头等辅助部门;学校、医务站、大礼堂、食堂、菜场、小卖部、家属区、单身宿舍等生活配套设施一应俱全。

当年八五钢厂的主要任务就是冶炼并锻造、加工军用管件的毛坯,兼顾铸造并加工军用刹车轮箍以及瞄准器的精密压铸件。

进厂后我在07车间的金工工段内修组做机床维修钳工,也算是业务对口。那时我还是个年轻的小伙子,反应快,又活络,但说实话,我不是一个好员工,上班经常迟到早退,调皮、捣蛋又贪玩,还犟头倔脑,似乎患了叛逆期后遗症。

尽管如此,领导与工人老师傅们却对我很好,不仅批评教育我,还常常关心我的工作和生活。

几年过去了,被称为"小青工"的我渐渐地成熟了,能独立维护修理各类机床,在做好本职工作的同时还积极参加车间组织的各项活动。

1974年厂里办了"七二一"职工大学,领导送我去读了两年多书,尽管不是正规大学,但在这两年里我还是学到了一些机械专业的知识,对我后来的工作还是有所帮助的。

从"七二一"职工大学毕业后我回到车间干老本行。1978年3月,我被调到07车间的计划调度组做生产工艺工作,就是根据零件图纸的要求,编制加工工艺和估算每道工序的加工定额。这对我来说是一项全新的工作,好在我这个人脸皮厚,不懂就问,向前辈们讨教,用过去自己学到知识,结合实践边干边学。我常常去车间现场观察工人师傅的实际操作,使自己编制的加工工艺更切合实际,确保加工出来的零件符合图纸的要求。

一段时间后,我就基本能胜任这项工作了。后来我又做过计划调度、项目施工以及计划调度组的领导工作,还仍然兼着生产工艺工作,一直到八五钢厂整体消化为止,当然这是后话。

07车间是八五钢厂的一个重要辅助车间,承担着全厂各生产车间设备的大中修和设备管理任务;加工制造各类设备所需的备品备件,包括生产备件,比如炼钢车间所需的钢锭模、浇钢平板、中注管、帽口,等等。07车间还承担着供电、供水、供气(氧气、压缩空气)的保障任务以确保全厂生产、生活的正常运转。

全员编制有800多人的07车间在厂部和车间各级党政领导的带领下,十几年来艰苦奋战在大冲这块土地上,为八五钢厂的发展,为小三线建设做出了很大的贡献。

18年小三线建设的岁月里经历的事与人有很多,令我印象最深的是历时近一年的"三八工程"。它是八五钢厂建厂以来规模最大、耗资最多、参与人员最广的大修改造工程。

"三八工程"由两大部分组成:一是03车间(轧钢)两条轧机生产线的大修改造,并新建一条轧机生产线,包括电机动力、钢坯加热、轧制、后道精整冷床和打包收集,共有几十台套大小设备,上万个零部件。

二是08车间(煤气)的大修改造。为了改善厂里职工与家属的生活,让家家户户都能用上煤气,我们07车间制作安装了几万米不同直径的管道;自己生产煤气灶具达上千台套;同时还与南京化学工业公司合作,制作安装大型煤气储罐（类似于原上海西藏路桥旁的煤气包）。

03车间与08车间的改造工程是同步实施的,故称之为"三八工程"。

这么大的工程必须全厂一盘棋,厂部有关领导从全厂范围抽调部分机械、电气技术人员一起参加,实行以07车间为主,项目分配到工程技术人员的"会战模式"。

我亲身经历了"三八工程"的全过程,事实告诉我们,07车间确实是一支拉得出、打得响的队伍。车间党政领导亲临一线,从工程技术人员、生产管理部门,到所有车间员工都积极投身"三八工程"。

计划调度组作为07车间生产调度指挥部门,那段时间是极其繁忙的,掌控并随时调整工程所需零部件的加工进度,以确保各个项目按计划节点完成。

我除了要做好自己的本职工作之外,也承担了部分项目（主要是新轧机生产线后道输送、收集、打包等设备）的实施,从图纸审核、工艺编制、加工进度到现场安装施工都亲力亲为。

在整个工程实施中碰到不少难题与关键节点：比如新轧机机架、齿轮箱和步进式冷床的齿条加工都是我们第一次碰到的新设计,用当时现成的设备是无法加工出来的,这就考验了金加工师傅们,他们开动脑筋,用土洋结合的办法很好地完成了这些关键零部件的加工任务。

还有线材盘圆收集成型的关键零件,人们俗称"象鼻子"的制造加工也是我们的冷作工、电焊工师傅们发挥了他们的聪明才智,在确保加工精度的前提下按期完工。

参与"三八工程"项目的实施,对于我个人来说,无论是在技术上还是管理上都是一种历练和收获。

感恩当年把我调到管理岗位上的领导,让我在实践中锻炼成长；感恩那些曾经指导、帮助过我的前辈和老工程技术人员；感恩在工作上给予我大力配合与支持的各工段领导和生产调度员。一个人的力量是渺小的,没有这些人的支持、帮助、关心,我只是"一块一事无成的小石头"。

在这18年中,我在工作的同时也收获了爱情与家庭。我爱人也是从上海进山的中专技校生,她先是在07车间的运行工段工作,大约在80年代初调到07车间的行政职能部门做事务员。我俩谈恋爱其实蛮早的,从1973年初就开始了,只不过是悄悄地进行,起初知道的人并不多,那时我们谈恋爱不像现在小青年谈恋爱那样天天黏在一起,而且我自己又贪玩,打乒乓、踢足球、打牌,空闲时也会看看书。我俩只有在厂里放新影片时才会一起看一次电影,偶尔在一起吃个饭、聊聊天。我俩谈了七年多的恋爱,1980年劳动节前夕才领证结婚。因此,在我们结婚前还有同事对我开玩笑说:"别人是找不到女朋友,你倒好,谈这么长时间还不结婚。"是的,由于钢厂的工作性质,男同志远远多于女同志,男女比例严重失调,在山里选择的范围又小,后来为了解决这个"老大难"问题,厂团委在厂领导与上海有关部门的支持下,登报做"月下老人"牵线搭桥,从外省市调了些女同志进厂来缓解这个问题。

刚进山时,有一种说法,凡参加小三线建设的都是好人、好马、好刀枪,虽说此话讲得有点绝对,但在山里工作过的人都有这样的感觉,同事之间相处还是比较和睦的,谁有困难时都会帮一把,比生活在城市里的人更有人情味。这一点我是深有体会的,我结婚后的第二年,爱人生了双胞胎。这是在预产期一个月前做产前检查时才知道的,原来我只准备了一个孩子的婴儿用品,诸如棉裤、棉袄、斗篷、小棉被、毛衣毛裤、尿布等。检查结果出来后我既兴奋又焦虑,兴奋的是我马上要做两个孩子的爸爸了,焦虑的是孩子的婴儿用品不够怎么办?再准备起来,一个月的时间来得及吗?当时我心里那叫一个急呀!大家都知道当时物质条件不像今天这么丰富,许多婴儿用品都要自己做的,于是我将爱人留在上海待产,自己马上赶回山里,发动群众(主要是女同志)帮忙编织婴儿的毛衣毛裤,做棉袄棉裤等物品,半个多月搞定,在爱人临产前的第二天我带着这些婴儿用品赶到了上海。

就在我与爱人结婚周年纪念日那天,两个儿子出生了。看到母子平安,在两个儿子出生几天后,我就回厂里安心工作了。

我真诚感谢曾经热心帮助过我们的那些老同事。

那个年代大家都不富裕,但都有一颗善良的爱心,相互间交往很纯朴,真诚待人,这样的关系是最长久的,虽然已过去了几十年,现在我与山里的老同事、老朋友仍然保持着联系,空闲时也会聚一聚。

时间过得很快,进入80年代的中期,虽然全厂员工努力生产、工作,但是八五钢厂越来越困难,生产成本高,连年亏损,很难维持下去了,职工的生活尤其是子女的读书、就业遇到了不少困难。

八五钢厂到底何去何从?这是关乎全厂几千名员工和家属的大事。

还是党在关键时刻救了我们,经过慎重研究,中央对上海、北京两地的小三线建设进行了调整,上海市委市政府决定将八五钢厂员工整体转入上钢五厂。

此项工作1985年底开始启动,1986年6月第一批人员回上海,随后全厂员工分期分批撤回上海。

根据上海与安徽两省市政府商定,八五钢厂由马鞍山钢铁公司(简称马钢)代表贵池县当地来接收,并要求"动态"交接。什么是"动态"交接呢?也就是不停产,一切在正常运行的状态下进行交接。

为了确保顺利完成交接任务,厂里成立了交接领导小组,下设生产、人事、财务、设备、物资供应、运输、行政等工作小组。

根据领导安排,我是设备交接工作小组的成员,这就意味着我将要等八五钢厂交接完成后才能回上海。

厂领导还是很关心我的,安排我爱人先回上海,并与上钢五厂人事处沟通协商,安排她在上钢五厂的带钢分厂行政科工作,让我在山里安心工作,坚持到最后。

当年八五钢厂留到最后的不仅有参加交接工作的厂领导、各车间(部门)的领导和各工作小组成员,还有不少一线员工,他们必须坚持生产,我们机动部门要确保全厂生产设备的正常运转。

我们设备交接工作小组与马钢管设备的人员共同办公,前期双方进行了多次讨论、商量,确定全厂设备的交接方案。为了保证马钢接手后设备能正常运转,大中修时能有足够的备品备件,我方尽量满足对方提出的合理要求,当然对某些不合理的要求也做了耐心解释,重大问题则上报领导小组进行协调。

当年设备交接的工作量还是比较大的,我们根据原有的全厂设备清单,逐台逐套地进行核对、编号标记并重新调整、编制设备和主要备品备件清单,这份经双方同意签字的清单作为最后设备交接的依据。

通过我们双方参加交接工作的人员和留守员工的共同努力,顺利完成了全厂设备交接工作,并得到了马钢有关方面的认可。

交接工作结束后,我们并没有马上回上海,一是考虑到马钢刚接手生产,设备上难免会遇到问题,我们可以协助处理。二是做些回上海的准备工作,将还留在山里的家具和私人物品整理打包,运回上海。

1988年2月2日那天,我告别了工作、生活了整整18年的皖南山区,乘坐轮船回上海。

回到上海后,我一直在上钢五厂机动处(设备公司)工作,直到2008年年底退休。今年我已72岁,在皖南小三线的岁月是我人生最难忘的一段经历,退休之后我有大量的空闲时间用来看书学习、写点小文章。

我写的这篇回忆录既是对往事的回顾,也是为小三线建设者们那种无私无畏,一切为了国家的奉献精神点赞,这样的人生观价值观才是值得我们后辈学习的。

(石文瑞,1965年9月—1969年12月就读上海市劳动局第二技工学校;1970年1月—1970年10月在皖南贵池县梅街地区上海市建二公司第三工程队劳动锻炼;1970年10月—1978年3月在八五钢厂07车间金工工段任机床维修钳工;1978年3月—1982年在八五钢厂07车间计调组任工艺员;1982年3月—1987年12月在八五钢厂07车间计调组任组长、计划调度员、工艺员;1988年2月在上海第五钢铁厂机动处备件科工作;2008年12月退休)

三八工程回忆

原八五钢厂　董昌定

作者董昌定

我是1979年由八五钢厂07车间金工工段调任车间计划调度组的,当年有幸参与了"三八工程"。07车间当时共有7个工段:铸造工段、金工工段、铆焊工段、电修工段、水道空气运行工段、制氧工段和科室后勤服务工段。

所谓"三八工程"即先后对03车间(轧钢车间)和08车间(煤气车间)进行的大规模改造扩建。整个改造工程大约从1979年9月开始,厂部要求07车间半年内完成机械、电气设备制造,随后的两个月内完成设备安装调试和试生产。这就要求八五钢厂全厂既要完成年度生产任务,又要在半年时间内基本完成设备制造任务,难度可想而知。为此,八五钢厂厂部领导在项目前期进行了广泛动员,很快形成全厂一盘棋的思想。虽然改扩建的主力军是07车间,但其他车间部门也摩拳擦掌,主动加入。锻钢车间和钢管车间派出最好的设备工程师及热处理工程师支持07车间设备制造项目实施。锻钢车间承担了大型设备零件如轧机减速机齿轮、冷床传动轴和轧机传动齿轴等毛坯件的锻造工作。炼钢车间的精密铸钢工段承担了全部设备的铸钢毛坯件制作任务。炼钢车间在完成铸钢件木模任务后,继续抽调木模工,帮助07

八五钢厂工人在山上安装煤气管道

车间铸铁工段完成铸铁木模制作。锻造车间还帮助07车间开展大型铸铁件和焊接件的退火和消除应力。由于07车间既是生产辅助部门,又负责全厂设备管理和电、水、压缩空气、氧气的生产和管理,为了这次改扩建,07车间派出了最优秀的工程师参与煤气车间和轧钢车间的改扩建设计。07车间的制氧工段和铸造工段抽调冷作、电焊、钳工、钳工、电工等紧缺工种充实铆焊、金工和电修等三个工段。

工程开工初期全厂就形成了一幅波澜壮阔的奋战场景,可见当时厂部领导、车间部门领导和全体职工对改扩建项目的重视。

另一方面,车间党总支和行政主任密切配合,充分发挥工段党支部、工长、班组长、技术骨干的力量,也是完成这次改扩建任务的关键。

车间明确告诉全体职工、各级党组织必须以生产任务为导向,发动群众积极完成生产任务和改扩建项目。当时职工奖金都是5元4角,加之精神鼓励来调动生产骨干和党员的积极性是改扩建中的主要工作。党总支领导曹贵安和车间周主任、方主任首先作好表率,帮助工段领导做好职工慰问工作,利用家访等方式了解职工家庭困难,帮助生产线上的职工解除后顾之忧。当时许多老职工评论他们是1970年建车间以来最好的一届领导,他们的工作方法对下

时任后方基地管理局局长王志洪(中)等到07车间铸造工段现场,左一为作者董昌定

属党支部书记、工长、科室工作人员的影响很大,对当时年轻同志的影响也很大,本人受益匪浅。

"三八工程"最先开工的是煤气管道制造。当时的大口径钢管全部用6毫米钢板卷制成形,每根长度8米,有环形焊缝5条、对接焊缝5条,运输到现场后由起重机配合电焊冷作工在5米高的支架上一根连一根拼装后焊接,总长度20—30千米。

当时工期紧张,电焊冷作员工又极为紧缺,且电焊冷作工女同志多,又是高空露天作业,铆焊工段领导压力特别大,但工长、书记与施工人员同甘共苦,连续奋战半年终于啃下了这块硬骨头。煤气车间翻山下坡到老虎滩这段的施工难度特别大,施工坡度超过45°,少数地方坡度达70°,而且没有施工电源,用车间备用的柴油发电机供电。铆焊工段发扬大庆油田铁人王进喜的拼搏精神,没有条件创造条件也要上,工段职工用最原始的施工方法,人拉肩扛,在陡峭的山坡上一段一段竖立木把杆,再挂上滑轮,在山坡上固定好卷扬机,把8米长的钢管牵引上坡。

运行水道工段也值得点赞,在"三八工程"前期,工段主动请缨自行设计组装大型弯管机,为煤气车间、轧钢车间改扩建所需能源管道的安装到位创造有利条件,并承担了所有能源总管、支管与设备的安装连接工作。

还要表扬金工工段,金工工段承担了全部设备的制造加工工作,07车间金工工段是个藏龙卧虎的工段,车床、铣床、刨床、镗床等加工机床很多,有好几十台套,唯一缺少的是设备制造最关键的数控镗铣机床,而轧钢车间改扩建需制造的轧机减速箱、冷床齿轮箱、齿条板等都需要数控镗铣机床加工,当时现成设备的最大加工质量是2吨,工件长、宽、高受到加工范围的限制,龙门刨床加工长度可达6米,但加工宽度仅1.6米。许多设备零件的尺寸都超出机床的加工范围。对这部分零件的加工,车间工段金加工技术人员和参与加工的师傅反复商量后,决定立足现有设备,采用"蚂蚁啃骨头"的办法来解决。如零件超出镗床加工范围,或超重,就在镗床周围搭建临时加工工作台来扩大加工范围;有的零件超高,就临时抬高机床位置解决难题。当时新轧机的某个零件加工精度要求很高,受设备能力限制,金工师傅只能在龙门刨床上设置专用手动刀架,在龙门刨床一个加工回程中手动均衡控制刨削进量。加工精度特别难控制,金工师傅通过多次改进刀架结构强度和刀具角度,最后保质保量完成了加工任务。

07车间电修工段承担了煤气车间、轧钢车间改扩建工程所有架空线和地下电缆的铺设工作,还负责动力柜、控制柜的制造安装工作以及所有设备控制线的排线和调试工作。虽然工程风险和难度都特别大,但这些都被胡杨富主任和电气工程设计人员之一的黄定中同志组织电修工段的同志们一起一一克服,所有电气设备都逐个调试成功。

煤气车间改造后,煤气生产受生产计划调整,经常会有剩余煤气,除在设计上考虑增加煤气储气罐外,将剩余煤气用于改善职工生活是两全其美的好事。为此,八五钢厂领导决定在各住宅区接入煤气。在决策前由煤气车间专业人员和厂安全科进行广泛调研,确认安全措施到位后才实施煤气入户工程。

八五钢厂"七二一"职工大学第一届学员合影照

这是八五钢厂党政领导为全厂职工做的又一件大好事,深受职工拥护。

40年前的工作回忆,可能会有差错,在回忆过程中得到了黄定中、郑敦华等同志支持,行文过程中得到王友章、张启庭、方世根、石文瑞、王勤民等老同事们的大力帮助,在此对他们表示衷心的感谢!向当年参与"三八工程"建设的全体同志致敬!

(董昌定,1970年1月12日由上海劳动局第二技工学校毕业分配到安徽贵池八五钢厂市建二公司203工程队参加劳动锻炼;1970年8月成为八五钢厂工人;1970年10月初分配到八五钢厂机动部金工工段车工组,从事车、镗作业;1974年底担任金工工段副工长;1975年年底担任金工工段副工长兼党支部副书记;1979年3月调任机动部生产计划调度组;1982年3月调任八五钢厂机动部副主任;1988年3月随八五钢厂职工整体消化到上钢五厂,曾分别在带钢厂、锻压厂、初轧厂和检修协力公司工作)

从钢厂幼儿园到职工大学

原八五钢厂 于翠英 陈妙和

建成于20世纪70年代的八五钢厂是在皖南山区里的一个大社区,更是一个由职工和家属组成的大家庭。在八五钢厂建厂和运营的近20年间,厂党委与厂行政领导高瞻远瞩与时俱进,十分重视教育方面的领导与投入,全方位支持我们教育部门开展各项教学工作,使得钢厂不仅承担了钢材的生产,还担负起了从幼儿到成人的教育工作,

作者于翠英

在稳定职工队伍、解决职工子女上学读书,提升在职员工的政治和技术素养等方面写下了光辉的一页。主要体现在如下五个方面:

硬件设施

在八五钢厂的设计蓝图中,厂领导早已经有了教育工作的总体规划:即幼儿园、小学、中学、技校、职工培训学校、职工大学("七二一"职工大学)。

1972年的下半年,西华幼儿园、西华小学、28K幼儿园、28K小学就都已正式开学了,孩子们坐在宽敞明亮的教室里读书学习。这两所小学和两所幼儿

作者陈妙和

园当初设计时面积是2 000平方米,而在实际的建造中建筑面积扩大了不少,两所小学各建一栋楼,两层各6间教室,幼儿园也建成两层各4间教室的小楼,恰好满足了当时各个年龄段孩子的入学需求。

到了1973年,在28K段建成了第一所中学(建筑面积4 520平方米)。这所中学的主教学楼有三层,每层有5间大教室,还建有设备齐全的实验楼,内设物理实验室、化学实验室。学校还配置了体操房、足球场、篮球场、学生运动场、教职工宿舍楼、礼堂兼食堂等。

有了这些硬件设施,八五钢厂的职工子女教育就有了坚实的物质基础和硬件设施保障。

教学管理

当时我们使用的教科书是上海市的统编教材,为了确保教学质量,厂领导特批各个学科的教师在每年的寒暑假参加上海教育学院举办的教研活动,有效地保证了钢厂教学进度和质量与上海同步。

八五钢厂的教学分为两大块:一块是普通教育,即幼儿园、小学、中学;一块是职业教育,即技校、职业技术教育、青工培训、职工初高中文化补习、全员普法教育等。

学校的行政管理大致情况：普通教育一块开始是由一个党支部统一管理的，随着教学规模的扩大、学生人数增多，中学就实行单独管理。职业教育一块，技校原先是单独管理，后来纳入教育科，由教育科对八五钢厂的技校、职校、职工培训、职工大学的学员学籍进行管理。

教职工队伍

普通教育队伍：幼儿园有20名教师、4名保育员，小学有30多名教职工、中学有60多名教职工（包括后勤、财务、安保、食堂人员）。

职业教育队伍：教育科有管理人员6名、专职教师16名、兼职教师若干。教育科根据不同的培训内容聘请相关的专业人员担任兼职教师。

八五钢厂的教师队伍是一个非常优秀的团队，绝大部分教师都具有大学本科学历，其中一部分是为解决夫妻分居调来的，他（她）们在原先的单位都从事教育工作，有着丰富的教学经验；还有一部分是由师范学院毕业后分配到小三线的青年教师，也有职工大学毕业后到学校任教的教师。

讲到教师队伍，我一定要讲一个人，她就是优秀共产党员、八五钢厂西华小学的校长魏芳老师。

魏老师1970年的下半年就进厂了，是进厂教师中最早的一批。她家住28K家属区，人在西华小学上班，早上丈夫骑自行车送她上班，晚上骑自行车接她回家，她工作很忙、很累，但很幸福。但谁料想1976年上半年的一天，她的丈夫突发心脏病，撒手人寰离她而去，这对于一个不满四十岁的女人来说如同整个天都塌了下来。她大病一场，但是顽强的她从病床上起来的那一刻起，就把悲痛压在了心底，全身心地投入工作，每天步行好几公里上下班，同事们要为她代课，她都婉言谢绝。领导想让她休养和调理就安排她到上海出差，也被她委婉拒绝。这是何等的坚强啊！

魏老师在整个中小学教师面前竖起了一面鲜红的旗帜。在工作、学习和生活中，魏老师无论遇到什么困难都不惧怕，千方百计地克服一个个难关，团结和凝聚全体教职工去实现一个又一个教学成果。在魏老师榜样力量的感召下，中小学的老师们都能够自觉践行人民教师的崇高职责，为了培育八五钢厂职工子女而勤奋工作。

教学教育的成果

普通教育：

两所幼儿园开办时只有5名老师,10多位小朋友,后来发展到20多名教师,每学年有近200位小朋友在园。

两所小学开始时仅有10名老师,30多位小学生,后来发展到30多名教师,每学年有360多位小学生在校学习。

中学开学时只有4名老师,13位初中生,后来发展到60多名教职工,初一至高三6个年级开了12个班级,在校学生最高峰时高达398位。当初的683场、长江医院、325电厂、永红机械厂、707库等单位的职工子女也都进入八五钢厂中学就读。

从以上的数据就可以清晰地看出当初八五钢厂的教育教学的规模、计算出每年升级、升学、毕业后参加工作的人数。在整个教学过程中,教师们不仅传授知识、答疑解惑,更是为学生的健康成长倾注了满腔热情,承担了教书育人的责任。

职业教育：

技校从1980年9月开始到1983年上半年开办了3个电工班（两年学制）,培养了85位取得国家资格认定的合格电工。这些学生技校毕业后全部进厂当电工,有许多学生工作后成了生产骨干。1984年开始,技校的学生逐步向上海转移,1985年进校的学生全部转到上五钢厂技校就读。

职业教育的内容很多,工作量也很大。归纳起来有如下这些：

一是等级工的培训和考试。此项工作由各个车间负责,他们根据各自车间的工种需要,请相关方面的工程技术人员依据培训大纲制订教学计划,落实培训任务,组织员工考试。教育科派员进行监考,考评合格后发证确认学员的技术等级。

二是青工政治培训。依据当时上海市工业系统的统一安排,八五钢厂教育科从1984年7月开始开展全厂青工的政治培训,先后开办了29个班,至1986年3月完成了此项工作,1 197名青工结业,取得了上海市后方基地管理局统一颁发的结业证书。

三是职工初中文化补习。此项工作由八五钢厂教育科进行统筹和协调，授课由教育科的专职教师和许多兼职教师共同完成。经过近两年的努力推进，全厂近3 000名职工取得了初中文化补习合格证书。

四是成人高复班。根据当时干部任职资格的要求，工段长以上的干部需取得高中及以上的学历。据此，教育科依据党委人事部门的要求分别开办了高中文科班和高中理科班，共招收学员80多名，请八五中学的教师开展各科目的教学。学员参加上海市统一组织的成人高中文化考试，通过后即具备高中学历，确保了干部职务的资格认定。通过学习，许多学员成了车间、部门的管理人员，还有的学员被选拔成为车间、部门的一把手。成人高复班也为许多职工参加高考和成人大学入学考试打下了坚实的基础。

五是全员普法教育。1986年4月，按照当时上海市相关部门的统一部署，在全厂范围内开展了全员普法轮训。在编的八五钢厂职工全部接受了此次普法教育，通过了基础法律知识考试并取得了普法教育合格证书。

六是教育科对24名有一定文化基础，又愿意继续学习深造的有志青年，开办了"七二一"职工大学。学员刚开始时安排在大冲技校上基础课程，后来由刘瑜科长亲自负责转到了上海职工大学就读。这批同学毕业后，有的留在了上海工作，有的随八五钢厂整体转入上钢五厂工作。他们在各自的岗位上成了单位的技术、业务骨干，有的还被聘为高级工程师。

从以上翔实的数据中可以看出：八五钢厂的教育、教学工作能正常有序地蓬勃开展，是全体教职工捧着一颗对党的教育事业无限热爱的赤诚红心，任劳任怨、认真负责工作的成果，更是党委及厂领导班子重视教育、全力支撑教育工作的成果。

教育工作的转续和承接

1983年之前教育科工作的重心是搞好厂内教育，从1984年开始，考虑钢厂的前景发展，厂领导运筹帷幄做出了如下布局：从一个班、一个年级开始，逐步将教育学员先于全厂职工陆续转移回上海。这样做的结果是：八五钢厂职工子女的就业渠道拓宽了，进入宝钢技校读书的学生毕业后就进宝钢工作，转到东昌中学、杨思中学读书的一部分学生先后考入上海的中专、大专和大学,从此跳出了山沟沟。这些举措,对于学生来说,他们施展才华、展翅飞翔的空间更大了,对于学生的父母来讲,有什么能比得上子女有出息更重要的呢?所以,八五钢厂的老职工都非常感激厂领导,感谢他们为职工解决了子女在上海接受教育的大问题。当时的厂领导为职工在教育方面办成的大事、好事一直被"八五人"挂在嘴边,记在心里,永难忘怀。

（于翠英,1968年7月山东师范大学毕业,之后在山东某解放军农场劳动锻炼一年,后在山东省曲阜一中任教一年;1970年底到八五钢厂,曾在八五中学担任中学领导小组组长并担任政治课教师,后到教育科担任副科长;1984年3月到厂中试室担任党支部书记;1986年6月到上钢五厂,先在技校担任工会主席,再到拉丝厂担任党支部副书记兼工会主席,后到厂部退管处担任副处长;1997年7月退休）

（陈妙和,1972年10月—1976年3月在上钢一厂中试担任第三试验室团支部书记、生产班组长;1976年3月—1982年2月在八五中学任教师、八五中学团总支书记;八五钢厂团委委员;1988年2月—2007年6月于上海第五钢铁厂银亮钢分厂主管质量管理、产品检验、用户服务、生产管理;2007年7月—2014年10月担任连云港金昌特钢有限公司公司管理者代表,主管公司质量管理;2015年3月—2017年8月于上海力睿精密金属有限公司主管公司质量体系管理）

跨越半个世纪的友谊
——我与一个贵池农家的故事

原八五钢厂　董国仕

我在地处皖南山区的小三线企业八五钢厂工作了18年,工作之余与当地农民水乳交融,结交了不少朋友,这中间,潘桥村的钱国胜与我最为相投。

回想起这一段跨越半个世纪的友谊,最初的相见,宛若诗画。那是20世纪70年代初的一个秋日,我初见钱国胜时便印象深刻,圆嘟嘟的脸,明亮的大眼睛,白净的皮肤,酷似年画中的骑鲤福娃,长得多好的一个山里娃呀!那时候我俩都年轻,很快就玩到了一起,形影不离。

作者董国仕

钱国胜是独子,父亲患有哮喘,却是家中唯一劳力,故家境贫寒。缘分使然,但凡路过,我总喜欢钻进他家那间低矮的堂屋去坐一会儿。老钱很喜欢聊贵池的山野趣事,而这正是我爱听的。聊到兴起,他会点上一支大铁桥牌香烟,有时也会递给我一支。这是一种只售8分钱一包的香烟,老钱怕我抽不惯,往往会先观察一下我的反应,欲予又止,但我总是接过来爽快地点上。由于烟丝中夹杂着不少结梗,这种烟点起来会啪啪作响,烟头一明一灭,瞬时点亮黑暗中那间陈设简陋的屋子和那双满是青筋的大手,至今仍是我脑海中难忘的画面。

能感觉到，国胜一家都很看重我这个上海人，但说来惭愧，我除了帮他们在小卖部采购过几次诸如洗衣皂之类当地供销社短缺的日用品之外，并无大用。所以，这是一段一个贵池农家与一个上海青年工人的纯真友谊，毫无功利，互不贪图，却真心相互喜欢。

上海企业的现代工业设备和技术工人的精湛技艺对当地青年人很有吸引力。工厂全盛时期，不少农民进了厂，有的入编，有的打零工。那时候，国胜也已成人，我曾介绍他到厂里打过一段短工。尽管是短打，但国胜非常尽责，绝不偷懒，农民纯朴的品质显露无遗。

我成家后，厂里分了房。一个星期天，有人叩门，开门一看，是国胜，还带了一个腼腆的漂亮女孩，就是后来成为国胜爱人的青山。让进门，未入座，国胜便以一种近乎严肃的口气对女孩说："叫大哥。"女孩像小妹一样听话，叫了我一声大哥。我像自己的弟弟有了女朋友一样开心，我爱人马上去菜场买来鱼和肉，做了一桌菜，4个人乐陶陶地在一起吃了一顿饭。就这样，我和国胜的友谊延续到了小家庭。

青山很能干，无师自通，会一手园艺活。自嫁入钱家后，后园渐渐地植满了造型各异的树桩盆景，那都是她从山上掘来老根，精心攀扎培养的。依我来看，拿到花木市场，每一盆都能卖得好价钱。在这个旺夫女人的操持下，国胜家的日子日见滋润，不多年，新房也盖起来了。反倒是由于经济形势的变化，上海小三线工厂的生产经营普遍陷入困境。终于，在1986年，按政府政策，八五钢厂移交贵池县经营管理，职工整体回迁上海工作。自此，我与国胜千里相隔。

终究在贵池这块土地上生活了这么多年，那山，那水，那人，都让我难以割舍，所以，自返沪至今，30多年里，我多次携妻女重返故地。每次，我往往总是先直奔国胜家，而国胜也常常陪伴左右，与我一起重访那大多已成断壁残垣的厂区和墙倾屋摧的家属区遗址。这时，他也会与我一样，一声不响，默默环视，或许也在追忆那逝去的难忘岁月。

尤为难忘的是2017年春的重聚，那次，我与十多位原供应科老同事分乘三辆车入皖。动身前一天，青山打来电话，说要为我准备午餐。我说这次不比往常，有十多位同事一块来，人太多，不麻烦你了。谁知电话那头竟有了哭腔:"我已杀好了两只鸡,给谁去吃呀!"就这样,一行人受到了这对夫妇的热情款待,那土鸡汤,那炸溪鱼,那自栽的菜蔬,让老同事们吃得啧啧称赞。

现在,两人的后代已长成大人。最近,国胜在微信中展示了他大儿子在池州城里开的一家汽修店的照片,装潢精美,规模很大,看来生意不错。国胜虽看来过得平凡,但也算后继有人。我衷心地祝福他,愿他的日子像近年池州的市政建设一样蒸蒸日上!

(董国仕,1970年1月—1970年8月随上海市中专技校学生连队在市建二公司202工程队劳动锻炼,参加03车间建设;1970年8月—1986年在八五钢厂先后担任机修工、保卫员、供应科党支部副书记;1986年—1987年4月留厂参加与地方交接服务工作和职工消化回沪工作;1987年4月—2000年4月在上钢五厂第三轧钢厂担任热处理车间、机修车间副主任,后担任沪昌特钢股份有限公司人事综合部副经理;2000年4月退休)

我 的 邻 居

原八五钢厂　陈殿青

我在八五钢厂度过了十二个春秋,回忆往事,趣事多多。俗话说远亲不如近邻,邻居好,赛金宝。我们是三口之家,隔壁就是我的同事,也是我的邻居。他们是三代同堂,家中有一位五十多岁的阿婆,这位阿婆是上海退休工人,特地来山里照顾女儿一家。她个子不高,人偏瘦,但特别善良,和蔼可亲。她的外孙女两岁,我家女儿只有半岁。那时刚到山里,生活条件较差,我们夫妇都

作者陈殿青

是上常日班,爱人车间也较远,每天下班,首先要到托儿所接孩子,然后回家,一个忙着生炉子烧饭,一个忙于做家务。吃好晚饭,我有时还要到厂里参加政治学习,开会,家访,忙得不亦乐乎。

有时饭未烧好,孩子饿得哇哇叫,这时,阿婆就会不慌不忙盛一碗粥,粥内放点肉松或红糖,两个孩子围在阿婆身旁,你一口,她一口地吃起来,看到孩子吃得又香又甜,阿婆和我们都露出了微笑。

邻居男主人特别聪明能干,个子高大,人也非常和气。他会种菜、养鸡,为了改善伙食,每逢休息天,他就去钓鱼、捉虾,在夏天,还会到稻田里捕捉黄鳝和螃蟹。满载而归后,他麻利地杀洗鱼虾,当香喷喷的油爆虾烧好后,总不会忘记我家宝贝女儿盛一小碗端来。当然,每当我们从上海回来,也会带点水果、饼干之类的东西送给他们。这样一来二去,我们关系非常融洽,不是亲人胜似亲人,两个女孩也特别要好。

记得有一次,我女儿睡在床上,邻居小姐姐走进房间,爬到床上去吻我女儿的脸,我女儿以为是奶头,将她狠狠地咬了一口,小姐姐哇哇地哭起来,我们大人吓了一跳,当出了什么事,后来,听小姐姐诉说,我们两家人都哈哈大笑起来。

记得还有一次,我楼上的一位邻居,因家庭琐事,与她的孩子发生了一点矛盾,放学后,孩子一直未回家,天渐渐黑了,家长非常着急。那时,家中没有电话,更没有手机,无法与老师、同学联系。我们邻居知道后,三四个男同志手持电筒,分头寻找,找了一个多小时才找到孩子,原来他怕父母打骂,不敢回家,躲到同学家里去了,孩子找到了,家长和邻居们的心才安定下来。

那时候,我们虽然物质条件比较差,但人与人之间的关系是真诚的,友好的。每当想起当年的生活情景,心里总有说不完的感动。亲情固然重要,但友情同样不可缺少。我为我的好邻居点个大大的赞!

(陈殿青,1968年9月—1972年4月为上海第十六毛纺厂染整车间工人;1972年4月—1973年4月任上海第十六毛纺厂染整车间党支部副书记;1973年4月—1975年3月任上海第十六毛纺厂染整车间党支部书记;1975年3月—1975年8月任八五钢厂工会干部;1975年8月—1981年8月任八五钢厂工会副主席;1981年8月—1987年11月任八五钢厂行政科党支部副书记)

创办《八五通讯》

原八五钢厂　倪国钧

2019年11月29日,接到上海大学历史系徐有威教授电话,邀我写一篇关于上海小三线原八五钢厂主办的《八五通讯》和《八五团讯》的回忆文章。随即由其学生送来一大叠《八五通讯》和《八五团讯》复印件。看到在那峥嵘岁

作者倪国钧在八五钢厂办公楼前留影

八五钢厂部分领导留影。从右至左依次是八五钢厂副厂长方永铭，副厂长顾中凡，副厂长汪铁钢，政治部主任倪国钧(作者)，厂长庞耀昌，副厂长王祥举，党委书记陈锁锁，副厂长邹明，副厂长许汝钟，厂工会主席陈敏章

月中创办的《八五通讯》，宛如长期走失的孩子突然又回来的那种感觉。迫不及待戴上老花眼镜，花了二三天时间悉数看了一遍，并释读了徐教授和他的研究生撰写的有关《八五通讯》研究的文章，以及谈雄欣的《〈八五通讯〉编辑历程》和史志定的《难忘〈八五团讯〉》二文，思绪久久不能平静，勾起了我几十年前的那段回忆。

徐教授送来的《八五通讯》有两个版本，一个是1970年507工程指挥部办的《八五通讯》，另一个是我们于1979年7月1日创办的《八五通讯》，两者前后相隔九年。说实话，前一个《八五通讯》我从未听说过，更没有看到过。因此，前后两者相互之间没有关联。这也从一定程度上反映了徐教授对小三线考察研究的全面、深入和透彻，值得敬佩！

我是1970年10月响应毛主席号召，作为"好人、好马、好刀枪"到八五钢厂工作的。当时,为支援小三线建设,上海有 2 000 多名大中专、技校学生被分配进八五钢厂。

我在上海矽钢片厂曾先后担任过轧钢车间团总支书记、厂团委副书记,有青年工作经历,在上海青年宫召开的上海市团干部大会上,还介绍过共青团工作经验,因此我一进八五钢厂,党委书记陈锁锁就指派我负责青年工作,担任青工组负责人。当时条件有限,青工组的办公室就借用洗漱间,一只小方凳,一只小板凳就是办公桌椅,一只军用黄背包里是我的全部办公用品。随着工作展开,党委给我配备了一名大学生党员吴培林和一名女青年陈美玉作为助手。在熟悉情况后,我着手在全厂建立共青团组织,在炼钢车间试点的基础上,全厂各车间各部门陆续建立并筹备成立了八五钢厂第一届团委,把吴培林同志推上了团委书记岗位,全厂几千名青年有了自己的组织。之后,我先后主持政宣组、党委办公室工作,担任厂政治部副主任。厂党代会召开后作为党委成员,上级正式任命我为政治部主任,兼党委办公室主任。原厂长办公室主任朱岳林同志调任后方基地办公室主任后,我又兼任厂长办公室主任。

在其位,谋其政。在厂党委领导下,我主管政治部工作,针对八五钢厂的实际情况,正式向党委提议,编辑出版《八五通讯》,获得党政领导一致同意,党委书记陈锁锁同志更是全力支持。

第一,我需要组织队伍,确定主编。在明确宣传科为主办单位后,我挑选炼钢车间党总支副书记谈雄欣同志为宣传科负责人,担任责任主编,再配备杨

在厂政治部例会上,作者倪国钧与宣传科长谈雄欣,团委书记史志定等研究《八五通讯》《八五团讯》等有关事宜

水根、左伯等若干名文艺青年为组稿编辑人员，在全厂建立了一支业余通讯员和编辑队伍。实践证明，这支队伍是过硬的。

第二，我要用好专才，尽快筹建印刷所。《八五通讯》是正式厂报，必须铅印，那就得筹建印刷所，发现和用好专才。通过排摸，我决定围绕刘师傅来筹建印刷所。刘师傅以前曾从事过铅字印刷工作，有一定基础，为人勤奋朴实。刘师傅到岗后，由他负责采购，安装圆盘机等印刷设备，培训员工。印刷所划归厂长办公室管理，很快，一间十多平方米的印刷所建立起来了。它不仅负责印刷《八五通讯》，同时还负责设计、印刷全厂原需要委外印刷的信笺、信封及各种统计、登记表格，一举多得。

第三，我需要设计报头和版面，确定发行规模。我对《八五通讯》报头和版面的设计要求较高，为此我约谈了在厂工会做美工工作的上海美术专科学校毕业的吴昌富同志，与他多次研究版面设计事宜。最后，我确定"八五通讯"四个字要用毛主席的手书字。小吴同志从搜集到的毛主席手书笔迹中挑出这四个字，由于吴昌富同志有良好的美工专业功底，因此一次设计出稿成功，我很满意。同时，《八五通讯》四个红色大字也得到了全厂职工的一致称赞。报头设计成功后，我们确定《八五通讯》为8开正反两版，其阅读对象主要是全厂职工，因此必须发到各个班组，作为阅读资料，还兼顾各相关单位，故决定每次印刷800份，由厂长办公室负责发行。

1979年7月1日，《八五通讯》第一期成功编辑印刷发行，坐落在皖南山区的上海小三线八五钢厂有了自己的厂报。

编辑出版发行《八五通讯》的初心和功能主要有三：其一是稳定队伍，抓好舆论宣传的主阵地。八五钢厂职工及家属共计八千多人，是上海小三线最大的企业之一，其20多个车间和部门分散在各个山沟里，除非空中鸟瞰，否则难窥全貌。真是山重水复疑无路，柳暗花明又一厂。根据生产生活需要，厂里陆续建了四个家属区，办了托儿所、幼儿园、小学、中学、技校，设立了医务室、菜场、小卖部，还有大集体和农场，是一个功能齐全，设施完备的大社区。多年来，厂党委在宣传舆论上采取了一系列措施，如广播台、黑板报、宣传画廊等，但作用有限。厂党委十分重视员工教育，认为厂党委的主要职责是以人为本，为员工服务，作为在山沟的小三线企业，首要任务是稳定队伍，培育一支团结和谐，积极向上的员工队伍，从而为搞好生产，为建好小三线创造条件、打好基

刊登在1980年11月28日第1 520期《青年报》上的《初恋需要注意的六个"第一次"》

础,"人心齐,泰山移"。《八五通讯》的创办就起到了稳定队伍,抓好舆论的主阵地作用。

其二是表彰先进,弘扬正气,成为调动职工积极性的主平台。纵观272期《八五通讯》,篇幅最多的就是表彰先进,把蕴藏在职工中的各种积极因素调动起来,潜移默化地引导职工提升正能量,全厂职工始终保持着昂扬的精神风貌,促进了生产,协调了人际关系。因此,八五钢厂的风气一直比较好,职工及其家属之间亲如兄弟姐妹,在领导和职工中间,相互见面从不称职务,而是直呼其名,这种关系一直保持至今。现在大家虽然大多已年逾古稀,有的已是耄耋之年,但微信群的"八五群"和"一家亲群"关系密切,时常组织聚会、旅游,为一般企业所少见。

其三是上下沟通,左右交流,成为团结奋进的主渠道。通过《八五通讯》,厂党委、行政领导的工作计划、生产安排以及每一时期的各种要求和讯息都能及时顺畅下达。职工的批评、建议也能及时上传,并得到迅速整改,实现"领导要求一呼百应,职工意见有求必应"。车间部门相互之间也能及时交流,形成相互支持,通力协作的局面。职工反映工余生活枯燥,厂领导及时研究,自行设计、建造了千人大礼堂,让大家能在正规剧场内观看戏剧、电影;职工家属区电视接收不到信号,厂里迅速责成工会抽调专业人员,在厂区中央最高山峰上安装50 W电视信号转接塔,30公里范围内都能清晰地收看电视,工厂还添置设备定期播放电视连续剧。全厂四个家属区职工上下班都骑着自行车,前面小孩,后面爱人,不但要顶风冒雨,上坡下坡也时常累得气喘吁吁,亟盼能解决交通问题,厂党委责成办公室,改装车辆,定点接送职工上下班。职工家属反映生煤球炉做饭太难,厂领导研究后,责成煤气发生站改进设备,把工业煤气一部分转化为民用煤气,并责成机动部翻山越岭安装管道,把煤气接入每家每户。与此同时,工会、团委、武装部还经常组织"为您服务"活动,几十个服务项目,覆盖了职工生活的方方面面,解决了职工生活中的诸多困难。这些在后方上海小三线企业中均是首创,在当时甚至还优于上海企业。因此,八五钢厂工会、团委和武装部均多次被后方基地管理局、上海市团委等评为先进单位。

《八五通讯》发行七年多的实践证明,创办《八五通讯》是必要的、成功的,实现了办刊的初心和功能。同样,在厂党委的领导和支持下,由史志定同志提议并相继由其和王汶菁、祁伟勤两位同志担任主编的油印刊物《八五团讯》也发挥了积极的作用,成为全厂青年喜闻乐见的刊物。这些都是上海小三线思想政治战线和宣传舆论工作的创举,为小三线建设和八五钢厂的建设发展以及移交转型做出了积极的贡献。

(倪国钧,1960—1961年上海市劳动模范,1970—1983年历任上海小三线八五钢厂青工组负责人,政宣组负责人,政治部主任兼党委办公室主任、厂长办公室主任;1983—1999年,历任上海宝钢附属企业公司办公室主任,宝钢综合开发公司副经理,宝钢生产协力公司副经理、经理,宝钢企业开发总公司办公室主任,干部处处长,宝钢工贸实业总公司党委书记、总经理等职;1999—2014年任宝矿控股集团有限公司行政中心总经理、总顾问)

我在八五钢厂小分队习笛时的二三事

原八五钢厂　程学良

我是一位竹笛吹奏的爱好者,2008年与2012年分别参加了宝山月浦锣鼓队赴新西兰及德国的民间交流演出。2010年我参加了宝山市民艺术团,参与世博会的演出。2017年我还代表宝山区市民艺术团赴中央电视台演出。亲朋好友调侃我吹竹笛还真吹出了小成绩。在我看来,我之所以能取得这些成绩,是得益于我当年参加了八五钢厂小分队,并从中得到了锻炼,其中几件事至今让我难以忘怀。

左三为作者程学良

我们学校赴贵池小三线建设的学生连队是1969年12月30日在工宣队及带队老师的带领下上船的。1970年1月1日，我们到达贵池梅街。当时八五钢厂厂房及道路尚在建造中，我校学生与同属教育局的四所机械中等技术学校学生一起分到驻在梅街的市政108队，我们跟随施工队师傅们一同修路建桥。学校工宣队及老师则负责我们劳动期间的生活。

临近春节半个月的时候，我接到学校工宣队的通知，叫我去507文艺小分队报到。

原来我来到108队后，在工余时常会吹吹我所带的竹笛进行消遣，时逢507指挥部要成立文艺小分队，带队老师见我平时常吹笛，于是推荐我去507文艺小分队。

去后才得知小分队的成员都是当时我们赴池州小三线的各连队的中专技校的学生。由于时间紧，在很短的时间内便确定了演出内容，有器乐合奏、男女独唱、京剧清唱、舞蹈并安排我表演笛子独奏。

其实那时我喜欢吹笛，也只是能把一两首简单的独奏曲结结巴巴地吹下来，从未参加过团队，平时只是自娱自乐而已，离上台吹独奏的水平相差甚远。当时我便提出："我参加器乐合奏尚可，独奏我不能胜任。"

为了此事，我们队长找我谈话，说这次演出是去507工程池州专区内各小三线单位所在地为当地老百姓演出的，是为了搞好小三线单位与当地百姓的团结，事关小三线建设大局。由于组队时间短，离演出时间又近，节目选择性小，因此希望我有一个独奏曲。在赶鸭子上架的情况下我选了自己认为还可以的一曲《奔驰在公社的大道上》。

我们是1970年1月1日到贵池的。1月5日山里下了一场大雪，足足半尺多厚，可见春节前后山里的气温是很低的。当时又没取暖的设备，给排练带来了一定的困难，排练舞蹈是处于运动状态，天冷尚能克服，我们练习乐器的可够呛了，演奏乐器又不能戴手套，没几天手上就生冻疮了，但还得坚持练。

几天下来，待所有节目初见眉目，就安排领导审查。

我的《奔驰在公社的大道上》的独奏在不很流畅的状态奏完，显然领导不太满意，说是一个人吹好像缺点什么，最好加个手风琴，至少热闹一些。

由于领导的要求，于是和一位姓钟的女同学进行合奏，一合奏才发现问题不少。

后排左一吹笛者为作者程学良

由于平时没条件和他人合奏,都是一个人按照自己的状态进行吹奏的,音准、节奏是忽视的,只要旋律出来便可。合奏可就不一样了,手风琴的音准是肯定的,那么合奏时的音准问题便出在笛子上。钟同学的手风琴是经过正规训练的,我的节奏与她不在一点上显然就是我错了。

于是,我在音准、符点节奏上加大力度进行训练,待到有些长进时,双手手指因寒冷天气已冻成胡萝卜状。这是因为我们为了赶时间,先分头排练,因场地制约,合练有时我们只能在厂部食堂,冬天夜晚之冷可想而知。

排练一段时间后,我们507小分队终于出发去演出了。我们所乘的带有帆布帐篷的大卡车先后去了青阳、石台、东至等有小三线工厂的地方。

让我意外的是,我们所到之处当地村民有时锣鼓喧天,有时夹道相迎,菜肴之丰富比在梅街108队食堂里的三两米饭搭一块山芋糕强不知多少倍。

507小分队的演出很快便结束了。在这次演出中使我感悟到音准和节奏的重要性,也使我在以后的习笛中注重了这方面的训练,为我提高吹笛的水平打下了基础。演出结束后我们也各自回到了自己的学生连队。

劳动锻炼结束后,我们学生连队的学生也成了八五钢厂的正式职工。

随着第一炉钢的产出,八五钢厂的生产逐步走向正轨,各岗位职工及家属也陆续到位,人口数达到了相当的规模,整个八五钢厂社区随之运转。由于山区生活相对枯燥,于是厂工会领导组织了电影放映队,尽可能争取时新的电影供职工及家属观赏,并开辟了图书馆,还定期组织体育比赛及文艺活动,丰富职工工余生活。

厂文艺小分队也应运而生,我也有幸成为其中一员。

当时文艺小分队所选演出的节目一般都是宣传备战备荒为人民、提高警惕保卫祖国、抓革命促生产之类的内容,为了贴近生活,01车间的严国兴同志和02车间的丁日青同志曾创作《战炉台》《锻钢战歌》等一批自创作品,深受职工喜爱。

由于笛子独奏曲没有类似内容,自己又无专业创作能力,因此我在文艺小分队吹奏了《革命战士运肥忙》和《公社一片新气象》后因没有其他谱子,我就没曲子可吹了。

当时同在乐队的严蓓伦同志给我出了个主意——靠自己记谱。严蓓伦同志是提琴手,精通乐理,有这方面的天赋。

当时我就托人利用探亲回沪机会帮忙购买了《塞上铁骑》和《牧民新歌》的唱片,利用家里的电唱机来记,当唱片带回后,我俩便在他的宿舍里开始了记谱工作。

由于我俩从未记过谱,本以为记谱是很容易的事,但开始后我们就觉得太困难了。因为当唱片转动后旋律便以每分钟60到70拍的速度播放,根本来不及记。

后经我俩琢磨,终于想出了一个办法。薄膜唱片正常播放速度是每分钟33转,我们把唱机的转速调慢至每分钟16转,虽然音质发生了变化,但因转速减慢后所播放的旋律速度也慢了一倍,这减慢速度后的旋律总算给我们记谱带来了一些方便。但要记全还是很费神的,必须让一段旋律反复播放,反复听,使大脑对该旋律有所印象后,再用笔记下一小节一小段直至全谱。我俩把这两首各为5分钟左右的曲子完整记录下来,足足花了一个多月,耗用了厚厚的一叠纸。

可怜两张鞠躬尽瘁、献身成仁的唱片,近一个月在它们身上不断反复折磨,待我们功成之后,它们再也不能播放出正常的声音了。

由于我在记谱时花了很长时间对这两首曲子反复聆听。所以对这两首曲子的节奏轻重缓急都有了深刻的理解,以致后来在07车间会议室和乐队一起排练这两首曲子时,很快就取得了成功。后来我不光在厂里演出这两首曲子,还去了其他厂巡回演出。记得在长江医院演出后,该院的一位笛友还向我索要这两首曲子的谱子,毕竟当时山区文化资源较为贫乏,要得到一份较为时尚的谱子也是一件不易之事。

记得有一次上海儿童艺术剧团来八五钢厂慰问演出,在演出空余时间,厂工会安排了艺术剧团的演员与文艺小分队成员在大礼堂进行交流,为了让乐队成员在技艺上得到提高,厂工会还让我们与艺术剧团乐队的乐师按乐器分类个别交流,我有幸和艺术剧团的许国屏老师交谈,他是笛子名家陆春龄的大弟子。交流时我吹了一曲《牧民新歌》,他听后进行了点评,指出了在气息和指法上有待改进之处,让我获益良多,至今难以忘怀。

记得那年快退休的我随乐队去月浦镇演出,其间我吹的《塞上铁骑》给月浦镇主管文艺的领导留下了深刻的印象,以致两年后的2008年他们的锣鼓队要组团去国外民间交流时力邀我一同参加,而《牧民新歌》则是我交流演出的主打曲目。这首饱含浓郁大草原气息的国乐佳曲深受到外国友人的欢迎。可见那时为这两首曲子所下的功夫还是有所回报的。

随着改革开放,我们国家发生了翻天覆地的变化,八五钢厂也不例外,全体职工迎着改革的春风随厂返沪,此是后话。

当时改革春风在厂文艺小分队也有反映,在01车间徐惠德和03车间段荣鑫两位同志的建议下,厂工会购置了一批西洋乐器,组成了一支小型的管乐队,演奏了当时很流行的《铃儿响叮当》《苏珊娜》等曲目,轻松流畅且富有异域风情的旋律很快得到青年职工的喜爱,也让老职工们有耳目一新的感觉。

这些曲目后来一直保留至八五钢厂即将返沪前夕,我们曾和那时前来我厂慰问演出的上钢五厂文艺小分队联合演奏过。我们还将这些曲目在上钢五厂演奏过,受到上钢五厂职工欢迎。

这些曲目演奏中所使用的长笛,我是首次学吹,长笛与竹笛指法上有很大的不同,在乐友徐惠德同志细心的指导下,我不仅很快学会了该乐器并达到了能上台进行演奏的水平。

如今我已是古稀之年，还能常常持笛寻乐，使我晚年生活更为丰富多彩，这得益于年轻时在八五钢厂文艺小分队时众多乐友的指点帮助，以及在参加演出时的实战锻炼。

常说年老易忆旧，确实如此，我空闲时常会翻阅老照片，将当年记录文艺小分队经历的老照片拿出来再看一遍，尤其是大礼堂门口前台阶上文艺小分队成员的全家福合影，大家笑容可掬，让人过目不忘，真使人感慨当年我们曾经年轻过。

（程学良，1947年生。1962—1965年于上海求是中学读书；1965—1969年于南市区中等机械技术学校学习；1969年—1970年8月于安徽贵池507工地劳动锻炼；1970年8月—1987年3月于八五钢厂02车间工作；1987年3月—2009年7月于上钢五厂工作；2009年8月退休）

难忘的十八年

原八五钢厂　冯德兴

50年前，22岁的我和同龄的一大批年轻人于1970年10月13日乘坐东方红3号轮，经数十小时的航行到达安徽贵池，上码头后厂里派卡车将我们送到离江边30多公里的梅街，上海小三线八五钢厂就坐落在这里。当时基建正进行中，正式宿舍还没有建造好，我们住进了芦席棚，床铺是竹片的。山沟里的金秋十月早已寒气逼人，临时住宿处四面通风，到了晚上，山野各种怪声传来，好在一间宿舍八个都是上海人，倒也不怎么害怕了。

当年小三线建设生产先行，生活设施逐渐完善，但没几年厂里的生活设施便已具一定规模。我有幸经历了行政科生活后勤的多个岗位，从保管员、食堂核算员、票证管理员、财务核算员，到后来的行政管理副科长，目睹了老同志与同辈们的艰辛工作，深感不易。

那是计划经济的年代，凭票供应是"主旋律"，从日用百货到轻工产品，从主副食品到农副产品，无票是寸步难行的，这对于我们这个负责5 000多名职工，500多户家属，总计近万人生活的管理部门来说，其难度可想而知。

我们当年一是靠市里计划供应一部分，二是靠计划外对小三线单位照顾一部分，三是靠当地政府关照一部分，四是靠各种关系在江浙皖等地零星采购一部分。所以我们400吨储量的冷库总是塞得满满的，牛肉、羊肉、猪肉，海鲜、河鲜从未断档，即使大雪封山，我们的供应依然正常有序，有时还能支援兄弟单位一点。

为了让全厂职工及职工家属的生活更加丰富，我们组织全厂食堂不定期

行政科管理人员合影，左一为作者冯德兴

举办食品展销，各种各样的中式点心、西式糕点、熟菜、卤味、半成品应有尽有，只要在各个展销摊前转一圈，总能买到自己满意的食品，这种展销形式深得大家的喜爱。

根据上海人喜欢上海产品的特点，我们还千里奔赴，组织当时的宝山县吴淞百货公司等单位进山展销，他们不仅带来传统的上海产品，而且还带来一定数量的紧缺物资，连得到消息的当地老百姓也相互转告，展销的那天真可谓盛况空前，热闹非凡，用现在的话说，是供销双赢，多方受益，至今让我印象深刻。

另外，我们有些职工和家属为了改善生活，仗着年轻身体素质好，又有各种技能，时不时会结伴上山打猎，下河捕鱼、捉虾、摸螺蛳，休息天的收获可供好几餐享用，不但节约了开支还饱了口福，一举两得。

我也是一个闲不住的人，也曾相约好友，穿上套鞋，带上手电筒，骑车到数公里外的山脚下、稻田里、水沟旁捉山鸡、河虾、黄鳝，要是运气好，几个小时能抓到几十斤，绝不会空手而归。第二天，把"战利品"与朋友们一起分享小酌，乐在其中。

难忘的十八年 | 77

上海八五钢厂行政科与贵池钢厂行政科联合迎送会，中间为作者冯德兴

随着企业的发展，我们生活后勤部门也同步提升自己的功能，办起了招待所、托儿所、小卖部、菜场、豆制品加工坊、煤球加工坊。我们每天派人到贵池城里买菜，供应全厂的食堂及菜场，品种应有尽有。曾有不少人这样说："论吃论住，有种不在上海胜似上海的感觉。"

到了20世纪80年代中期，皖南小三线逐渐淡出了人们的视野，八五钢厂也不例外，开始分期分批撤离山区返回上海。我是1988年4月八五钢厂生活后勤部门最后一批返沪的成员之一，前面所提到后勤的所有设施都移交给了当地管理方，我们也为当地接管人员提供了培训，使得交接工作十分顺利。

返回上海时我40岁，已人到中年，在皖18年，最好的一段青春年华奉献给了三线建设，虽不能说峥嵘岁月，总算没有虚度年华。现已古稀之年的我，每与老同事们谈起这段经历时，还是感慨万千，那里的好些人、好些事还是值得我们追忆的。

难忘与我共事的行政科各条战线的同仁们，难忘那段忠于职守，艰苦奋斗，确保生活物资供应的岁月，难忘迟金瑞、唐士学、周慕君等行政科的老领导们。

（冯德兴，1948年生。1965年于二军大财训班学习；1965年8月于二军大长海医院工作；1970年10月于八五钢厂任行政科科员；1988年4月于上钢五厂行政处工作；2008年退休）

买栗子的趣事

原八五钢厂　严根发

那年深秋,在崇山峻岭的皖南山区,一幅色彩浓郁、斑斓多姿的画卷正在徐徐展开。你看,眼前的山峦,刚卸下清一色的翠色,又披上了橙黄橘绿,层层叠叠深深浅浅,五彩缤纷格外妖娆。就连从山上流入防洪沟里的清泉,也一改往日的川流不息,变得温婉缠绵。

那天一大早,我和好友"小吴淞"结伴,正走在上山的羊肠小道中。说是走,其实是一边仔细攀扶旁边的残根树枝,一边时不时用手着地,借力爬行几步。所谓的羊肠小道,就是集中了所有上山人的脚印,反复踩踏而成的小路。这样的小道狭窄,有时仅剩一脚宽,有时残缺陡峭。周围青山环抱,万籁俱静,阳光此刻正透过密密的树顶,在山谷里直射而下,穿过树叶的间隙,露出金色的光芒。偶尔几声清脆的鸟鸣,让人感觉山野里的勃勃生机,但也激起了我俩心里的牵挂,只希望今天的出行能顺利到达目的地。

乘着赶路,我俩又断断续续地边走边商议起来。原来,每年临到年终,在一大拨回沪探亲潮之前,各人都会施展各种方法,竭尽全力去周边村庄农舍采购山珍土产,例如花生、芝麻、竹笋、木耳、板栗、茶叶等,趁着探亲之日,带回上海,孝顺亲人,报答朋友。年年如此周而复始,长此以往,厂区周边资源渐渐淘尽,价格也水涨船高。如此这般黔驴技穷,我俩硬生生合谋出一条大胆计策,走出去,走出群山环抱的八五钢厂,到大山的那一边去,或许会出现一个"世外桃源"!

在既没有地图,也没有指南针的年代,凭着年轻人的一股热血,我们背起空空的行囊,里面还塞着空空的大号旅行袋,上山啰!据说今年山里的板栗丰收,正是冲着它,我俩信心满满精力充沛,一路上磕磕碰碰、走走爬爬,偶尔驻足歇一歇,喝口水喘口气后继续前进。

平时上班下班也无暇眷顾山边的野景,眼下有的是时间,一路走一路看,倒也减轻了不少疲惫。其实皖南山区的山,虽说不算巍峨耸立,但也是层峦叠嶂、起伏连绵、气势壮观。远看,山间的薄雾使远处的山野变得朦朦胧胧,恍如海市蜃楼;近看,满目葱茏,天然的植被肆意生长,其中有似火的枫叶,也有明黄的梧桐和银杏,它们镶嵌在翠绿丛中,随着起伏的山峦时隐时现,让人赏心悦目;再看眼前,脚下的山间小道,同样淹没在芳草丛中和灌木间,忽上忽下蜿蜒曲折,指引我们一直通向前方的山坳口。

"横看成岭侧成峰,远近高低各不同。"爬着爬着,慢慢感觉脚下的这座山比周围的山峰矮了一些,再看山坳口也随之逐渐开阔了许多。原来我们又翻越了一座山,站在了山顶。正想庆幸,就在此时,我俩异口同声地喊起来:"快看,有人家!"原来,前方山坳口旁边的山坡上,几棵参天大树下,露出两间孤零零的屋舍。村庄一般都在山外平川,而山中民居稀少。真是难得机会,我俩很想前去憩息,一则问一问前方的路该怎么走,二则也想了解山那边是什么情形。心里想着,身下的脚步也轻快了起来,不一会儿便来到屋前。

屋舍分一大一小两间,大的似乎住人,小的放些农具杂物等。屋前瓦楞上长满了绿茸茸的青苔,墙壁已经多处斑驳脱落,露出里面的黄泥墙基,很像那种"干打垒"。大门敞着,一位看上去六十开外的老者在桌边坐着,还有两个似乎是小伙子,在小间里捣鼓着什么。那时候的皖南山区,乡风民俗淳朴憨厚、与世无争,见到陌生人来不会拒之门外,所以我俩习惯性地直接入门和老者聊了起来。

在同老者闲聊时,老者的老伴从门外回来,给我俩泡了两杯茶,就着热茶,我俩也拿出干粮充饥。一旦打开了话匣子,没想到还真听到了一桩奇闻。前不久,这一家子遭遇了上海小滑头的欺骗,竟然拿着飞马牌香烟包装盒上"20"字样封条,胡扯是20斤全国粮票,轻而易举地骗走了他们家20多斤花生。老者拿出那张"20"字样小封条,给我们看,不曾想他还真的一直保存着,这小滑头真是可恨。

当即,"小吴淞"拿出了真正的全国粮票,让他们辨识。同时,又用五斤全国粮票,和老者换了两大包花生。这还没完,"小吴淞"还机灵地"嗅"到,这家屋后山坡上,种着一大片茶树。山坡向阳,既能吸收山里的云层雾气,又能

作者严根发（中间）与老同事

整日接受阳光照射，所以茶树长势特别好。"小吴淞"还乘兴上茶树坡，亲手摘了一些茶叶过了把瘾！老者看我们对茶树感兴趣，也十分高兴地拿出自制的茶叶赠送。

　　回到老屋，正打算同老者告别，却不想被一阵阵热腾腾又诱人的香气吸引，我俩的目光不约而同向那堆着杂物的小间望去。小间旁的山坡前，一个用石头垒起的，约有四五十厘米高的土灶，灶内的木柴正吐着火舌，一只铝制大脸盆搁在土灶上，盆内正咕噜咕噜地翻滚冒泡，热腾腾的香气，正是来自这里。只见"小吴淞"一个箭步上前，和两个小伙子一番问答后，突然冲我冒出一句话："不走啦！"原来，盆内煮的是腊肉！在那个年代，在这种穷乡僻壤的山野，腊肉就成了最大的诱惑，最高的奢侈，最顶级的美餐，我俩怎么还迈得开脚步？再细看盆内，只见上面铺盖着切成大块的白菜叶，中间还夹杂着豆腐，下面还有农家自己晒制的金针菜和萝卜干，再往下翻，就是大块的腊肉和山野里的小笋干。盐和自制的面酱就是最好的调料，撒上一把鲜红的干辣椒，浓烈的乡土风味扑鼻而来。老者还拿出了自己用红薯酿制的土烧酒，一开盖，酒香四溢。有酒有肉酣畅淋漓，一番你来我往推杯换盏，我俩已经酩酊如泥了。

第二天早上,迷迷糊糊醒来时,发现我俩竟然在老屋的灶头边,就着柴草堆酣睡了一夜。"醒时相交欢,醉后各分散。"告辞了老屋乡民一家子,我俩顺着老者指点的方向,翻越山坳口,一路匆匆向前。从山坳口下来时,远远地望去,突然发现前方山腰处有一条公路镶嵌在青山绿水间,随着岩壁蜿蜒起伏一直往前,隐没在山间。说它是公路,其实也就两米来宽,并不能行驶车辆,但是它出现在大山里面,确实少见。公路的内侧紧贴大山,看得出公路是依山开凿,路基也不平坦,但却十分坚硬,可以推行独轮推车。我俩边走边猜测这条公路会通向何处。

　　山上有几条山涧溪流,通过暗渠在公路外侧汇流成一潭,碧波幽幽清澈见底。潭水自然溢出,又一路洗刷着纵横沟壑的嶙峋怪石,从一处狭窄的绝壁悬崖飞流直下形如瀑布,颇有气势。环顾四周,山峦环绕,林木高耸苍翠,潭水映出山野倒影,一条公路横卧山涧狭谷,配上蓝天白云,俨然一幅浑然天成的山水画。徜徉画中,如此赏心悦目,真可谓:"青山不墨千秋画,绿水无弦万古琴。"可惜,为了赶路,我们不能细细品味欣赏。

　　沿着公路翻越最后一个山坡后,眼前豁然开朗,没有山峦的阻挡,公路一马平川直直向前,公路左边是乡村农舍,右边是收割后的空旷田野,让人感觉可以看得很远。远山若隐若现,山边的村落仿佛蜷缩在山凹中,远远还能看见山坡上的袅袅炊烟。收回视野,再看左面农舍的后山坡,齐刷刷大片成排的栗子树,已经果实累累,这里可能就是老者说的板栗村吧。

　　为了能买到价廉物美的栗子,我俩一起踏进了层层相依的老宅村落。走在狭窄的青石板铺就的小道上,两侧的老宅,家家户户门前的石阶都同青石板相连。石阶下的涓涓细流绕村流淌,源头就那山涧汇集而下的清泉,最终还是归入山涧。老宅大都墙面斑驳,墙根附着青苔,木门木窗历经风雨残破萧索,不经意间推开门或窗,就听见吱吱呀呀刺耳的声音。尽管残旧,有些门楣和窗棂上还能依稀看见形象各异的雕刻。更显眼的是,每家山墙上都砌着三叠式小青瓦的马头墙,这个具有历史渊源的徽派建筑特征,出现在这里,让人隐隐地感到它昔日曾经的繁荣。在村庄中部,我们还发现一座破旧的祠堂,门前高挂的大匾已开裂缺损。厅堂悬着的横匾,也因年代久远字迹难辨。厅堂中的两根梁柱上零星残留着精细的云状花纹雕刻。厅堂东西两边各有几间小厢房,也都已经破败倒塌。

祠堂、老宅、马头墙、青石板……这些特色鲜明的建筑,显示了这座村落原来的兴旺。尽管老宅村子破旧,但是马头墙依然巍巍耸立,错落有致地炫耀着它的雍容华贵,同门前那涓涓细流动静成趣。再看那后山坡上,一排排或是竹筛或是簸箕里晾晒的栗子,让人不由感叹,老宅村庄的人们在这群峰环绕的山野之中,依然倔强、坚强,生生不息。

接下去的事情就是买栗子了。我们决定只要看哪一家农户的栗子存量多,就去这家购买,一则价格好商量,二则还有挑选的余地。我俩在老宅村子里来来回回兜圈子,挨家挨户地挑着、看着、协商着,最后也挑花了眼,无法确定究竟买哪一家。

正当我俩为此犯难之际,在一户老屋门口,看见三个衣衫褴褛的娃娃,唧唧喳喳围在一起,一边嚷嚷着,一边用石子在石槛上又敲又砸,正在剥生栗子吃。黄黄的果肉,白白的栗子浆水,和着娃娃的口水粘挂在嘴角。也不知是因为看见上好的栗子浆水,还是因为出于一种莫名的恻隐之心,当时我立即拉起"小吴淞"就往这间老屋走去。

推开吱呀作响的木门,两眼一下子还无法适应屋内的昏暗,待慢慢地适应后,第一眼我便看到一堆竹条、竹片,一位头发花白的大爷就坐在竹堆中间。大爷弯着腰,竹片和竹条在他手下前后左右不停地穿插翻动,这是一项古老的竹编手艺,大爷正在编排的是竹筛。看我俩走近,他抬起头来,两眼打量着我们。只见他大概年逾七十,脸上布满了像刀刻一样深深的皱纹。因为牙齿脱落,脸盘的轮廓显得有点不正,但是注视我们的双眼却还敏锐有神。可能与他长年做手艺活有关吧,他的一双手上,一条条像蚯蚓似的青筋凸显,皮肤干燥粗糙,手掌布满老茧,指关节又粗又壮。他看了我俩一眼,并不说话,又低下了头去忙他的竹编,好像在等着我们先说。

我打量着屋内,一张黄中夹杂着黑垢的木桌和几条长凳放置在屋子的中间,一个农村家家户户都离不开的土灶占据了屋内近半的面积。四面墙早已变得半黄半黑,到处是斑斑驳驳,布满了密密厚厚的灰尘,墙脚已是破损不堪,下半截的石砌墙上裸露的石块表面已经发黑,挂着零碎的蜘蛛网,和灰尘交织在一起。这时,才见从土灶后面站起来一位老奶奶,背有些驼,灶内残余的火光,映在满是皱纹的脸上,那张脸积蓄了几十年的风霜。她走起路来有些晃晃悠悠,需要手拄拐杖,细细一瞧,原来还是个"三寸金莲"的老太太。她用浑浊的双眼把我俩从头望到脚,确认可信任后,问我俩是不是要买栗子。

我终于从老人家的交谈中知道,老两口的大女儿早已出嫁,此刻大儿子和儿媳去村里机房碾米,小儿子在山上整理桑树和茶树,都是生产队安排的活。她在家带三个孙子和最小的孙女,我这才发现,原来土灶后面有一个"站桶",桶内的小女孩歪靠着桶边睡着了。这个"站桶",城市里是看不到的,在农村却司空见惯,它也是一件传承久远的老物件。

老人家向我俩娓娓道来,说到她前辈昔日的辉煌,可叹今日时过境迁已是过眼云烟。但在这地瘠民贫的大山里,终年劳作也不得温饱,她身上那件洗得发白的上衣,除了补丁加补丁,连纽扣都没有一个是相同的,这样的日子太难熬了。眼前的现实,让我俩感到十分压抑,我和"小吴淞"当即决定,不管老太太开出什么价,我们就在这里把买栗子的事情解决了!

当我俩离开老宅村子,走到路口,我不由自主地又回头,再次久久眺望一下那间老屋。不枉此行,所有的疲倦烟消云散,所有的惬意,就集中在这两个大旅行袋内。

但是,没有料到,最终的结果出乎意料!因为当时我们年轻不经事,栗子外壳看似干燥,实际内里的果肉水分很足,需要慢慢风干才能长久保存。可我们一直将栗子存放在旅行袋内不闻不问,到探亲假期临行前才发现栗子已经全部变质发霉,只能忍痛报废!这个教训,时至今日仍然难以淡忘、难以释怀,更难忘怀的是那次购买栗子的经历!

(严根发,1947年生。1955年9月—1964年9月就读小学,初中;1964年9月—1969年12月就读上钢二厂技校(中专);1969年12月—1970年8月于上海后方基地劳动锻炼;1970年8月—1982年5月为八五钢厂04车间职工;1982年5月—2000年6月为上钢二厂金属车间职工;2000年6月—2007年1月于上钢二厂内退;2007年1月正式退休)

八五钢厂基建轶事两则

原八五钢厂　邵德润

作者邵德润

建造八五大礼堂

时间回到20世纪70年代初期，八五钢厂各生产车间相继建成投产，大批员工陆续进山到岗，厂区一派繁忙景象。然而，偌大一个钢厂，却没有一座礼堂，厂里若是要举行大型集会，或是哪个单位前来慰问演出，都只能在操场上搭台布置。为了丰富职工的工余生活，厂里每周都会放映电影，但苦于没有影院，也只能在露天放映。到了看电影的那一天，职工们都会早早就把凳椅放到操场上，为的是在晚上能有一个观看的好位置。看电影时，夏天蚊叮虫咬还算好，到了冬天，那三九严寒真是受不了，有的职工甚至裹着棉被观看电影，苦不堪言。广大职工多么希望厂里能有一座大礼堂，好让大家舒舒服服地坐在里边开会、听戏、看电影。

厂部领导顺应职工意愿，向上级提出了建造大礼堂的申请，经上海冶金局批准同意后，大礼堂的建造算是正式启动了。但厂部接到进一步的指示，八五钢厂建造的"简易文娱活动室"面积不得超过1 200平方米，总投资控制在7万元之内，并明确指出，要"因陋求简，艰苦奋斗"，"抓紧落实"。尽管当时的造价要比现在低得多，但要建造一座千人以上规模的大礼堂，谈何容易。于

八五大礼堂远眺

是，厂领导便将这个重担交给了基建科，要求科里组织力量，千方百计地破解难题，建好大礼堂。

接到任务后，基建科全员立即闻风而动。那时正是"工业学大庆"的火红年代，职工们深知"有条件要上，没有条件创造条件也要上"的道理。为了节约投资，设计组的工程师们首先在礼堂主结构选型上动起了脑筋。按照常规，建造这样规模的大礼堂，一般都会选由钢筋混凝土柱子与大跨度钢屋架或预应力钢筋混凝土屋架组成的排架结构，但这样做，钢屋架的造价太高，无法实现上级下达的投资控制目标；而预应力屋架中的预应力钢筋是紧缺物资，在当时条件下，山沟沟里又难以解决物资短缺的难题。经过反复的技术比较和经济核算，设计人员选定了钢筋混凝土三铰门架的结构方案。这种结构，集柱梁于一体，在"拱"的作用下能使构件受力更加合理，可以大幅减少钢筋和混凝土用量；同时，由于没有了屋架下弦，可以在同样建筑高度的情况下，获得更大的室内空间。上述优点，为降低造价、节约投资提供了保障，但也在一定程度上给设计和施工增加了难度。这一方案得到了基建科和厂领导的大力支持，针对设计人员提出的门架吊装困难，周云生科长当即拍板："只要你们能设计出来，就一定会有办法把它吊装到位。"很快，厂领导就批准了这一方案。

领导一声令下，基建人说干就干。经过设计人员的数月苦战，当年年底，项目就破土动工。进入施工阶段以后，一系列的难题又摆到了工程队的面前，其中最关键的就是前面提到的门架吊装。每个门架分左右两幅，必须分别起吊，然后在高空拼装，这就需要搭建临时支架，用于固定与高空拼装；而每幅门架均为不规则的折线形构件，平面展开尺寸很大，高度和宽度都超过了10米，但构件的侧向却十分单薄，吊装有相当大的难度，如果稍有不慎，轻则损伤构件，重则发生事故，那么前面所做的一切都将化为乌有。这样的吊装，要是放在今天，也不算是什么难事，只要有两台合适的吊机就行，但在那时却成了问题，因为厂里根本没有可以用于门架起重的大型吊机。怎么办？是在困难前面低头，还是迎难而上？基建人做出了坚定的回答：坚决迎难而上。起重组的工人师傅们同心协力，献计献策，决定采用特制的把杆吊具把门架吊装到位。他们制订了详细周全的吊装方案，并为此专门设计、制作了可以平行滑移的特制把杆吊具，既满足了起吊需求，又大大提高了工效，顺利地解决了这一难题。经过起重组、冷作组工人师傅数月的精心作业，到了1974年9月，大礼堂门架起吊和拼装工作顺利结束。吊装作业的师傅们以纯熟高超的工艺技能和精益求精的工匠精神，不畏艰辛、不惧风险，保质、保量、保安全地完成了这项艰巨而又光荣的任务。

三铰门架的吊装成功，极大地鼓舞了大家的信心和决心。工人师傅们乘胜追击，又相继完成了大礼堂门厅和舞台的结构施工，随后便进入了内部装饰装修和水电安装阶段。在这一阶段，工人师傅们又克服了种种困难，完成了大跨度的台口深梁、大面积的大厅吊顶等分项施工，创造了基建科成立以来一个又一个基建纪录。

最后的冲刺是安装座椅。机动部铸造车间在很短时间内，加班加点，为大礼堂赶制了座椅铁架；基建科的木工组、油漆组更是全员出动，抢做座椅的坐板与靠背；基建科办公室的干部更是主动安排好手头工作，来到木工间、油漆间，助上一臂之力。顿时，车间里人声鼎沸，欢声笑语和机器轰鸣相互交融，犹如一曲美妙的交响乐。没多久，一千多套座椅组件加工完毕，运至现场进行安装。

1975年9月23日，这是我们八五钢厂基建人难以忘怀的一天，经过两年多的艰苦奋斗，一千四百多个座位的八五钢厂大礼堂终于竣工，正式投入使用。

看到厂里职工像过节那样,穿着节日盛装、笑容满面地走进礼堂时,大家心里不知有多高兴,欣慰与自豪油然而生。基建人用自己的聪明才智和创造性劳动向全厂职工交上了一份满意的答卷,也给上海的小三线建设献上了一份深情的厚礼。

建造八五大桥

1981年7月,厂里决定建造八五大桥。按理说,建造如此规模的桥梁,设计与施工分别应由专业设计院和工程建设公司承担,但在当年,国家大力提倡"自力更生",出于对基建科的认可与信任,厂领导决定把任务交给基建科,要求"自行设计","自行施工"。这样做,既能加快工程进度,又能节约投资,还能锻炼队伍,三全其美,何乐而不为。

接到任务后,科里由王志洪同志(时任副科长)牵头,抽调了4位设计人员与他一起组成了大桥设计小组,开始了前期工作。桥梁设计要与水打交道,无论是桥位选择、桥梁走向、桥面标高还是桥跨大小,无不与水文有关。这些从来只搞工业与民用建筑设计的"陆军",突然之间要改行当桥梁设计的"水军",一时还真还有点难以适应,一切都得从头学起,从头做起。

在王志洪同志的带领下,设计人员首先走访了贵池水利局、公路站等有关单位,调研白洋河从刘街到潘桥一段河道的水文地质情况,并向他们咨询在白洋河建桥的相关要求。限于当时的客观条件,他们所能提供的资并不齐全,难以满足桥梁设计的需求。回厂以后,王志洪同志又带领大家走访了白洋河沿岸的当地居民,察看1954年特大洪水留在房屋墙面上的水迹线并做了测量记录,从而为确定桥面标高提供了可靠依据。

有了水文资料,还必须要有地质资料,请专业单位前来勘察固然是好,但时间不允许,如果不能在当年冬天枯水期内把桥墩基础施工出水,那么很有可能就要再等一年。于是基建人想出了办法,决定采用钢钎锤击法进行勘探。他们用重锤与钢钎,摸清了白洋河底泥沙淤积的情况和基岩面层所在的标高,为桥梁设计提供了重要数据。

与此同时,设计人员还马不停蹄地考察了多座已建桥梁和几个在建工地,并去专业设计院学习取经。通过上述大量而细致的工作,他们对桥梁设计的感性认识和理性认识都有了很大的提高，在实地测量放线的基础上，初步形成了大桥建设的基本方案：桥长192 m，桥宽7.5 m；桥面标高按1954年特大洪水的泄洪要求确定；三孔主跨跨度分别为28 m、32 m和28 m，采用带悬臂的现浇大梁，中间加以预制嵌梁，其余七孔为标准跨，均为预制T形梁结构。同年10月，厂领导听取了基建科的汇报，批准了这一方案。11月，桥墩基础开挖，工程进入了施工阶段，实现了年内开工的目标，可谓是"首战告捷"。

施工中的困难远比我们预想的要多、要大，但是基建人没有向困难低头，他们坚信"事在人为，办法总比困难多"。桥墩基坑开挖后，为了保证混凝土浇筑质量，施工人员就用围堰配合水泵排干了坑内的积水；桥面大梁中的钢筋又粗又长，弯曲和对接已远远超出了原有设备的加工能力，钢筋组的工人师傅们就改进加工工艺，在确保质量的前提下，提前完成了任务；桥面大梁体量大、荷载重、支模高度高，给支模和拆模带来了很大的技术难度和安全风险，木工组的师傅们在冷作组的大力支援下，采用了钢构立柱，他们不畏艰险、不怕辛劳，未伤一兵一卒就啃下了这块硬骨头；桥面的薄腹T形大梁，由于梁深腹薄，配筋率又高，插入式混凝土振捣器已无法插入其中，泥工组的师傅们就改用附着式振捣器，通过模外振捣，解决了混凝土的振捣问题；为了赶抢进度，施工中尽量采用预制构件，起重组的师傅们冒着酷暑严寒，连续奋战数月，终于在1983年1月25日胜利完成了吊装任务。这样的例子不胜枚举，基建人的聪明才智和吃苦耐劳再一次获得了广泛的赞誉。

在白洋河上建造大桥，并不总是一帆风顺、波澜不惊，有时也会遇上突发情况，给施工带来巨大困难。

1982年7月18日是个星期日，中午时分，基建科职工正在宿舍用餐，广播里突然传来周云生科长急促的号令声："大桥工地告急，共产党员们、共青团员们和青年突击队员们紧急集合，前往工地抢险！"霎时间，几十名基建人立刻放下手中碗筷，朝着工地飞奔而去，他们中间，大多是党员、团员和青年突击队员。原来，下了一夜的暴雨，白洋河水位猛涨，洪水挟带着泥沙、树枝和其他漂浮物奔腾而下，已经漫过了工地的施工吊桥，撞击着正在施工中的大桥。此时又正值施工关键阶段，岸边堆放着大量的建筑材料和设备，一旦水位继续上涨，物资和设备就会被洪水卷走，造成国家财产的巨大损失。在周科长的带领下，多位抢险人员冒着被洪水冲走的危险，爬上了施工中的吊桥和桥墩，用钢丝绳和"神仙葫芦"把吊桥提出了水面。其他抢险人员则直奔岸边,抬的抬,扛的扛,把材料和设备抢运到安全的地方。他们在暴雨之中与洪水搏斗了三个多小时,终于使工地转危为安,保住了大桥,保住了材料和设备,为大桥建设立下了汗马功劳。厂党委为他们荣记了集体二等功,厂团委命名他们为"奋不顾身抗洪抢险突击队",当年8月的上海《青年报》报道了他们的英勇事迹,记下了这令人难忘的光辉一页。

大桥建造的两年,是基建人奋力拼搏的两年。那年月,真是激情燃烧的岁月,大家心往一处想、劲往一处使,不怕苦、不怕累,不求名、不求利,一心只想大桥早日建成通车。领导下工地、干部下工地、设计人员下工地,早已成为大家的一种工作常态。党员同志积极带头,青年、团员成立了突击队,工会把宣传鼓动工作做到了施工现场,所有这一切,我们至今难以忘怀。

1983年11月,大桥建成通车,分到新房的职工喜气洋洋地乔迁河东新居,从此以后,每到上下班时,桥上人来人往,车水马龙,真是"一桥飞架东西,天堑变通途。"

至今,大桥落成已有37年,世事沧桑,弹指一挥间。可是,我们的八五大桥依然屹立在白洋河上,为两岸百姓提供交通便利,为当地经济发展默默做着贡献。大桥已经成为八五钢厂遗址上一个重要的旅游景点,故地重游的原八五钢厂职工和他们的儿孙们,每到此地,都会在桥上摄影留念,然而印在他们心间的,却是对八五钢厂后方岁月的那份永远也磨灭不去的眷恋和思念。

(邵德润,1944年生。1970年8月至1986年12月为八五钢厂基建科职工,从事土建设计工作;1987年1月回沪以后,先后在上钢五厂设计院、益昌薄板有限公司、建鑫冶金监理公司、宝钢建设监理公司从事技术及管理工作。2004年12月退休)

愿好人一生平安

原八五钢厂　谈雄欣

2017年春节前夕,我携儿孙赴安徽贵池梅街,回访着我当年工作过的上海小三线八五钢厂旧地。我站在原厂部大楼前,凝视着二楼墙面上依然清晰的"自力更生,艰苦奋斗"八个石灰大字,思绪连篇。

1969年寒冬的一天,我随车间支内工作组来到乙班浇钢班长王师傅家,当我看到师傅那拥挤杂乱的房间,突然又见四个幼小的儿女躲在父亲的身后,我一下崩溃了:"怎么会叫他去支内啊?"第二天,我到支内组报了名并明确要代替乙班王师傅,我说:"让王师傅留下,他孩子都还小。"当时,与我关系不错的工长老郑问我:"你怎么自己去报名了,支书老何还责怪我不事先告诉他。"确实鲁莽了些,当时我连女朋友的意见还没有征求过。1970年4月下旬,我与上钢五厂同车间的数十位支内职工,从上海十六铺码头搭乘东方红客轮,经两天一夜,来到这千里迢迢外的山区,会合了大部队,开始了小三线建设的生活。进八五钢厂01车间后,我带了一个浇钢班,连日奋战,炼出了八五钢厂的第一批优质钢。后来,我先后在车间宣传组、团总支、党总支和厂部宣传科、厂办工作。曾令我惭愧和内疚、却又使我惊喜的是,当年被我"疏忽"的女朋友,这个善良聪明但特别执着的老实人,却认定了我这个"好人",在她好心的父母和南京舅舅的同情、支持下,在五年后嫁给了我这个远离上海的山里人,并任劳任怨地开始两地分居的生活。

这样离开亲人分居在八五钢厂职工还有许多许多。01车间的汪健铭是位志愿军老战士,当时他任机修工段党支部书记,但总工作在最苦最累的地方,

八五钢厂老同事聚会,后排右二为作者谈雄欣

凡炼钢设备抢修现场几乎都会见到他的身影。我在车间工作期间曾问他:"你为啥总在这么累的地方?"他笑着说:"比当年在朝鲜战场上扛着机枪行军、在战壕里打仗可轻松多了。"他与战友们曾击退过敌人多次进攻,但屡立战功的他没有以老革命自居,1970年他在原单位带头报名支内,年轻的妻子很是不舍,他仍然登上了去贵池的客轮,他在山里辛辛苦苦地工作硬是与妻子分居了18年。还有一个叫庄小鸿的砌包师傅,患有心脏病。但通知他支内后,他道别妻子义无反顾地出发了。那年厂里炼钢炉扩容,炉体和盛钢包砌筑工艺改变,他坚持在炉内长时间比画丈量,胸口痛了就含上一粒药喝上一口水。难题解决了,钢产量上去了,他却住了院。事后,同事们却仍然看到他活跃在砌包现场。我调宣传科任《八五通讯》编辑后,曾先后采访过上面介绍的老汪和庄师傅,可喜的是,他们两人都先后被评为厂里的优秀干部和优秀党员。

八五钢厂在1980年后办了一件好事,那就是为七百多名大龄未婚男青年做媒。钢厂有两千多名中专、技校毕业生,与安徽民工、上海职工一起,战天斗地,开山辟路,建设厂房,艰苦奋斗,埋头苦干十几年。但钢厂男青年确实太多,大多都近三十岁了,全是上海人,加上厂建在山区农村,婚姻问题真成了大难题。面对这群日夜奋战在炉台、轧机、锻锤和冷拔机组边的忠厚老实的年轻人,老职工们看在眼里急在心中,他们力所能及做着红娘但却杯水车薪。这时,陈锁锁书记等厂部领导出面了,他们说,不能耽误这些年轻人,好人应该有好报。于是,厂部王汶菁、史志定两位同志带着厂团委行动起来了。他们积极向上海市及相关劳动部门反映和请示,争取政策和支持,并多次向上级团委汇报情况。就靠着一股倔劲,他们硬着头皮联系了《青年报》《新民晚报》,不可思议地在报纸上刊登了《八五钢厂向全国招聘未婚女青年》的告示。可想而知,史志定等同志是多么辛苦,他们废寝忘食地奔波,苦口婆心地牵线搭桥。功夫不负有心人,经过近三年的努力,共收到千余封女青年来信,竟然成全了全厂六百多名男青年的恋爱、结婚。

这里,我不得不提一个令我尊敬的人,他就是倪国钧同志。他从进厂就担任青工组负责人,为钢厂青年服务。在解决大龄青年难题中,他费心谋划,事必躬亲,关心团委招聘进度,指导工作。为了引导青年正确对待交友恋爱,他特地为青年上了"初恋需要注意的六个第一次"的辅导课,在厂内引起了轰动,《青年报》做了全篇报道。当年,他是上海矽钢片厂的团委副书记,1961年的上海市劳模,像他这样的人才,很可能成为矽钢片厂的厂级领导。但是,1969年他响应号召与妻子一起支内,1974年后与先行回沪的妻子分居了十几年。八五钢厂的一些人,无论是陈锁锁、徐平、许汝钟、王鹤龄、陈洪钧、吴长兴、刘存龙等领导,还是许许多多的普通职工,当年支内,他们都与妻子分居,与亲人们天各一方。十几年来,这些同志却兢兢业业工作,弃小家为大家,成为大家公认的好干部和好工人。

在贵池山区艰苦奋战18年的五千多名八五钢厂职工,在1986年后陆续回到了上钢五厂。当年,这批年轻的"好人、好马、好刀枪",现在都老了,但在上海市领导和亲人们的关心下,绝大部分同志都住进了宽敞明亮的宝山区永清新村,家家团聚,其乐融融。

我,一个26岁进山、44岁出山的支内老职工,年逾古稀带着孩子返顾梅街旧地。站在八五钢厂办公楼前的公路上,想起了当年与我共同奋斗的兄弟姐妹们,想起了在01车间时亲身炼钢、浇钢的日日夜夜,想起在厂宣传科废寝忘食工作的岁月。特别是,想起了与我一起握着笔杆、爬着格子的《八五通讯》的通讯员们,他们在工作之余,寻觅着钢厂的点点滴滴,不辞劳苦地讴歌美好,他们是点缀钢厂美景的工匠,他们是一群同数千职工、家属一样的好人,愿天下好人平安,愿小三线职工这群大好人一生平安!

(谈雄欣,1963—1970年任上海第五钢铁厂电炉车间配料工、炼钢工、浇钢工;1970年4月—1974年任八五钢厂炼钢车间浇钢工、宣传组、团总支书记;1974年任八五钢厂电炉炼钢车间副主任、党总支副书记;1979—1986年任八五钢厂宣传科副科长、厂办副主任、厂整顿办副主任;1986年任上海五钢(集团)公司企业管理处企业管理科科长;1989年任上海五钢(集团)公司全面质量办公室质量管理科科长;1995—2000年任上海五钢(集团)公司质量保证处副处长、质量保证部副部长;2000年退休)

催熟一代人
——记皖南小三线8503二三事

原八五钢厂　曹　辉

作者曹辉

满目荒芜，除了齐腰深疯长的杂草，一无所有，好像这里什么也没有发生过，只是地球上一开始就有的一块从未被开垦的处女地而已。望着眼前的这一幕，耳旁仿佛还响着轧机的隆隆声，脚下还感受着加热炉的余温，鼻翼还嗅到半山坡食堂飘来的烤鸭香，没想到30多年后重新踏上这块土地，却物是人非，不由为眼前如此荒凉的景象所惊叹，禁不住让一行的人鼻子发酸，若非这块土地上有着他们特别的故事，如此荒芜之地绝不会激起如此的情感波澜。这是一批"奔七""奔八"的老人，特地从上海重访这块故土，瞬间的动人场面令同行的我感到震撼，如同一幅凄美的画面深深镌刻在心中，久久不能忘却。

在变故中长大

脚下的这片被杂草蔓藤覆盖的山坳地，位于皖南贵池梅街老虎滩，曾经是军工生产的小后方,习称皖南小三线的一个车间,这批重新造访故地的古稀老人,当年的青春少年,曾在这块土地上奋战了近20年,把最宝贵的青春留在了这里。

20世纪60年代末,上海根据党中央的部署在皖南山区建设小三线,其中部署在梅街区域的八五钢厂的任务是冶炼和生产各种钢材,建在老虎滩上的"8503"则主要生产配套的轧材,因对外通讯落款地址采用编号为8503的信箱,久而久之,"8503"就成了我们车间的代号。

8503的职工有700多人,大多是六八届中专和技校的毕业生,还有一些支内职工和回乡务农的支农工,后来在山里长大的职工子女也加入了其中。职工中以劳动锻炼名义最早来到这个山坳坳参与开发筹建的当数六八届中专和技校的毕业生,这群年轻人成了这块土地上的"拓荒者",他们对特殊年代经历的变迁有着特别的记忆和感受,刻骨铭心。

那时大家都很纯朴,大多经济条件不好,读中专或者技校就图毕业后进入对应的大型国企,经济上有保障,家庭可以减负,大家就都是两点一线有规律地生活和学习,1968年年底的上山下乡却改变了六八届中专和技校毕业生的人生。

那个年代的年轻人晚熟,20岁左右的青年学生心智尚未完全成熟,尚处朦胧半熟状态,而且那时候人们都把出远门看成是惊天动地的大事,"闯关东"仅限小说上看到,没想到一个晚上突然真的降临到自己头上,去的前方又是当年被视为穷得叮当响的安徽深山老林。下乡的通知如同乘坐的列车突然急转弯,人生的转折难免让这一代人感到措手不及。我清晰记得1970年1月8日的上海十六铺码头,当东方红号轮船的汽笛始行鸣响的那一刻,我们紧紧拉住亲朋好友不舍相别,呜咽的抽泣声和女生忍不住号啕的哭声此起彼伏,撕心裂肺的一幕至今历历在目,那种震撼仍在心间,不能平静,有人认为,这是那个年代的标志性特写,而恰恰是这一声汽笛的鸣响,标志着那个年代用一种超常规的方式惊醒了一代人,这代人从此跨出校门走向社会。

轮船在夜幕中远行,一切渐渐平复下来,他们开始了新的思索,如同人的生辰八字不能改变,既然那时不能选择时代,就要坦然接受那个时代对自己的安排,他们突然感到自己在长大。

在社会磨炼中成长

经过两天一夜的航行和30多公里山路的颠簸,我们一行到达了荒芜的老虎滩山坳,看到的是满眼杂草,一只小松鼠看到来了生人,惊恐地跳上树梢,瞬间不见踪影,又见一条蛇在路边游走,荒凉景象不由让人倒吸一口冷气。

当时上海委派市建二公司负责8503的土建工程,在"战鼓声声催人急"的时代口号激励下,我们这50多名上海冶金系统的六八届中专和技校毕业生按照要求随即投入挖土方、拌混凝土、推翻斗车等紧张的劳动锻炼,有的手上起茧,有的脚底起泡,放工后个个筋疲力尽,三口两口扒完饭,常常顾不上洗漱,倒头就睡。

由于当时是"先生产后生活",因此筹建阶段的生活条件比较艰苦,我们住的集体宿舍建在半山腰,都是芦席棚简易结构,屋里用毛竹搭成上下铺,16个人一间,四面进风,不知为什么,那年冬天特别寒冷,挂着的毛巾到早上就会变成冰棍。芦席棚也不隔音,晚间谁说了梦话,第二天便"满城"皆知,逗得大家前仰后翻,当然一切都是友善的,苦中作乐化为了抵御严寒的一股正能量。

山区的活动空间十分有限,山坳另一边的小山坡下有个凌村,很小,大概20多户人家,原始、落后。随着我们的到来,小村庄有了改观,那是后话。由于当时附近除了这个小村庄之外别无去处,因此休息时间大都只能以宿舍为归属,女生们用编织等手工活充实自己的工余生活,或者几个闺蜜说说悄悄话;男生们有的看小说,有的聊天,到了饭点时间,有了兴致便分头到食堂买几份菜,加上一小盆花生米,带回宿舍,三个一群五个一伙,围着几块木板搭建的小桌子,打开一瓶土高粱,慢慢喝着,谈天说地,天南海北,待酒精推高情绪,有的便会提高嗓门喊话,直到酒杯干了,碗底空了,最后拿水冲一碗酱油汤,搞一碗汤泡饭下肚才收场睡觉,真是岁贫有清欢,一壶酒,一杆身,快活如侬有几人,简单生活带来的"爽",现在仍有余味。

撒什么种子结什么果,命运锤炼了这一代人的心智,让我们懂得了坦然面对一切;出走皖南,这片土地让这一代人知道了上海之外的别样世界,增加了阅历,开阔了视野;肌肉的酸痛、手上的血泡、脚底的老茧,劳动让初出茅庐的我们这一代感受了生活的艰辛,也锻炼了筋骨;朝夕相处的集体生活让我们这一代人获得了有别于一般工友关系的友情,这块山坳坳如同一个大熔炉,铸就了吃苦耐劳,不怕困难,秉性耿直,懂包容重情义,勇担当负责任的一代人,让我们拥有了能扛起那个年代使命和责任的肩膀,由此演绎出许许多多难以忘怀的故事。

历史不应没有这一页

世事的变换有时如同电影里的蒙太奇。随着生产步入正轨,8503的生活条件不断得到改善,先后在山坳坳上坡建起了宽敞的食堂,盖起了三栋单身宿舍大楼,最高的有四层楼,大楼下开辟了篮球场,生活区还建立了文娱活动室,可以看电视、打乒乓,还开设了小卖部、托儿所,后来成家立业的职工就分别安排住进厂部在28K、大冲、西华、大五七建造的家属区,小环境,小乐惠,俨然有点小上海的味道。

应了人生无常态的规律,正当异乡客地的新生活逐渐被接受为现实时,历史好像又开了一个玩笑。1987年,按照党中央和上海市政府的决策,小三线建设的原班人马撤离皖南回上海,由各工业系统重新安排,浩浩荡荡的卡车装载着各家的家当往上海方向行驶,犹如大部队调防,撤离场面不失为是当时一道独特的风景线,半个世纪后我仍然记忆犹新,而当年的这一代人不经意间却已悄悄步入耄耋之年。

风云变幻的年代,一天就会发生许许多多意想不到的事情,更何况几十年,上了年龄的人本易怀旧,此时更激起同龄人的怀旧情感,好想再到半个世纪前自己曾奉献青春的小三线去看看。为了完成他们的这一心愿,2018年,原8503团支部的蔡建斌及沈国芳等同志积极筹备组织了一次故地重游。

这头是怀旧情感日增,另一头却是一番不一样的景象,接收八五钢厂的地方管理部门在经营没几年后便因难以为继宣告破产,承包商将八五钢厂大卸八块,厂房拆的拆,设备卖的卖,拆不完卖不掉的就任凭风吹雨打,据当地陪同人员介绍,其中数当年承包8503的老板最厉害,厂部和其他各车间至少还留有断垣残壁等可以唤起记忆的标识,唯他为了混凝土里的钢筋可当废品卖,不惜把高大的厂房爆破拆除,其实这些厂房改为养牛场出租也远超这个价值,最后他把整个8503拆卖得不留一片一瓦,一颗螺丝钉都不剩,恢复"原始社会"。

清楚记得故地重访那天，大巴开到原01车间就戛然停下，原来前方通往8503的路已经成了断头路，我们只能下车摸索着前行，近50个人比画着才算找到原8503的大概方位，荒凉之景，胆小的决然不敢贸然独自进入，即使进入了也难以找到原8503的位置，不相干的人，更是做梦也想象不到这块荒芜之地曾经是轰轰烈烈的小三线建设基地，有700多人在这里留下精彩的故事。真是世事无常，半个世纪前这里一片荒芜，经过一代人近20年的拼搏把它改变后，如今又遭折腾复归为零，千金散尽，重回荒凉，怎不令人感叹万分，于是就有了本文开头的那一幕。

潮起潮落是人生规律。时光荏苒，往事渐行渐远，许多事被后人淡忘在所难免，然而这段宝贵的人生经历永远不会被遗忘，也不应被忘却，如今虽然这块土地一无所有，但是8503的故事有着深刻的时代烙印，奋斗与拼搏仍然掷地有声，它们是精神宝库里一颗颗发光的宝石，当今光彩夺目，所以我记下了8503二三事，让后人知道这里曾有过那个年代特别的故事。

（曹辉，1968年毕业于上海第一钢铁厂中等专业学校；1970年1月8日分配赴安徽贵池8503劳动锻炼，同年8月转为职工，曾在生产一线工作，后调任工会干事；1987年9月统一随迁回沪，分配在上海第五钢铁厂三轧厂厂办，1990年调入《华东科技》杂志社从事记者、编辑工作；2009年4月事业单位退休，中级职称）

白洋河畔的自学小组

原八五钢厂　章　军

回忆起当年在山里组织自学小组的事,不禁使我想起十分关心青年职工成长的原八五钢厂的领导。感谢他们在狠抓小三线建设的同时,不忘鼓励职工,特别是青年职工,在工作之余学习文化学习技术,结合工作和生产实践自学成才。

小三线企业远离上海,生产经营独立性很强,自主决策权也很大。厂领导很早就意识到:要在山沟沟里办好企业,人才是第一要素。虽说当时进山到小三线工作的职工都被誉为"好人、好马、好刀枪",但随着时间的流逝和环境的相对闭塞,如果不加强学习提高素质,必然会跟不上形势,落后于社会发展。因此,厂里制定了一系列鼓励职工学习的优惠政策和制度,形成了一股浓浓的学习风气,有利于职工的学习成长。

进入80年代,随着生产的发展,对安全生产工作的要求不断加强。我调入安全科不久就深感自身的能力和学识不足,急需学习充电。当时恰逢全国兴起读书考文凭的热潮,上海和各地兴办的电大、夜大、业大比比皆是,虽然招生大门敞开,但这对于生活在小三线的我们来讲是可望而不可即的。那时我已三十五六岁,儿子也快上学了,而且工作岗位的需要和家庭负担的限制都不允许我脱产读书考文凭。就在此时,我看到报上刊登了一则消息,报道北京高校有一批有志于教书育人的老师,仿效领袖毛主席青年时期在湖南创办自修大学的革命实践,在北京仿办了一所"北京自修大学",以函授的方式向全国招生。这所学校不以营利为目的,自编大学中文专业的教材招生,只要愿意参

前排中间为作者章军

加学习,不分年龄学历都可报名。看到这则消息我十分激动,感到这是个机会:既不需脱产又可以读书,工作学习两不误。机会难得,我立刻就向北京的这所学校报了名。

1983年的6月,我收到了学校寄来的第一本教材。教材的封面上是六个大字——北京自修大学,字体遒劲有力,透出一股浓浓的自信。根据学校的安排,汉语言文学专业将开设十门课程,其中专业课六门("现代汉语""古代汉语""现代文学""古代文学""外国文学""文学概论"),公共课四门("党史""哲学""逻辑""写作")。教材分科编排,每月发行一本,自修生按照教材学习,循序渐进。

就这样,我开始了长达数年的"三更灯火五更鸡,正是男儿读书时"的自学生活。每天早晨五点起床,诵读课文一个半小时后再去上班。晚饭后,忙完了家务再用近三个小时读书做笔记,直到十点半才睡觉。刚开始的几个月我虽然读完了教材,但也留下了一些疑问,可惜离学校太远无法答疑解惑,只能强制自己囫囵吞枣地读下去。

有次我在厂部传达室领教材时获悉,同样的教材厂里每次都会收到好几本。这说明厂里竟有我的"同学"！获悉这个信息我很高兴,古人云:"三人行,必有我师焉。"我想如果能把参加自修的同学组织起来一起学习,不就可以极大地提高自修效率了吗？于是我就立马开始寻找厂里其他的自修同学。经过打听终于找到了钢管车间的张锡清、施纯星,厂工会的陈殿青,煤气车间的李瑛和陶月英,还有供应科的王金花,后来姜东铭和何忠良也加入了。他们也是看到报刊上的消息后报名加入"北京自修大学"的。当我把组织自学小组的设想一说,大家便一拍即合,一番协商后确定了在分散自学的基础上,建立每周两次集中学习的制度。就这样,在皖南山区白洋河畔的八五钢厂里,一个完全自发的民间自学小组悄悄地成立了,那是1983年的9月。

我们自学小组的活动地点在厂部安全科办公室,时间是晚上的7点到9点。参加学习的同学除了李瑛和何忠良之外,其余都是成了家有孩子的人。刚开始集中学习的时候还有点新鲜感,但毕竟离开学校放下书本这么多年了,再要静下心来认真读书真不是件容易的事。白天上班,每个人都有自己的工作；下班后,小家庭必要的家务事也推不掉。再说中文专业的课程需要大量阅读,而且有不少是要背诵记忆的课文和知识,这对于人到中年的我们来说都是考验。那时我们已经知道"北京自修大学"的毕业文凭不属于学历文凭,通过千辛万苦读出来的文凭不为国家所承认,这对我们每个自修生来说无疑是个沉重的打击。然而,这时我们的觉悟已经提高了:我们的学习并不是追求一纸文凭,而是为了增长学问知识,提高文化水平,是为做好本职工作奠定基础；有没有文凭都不会影响工作；如果没有知识倒会影响工作水平。认识一致了,大家的学习更认真了。

当时参加自学小组的各位同学的文化水平不一,学历最低的只读到初二,但大家的学习的劲头却一样高。"古代汉语"和"古典文学"是高难度的学科,需要大量背诵古文,令人感到压力巨大。从唐诗、宋词到元曲、文言文小说,老师列出的要背诵的课文达138篇之多。那些诗词歌赋尚好背些,那些文言文实在拗口。然而开弓没有回头箭,骨头再硬也要啃。学习中我们发扬了小三线人敢打敢拼的精神,书一本一本地读,课文一篇一篇地背。平时就把需要背诵的文言文抄在一个小本子上,无论是上班之余还是出差或探亲的途中,有空就拿出来读一读,或者就强迫自己背一篇。人到中年,勤能补拙,我们用蚂蚁

作者章军获得的高等教育毕业证书

啃骨头的精神,把"古代汉语"和"古典文学"一一攻下。138篇的诗词和文言文全部背出,记得我光是背诵诸葛亮的《出师表》就花了一周的时间,而且还是在妻子和儿子的督促帮助下完成的。

皖南山区夏季的蚊子特别多,为了读书,我们在办公室里点了蚊香而且不敢开门窗,闷得人人大汗淋漓;到了冬季,天寒地冻,我们穿着棉袄披着大衣,坐在"干打垒"的房间里个个冻得直发抖。多少个清晨我们吟诵着课文迎接日出;多少个夜晚,我们是喝着浓茶提着神彻夜抄写读书笔记。为了学习中的一些疑难问题,大家会争得面红耳赤,但一旦读懂了某篇文言文,安全科的办公室里又会一片欢声笑语。自学苦,却有乐趣,它让我们在读书之中增长了知识,开阔了眼界,学会了思考和分析,懂得了许多道理。

随着时间的流逝,"北京自修大学"的教学逐渐完善。为了帮助我们解决自修中的疑点难题,学校在上海工会干部管理学院设立了一个辅导站,并从上海的高校里聘请了一些中文系的教授在每门课程的考试之前为我们讲课,帮助大家系统地掌握知识点,考出好成绩。给我们上"古代汉语"课的李老师来自上海师范大学,他用左手写板书,写字既快又漂亮,而且讲课深入浅出,易记易懂,深受大家的欢迎。而给我们复习"古典文学"的潘老师则来自华东师范大学中文系,他对古代的文学名著的熟悉程度令人佩服。

厂领导十分体谅自学职工的困难,制定了自学考试前批假复习的制度。在上海辅导站,我们遇到了好站长,上海市劳动模范———工会管理干部学院的姜兆娟老师。她对我们这批来自小三线的学生关怀备至。因为路远,每次我们风尘仆仆地从皖南赶到上海参加复习听课一般会迟到。姜老师除了及时安排我们马上插班听课,跟上复习进程之外,还关心我们的食宿,帮我们寻找可以集中复习的地方。通过她的努力,我们自学小组在寸土寸金的市中心———上海市工人文化宫里居然拥有一个可以复习的地方,可真解决了我们这批在上海没有落脚之处的小三线自考生的大困难。就这样,我们自学小组在厂领导和上海辅导站老师的关心与指导下,一门一门地通过了全部课程的考试。

经过近三年的努力,我们终于在1986年的12月参加了"北京自修大学"(上海地区)第一届毕业典礼,拿到了苦读了三年的自修大学文凭。毕业典礼是在上海工会管理干部学院的礼堂里举行的,上海市总工会的领导和"北京自修大学"及上海工会管理干部学院的领导都出席了会议。由于八五钢厂的领导大力支持职工参加自学考试的做法被市工会肯定而受到特别邀请,副厂长兼总工程师许汝钟同志代表厂里出席了我们的毕业典礼,并在主席台上就座。在这个典礼上,我们小组作为自学的先进集体受到了表彰。当晚,上海电视台还在新闻节目里播出了毕业典礼的相关报道。

毕业后我们恰逢小三线撤离回沪,自学小组也就结束了它的历史使命,自动解散了。

"北京自修大学"的三年学习为我们打下了扎实的基础。后来我们自学小组的部分成员参加了上海市的高等教育自学考试。1988年的4月,我和张锡清、施纯星、姜东铭、吕作舟五人一起获得了上海教育学院中文系的毕业证书。后来,为了更好地做好本职工作,我从1996年起又报名参加了华东政法学院的自学考试,于1999年4月获得了法律专业的毕业证书。学习所取得的成绩也促进了我的日常工作,由于我在安全生产管理上的学识和努力,1992年被上海五钢(集团)公司评聘为安全技术工程师,并于1993年被上海市公安系统评为"十佳交通安全宣传干部",被聘为上海市交通安全学校的客座讲师。这些成绩的取得皆受益于当年艰苦的自学,也源于当年八五钢厂对我的培养。

我深深地感谢给予我们自学小组关怀和鼓励的原八五钢厂的党政领导们。

我永远铭记给予我们自学小组极大帮助的上海工会管理干部学院的姜兆娟老师。

我向当年一起自学的同学们致敬！这辈子能和你们作同学真好。

（章军，1968年毕业分配到江苏省徐州制药厂，任厂部宣传干事；1976年调入八五钢厂机动部运行工段，任空压机机修工；1979年调入八五钢厂安全科，任科员；1988年随厂并入上钢五厂运输部，后转制为五钢运输公司，任生产安全部副经理；2007年退休）

钢厂筹建初期的小故事

原八五钢厂　陆中伟

难以忘怀的"出差"

我是1969年3月"出差"到八五钢厂筹建中心试验室的筹建人员。你一定奇怪,怎么不说"支内"？这里有这样一个故事。

1969年3月19日,我正在闵行重型机器厂万吨水压机旁,与上钢五厂的工程技术人员一起做高温钛合金钢材的挤压成型试验,已有两三天没回家了。那天上午,突然接到领导的一个电话,要我立即回厂有要事商谈。我立马到招待所拿了自己的随身物品,乘坐上钢五厂来回于重型机器厂的装货卡车回到自己单位。

刚一到,厂部当即宣布要我立即去安徽贵池筹建八五钢厂的中心试验室,并让我立即办理请款出差手续,领取雨衣、套鞋等劳防用品,第二天(3月20日)早晨7点在大世

作者陆中伟

界隔壁等候去八五钢厂的卡车直接去安徽贵池,同行的还有庞耀昌、林祖明及食堂厨师等人员。

之所以有如此紧急的决定,是因为要赶在八五钢厂定址仪式前将中心试验室筹建人员配好。由于时间紧迫,才有了我"上午接通知,下午就动身"的"出差"。

当天在厂里吃过晚饭后,我把消息告诉了正在上中班的妻子,她满脸惊讶,无话可说。第二天一早我就含泪告别了蒙在鼓里的父母、子女,踏上了"出差"的征程。我还是第一次乘卡车跑长途,足足开了两天才到达目的地。当时的公路很不好走,道路中间是驼背的,行车很不稳,我们一行一路颠簸,满身灰土,待到贵池梅街大队驻地,我们已成了"泥菩萨"了。就这样,我开始了长达18年的"出差"之旅。

舍小家顾大家

上级决定八五钢厂中心试验室由上海钢铁研究所和上钢五厂负责包建,且以钢铁研究所为主。我的任务就是配合两家包建单位的人事部门按照"好人、好马、好刀枪"的要求组织人员并筹备设备。我和两家单位一起努力,先后调来了钢研所的何文灿、徐惠丞、李子良、张关云、莫宝钧、王根发等多位专业技术人员。有了这些大将,就能按化学、金相、力学、热处理、仪表等各专业测试组分别开展筹备工作。组织调配人员期间测试设备也逐渐装运进山了。到了这时候,我以为到安徽"出差"的任务已经基本完成,可以返回上钢五厂了。可是,当时上级派人做我的工作,说:"毛主席为三线建设睡不着觉,你怎能放心回去呢?要'既来之,则安之',继续为小三线建设工作啊!"就此,我便正式在小三线支内了。

可我家里的困难怎么办?我这匆忙一走,并没为家里做什么安排,妻子要三班倒,小孩还小,晚上没人照应怎么办?原来还可以搭把手的三个妹妹那时也都上山下乡去了。为了解决困难,我的老母亲便住到我家,帮着妻子照顾两个孩子并料理家务,为我的"支内"呕心沥血地照顾着这个家。应该说,我的全家老小都在"顾全大局",使我感激不尽。

"0419"信箱的由来与筹建初期

我们来到皖南山区的贵池梅街大队后,我所在的筹建组按照毛主席"三线建设要抓紧"的指示,在当地农民的带领下,翻山越岭,勘查山沟沟的实地情况,选择合适的地址建设厂房。当时没有路,所谓"路"是雨水冲出的沟,有的地方宽一点,有的地方窄一点,有时全是灌木丛和树林,或是满山遍野的映山红。山里雾气大,灌木杂草挂满水珠,还好,我们一行穿了雨衣和雨鞋,不然身上早就全湿透了。

时间到了1969年4月1日,我们召开定址仪式时正逢党中央召开"九大"。我们筹建组认真听了"九大"的广播,展开了讨论。我们八五钢厂的信箱号"0419"就是为了纪念4月1日召开"九大"而定下的,以后八五钢厂的收信就都用"0419"信箱了。

当时梅街大队所驻的村庄里,农民的生活是比较落后和艰苦的,当地小孩吃饭时端着碗,饭上就一勺红辣椒作下饭菜。在有些农家门口,虽挂着咸猪肉,肉还不时往下滴油,但也只能看,舍不得吃。由于交通闭塞和贫穷,不少人一辈子也没有进过县城。

当时我们没宿舍、没食堂、没浴室,吃住都在老乡家。进而有一次晚饭我就闹了笑话,在喝蛋花汤时,嘴里感觉不对,急忙吐出来,才发现是一只蟑螂,误把它当作小虾吃进了嘴里。

后来我们被搬到大队的祠堂里居住,祠堂里地方大得多,但存放着不少粮食。我们就在祠堂有空余的地方搭起双层铁床,支上蚊帐。晚上睡觉老鼠声不断,甚至有老鼠掉到蚊帐上。有时房梁上也有蛇在游动的影子,怪不自在的,还好男子汉胆量大。冬天若是要洗澡,就只能在简易的芦席棚内,天实在是冷,只好动作快一点。当然,夏天一到,男同志就都到白洋河里洗澡了。随着人员的陆续进山,建筑队也来了,厂里开始用泥土做砖,造"干打垒"的宿舍、食堂等场所,不过这已是后话了。

回顾筹建初期,生活条件的确艰苦,但筹建人员都不以为苦,工作积极性非常高,当时有一种使命感和自豪感:我们是响应毛主席的号令来的,是为了建设后方来的。

（陆中伟，1938年生，1957年中学毕业；1958年3月—6月于上海奉贤修海塘；1958年6月进机修总厂当艺徒；1958年8月于上钢五厂中试室一车间化验室工作；1965年于上钢五厂二中试工作；1969年3月—1987年6月于八五钢厂任中心试验室副主任；1987—1997年于上钢五厂大集体第二综合厂任副厂长、党支部书记；1997年5月退休）

八五钢厂职工的工余爱好掠影

原八五钢厂　沈卫东

八五钢厂是20世纪60年代末,建在安徽贵池的小三线单位之一,有五千多名职工。他们在紧张的建厂和生产劳动后,工余爱好也是"八仙过海各显神通"。

贵池地处皖南山区,那里山林茂密,群峰峻秀,物种丰富,而且不乏原始森林。

由于厂房和宿舍都建在山脚或者山坡周围,开门就能见到山,职工发现:山上到处都有可以摆放室内观赏的花草树桩、盆景石材和自由飞翔的画眉鸟、相思鸟⋯⋯

春天,皖南山区就是一副真实的山水画卷:满山美景看不尽,鸟语花香悦人心。杜鹃花映红山坡树林,它的老根是制作树桩盆景的取材之一;而兰花谱中的春兰、九头兰则在深山幽谷才能发现它们的踪影,兰花随风吐芳、香气醉人。

据说,皖南的九头兰久负盛名,花蕊挂在金黄色杆子上,数量不等,很有气派,美中不足的是它的香气不如春兰浓厚。然而,它的名声大,又稀少,在深山草丛中很难发现它们。爱好树木花草的职工,星期天带着工具,爬山坡、钻树林,把盛开的杜鹃花、九头兰挖出来带回宿舍,放在室内,阵阵清风吹来,芳香四溢,满屋生辉。

花草之外,职工中有不少爱好山水盆景的。他们在山里发现很多奇形异状的钟乳石,在山脚水沟边发现酷似山形的沙积石,还有各种形状的斧劈石

作者沈卫东佩戴"中国人民志愿军抗美援朝出国作战70周年"纪念章

等,这些都是制作山水盆景的好材料。

那些身强力壮的男职工,休息天带着榔头、绳子等工具爬高山、穿密林、过小溪,聚精会神地观察每个角落,发现有用的石料便如获至宝。与山体长在一起的石料可不是轻易就能弄下来的,往往要费很大力气,用半天时间才能从山体上敲下来,再背下山带回家,一天下来,那些爱好者们已经筋疲力尽,累得够呛。接下来就是"设计"和耐心地修饰,直到群山形象呈现,艺术效果显出,才能称心满意。把它与树桩盆景一起陈设室内,顿时就有生机勃勃之感。

山高林密的皖南群山,灌木众多,果实累累,鸟树相依,是飞鸟的天堂,在上海很难见到的画眉鸟、红嘴相思鸟,在这里并不稀奇。

有人说,画眉鸟和相思鸟是那里天上飞的"活宝"。早上一开门,就能听到树上画眉鸟在"对唱"。它们的声音是那么婉转优美、清脆动听,不由让人停下脚步流连忘返。难怪八五钢厂职工中一度形成观画眉鸟和相思鸟的风气。

07车间司机范连如师傅对此特别钟情,全厂闻名。他不但善于发现这两种鸟,而且会为它们做"房子",让它们能在宿舍边安家。为什么不去捉几只画眉鸟呢?因为画眉鸟天性就爱独来独往,又怕见人,因此,范师傅更爱它们自由地飞翔、歌唱。

有人爱花鸟,有人爱捕鱼,各有所爱,各取所需。

流经厂区的白洋河,每年夏季都会暴发山洪,洪水汹涌奔泻无人敢下水。但平常时日,水流不急也不深,鱼虾还不少,不过小的多、大的少。每逢节假日,人们一定能看到八五钢厂职工在河里捕鱼捉虾的身影,他们用的工具简单,一根竹竿绑上三角形网,在水中边推边行,因而往往是虾多鱼少,而且要走很长一段路,因此,他们戏称这是"山区一日游"。早上空手而出,下午满载而归,既游山玩水,又锻炼身体,改善生活,何乐而不为呢?

厂里爱好捕鱼捉虾的人最多,"成绩最好"的是507码头(后期是我们厂的一个部门)的职工。贵池码头附近有一条河,很长很深,鱼虾品种不少,还有黄鳝和螃蟹等。不少职工凭经验和装备优势在工余生活中大显身手。他们穿上橡胶衣下水布网,敲打水面驱赶鱼虾。这样,大大小小的鱼虾就很难逃出"法网"了,常常是网起鱼跳,捕鱼人眉开眼笑。码头职工的工余爱好也能为不少家庭节省生活开支,一举两得。

上海小三线职工在艰苦的条件下发挥聪明才智,按照自己的爱好,就地取材;捕鱼、赏花、观鸟陶冶情操,追求美好生活,因而,他们对皖南山区的一草一木都留下了深厚的感情。

(沈卫东,1936年8月1日出生于江苏省高邮市,1956年11月加入中国共产党。1950年2月—1957年9月于中国人民志愿军第九兵团教导团服役,任济南军区防化营通讯员、司号员、文书;1958年—1970年12月任上海铁合金厂厂长干事;1970年12月—1996年8月任八五钢厂,上海第五钢厂干事)

在攻艰克难中成长

原八五钢厂 叶耀庭

我是一名六八届的大学生,1970年6月接到上海冶金局的分配通知,同年9月来到安徽贵池梅街的小三线企业八五钢厂的06车间报到,正式就业,走上工作岗位。

刚到达梅街,由于落实"先生产后生活"的建设方针,职工的生活设施并不齐全,住的是临时工棚集体宿舍,好在我有过一年半军垦农场的锻炼经历,

作者叶耀庭

并不感到十分艰苦,但是面临"开门见山"的环境,想到一辈子可能要在这里度过,难免惆怅……

06车间位于大冲生活区边的小山里,每天上班只需步行五六分钟,当时试验室大楼土建工程还未竣工,我的先期工作是随运输车去码头装运检测设备。随着建筑公司的工人们辛勤地工作,各车间厂房土建工程逐步竣工,冶炼、锻造、轧钢、钢管、机动部等生产部门陆续投产,06车间的工作也逐步繁忙起来。当初筹建06车间的领导班子由金兴龙、陆中伟、何文灿等同志组成,不久金兴龙同志调到厂部工作,由张宗敢同志接任并主持工作。

06车间的主要职能类似上钢五厂的中心试验室,负责全厂钢材和原材料验收的理化检验,下设试样加工组、热处理组、力学组、金相组、化学组、仪表组、仓库组。那个年代,对产品化学成分的检验是没有直读光谱仪这种先进设备的,主要是依靠化学分析,需要使用各种化学试剂,通过各种反应计算出各元素的含量;各车间为执行工艺所需的控温仪表、热电偶都要送到06车间仪表组校验和维修,因此06车间的仓库就要负责全厂化学试剂、热工仪表、热电偶、记录纸等物资的采购和管理。

06车间的技术骨干主要来自上海钢铁研究所和上钢五厂中心试验室,例如化学组有何文灿、侯俊杰,金相组有樊志礼、徐惠丞,热处理组有周忠辉、莫宝钧,力学组有张关云、李子良,仪表组有王根发,仓库组有陆中伟。在众多经验丰富的技术人员带领下,我对钢铁材料化学成分、组织结构和机械性能的相互关系有了更深入的理解,业务能力有了较大的提高。让我难以忘怀的是参加了两项攻艰克难工作,让我取得了很大进步。

一项是钢管质量攻关。

1972年八五钢厂按市领导指示,开始试制特殊用途的钢管毛坯,在样品的低倍检验中,发现"异金属夹杂",断口检验中发现不同于纤维状的"细灰线""小棱面"特征,厂部为此专门成立了工作组组织质量攻关。

我荣幸地由热处理组调到金相组配合攻关,1975年八五钢厂开始批量生产钢管锻坯,通过对几十炉、上百根管身的低倍检验和解剖试验,厂里积累了一定的经验。不过这次上级领导特别重视,邀请了五二研究所的专家指导,我有机会在专家的带领下,带着有缺陷的试样,人生第一次乘上波音707飞机,由上海飞到北京,再前往包头五二研究所,经过扫描电镜的分析,搞清了断口异常的"细灰线""小棱面"特征产生的原因——材料中夹杂物沿晶界析出。后经过控制炼钢的终脱氧插铝量,以及锻后正火加二次过冷的工艺措施,使质量有了大幅提高。

还有一项是无缝钢管的超声波探伤。

八五钢厂另一个攻关产品是特制钢筒件。为了确保产品质量,必须逐根进行超声波探伤检验。为此,06车间抽调人员专门成立了探伤组,主要成员有侯俊杰、瞿锡芳等同志。钢筒件超声波探伤检测线安装在洪天坊的一个厂房里,探伤组的同志每天上下班要从大冲步行到洪天坊,无论严寒酷暑,风雨无阻。

侯俊杰同志原是从事化学分析工作的,平时爱好无线电,有一定的电子技术,在他的带领下,探伤组全体同志很快学习了超声波探伤的原理,逐步掌握了仪器的参数调试。为了保证钢筒件与旋转探头的同心度,探伤组用水管攻丝钳做了定位装置,安装在探伤机的进出口两端,保证了钢管在输入、输出的辊子上运动的稳定性,防止了检验误判,有效地提高了产品质量。

自1970年9月进入安徽小三线八五钢厂,至1988年3月钢厂完成交接,回到上钢五厂工作,我整整在山区工作了18年,为小三线建设贡献了青春。虽然没有做出惊天动地的业绩,但在艰难困苦的环境下,我在攻艰克难的工作中成长了。我努力过了、奋斗过了,我对得起自己,对得起人民,对得起祖国!

(叶耀庭,1946年6月生。1963年9月—1968年12月就读于上海交通大学冶金系;1969年1月—1970年6月于中国人民解放军2011部队吴江农场劳动锻炼;1970年6月—1981年8月任八五钢厂06车间物理检验员;1981年9月—1988年2月任上海八五钢厂06车间主任;1988年3月—1992年12月任上钢五厂技术发展部物理室副主任;1993年1月—1995年12月任上钢五厂技术发展部物理室主任;1996年1月—2000年12月任宝钢集团特钢公司研究一所副所长;2001年1月内退)

我在小三线八五钢厂码头过的第一个春节

原八五钢厂　张福根

我是1975年12月下旬离沪赴皖的,当时我们这一批总共约有300人,其中有6人被安排到八五钢厂的码头部门。1976年的春节特别早,1月31日就是大年初一了,按照当年的规定,我们隔年就能享受半个月的探亲假期。

这段时间,码头上的老职工们工作之余谈论最多的话题就是申请假期回沪探亲,忙碌最多的事情就是去贵池县城采购年货。在物资特别匮乏的年代里,上海人过年过节吃的鸡鸭鱼肉蛋等都是实行计划供应的,但在安徽贵池的集市贸易街上还是能买到的。在过年前的一个月里,老职工时不时就议论"购年货""回上海"的话题,职工宿舍里堆了许多准备带回上海的年货,507码头已笼罩在一片回沪探亲前的热闹气氛中。

作者张福根

由于我刚来贵池不到一个月,正在犹豫要不要回沪过年,当时我是在码头装卸工段"劳动锻炼",要过春节了,上海人要回沪过节,贵池当地人也要"进山"回家过年,所以每年春节期间职工人手都特别紧缺,这是整个上海小三线的"通病"。在当时的情况下,领导问了我的想法,我毅然决定在异地他乡——安徽贵池507码头过春节。

1976年1月特别冷,码头上的风又特别大,吹在身上刺骨一般。随着春节一天天地临近,职工宿舍楼里的人陆续回沪了,一幢三层的单人宿舍楼房里原住着有100多人,现在能见到的越来越少了。越临近春节,上海小三线的工厂就越冷清,让人特别难受。

1976年的1月30日,这天是除夕,我被安排到卸煤炭的泊位上工作,任务是放"漏斗"让煤炭均匀卸到皮带机上,由皮带机输送带把煤炭运到煤场地上。除夕这天我与一名老职工搭班,他住在码头的家属宿舍,他让我先去码头食堂吃饭,我在食堂里买了大排、青菜和一盆烂糊肉丝,我吃好了"年夜饭",就让他回家吃年夜饭了。我一人在煤场泊位卸煤炭,除夕夜天气特冷,江边上的西北风吹在脸上如刀割一样。当工作结束之后,我走入几乎见不到人的宿舍楼,走进只有我一个人的209宿舍,对着挂在墙上的小镜子,我的整张脸都沾满了煤灰,像是一个大煤球,当时20岁的我,眼睛湿润了……

我拿着条巾正准备去码头浴室,这时住在我宿舍楼上309室的码头领导张松林书记在过道阳台上喊住我,要我洗完澡后去他房间。洗完澡,我换上过年穿的"中山装"去了张书记的宿舍,他已在煤油炉上炒好了鸡蛋、花生米等,还炖了鸡汤,端上黄酒邀我同饮,在交谈中得知,当天下班,他就骑着自行车去贵池县城了,目的是躲避码头职工请他去吃年夜饭,张松林书记告诉我,作为领导平时要注意言行,节假日里更不能放松,去了这家就不能不去那家,干脆哪家都不去,免得在今后的工作或处理问题中让旁人说闲话。我俩边吃边聊,我除夕夜的孤独寂寞感得到了安抚……第二天早上,也就是1976年1月31日正月初一,我打长途电话给上海的父母,给他们二老拜年,给我兄弟姐妹拜年,向他们通报了我在异地他乡过的第一个春节的情况,毫无疑义是报喜不报忧的。

在春节的这段时间里,我除了白天上班当装卸工,码头食堂吃三顿饭外,每当夜幕降临,只有一个半导体收音机陪伴着我,不是因为一个人睡觉不习惯,是因为我在该团聚的时候选择了独守,在万家团圆之时,我落单了,难免产生孤单与寂寞。

之后,每当过除夕家人团圆吃年夜饭时,我都会自然而然想起1976年八五钢厂码头上度的这个春节。

（张福根，1975年底去八五钢厂，在码头部门财务组任会计和组长；1988年完成码头交接后回沪；1988年4月在上海第五钢铁厂，曾任五钢拉丝分厂会计、科长；废钢分厂财务科长；副厂长、五钢公司炉料公司副经理；五钢公司采购部副部长等）

我的书法梦,缘起八五钢厂

原八五钢厂 施纯星

作者施纯星

人的生命轨迹会转向何方?这是个难以下定论的问题,我至今已是75岁的老人了,几十年的工作经历处于各种变化之中。入职时是技术工人铣床工,后做工会工作,继而又当上了编辑,到了近退休时又当上了书法老师,到今日还能活跃在书法教学活动中。人生之路的变迁虽难料,但有些因素却可能左右人生,这些因素中有工作环境和机会,有组织的关心和培养,也有个人的学习和修养。

我不会忘却支内到八五钢厂的16个年头,它对我的人生起到了关键作用。我1971年3月由上钢五厂六车间支内到安徽贵池八五钢厂,以一个做了三年铣床工的技术工人的身份到04车间报到。初到车间生产未上马,铣床工自然也无活可干,我却被安排了工作。因为在上钢五厂六车间时我是宣传骨干,写写画画还能上手,所以我被安排去写语录、刷标语、出通知、写黑板报等,干起了笔杆子的工作。后来铣床工的工作逐渐正常了,但工作不饱和,于是工余时我的笔杆子工作仍然不少,常常是随叫随到。

我爱好书画，特别是后来专注于书法，主要是受父辈影响，父亲做外贸业务，叔父字写得好，很早就教我写字，小时候会在墙上涂鸦又写又画。我入少先队后好多年一直做班级、学校宣传工作，书画的长处派上了用场。进上钢五厂再到八五钢厂，原来只想专心钻研技术，却免不了又参与了宣传工作。写写画画动笔杆子看似轻松，非亲历不知个中艰辛。寒冬酷暑在室外登上二层楼高的竹扶梯，手拎油漆桶刷写大字，不多时腰腿就僵硬了，更不要说长时间地书写了。一次我被安排到新码头写字，大热天为了避开烈日高温，我天刚亮就出工登高书写，到日头逼近才歇息，几天下来皮肤都被火辣辣的太阳炙烤黑了。我每年都要到厂部大礼堂前厅写光荣榜，一个人书写10多平方米的版面，从设计排版到打格子，再用楷书写上几千字，常常要花费好几天时间，登高悬腕书写着实累人，但我把这事当作练字的好机会，累点也无所谓了。

我34岁提干后就离开了铣床工岗位，组织的关心培养为我的成长开拓了广阔的天地。我先后任04车间工会干事、工会副主席，负责宣教等工作，多年来坚持每月出两期黑板报，10多平方米的版面，好几千的文字要编辑、排版、抄写、美化；各工段的黑板报宣传工作也得开展起来，我把车间里一批能写会画的职工动员起来，大力支持车间的宣传工作，工作虽辛苦，却充满了快乐。我做着我喜欢并胜任的工作，车间画廊布置、广播宣传及职工教育文体工作等，我都参与其中，尽了自己的一份力。

1983年，我有幸到《劳动报》社实习，做见习记者，学习了采编文章。1985年，我被调到《八五通讯》从事编辑工作，多年宣传工作的经历让我有机会接触更高层次的文字工作。白纸黑字印上你编辑的文章、画的题花、题写的报头，我的人生又跨出了实质性的一步。在厂部我还被安排描摹题写"上海八五钢厂"几个行书于2米多高的木牌上，张挂在厂部大门的门柱上。

在八五钢厂的16个年头，是我在实践中学习成长的重要时期，是接受党和组织培养教育和关心的重要时期，这期间我入了党，在政治上有了进步。在恢复高考后，我和章军、张锡清、姜东铭等多位好友组成了自学小组，用工余时间学习汉语言文学专业课程，从而通过了上海教育学院高等教育自学考试，在文化知识上的自我充电，为我以后在书法上的学习和教学打下了基础。

此文是对自己青春年华的回顾，其对我一生的深刻意义在于：在八五钢厂这个历练人的熔炉里，我的特长得到了充分的培养和发挥，工作的方向逐步转至宣传、编辑、文字书法等方面，我深感小三线的艰苦条件更能磨炼人。

　　由安徽返沪后，因有书法和专业方面的特长，我被上钢五厂《五钢报》社录用，一直工作至退休。这段时间是我文字编辑工作和书法能力的发展期，我先后任三版、头版编辑，书法特长得到了施展的机会，为《五钢报》《五钢集团报》题写报头，为文章题标题、画题花，成了五钢书画社的主要成员，我的书法作品也作为礼品赠送国外友人。这期间我参加了上海中国书画函授学院、中国书法家协会培训中心的函授、面授课程，把书法的特长再推向专业层面，既是编辑工作的需要，也为我退休后从事书法教学做了准备。

　　今天，我怀着感恩的心，感恩八五钢厂对我的培养，有了在八五钢厂这段终生难忘的经历，才会有我在文字编辑工作和书法艺术上的成就，才展开了我书法梦的序幕。感恩八五钢厂领导和支持我工作的同事、朋友，同样要感恩上钢五厂和宝钢继续给予我的机会和培养。当前我已是中国书法家协会会员、上海市书法家协会会员，还是宝钢老干部大学的书法教师、《宝钢老年教育通讯》编辑，在宝山友谊社区学校等单位担任书法教师，晚年生活幸福充实，圆了我的书法梦！

　　（施纯星，1946年生。1965年就读于复旦中学毕业入五钢工读班金相专业；1967年任上钢五厂六车间铣工；1971年3月—1985年任八五钢厂04车间工人、工会副主席；1985—1987年任八五钢厂宣传科《八五通讯》编辑；1987—2006年任上钢五厂宣传部《五钢报》编辑；1999年加入上海市书法家协会；2015年加入中国书法家协会；2006年退休）

干群一致,创造奇迹
——回忆上海小三线八五钢厂18个年头的点滴

原八五钢厂 王友章

分配与再分配

1962年7月我从上海考入北京钢铁学院机械系冶金机械专业,开启了我的大学生涯。1968年7月毕业后,我被分到上海冶金局工作。全国范围分配大学毕业生,我能回到自己生长的城市真是难能可贵,我们整个年级只有三个名额,每班才一个,我与另一个班的同学一起被安排进工厂接受再教育,另一班的一位男同学则去了杭州军垦农场接受解放军的再教育,为期8—10个月。六年同窗,毕业分别都依依不舍,但有的同学还是匆匆而走,我却为送别同学多留了一个多星期,在我将告别校园时,管分配的老师又找到我。由于实际需要,我最终没去成工厂而转到了杭州军垦农场。想不到从此我的人生旅程发生了极大的变化。

到了杭州市军垦农场,1970年7月我又遇上了所谓的"再分配"。毛主席发出了"三线建设要抓紧"的号

作者王友章

召,各大城市都搞起了小三线建设,上海向临省借地,在江西东部、安徽皖南、浙江西部的广大丘陵地区搞了个507指挥部,建了50多个单位搞小三线建设。八五钢厂是为三线建设提供钢铁材料和半成品配件的一个钢厂。在解放军军官和工宣队的宣布中我被再分配到安徽贵池八五钢厂。就这样,我于1970年9月在八五钢厂保卫科的两位同志的陪同下乘长江轮在池州港下船,再乘卡车行驶近30公里来到了位于梅街的八五钢厂机动部报到,分在金工工段接受工人阶级再教育。

初识八五钢厂

当时整个厂由市建二公司承建,机动部按军事化编制称07车间,由金工工段、铸造工段、电修工段、锻铆焊工段、运行工段(水泵房,空压房)、氧气站和后勤部(科室和食堂)组成。当时铸造工段建在山坳,需要开山平地,后来的工人当时还是劳动锻炼的学生,在市建204工程队指导下正开山平地,用洋镐、铁铲、小车推土填谷,后来建成了数千平方米的铸造厂房,首批学生工人是建设的拓荒者,也是后来的生产骨干。全厂各生产车间也以数字命名,01车间为炼钢车间,02车间为锻钢车间,03车间为轧钢车间,04车间为钢管车间,05车间为运输部,06车间为中心试验室,07车间为机动部(管全厂设备的大中修及备件生产),08车间为煤气车间,另有基建科,供应科,及梅街西华厂部科室,潘桥废钢车间和30公里外的507码头。

后来知道,全厂只有一条公路通码头,向里再延伸约30公里,分布着长江医院、供电所、永红机械厂、火炬机械厂、五洲机械厂、前进机械厂、胜利机械厂等,平均10公里一个厂。单八五钢厂就以梅街西华为中心通向三条山沟,01车间和03车间在南面一山沟,06车间和07车间在大冲,08车间、05车间、02车间和04车间在北面一条山沟,03车间和04车间之间蜿蜒的山路估计得有十多里,工业生产强调运输线路最短,经济效益才会好,在纵深千里的山区仅靠单一一条公路进行运输,从发展的过程与现代观点看,当时的布局是存在一定缺陷的。

干群一致,矛盾最小化

小三线的最大群体是老三届的中专生和技校生,他们中有不少是家中独苗和老师青睐的学生干部,他们自觉比去边疆的同学幸运,所以大多安心,有干劲,他们多数都有一定的技能,后来成了八五钢厂各方面的主力军。骨干力量是支内的干部和工人,他们都是从上海冶金局各单位来的。

很多干部工人为小三线建设一人来皖,而让家属留在上海。他们为人真实,工作勤奋,忠诚党的事业,是真正的共产党人。建厂初期宿舍紧张,他们来到八五钢厂后,与单身老工人,学生工人住在一起,六个人一间,大家真正同吃同住同劳动,完全与工人打成一片,我们的金工工段书记兼工长李家富就与我们同住一栋楼,就连厂部领导,机动部主任绝大部分都是与大家共同生活的,没有特权,没有小楼,官兵一致,我们有时聊聊家常,有时向领导诉诉家庭困难,领导在力所能及的范围内帮助解决,或让去上海的同事,甚至上海办事处的同志去家中访问解难,遇到节日或抢修加班还会与大家一起在食堂买点菜,喝点酒庆祝或慰问。遇到抢修加班,领导总会有人到场共同参与,真正做到心往一处想,力往一处使,凝聚了人心。平易近人,善解人意,是当时八五钢厂干部们的优良作风。从第一代厂领导冯秀芝、庞耀昌、陈锁锁、许汝钟、徐平到后升任的方永铭、汪铁钢、顾忠范等都如此。冯秀芝之后任党委书记的陈锁锁更是体贴民心,抓办落实了很多惠民实事,其中机动部和基建科是落实实事过程中最得力的部门。

机动部的历任书记和主任都是平易近人慧眼识才的好领导,政治挂帅,提携后辈,尊重人才,逐步组建了一支技术精湛、能打硬仗的技术队伍和政工队伍。我有幸成为其中一员,方世根书记是我的领路人,在领导们的教导帮助下,我加入共产党,成为工人先锋队组织的一员,真是人生之大幸,他们是我的良师和益友。

因年轻工人逐步成家,住房困难,厂领导组织建造了一批又一批职工住房,从原来的"干打垒"土坯房,到28K的砖瓦房,再到白洋河对岸的钢筋混凝土楼房,为解决通行,基建科的技术人员自行设计并建成的八五大桥这也是小三线工厂的一个奇迹,它至今还造福着当地居民。

贵池县城离厂50多里,周边又无集市贸易,为解决成家职工买菜难,厂部筹办了统一采购后另卖给工人的菜场,还从上海运来大量海鲜和生活物资,供职工购买。单身职工大多在食堂用餐,抓食堂一直是党组织安定人心的大事,07车间的食堂在周慕均主任的领导下一直是全厂翘楚,吃饭的人最多,花式品种丰富,物美价廉,享有盛名。贵池盛产水产,鱼虾价廉,黑毛猪肉鲜美,又有上海的海鲜,到深秋时节,厂部还会采购大闸蟹分配供应,18个年头中的那些美味,让我至今难忘。

在陈锁锁书记和庞耀昌厂长任职时期,八五钢厂建造了大礼堂,从此不用在蚊叮咬或刺骨风寒中看露天电影了。中小学、技校也相继建成,让有条件到上海洋泾中学代培,后又建大桥造宿舍,建电视塔和信号塔,让居住在山区的职工能看上电视。改革开放初,更是由厂团委牵线作红娘,让男多女少的钢厂男青年从全国各地娶到了心仪的姑娘并落户到厂,安排工作。党的十一届三中全会后,为求生存、扭亏损、扩产能,车间扩大煤气产量后,厂里还不忘让工人得实惠,又搞了3 000立方米的煤气储气罐,让煤气进户,极大地改善了职工生活。种种实事安定了人心,和谐了干群关系,生产也跃上了新台阶,创造了诸多小三线单位中的奇迹。

自力更生,创造奇迹

在建厂初期,在保证生产生活和建设需要的基础上,机动部领导筹建了后勤科室,后分为计调组、维修组、电气组、运行组、财务组、保卫组、党总支办公室等。随着后勤保障工作的开展,金工工段、铸造工段、锻铆焊工段、电修工段、运行工段、氧气站等都逐步健全起来。只有初期运行工段的水泵房和潘桥的深井房和加压泵房等是由安装公司建设安装,其他设备都是由机动部工人自己安装。

我在金工工段接受再教育时,工段长兼书记李家富真是一位好干部,7级车工出身,待人极为和气却又坚持原则,体贴工人。他让我先跟着丁树青学习操作液压刨床,加工一些斜垫铁供安装设备用,另外加工一些工程项目中急用或需改尺寸的简单工件,丁师傅是我进厂的第一个师父,作为农工组长的他技术好,工作认真,对操作认真讲解,全心全意教导着我。

做了两个月,因人员不断来厂,食堂用餐的人越来越多,由204工程队开办的食堂人手不够,金工任务又不多,于是我与一些分配到食堂的女学生和另三名大学生一起到食堂工作,洗菜洗碗、切肉切菜、打扫卫生,工作中我都抢着干、认真干,所以老师傅们都赞扬我,直到二军大支内的厨师与204工程队厨师共同办食堂时他们都不愿放我走,一干又是一年多,直到金工生产忙碌才让我回去。我进厂时与铸造工段的大学生卢岩双、刘荣林、张惠国,还有电修工段张荣旗同住一寝室,我们这批大学生都在工作中拜工人为师,理论与实践互补,工作中学习工人刻苦认真的工匠精神,最终获得大家的好评,与工人们融为一体。

回到金工工段,我分在外修钳工组,负责全厂设备的大中修。

在外修钳工组我历经三任组长,邵兴林是第一任,他也是我的第二个师父。他是最早来的,他工作细致,条理较清晰,上过市职业夜校,有一定理论基础,技术操作水平也较高,后来上调到科室维修组,带领我们用手提砂轮和平板,修整因加工精度不够,生产厂弃用,安装公司安装不好的5吨模锻锤的上砧座,最后精度远高于国标,使其顺利投产。02车间校直钢材和钢管的800吨油压机,安装公司只装了一半,液压系统未安装,这是他带领我经历的第二个大项目,由于液压图设计不完善,大家都不接这活,设备只能闲置着,我通过努力和钻研,完善了液压系统,改进了油箱,使设备顺利投入了使用。从此,有任何疑难项目他总与我一起或单独交由我完成。第二任组长汪鹤祥来得也较早,他是7级钳工,实践经验丰富,是个听领导安排、待人和气、踏实肯干、极富有老黄牛精神的老工人。那次轧机三联箱齿轮箱滑动轴承检修,他作为带班组长冲在一线,带头工作,任劳任怨,工作强度超过任何人。因我积极肯干,又有理论水平,他也把我作为最佳搭档带到最重要的检修现场,他是我最尊敬的师傅之一。杜善良师傅来厂后,由他任外修钳工组长,杜师傅文化水平不高,但学习和动手能力一流,工作潇洒,出手飞快,会动脑,多巧干,革新不少。300吨油压机的制造就是他的得意之作。这台设备的油缸是机修总厂生产的铸钢件毛坯,运厂后杜师傅用蚂蚁啃骨头的方式用小镗床加工油缸机座,用大车床加工拉杆和油缸缸体。他还自绘草图加工承载车的底板轨道,设计承载车用厚钢板交铆焊工段焊接后镗孔安装。液压油箱和换向旋阀也由他设计,制造后装配,比用液压电磁阀的油路更为简单,只需配一个外购的高压溢流阀和一只高压电接点压力表作保护,操作也极方便。他是我最敬佩的师傅和组长。

1978年上半年我告别工作了9个年头的外修钳工组,这是一个有重担大家挑,有技术问题共探讨,坦诚讲话,友好相处的好小组。这个小组的技术能力不输上海同行的任何一个小组。我至今还深深怀念三位可敬的老组长,怀念我曾经共事过的组员：叶志龙、姚化导、袁勤忠、龚春友、梁应先、廖志友、吕作舟、沈为民、杨新华、肃炎培、张建国、许文龙、任长生、冯国强、何敬泉。

经济规律必然主宰结局

1978年以后，随着国民经济的恢复和调整，我厂生产任务锐减，逐步由工业品生产转为民用品生产。但由于各种原因，生产不景气，企业处于亏损局面，难以维持。1985年4月，根据国务院的指示，经上海市人民政府决策，上海在皖南小三线企业全部无偿移交给安徽省，八五钢厂职工整体纳入上钢五厂。如今，八五钢厂已经不存在了，但我们都为它努力过，奋斗过，我们自觉奋斗，不言后悔！

（王友章，1962年9月—1968年7月为北京钢铁学院机械系机67—3班学生；1968年7月—1970年7月于浙江省杭州市乔司军垦农场劳动锻炼；1970年9月—1987年2月任八五钢厂机动部历任外修组钳工、计调组副组长、机动部副主任；1987年2月—2000年5月任上钢五厂带钢分厂副厂长，高级工程师；2000年5月待退休；2000年5月—2005年2月于上海外滩观光隧道从事设备管理工作；2005年2月—2008年5月于英泰克监理公司工作；2005年5月退休）

童梦回池州

原八五钢厂职工子弟　姚宏发

　　1972年夏,那时我11岁,父母带着我从上海十六铺码头坐东方红3号轮,沿长江逆流而上,抵达安徽池州码头,转坐客车,约一小时车程后到达了一个叫潘桥的地方。父亲工作的车队的全称是"683运输团第四连队",听着像是部队名。车队营地建在山脚下一块大空地上,居住区建在一公里外的山坡上,房子是用红砖砌起来的二层楼,一共有八栋楼,每栋楼可住十来户人家。我们去的时候,很多房子都还空着,感觉这是刚刚建成的。我们家住在底楼,是一室半套间的那种,打开房门,母亲开心地赞叹了一番,要知道在上海的时候我们一大家子都住在鸽笼大的地方。母亲打开包,把东西归置好,又很利索地铺床。一些同事和邻居也过来打招呼,见到我,他们会摸着我的头说:"你爸爸妈妈最宝贝你,就带你一个人过来。"我很相信他的话。母亲拿出点糖和饼干散给他们吃。天暗得很早,吃过晚饭后,我们全家简单梳洗了一下便睡觉了。

　　第二天早上醒来,父母已经上班去了,桌上留了早餐。父亲昨晚说,这里有野兽,别一个人到外面瞎逛,所以一个上午我除

作者姚宏发

了上厕所,就是在屋里转。中午,母亲从食堂带回中饭。吃完饭,跟着母亲在居住区转了一圈,小区内共有两个公共厕所,一个在东面,一个在西面,每栋楼房四周铺了点水泥,其他地方多是石子路,小区的南面是一座林叶茂盛的大山,北面可以看到村庄,西面是一片竹林,像一道绿色的屏障,东面对着车队,远远可以看到车队大概的轮廓。母亲显得有点兴奋,母亲在上海时没有工作,今日早上她去了父亲单位,她作为家属工被安排到食堂工作。回到家,她拿了锄头就去屋后刨地。这里有很多空地,谁家开垦就属于谁家的自留地。我们这里离县城很远,也没个菜场,每户人家都开出一大块自留地。我跟在母亲后面,把挖出来的树根归在一起,母亲说等晒干后当柴烧,我们烧灶头,要用很多柴。傍晚,父母回到家,趁天还有些亮的时候去屋后刨地,到了天暗下来时,回到家洗洗,然后搬一张小桌子到路灯下,拿出食堂带回来的饭菜,每天如此。

这样过了一个星期,一天刚吃过晚饭,四周已经见不到一个人影,也听不到一丝响动,那种寂静如死灰一般让我难受,甚至有点恐惧,我对父亲说:"我不想待在这里,我想回上海找大龙、永贵他们玩。"父亲只是噘噘嘴,母亲说:"这里是我们新的家,我们要长长久久地生活在这里。"听母亲这么一说,我先是轻轻地抽泣起来,后来慢慢变成撕心裂肺地号啕,为了不能再和大龙、永贵他们一起玩,也为将来说不清的日子。父母只是静静地看着我,一句劝说也没有。

一天中饭后,一个男孩突然来到我家,他看着比我大个一二岁,皮肤白白的,眼睛小到像没睁开。他笑嘻嘻地看着我说:"你爸爸让我带你玩,你如果听话我就带你玩。"什么人啊,第一次见面就说这么气人的话,我心想,不玩就不玩呗,可头还是不争气地点了几下,嘴里急忙说:"听话的听话的。"那天云层很厚,虽然是夏天,山里的风吹在身上凉飕飕的很舒服。他手里拿根小竹竿,腰里挂着一个竹编的小箩,我们爬到白洋河边上的一个小山丘上,他用竹竿在灌木丛中拨过来拨过去,一会儿便看到了一个小鸟窝,里面有四只鸟蛋,他轻轻取来,放进小箩里,后来还发现一些刚孵出来的小鸟,他没有动它们只是让我看看。太阳快落到西面那座山头的时候,我们回家了,他大概摸到十几个鸟蛋,也没说给我一个,我也没问他要,看他那一副笑嘻嘻的样子,就觉得他不是个好人。

第二天早上,我还没起床他就来了,看着我那副迷迷糊糊的样子,他哼了一下说:"我数到十就走,一、二……"怎么说话又是这副样子啊,我慌忙穿上裤子,拿起桌上的馒头,脸也没洗就跟在他后面出门了。他带我去了一户姓尤的人家,尤家一共三个孩子,全是男孩,尤家三兄弟中老二秀国跟我们差不多大,长得很端正,人也干净,一看就是那种值得相信的人。我们来到车队食堂,他们在乒乓桌上架起网,开始打乒乓,我只是在边上看,只有球打飞到很远的地方才听他叫我:"姚,球在那个饭桌下面!"我的妈呀,他拿我当什么啦,真不是个东西,我一边走心里一边骂,捡完球送给他们,脸上显得很不高兴。秀国大概是过意不去,让给我打一会儿,我说不会,秀国说:"没关系,我们也是慢慢学的。"我感激地看了他一眼,心里的不开心一下子就消散了。以前在上海,我们打乒乓都是把永贵家小房间门板拆下来搁在两个凳子上,很小,现在站在标准的乒乓台前,觉得很大,这么大个台面,如果也能把球打出去真是瞎打了。有一个男孩很认真地陪我打,球总是喂到我很顺手的地方,我越打越带劲,真的很开心,我开始喜欢打乒乓了,也不再喂喂地叫他,而是像秀国一样叫他小刘。

自从认识秀国,我就经常去他家,他家住小区最东面,站在门口可以看到远处的车队。他们家分了两套房,楼上一套楼下一套,楼梯在房子外面,楼上楼下相互不影响。他父母和姐姐住楼上,他们兄弟三个住楼下,他们把房间布置得像宿舍,高低铺,中间空出很大一块。去他们家感觉很自在,他们兄弟三个年龄都差得不大,在一起经常会有一些争吵,很是热闹,这是我喜欢的。

我的一个哥哥和一个姐姐留在上海,大姐在淮北插队,这里只有我一个,每次看到兄弟姐妹多的家庭,心里会生出些许羡慕。秀国带我又去了后面几栋楼房,我又认识了忠强、小范、红胜、阿林,阿林家也是三兄弟,两个哥哥要大我们几岁,通常我们只跟阿林玩。这样,我就不再是孤单的一个人了,而是一群人。每天,等到大人一去上班,我们便陆陆续续到秀国家里,人多了,胆就壮了,第一个想到的就是去南面山上,大人说上面有野兽,一直不让我们上去,现在人多了,心里也不觉得害怕。

我们每个人都准备了棍子,虽然人多,但细胳膊细腿的看上去也都没什么力气,心里有点没底,又让阿林回家把他二哥小根子叫来,小根子大我7岁,人高马大很壮实。那天,风和日丽,天空湛蓝,阳光照在树叶上泛出绿油油的光亮,吃完中饭,我们就聚到山脚下,七个人歪歪扭扭地排成一行。小根子拿着木棍站在队伍最前面,他面朝我们大声说:"有我小根子在,大家不要怕,万一碰到野兽你们都别动，我会保护你们的。"这话听得我们一阵心热，心里把他当成大英雄。"出发！"随着小根子一声令下，队伍开始向山上进发了。为了壮胆，路上号子叫个不停，红歌也唱了几十遍。开始的山路很开阔，三四个人并排走也没问题，路两边是高大的乔木林，没有什么磕绊，我们很快走完了这一段。这会儿在我们面前的是农民在山上开垦出来的农地，有半个山面大，上面种的是玉米，现在已经收完，满山坡都是枯黄的玉米秆。我们喘着气，愣神地看着陡峭的玉米地，一阵风吹来，身后树林发出哗哗的巨响，我们吓得面面相觑，有两个人直接就趴到地上，还是小根子站出来说话："别怕，就树叶声响，不是野兽，我们今天要到山顶，不到山顶非好汉。"有他这么一鼓舞，我们顿觉腿上来劲了。

玉米地坡度很陡，泥土松软湿滑，每走几步就有摔跟头的，这个摔完那个摔，等过了这片地块，个个都像泥鬼。玉米地的再上面是一片密密麻麻的灌木林，我们找了一圈，也没找到进去的路。山顶上的风吹在身上觉得有些冷，大家都瞧着小根子，眼睛里都写"回家"两个字，小根子用棍子往回一指说："回头是岸。"我们乱哄哄地往山下跑，滑的滚的都有，过了玉米地，我们重新整理了队伍，雄赳赳气昂昂走下山去。山下大人们都等在路口，看到我们都像泥猴似的，心里不定是怎么个心疼。小根子妈妈拿着竹鞭第一个冲到队伍里面，揪住小根子衣领骂道："你这个呆子，这么大人，领着一帮小孩，出了事要你负责的你知不知道？！"说着，拿起手上的竹鞭狠狠抽在他头上，小根子双手抱头，一颠一晃地往家逃去，我心目中的大英雄，竟然如此灰溜溜地逃回家。望着他的背影，我想：万一碰到野兽，他大概也这么溜了。后来每逢天好的时候，我们就去山上，顺便砍一些柴回来，也没碰到过野兽，大人也不再阻止我们。下雨的时候，我们就在秀国家打牌、下棋、听故事，秀强比我们大一点，喜欢看书，也喜欢和大人聊天，经常给我们讲故事。有一次，他跟我们说，清朝大官找了五个变魔术的高手去美国参加篮球比赛，因为早到，就和美国队来了一场友谊赛，魔术师们把球在袖管里滚来滚去，美国队一点办法也没有，最后魔术师们赢了，就是因为这个，美国制订了篮球比赛规则。故事笑得我们在地上滚作一团，就这样，我们开始打篮球了。

打篮球最大的好处就是好几个人可以同时玩，开始的那段时间，我们几乎每个下午都去车队篮球场上打球，有的师傅偶尔也会来教我们几个动作，显摆显摆能耐，我们进步很快，打得也有些模样，可以分队比赛了。一天，我们正玩得带劲，胖子卢师傅从调度室走过来，他冲着秀强说："早点回去烧饭，晚上放电影。"一听说有电影，我们都停了下来，秀强问他什么电影，他说："鬼师长。"影片的名字让我们一下子摸不着路数，秀国他们五个人猜，鬼师长，就是讲日本鬼子的师长，秀强认为，鬼师长，就是鬼主意多的师长，这样，双方就打了个赌，当然就是赌个对错。

电影是在食堂里放映，幕布贴着墙吊起来，平时用来吃饭的长椅放成一排一排。我们一伙人吃了晚饭早早到了食堂，抢了第一排位置坐下，等着那个神秘的"鬼师长"出现。等到天黑，电影便开始放映了。放映机吱吱地发出声响，银幕上黑白点子剧烈地抖动，一会儿便推出电影的名字——"槐树庄"，我们愣了好一阵，心里的失望真是说不出来，想想卢师傅用他那标准的上海话说出的"鬼师长"，真像是个大玩笑。

日子就这么糊里糊涂开开心心地过着，我已经不再想上海的那些事和那些人了。转眼到了9月，我们被安排到当地的潘桥小学上学。小学建在一个土坡上，一排平房，共有三个教室，土坡下面的平地就是操场，天干的时候土像石块，下雨的时候表面的泥浆像肥皂水一样滑，一不小心就会摔个跟头。我跟忠强被安排在三年级，秀国他们被安排在四年级，但我比秀国还大一岁，也不知道他们依据什么分的。学校一共三十多个学生，每个班十几个人，有三个当班的老师，车队又推选了两个部队复员军人做老师。大人们也不指望我们学到什么，就是有个不错的地方管着我们，这样他们便可安心上班。我们中大多数人的父亲都是司机，安心开车是最最重要的事，车队隔三岔五就要开会，说的也都是安全驾驶。

老师领着我和忠强走进教室，班里的当地学生发出一片笑声，让我们搞不清他们的意思，到了下课，我们去操场上，那些学生围着我们嘴里嚷嚷起来："上海佬，背稻草，背到河里洗把澡。"我没听出有什么恶意，也没当回事。忠强很不高兴，用眼睛瞪了他们几个，他们就去把小水找来。小水算是他们头了，瘦瘦的戴着一个军帽，粗糙的脸有点老成，也看不出他多大。他走到忠强面前问："你是不是瞪他们了？"忠强有点怕了推说没有，小水用手点了他一下说："跟你说，在这里必须老老实实，不然对你不客气。"这样一吵，秀国他们那边也都围过来了，听说了事情后也是非常气，小刘对小水说："你不要不讲理，更不用拿话吓我朋友,我这人最看不惯欺负人,特别是欺负我朋友,下次再有这种事,小心我揍你。"这话一说,小水顿时咆哮起来,人群呼啦一下拉开了架势,我们七个上海学生,对着一帮当地学生。和我们一起的三个女生飞快地跑去办公室,我紧张得气也喘不上来,对边的小水挥拳踢腿嗷嗷乱叫,就是不敢冲过来,小刘那张脸笑嘻嘻的,也看不出紧张不紧张。老师很快来了,把小水、小刘、忠强叫去办公室。从办公室出来的时候,他们有说有笑像是老朋友,我提着的心总算是放下来了,就在刚刚吵架的那一刻,我觉得我们几个上海孩子就像一家人一样,谁也不能被欺负。虽然心里觉得小刘不是什么好人,但在那一刻,他勇敢地保护了我们,并且为我们讨回公道,我心里开始敬佩他了。

小水成了我们的好朋友,一天,他说带我们去钓泥鳅,我跟忠强很高兴。我们每人拿了一根竹竿,在竹竿一端系上麻线,麻线的一端系上小饵料,我们站在稻田边上,田里的稻子快要收割了,我们把竹竿放到稻田中间,这么一上一下地颠着,很快就有泥鳅咬饵被钓了上来。开始,我和忠强都抓不住泥鳅,让它们逃掉了,小水抓得很稳,逮到一条就用铁丝串起来。吊过了一两次,我们便掌握了要领,这样一个下午钓下来,有三十几条泥鳅,我们平分了"战利品"。回到家,母亲很高兴,立刻洗了,做了一大碗汤,父亲没夸我,当乳白色的汤撒上葱花端上桌的时候,他脸上的神情是满意的。我嘴里喝着汤心里自有一份得意。第二天,我拿了半块肥皂给小水,他不住地道谢,那个凶巴巴的小水竟有点不好意思了,做朋友后就是不一样。后来,我和忠强又去钓了很多次,直到有一天,钓上一条蛇来,我刚要伸手去抓,一看是蛇,吓得魂飞魄散,扔下竹竿就往家逃,再也不敢去钓泥鳅了。

小水他们已经二天没来上课了,车队顾老师让我去他们家看看什么情况。村子离车队不远,我在车队食堂吃了中饭就去他们村子。在村口,问了一位大妈,顺着她手指的方向就找到了小水家。小水躺在躺椅上,他奶奶指着他数落个没停,他见到我立刻就爬了起来,拿起镰刀,背上军用水壶,拉着我就往外面走,边走边说:"我干活累了想多躺一会儿,老太太就说个没完,骂我懒,不想多挣工分。"我问他怎么没去上课,他将我领到村外的稻田里,班上的两位同学已经在那里割稻了,他卷了一下裤管对我说:"你看,田里活很忙。"我站在田埂上,望着田里正忙着收割的小水,心里想,虽然我们坐在同一个教室,却过着两种不同的生活,我们要轻松多了。烈日下待得时间长了,浑身上下一股燥热,汗水不停地往下滴。我沿途看着那一大片一大片金黄色的稻田,心里感叹着:小水他们还要多长时间才能来上课呀。

  一个多星期以后,小水他们来上课了,一个个脸都黑乎乎的,小水很开心地对我说:"晚上去我们生产队看电影吧。"我立刻答应了。稻子收割完,每个生产队都会放一场电影,算是庆祝丰收。我们几个吃了晚饭就赶紧去了,电影在晒谷场上放映,小水带着我们,路上碰到熟悉的人他就会热心地对人说:"都是上海人,我同学。"那神情自有一份得意,有他带着,也会省去一些麻烦,他家的凳子椅子也都让我们搬空了。

  快过年了,许多留在上海的子女都来父母这里探亲,考虑到一些家庭居住条件困难,车队将几间空房间打扫出来,做成招待所。房间里都是高低铺,每个房间有六到八张床。我哥哥和小姐姐也从上海来了。我和哥哥住招待所,我的那张床让给姐姐睡。哥哥比我大十五岁,从小就像个家长管着我们,说真的,我们都有些怕他。晚上睡觉前,我问哥哥永贵、大龙他们现在好吗,哥说:"老样子,一天到晚瞎晃,没啥出息,我看你在这里倒不错,你不用去想他们。"其实,要不是见到哥哥姐姐,我还真没想他们。父亲是司机,乡下一些经常搭车的人送来好多年货,茶林山的王医生送来了一只猪后腿,让哥哥啧啧称赞,他们在上海,那点肉票也买不了多少肉。到了小年夜,在淮北插队的大姐也来了,她这次是调过来的。那时有一个政策,如果父母在这里安家落户,在其他地方插队的子女可以调到父母附近的农村插队。淮北很穷,经常吃不饱饭,我们皖南相对要富裕一些。我已经有两年没见到大姐了,在上海的时候,最喜欢听大姐讲故事。大姐爱说爱笑,她的到来,让我们这个家热闹了许多,母亲在食堂学会做很多菜,每天的晚饭都是热乎乎香喷喷的,大姐讲着知青们的一些趣事,让我们笑个没完,团圆的日子在我心里无限美好,还有父亲做的大肉丸,比以前好吃多了,父亲说:"肉放多了当然好吃。"

  住在招待所的有阿林的大哥成龙,他人长得结结实实像只藏獒,一脸的横肉加上青春痘,样子显得很凶,每天晚上回来睡觉的时候总是喝得醉醺醺的。还一个是小范的哥哥,他上海的家在友谊商店边上,嘴里反反复复哼着黄浦江之歌,每每说到上海,总是加个大字,大上海。说到外滩,总会"哇"地发一声,说到国际饭店,定会感叹一番人生,不能不去的地方还有很多。他嘴中的那个上海,像是我从来都不曾去过,其实我只离开它半年啊,真有那么好我们为何要到这里来,有些人就是会吹牛。上海来的姐姐,穿着多姿多彩,天好的时候,在小区里逛来逛去,让我们的小区变得有些迷人。

哥哥和小姐姐是初七回上海的,大姐也去她的生产队报到了,家里又恢复了往日的清静。那个在我心里无比美好的团圆竟是如此的短暂,还没来得及好好享受便又要分离。

我整了整帽子,走出家门,走到秀国家里,其他几个人也已经到了,家人团圆我没法左右,朋友团聚我还是可以努力做到的,我害怕一个人孤孤单单地生活,我需要有朋友,以后的日子很长,我们几个要好好商量,下午去哪里玩。

(姚宏发,1972年夏随父母从上海到安徽池州落户,同年就读当地潘桥小学;1973年春到1976年夏就读于八五钢厂子弟小学;1976年秋到1980年夏就读于八五钢厂子弟中学;1980年秋到1983年就读于上海园林学校;1983年进上海石化总厂工作至今)

难忘我的1971

原八五钢厂职工子弟　陈柏松

我是被父亲从上海带到皖南大山里的,那年我刚11岁,之前我和妹妹在上海读书。

父母支内去了安徽池州的八五钢厂,我们兄妹两不在父母身边,倒也感到自由得很。一天,我顽皮扭伤了脚踝,打了固定,没办法上学了。正巧父亲出差到上海,他见我伤得不轻,语气十分和蔼。

"疼吗?"父亲明显哽咽了一下,"以后要当心点呀。"

刚见父亲时,我还是有点紧张,想必会被责备一番。才一个月不见,父亲就好像有点变了,要是放在过去啊,准让我不好过。

我想:父亲大概是觉得有些许亏欠。

我俩相觑无语了很久,趁妹妹沏茶,父亲悄悄问我:"想妈妈了吧?"

还是父亲先开腔。

"想,我当然想啊!"我点点头。

作者陈柏松

"爸爸已经与朋友说好了,明天你搭乘他的车去安徽,先去玩玩,看看妈妈。"

我好奇:"妹妹不去吗?"

他稍稍停了一下:"她不去,你先去,正好你现在又不能上学。"

相见只一会儿工夫,父亲就又要走了,他总是这样匆忙,临别时特别提醒我,读书的课本、作业簿等全部带上。

父亲走后,我就一直很兴奋,妹妹一脸的不高兴,因为父亲没有让她一起进山。我一边收集着书本文具,还有那些能放进书包的小玩具,一边揣摩着大山里的样子,直到进入梦乡……

第二天大早,一辆2吨卡车已等在弄堂口,车上除了司机叔叔外,还有一位押运员叔叔。司机叔叔见到我们便从驾驶室下来,那是一位戴着工作帽的中年男子,他姓周。父亲拉着我的手加快了脚步,他似乎忘记了我脚疼,我一步一踮努力跟了几步。"慢点慢点,不要急,看把小孩弄的!"周叔叔朝我们摆着手说。来到周叔叔面前,父亲将我们拉着的手抖了抖说:"叫周叔叔好。"我怯怯地叫了声:"叔叔好!""你好、你好。"周叔叔在我头上摸了摸便把手搭在我肩上和父亲说话,父亲多次表示给他添麻烦了。

父亲一边和他说着话,一边熟练地掀起后面车斗靠驾驶室的篷布一角,把我的书包和一个小包裹放进去。当我在车里坐好后,周叔叔问道:"可以走了吗?"他好像有点着急了。"再等等,他大妈妈给他买早点去了,马上就到了,小鬼早饭还没吃,他大妈妈坚持要给他去买早点。"父亲略带歉意地说着并朝路一边张望。"来了来了。"大妈妈匆匆地从一边的弄堂里穿出来,手上除了一个鸡蛋煎饼裹油条外,还有一杯热的甜豆浆!

坐在驾驶室里,吃着平时不常吃到的点心,再看看来送我的大伯伯大妈妈,还有邻居们,我心里感到甜滋滋的。

然而,谁又能想到,这一天竟然成了我离开上海的日子。

八五钢厂在安徽池州梅街地区,如果有现在的高速公路开车去只需五个多小时,而那时我们却是在南陵军体湖农场招待所过夜,直到第二天下午才到达厂里。

经过前一天半的颠簸,我已经完全没有了上车时的兴奋,对大山村庄已没有了兴趣,也许是视觉疲劳吧。一路上,周叔叔只顾自己抽烟、专注开车,押车的叔叔眯着眼打瞌睡，更弄得我也没了精神。在车翻越一个大高坡后，周叔叔扭头微笑着对我说："快了，再转个弯就到了，你一会儿就能见到妈妈了。"车子在一个右转后，出现了一个村庄，那就是梅街的西华村，周叔叔将车子停在村口桥头边。

"妈妈，妈妈，叔叔你快看，那是我妈妈。"车还没完全停稳，我就看到小河对面停车场洗车水龙头边的妈妈。"妈妈！妈妈……"这时我激动地挥着手大声叫了起来。听到了我的叫声，妈妈摔下刚提起来的衣服，水龙头也没关就从桥上小跑过来。后来我才知道，妈妈在那里洗了半天的衣物，为的就是第一时间能等到我。

谢过周叔叔后，妈妈提着我的小包裹并顺手背上了我的书包，牵着我的手说："走，我们回家。"说起来也真是神奇，离开上海时脚还有点疼，走路还有点别扭，而此刻竟完全好了，基本跟得上妈妈的脚步，当然，妈妈走得一点也不快。

距桥头不足100米处，妈妈指着一排农民的房子说："我们到了，这是我们暂时的家，新公房还没有造好，最多半年我们就可以搬过去了。"跟着妈妈走进屋子，里面是暗暗的，只见一边放着农具杂物，另一边就是用毛竹杠及施工用的毛竹席片围出的一个棚。妈妈用手握住扎有铁圈的毛竹向上提着往里推，随着"吱"的一声，门开了。天哪，那是房门，而上面的铁圈是用来挂锁的。

在屋内，我一眼看到用包装木箱搁起的桌子，上面有一盏只能在电影里才能看到的简易煤油灯，它就是在药水瓶盖上钻个孔，安上细铁管，纱线从管子里穿出，稍稍露出一点，另一头浸到瓶子里的那种，瓶身上还油渍渍的。我抬头看到挂着的电灯，不解地问道："妈妈，不是有电灯吗？我们能用它吗？""噢，是的，晚上有时会断电，煤油灯是备用的。"她一边侧身坐在床上整理我的衣服，一边好像突然想到了什么那样，挺起身子对我说："柏松，你一个人在家里待一会，妈妈要出去一下，很快就会回来的。"她不放心地一再叮嘱我一定不要出去，特别是不要玩火。其实她看到我玩煤油灯时，已经把边上的自来火盒收走了。

妈妈拿着钱包匆匆地走了，我这才认真看了看我们的屋子，简直无法再简陋了，除了蚊帐、被子和一个木凳子就别无他物了。我掀起"桌子"上盖碗筷的毛巾，铁皮搪瓷碗上印有"八五钢厂"字样。

约一小时后，妈妈回来了，她把买来的红条绒布放在床上后就又忙开了，先去河边洗菜,再回家门口生火做饭。那灶具又立刻引起了我的兴趣,它几乎像是刚弄好的,砖块上支了口铁锅,妈妈先将稀松枯燥的枝叶放进灶膛生火,然后放入细的柴枝,再用稍粗的木条架起来烧火,开始阶段烟雾很大,浓烟过后,那炉中的火焰会一下窜得很高。这当然是我第一次看到这样的土灶,我兴奋地往土灶里不断加木条,直到妈妈说够了够了不用再加了,这时我才停住了手。"妈妈,这叫什么啊?"我烘着手问。"这叫行灶。"我当时确实不理解"行灶"两字,却也"嗯"了一声。后来才知道那就是行军打仗时,就地做饭用的土灶。

晚饭后不多久,天黑了,门外只有几处灯光,再远点就什么也看不见了。山里冷得快,好像进入了冬季,老乡的房子本来就透风,那风吹得窗上钉的塑料纸直作响。外面除了偶尔几声狗叫外,只有柴油发电机不知疲倦的"隆隆"声。妈妈让我早早地钻进被窝,她在桌子上一边拿着我的衣服放到刚买来的布料上反复放置、划线、裁剪,一边和我说着话,问长问短。她问得最多的还是有关读书的事。妈妈还高兴地对我说:"明天会有一位小朋友来和你一起玩,他叫康康,和你一样大也读五年级,你们是同学。"说着说着,又讲了她当年读夜校的艰苦和不易,无非又在提醒我要好好读书!虽然我好像在听着妈妈说话,其实心里已经开始想着那个同学了,我们会去哪里玩,捉蝉或蟋蟀,或者怎样爬树掏鸟蛋……想着想着,不远处柴油发电机有节奏的催眠声把我带进了梦乡。

"轰隆隆"一声巨响,把我从梦中惊醒,睁开蒙眬睡眼,看到灯光下,妈妈低头做着针线,正连夜为我赶制绒布内衣,因为大山里晚上特别冷,上海也许用不着穿内衣,而在这里光膀子睡觉就容易着凉。我真非常感谢那一声巨响,它让年少的我看到,昏暗灯光下妈妈熬夜劳作的身影,深深映刻在了心中。

早上,贴身穿上了妈妈给我连夜赶制的内衣后,我正吃着早饭。"阿姨,阿姨,我来了"一个和我差不多高的男孩在门口叫。"你来啦,快过来,给你介绍,他叫柏松。"妈妈又对我说:"他就是康康,待会你们一起去玩。"同时对我俩说:"你们是朋友,又将是同学,在一起不要吵架,要相互友好。"

"你什么时候来的?是乘大轮船来的吗?你乘的是'东方红'几号轮?我已经来了一个多月了。"可以明显看出,康康要比我活泼多了。那天他带着我去厂部,路上告诉了我很多他在上海有趣的故事,我也是最早从他那里了解到八五钢厂的情况,知道了我们将要读书的地方在厂部后面的山上,低年级在厂部边上的房子里上课,还有一些人在28K的公房里上课。

傍晚时分，康康在我家门外对我喊："明天，和老乡一起放牛去，我们骑牛玩，早上会来叫你。"好一幅牧童在牛背上吹笛、牧童慵懒斜躺着的画面。

"柏松，你好了吗？我们这就走。"康康很早就来了。"好了，我在等你呢。"过了桥穿过马路，踏上田埂小道，沿晒谷场墙边向田间走去，一路坑坑洼洼湿漉漉的，还必须不断跨过小水沟，康康勇敢且灵活，在跨一条稍宽的水沟时，蹬腿一跃就到了对面，而我却要找稍窄的地方才敢过，不一会鞋子就弄脏了，康康却不怕脏，哪里都敢踩，还不时笑着催我："快一点，看你，胆子这么小。"

拐过晒谷场，是农舍后面的菜园，在菜园和田埂间的空地上有两个小孩在放牧两头牛。"你们好，看，我带来了新朋友。"显然，康康与他们已经很熟悉了，他们一见面就相互推搡说笑。"过来，过来。"听他们的这帮招呼，我想他们应该就是放牛娃了。他们大概和我们差不多大，个子差不多高，只是他们穿着极其朴素，布鞋已经破得不见原型，皮肤不像我们上海小孩那样白嫩，脸颊明显毛糙。我再看看一边的牛，那牛边嚼着草边瞪大着眼睛看我，好像在问："你从哪里来？为什么到这里来……"

"我们去挖萝卜吃吧！"康康指指菜园，像是发指令。放牛娃走在前面，他们先将篱笆扒开一条缝钻了进去，我和康康也学着他们，猫着腰也进去了，我俩挖了两个萝卜就出来了。康康给了我一个："这个给你吃。"这怎么吃啊？拿着长长叶子下还带着泥的萝卜，我不知该怎么办。看到我的尴尬，康康示范着："你先揪下上面的叶子，再用叶子揩去萝卜上的泥，啃掉皮就可以吃了。"我学着他的样子，很快，我也吃上了。说实在的，那生萝卜一点也不好吃，虽然水分充足，但非常辛辣。

那天，我还骑了牛。康康真是厉害，歪歪扭扭地自己爬上了牛背，还坐直了身体，两手绞在胸前，一副骄傲的样子。他指着另一头牛对我说："你也骑上去。"他对放牛娃说："你们帮帮他。"俨然像个小指挥官。在我自己的努力和放牛娃的帮助下，终于，我也骑上了牛背，而我笨拙的动作引来了他们阵阵欢笑。骑在牛背上，我是恐慌多于欣喜。

我们还一起躺在草堆上，在温暖的阳光下，嬉笑打闹、聊天，一些无厘头的东西竟可以让我们笑上好半天。

没过几天，父亲从上海出差回来了，他下班回家时带来了一块包装用的装箱板。晚饭后，他先用锤子敲实突出的钉子，再用砂纸对箱板的正面及周边进行打磨,记得他一边砂着木板一边欲言又止地看着我,在我的记忆中,他还是第一次这样看我。过了一会儿,他轻轻地叹了口气,整了整精神对我说:"你该去上学了,明天先带你到学校去一下,学校在厂部后面的山上,那只是临时的,新的学校正在建造。"他扬了扬手中的木板继续说,"这个给你当课桌面用。"我不就是来玩玩,看看妈妈的吗?怎么要在这里上学?容不了我多想,父亲的眼神告诉我:我已经回不了上海了! 11岁的我连哀求都没有,能做的只有接受!

一天下午,父亲带我去学校,沿着基建科、西华小学(在建造中)边的路向前,在经过厂部食堂、小卖部后,我们来到了山脚下,路口的右边是一长排猪圈,那些猪听到有人过来就嗷嗷直叫,叫声急促,甚是热闹,但我不敢走过去看,因为父亲的脸色不太好。挨着猪圈就是上山的路,路一下子变小了,这是一条并不陡峭,地势平缓,稍显蜿蜒的碎石山路。到大山里的这个八五钢厂已经有几天了,路两边杂乱的树木杂草已提不起我的兴趣,我们走在路上都没怎么说话。在山路上走了约10分钟,看见一排二层的房子(据说此房子原来准备用作厂档案室的),孤零零地矗立在那里,四周静悄悄的。这就是学校?就是这一排房子?你从电视上见到过贫困山区的小学吗?它们好歹有操场、旗杆和围墙,而这里竟然什么都没有!

在门前,父亲用夹着木板的手牵着我,另一只手敲了两下,便推开掩着的门,进到里面就直接上楼梯到了二楼,那是一间不足40平方米的通间,在屋子尽头靠墙放着一块架在木架子上的黑板,朝着黑板的是三列简易低矮的"课桌椅",有些课桌前放着小板凳,有些则是砖块。每列的座位有多有少,最多的有近十个。父亲在靠左最后面第八个位置上放上了带来的木板,位置前已经有了砖块垒起的"凳子"。"这是你的座位,就坐在这里,这些都是我昨天给你弄好的。"父亲并没有看着我,而是指着那两堆砖块说的。

到安徽后,我开始到山上的学校上学了,第一天去上学还是和康康一起去的,一路上,他显得很高兴,特别是在山脚下的猪圈那里,他一会儿学猪叫,一会儿又学着老乡喂猪的叫声,再不就是捡起小石子朝猪丢去,弄得那些猪不停地叫,不停地跑。

来到学校时,已经有人在学校门口空地上玩耍了,康康立即加入其中,我则傻傻地站在原地。"你是新来的?叫什么名字?你读几年级?"站在边上的同学问我。"哦,我是新来的,读五年级。"他们主动友好地和我说话,让我少了些许尴尬与不适应。

"同学们,我们上去,准备上课了!"老师一边叫着一边轻轻地推着身边的同学慢慢朝里走,而同学们则有些不情愿地、三三两两地进屋上楼了。这里已经没有了熟悉的上课铃声。

待大家坐定后,老师才最后进教室,他来到黑板前,在一张用办公桌充当的讲台旁说:"今天,五年级来了一位新同学,他叫陈柏松,大家欢迎。"康康座位在我的前面,掌声最响,拍得我脸都红了。

"好了,我们开始上课,七年级同学把语文课本打开翻到第20页。五、六年级自习"。这时,看到靠右边那列的同学在翻书本,原来我们三个年级的学生在同一个教室里上课。大约20分钟后,换成了六年级上课,另两个年级自习,以此轮换。

尽管我们三个年级在一个教室里上课,因为不能和边上的同学说话,所以相互的影响也并不大,只是辛苦了我的老师。同样,我们学习的课目和上海一样齐全,也有音乐、体育和美术课,当然,这些课目不分年级上同样的内容。只是课的内容有点不足,有充数的嫌疑:音乐课就是一把二胡,老师边拉边唱,我们则嬉笑着跟着学唱;体育课就是二十多个人一起哄抢抛打一只排球,绝对没有第二只球,那些自己觉得玩不了球的就在一边玩斗鸡或跳橡皮筋;美术课就简单了,大家一起低着头各自涂鸦。

记得在一次美术课上,老师要求画讲台上的热水壶,开始大家都很认真,也就10多分钟后,教室里就热闹起来了。"里面的水是热的,应该在壶嘴上加上水蒸气。"边上六年级的同学边说边画。另一个同学则在壶的下面架上了燃着的火。"哈哈哈,你那个壶就那样悬着行吗?一点也不动脑子。""对对对,在下面画几块砖。"画上火的那位同学猛然醒悟,直接在壶把手处向上画了条直线,得意地说:"这样不就行了。"结果当然是受到了老师的批评,说他不认真,是画蛇添足。下课了,有好几位同学拥着他,边说着"画蛇添足、画蛇添足"边高高兴兴地涌出了大门。

学校只有一个搭建在墙脚边的茅房充作厕所,由一米多高的围墙围着,竹片席充当厕所的门,上面盖了个茅草顶棚。在一次的体育课上,一位新来的男同学恰巧在厕所里方便,那只被大家抛来接去的排球不偏不倚地从顶棚与矮墙之间飞了进去,那同学肯定认为有人故意恶作剧,只见他立刻伸出头来大叫

难忘我的1971

一声:"谁!"他边叫边瞪大愤怒的双眼搜寻着,而我们大家却一下笑开了,因为我们都已默契:那是专门给女生用的。我们男生基本上都很自觉地绕到后面山上无人处解决,有时还会特地给小树冲冲"淋浴"。

记得我们在厂部操场上看了越南电影《乡村女教师》,影片说的是一位女教师在战火纷飞、一片废墟的乡村,怎样保护她的学生,怎样在极其危险艰苦的环境下坚持给学生上课的故事。在观看过程中,康康几次和我说话,我几乎没有理他,因为被电影的情景深深吸引住了,真有身临其境的感觉,我好像就是其中的一个学生。当看到影片中的师生正躲在山上的破屋里上着课,炮弹在屋子不远处炸响,学生们并不紧张,有序地跟着女教师向山里跑的时候,我想起了和几个同学一起,从学校后面的山顶一起下山的场景。我甚至觉得,影片说的就是我的老师,我的学校和我。在山上上课的那段时间里,基本只有杜老师一人担当,他也几乎包揽了我们全部的学习科目课程;他像家长一样帮助爱护我们。我们学校里也同样缺教学用具;也是躲在大山里上课学习。我们和影片中的学生一样,同样有着长大成为国家建设者的信念。

在山上读书也就差不多半年后,我就到新建成的八五钢厂子弟小学去读书了,并相继在大冲中学和28K的八五钢厂子弟中学读书,于1977年毕业,为我整个学生时代画上了完美的句号。

转眼四十多年过去了,那段在山上读书上课的情景并未模糊,它留给我许多美好的回忆,我也常在同学聚会上拿出来炫耀一番,我为有此经历感到骄傲!

在此,我真诚感谢八五钢厂领导对我们家属子女教育的重视,从建厂后就开始为我们建造条件设施不错的子弟中小学,千方百计调集优秀师资人员充实和提高教学质量。在八五钢厂子弟学校毕业的同学中,有不少成了企业的工程师、管理者,也有成功的私企老板,这足以证明学校办得是成功的!

在八五钢厂的学习生活尽管有艰辛和无奈,但更多的是快乐与欢笑,它使我的人生更为丰富与精彩。感谢我的母校!感谢我的老师!感谢相知相遇的同学!

谨以此篇献给我的母校——八五钢厂子弟学校。

(陈柏松,1971年10月—1977年8月于八五钢厂子弟学校读书;1977年8月—1979年12月待业;1979年12月—1983年8月于八五钢厂03车间工作;1983年9月—1986年8月于上海冶金职大读书;1986年8月于上钢五厂工作至今)

想你了，八五钢厂

原八五钢厂职工子弟 李金龙

85次、85路、85号……多少年来，每当接触到这个两位数，我总会产生联想，忆及千里之外的皖南山区那曾经用这个两位数数字命名的工厂——八五钢厂。今天又见路边85度C蛋糕店店招，记忆的闸门瞬间又被打开。那年、那厂舍、那些快乐的事，缓缓地浮现在我的眼前……

记得那是1972年，我随着母亲李海兰（上海铁路局支农工）从出生地苏北经上海十六铺码头乘坐东方红9号轮，沿长江溯流而上，到目的港池州时已是第三天的凌晨，

作者李金龙

厂里派往码头接我们的吉普车沿着起伏的盘山路进山，当破晓的晨曦透过车窗时，我第一次见到了连绵的群山，第一次见到了用卡车转运的钢锭和钢材。那时，谁也不曾想到，这片山区将从此改变我的人生轨迹，钢铁行业将会是我一生的事业。

经过了先期创业者几年的艰苦建设，那时八五钢厂的生活设施已初具规模。在招待所住了2天后，母亲便带着我住进了厂里分配的公房，我至今仍记得门牌号：西华家属区14号210室。

西华家属区是由18栋楼组成，感觉已经很具规模了，后来知道还有另外

两个规模相仿的家属区,大冲和28K。

每天早中晚三次,遍布厂里的喇叭总会准点响起广播,让人觉得仿佛置身军营,我想这就是半军事化管理的工厂的特色吧。

中午,母亲一般都没时间为我做饭,我会端着搪瓷碗去距家四五百米的厂部食堂吃饭。厂部食堂是一层楼房,记得当时食堂的招牌菜大排再加个青菜底一起也就一角五分钱,价廉物美。厂部、厂部办公楼、大礼堂、招待所楼等围着厂部广场规整地排列着。记得大礼堂落成后,每周不少于一次的厂部广场露天电影就转入了这个大礼堂放映。那个时期电影不多,所以同一部电影我们会重复地看上好几遍,头天晚上的电影台词往往没几天就能和玩伴们互相对上了。

厂部食堂旁有个大浴室,每到晚上,人们穿着拖鞋、抱着脸盆衣服进去洗浴,但它之于我们男孩的意义并不是洗澡而是游泳,我们男孩子会在大浴池里嬉水好几个小时,我们基本上都是在那个池子里学会游泳的,回家时还会用热水瓶或铜壶打上热水带回家。

当时厂里职工连同家属约有七八千人,副食品大多靠两辆改装的冷藏车从上海拉回。为自给自足,厂里建造了跨越白洋河的八五大桥,在桥的另一头开辟了五七农场,种蔬菜、养猪,充实了职工们的菜篮子。当年的厂干部还会每周一次到农场劳动,有点"南泥湾"的味道。

那时候上海时兴什么,很快就会在八五钢厂流行起来。在那里,我人生中第一次尝到了冷饮、巧克力、麦乳精、大白兔糖、压缩饼干……这些是当时颇为稀罕的上海"特产"。

极为不易的是,在那深山沟里,那个年代老家属区都用上了煤气。厂里自行安装的电视信号塔也让我们更多地了解了外面的世界,确实能感觉到八五钢厂是大山里的一块上海"飞地"。

搬家到八五钢厂后并没有耽搁我的学业,进山后不久,母亲便把我送到了职工子弟小学读书。学校在西华家属区前,由一座小桥相连。学校大部分师生都讲上海话,这让我这个来自苏北的小孩感到很是新奇,着实用了不少时间才适应。这是我们厂唯一的小学,大冲、28K这两个家属区的孩子也在这里上课,我家离学校最近,挺幸运的。班里还有几位来自其他三线企业的子弟。

由于受"读书无用论"的影响,我的小学时光是在尽情玩耍中度过的。我们时常跟着当地的孩子上山挖竹笋、砍柴、扒松叶，跟着他们上山会发现很多新奇的植物：金银花、野茶树、板栗、野草莓、木通……后来知道被他们称为木通的果子学名叫牛腰子果或八月扎，是生长在山沟里的攀藤植物，果实很好吃，所以我们会一早就上山采集，稍晚就会被鸟儿啄剩一半挂在树上。唉，可惜后来八五钢厂建设"三八工程"时把我们最好的木通产地给平掉了。

除了野外疯玩，我们还自己动手做很多原创玩具，有用布头缝制的沙袋，用啤酒瓶盖和鸡毛扎成的毽子，用旧作业本折成的括片，还有跳橡皮筋、打玻璃弹子，用废纸折成纸飞机比谁飞得更远等等。一到下课和放学，同学们三三两两地围在一起玩耍，欢笑声、吵闹声在学校和家属区上空回荡。

那时的我们流行收集糖纸，谁集的花样多，或谁有一张放在手心里笔挺笔挺没有折纹的糖纸，都可以炫耀一阵子。

每年有一段时间大家还对刻纸非常着迷，谁有一张漂亮的剪纸，同学们都会央求剪纸主的人借给自己，然后小心翼翼地把它放在一张白纸下面，用铅笔头斜平着慢慢地涂，当剪纸的图案显现在白纸上后，才把剪纸原图取出还给它的主人，然后用小刀埋着头一刀一刀地沿着图案刻下去，直到刻完，才抬起头深深吸一口气微笑地吐出，看着漂亮的剪纸，着实有一种成功感。乘着兴奋劲儿，把剪纸举在手上对着光，当剪纸的图案投射在墙上时，那份喜悦和满足感可能只有经历过的人才能体会到吧。

记得每学期放假，母亲不放心我一人在家，总会带着我一起去潘桥废钢车间上班。母亲是一位割焊工，是八五厂最艰苦的岗位之一，现在已很难在这种岗位上见到女工的身影了。那些形状各异，堆成小山样般高的废钢，都须经割焊工们用火焰切割器切割成规定尺寸才能投炉炼钢。作业现场火花四溅，泥地受切割器的气流冲击而尘土飞扬。每天下班，母亲总是满身污垢，脖颈和后背还常有灼伤，但母亲却一直安于此行，多年来屡获先进生产者称号。她的爱岗敬业精神润物细无声地烙在我的心里，并决定着我今后的工作态度。

我那时年幼，还不知道心疼母亲，只顾自己玩耍。废钢堆里有不少东西能废物利用，会看到不少国外的玩具和日用品的样子，着实引起我的好奇，有次我找到了四个轴承，回家再找块木板做成了一台拖车，从此再也不需要我肩扛大米了，开心了好一阵子。

长大成人之后，母亲的形象在我心中渐渐地高大起来，她那吃苦耐劳、坚

中学时期的作者李金龙

韧不拔的高贵品质一直激励着我，使我在求学和择业的道路上勇往直前，越挫越勇。

1977年1月，我升学到八五钢厂子弟中学，学校坐落在28 K家属区旁的半山腰上，有一个标准的足球场。当时应该说是一个水准相当高的中学。

同班同学季建国双腿残疾，家住28K家属区，每天双手拄着拐杖上学，山路练就了他过人的上肢力量，后来他曾多次代表国家参加国际性残疾人运动比赛，屡获标枪和铁饼奖牌，可以说是艰难的上学路造就了这位国际冠军，他的出色成绩也相继为八五钢厂和上钢五厂带来了荣誉。

中学时代的课余时间同样充满趣味。自有农场是学农的好去处，所以学校常会组织同学们去劳动。我们被安排钻进浓密的灌木丛砍树，常会遇见蛇，引起一阵惊呼。有时运气好，还能捡到鸟蛋。

山里丰富的动植物资源对我们学习生物课很有好处，使我们对学科的掌握更加生动具体。学校的生物兴趣小组在徐大康老师的指导下，在冬天用试管培养出了灵芝，生长出了无土植物，我们还去山里捕捉了很多种类的蝴蝶做成标本。上文艺课时，我们会去山里掘树根做根雕，挖钟乳石做假山，还准备带到上海卖钱呢，小小年纪的生意经真让人忍俊不禁。

那年数学家陈景润1+2的故事轰动全国，爱科学、学科学，争当科学家的春风吹遍神州大地，八五钢厂同样也兴起了学文化的风气，厂里办起了技校和职工大学。作为第二代，家长、老师、周围的叔叔阿姨都鼓励我好好学习，厂里也调派了最优秀的职工来教我们，其中教物理的王琪老师的"箭头"推理法，能清晰解决很多难题，至今我还在使用。那段时期我感到学文化已然成了厂里的头等大事。

那时各种报刊也增多了，我们也有了自己喜爱的《青年报》《我们爱科学》等报刊，开始有更多接触外界的机会。母亲省吃俭用，每年都为我订一份

作者中学班级合影,第三排右三为作者李金龙,第四排右二为季建国,第四排左一为徐大康

《青年报》,当时《青年报》每周一期四版,纯文章无广告,我和我的同学们会将四版和中缝中的每个字都看上好几遍,并渴望着下一期的到来。其中一篇《5WQ的学习方法》引导我有计划地将以前因疯玩而耽搁下来的学业给补上了,让我有幸考入了大学。

"爸爸吃饭了",儿子在唤我。"唉,你们先吃吧,我再要过会儿。"我仍沉浸在深深的回忆中不愿回到眼前的现实。

自外出求学、择业至今,我离开八五钢厂不觉已有38年了,可那儿每天响起的广播声犹在耳畔,那建在山腰的母校,那里的大食堂、大池子、大礼堂,那条白洋河,那条盘山公路……仍是那么地令人难以忘怀!

我留恋一年四季与大山的亲密接触,春天采竹笋、茶叶、捡鸟蛋、赏杜鹃花,山上一片红。夏天去公路边的白洋河游泳,摸虾抓鱼,去田间捞田螺,去沟里钓泥鳅。

我同样难忘,秋天我们上山采木通、野葡萄等果子。冬天画眉鸟落地找食,我们会放笼子捕到后再回家养起来,每当太阳升起和西下时,鸟儿会和窗外山上的鸟儿比歌喉,那么动听!

八五钢厂,因为你,我选择了钢铁专业作为学业;因为你,我每次的人生

八五人创建的上海业浩钢铁有限公司二十周年庆留影。左起：蔡建斌（03车间）、作者李金龙、李海兰（供应科）、王敏（05车间）、薛龙妹（08车间）

抉择依然是钢铁；也是因为你,母亲和我创建了上海业浩钢铁有限公司。在任何艰难的时刻,我从未后悔过。

突然有个想法,想近期抽空去八五钢厂看看,去寻找学生时代的踪迹,去追寻曾经回荡在山谷上空的汽锤声,心已经飞走了。

八五钢厂,我会去看你的,因为我真的是想你了。

成立于1969年,经历了50余年风风雨雨的八五钢厂,你当年隐身在这大山里,默默无闻地为祖国的钢铁事业贡献着、奋斗着；你创造过辉煌,也经历过低谷,现在虽已物是人非,但在我心中,你永远是那个充满温暖的,带给我新奇,带给我快

作者李金龙与母亲重游皖南八五钢厂

乐,让我引以为豪的那个皖南小三线工厂。

因为我更喜欢你的童年,一如我更喜欢我的童年一样,那时的你是那样的朝气蓬勃,充满活力。那时的八五人在艰苦的环境里却每天充满激情地工作。不管你现在怎样,我更愿意把你定格在那个年代,把那时的你深深地印在脑海里,无法再抹去,也不愿再更新⋯⋯

八五钢厂,我一生中最美好的童年记忆。

八五钢厂,我会一直想着你。

(李金龙,八五钢厂供应科李海兰之子。1972年随母亲进安徽贵池八五钢厂;1972—1976年为八五钢厂子弟小学学生;1977—1983年为八五钢厂子弟中学学生;1983—1986年为上海冶金高等专科学校(现上海应用技术大学)学生;1986—1993年任上海织针总厂工程师;1993—2000年任上海宝山区物资局机电设备供应公司经济师部门经理;2000至今任上海业浩钢铁有限公司董事长)

东至怀旧行

原红星化工厂 宋锦茂 杨企正

作者宋锦茂

2011年4月春暖花开之际,我们一行50位原上海小三线红星人(红星化工厂的职工)怀着憧憬的心情雇了一辆大巴回了一次皖南山区。

皖南这是一块神奇的地方,那里是我们上海小三线建设者的第二故乡。我们从上海出发,一路上大巴的视频里播放着六十年代的经典老歌,白发苍苍的老领导两眼立刻炯炯有神,车上每个人都焕发出勃勃生机,时空仿佛一下子回到了30年前……

东至县位于长江中下游南岸,系皖江之首,北望皖北,南邻江西,是安徽省的西南门户。县城西去30公里处有一个小小的香隅镇,乃鱼米之乡。从镇再往西南大巴就行驶在当年红星化工厂自建的公路上,我们在香隅镇张镇长和香隅化工区管委会李主任两位的热情陪同下,一路顺畅,沿途的老乡用深情的目光注视着我们,路边的新旧民居若隐若现,黄灿灿的油菜花迎风摇摆,映山红正渐渐开放,山坡上的茶树层层叠叠,小溪从大山深处奔流而下一路作陪。经过了那段记忆中熟悉的山路,人们终于回到了已离开30年之久,在梦中都时常牵挂的小三线红星化工厂。

20世纪六七十年代,在那激情燃烧的岁月,一批来自上海的小三线建设者曾经在皖南这片神奇的土地上发光发热。他们开山筑路,下工地、建厂房,基建安装,试车投产,在崇山峻岭中建起了一座现代化的红星化工厂。他们的生活虽然艰苦,但他们很乐观,他们的工作虽然繁忙但他们秩序井然。最令人难忘的是1979年前后,因生产需要,主要车间职工春节不回家,加班加点,开足马力满负荷运作,超额完成了国家下达的生产任务,受到了上海市政府的嘉奖。这次大家重回小三

作者宋锦茂所获的嘉奖

线,走一走熟悉的山路,看一看久别的厂房,闻一闻杜鹃的芬芳,叙一叙以往的旧事。时过境迁,厂区早已面目全非。铜顶村的小孩相见却不相识,笑问客从何处来;朴实的老农沏上一壶刚烘干的新山茶让我们品尝;村长则乐呵呵地拉住大伙的手不放;已成家的村姑大大方方地与我们拍照留影;最让人惊讶的是一位留下的本厂职工王金忠,他竟能叫得出我们每个人的名字;原来子弟小学的山坡旁还有一垛小小的土丘,那是原四野排长、厂供运科长张庆云的墓地,是当时按其心愿扎根小三线长卧于此的,每个人都默默地向长眠于此的老革命敬献了鲜花,以表哀思。原先的厂部办公楼成了村委会办公室和村民文化室、卫生室;家属区成了"农民新村",村民从原先破旧的老屋搬至红星家属区,只需一两千元就能购下了整栋楼,铜顶村提前脱贫了;各生产车间只能用面目全非来形容,原来的厂房已全部拆光,看不到当年一丝一毫的痕迹,里面的设备只有六车间的甲醛生产线被整套地拆迁到上海吴泾化工厂,其他的大部分被县接收组迁到了香隅化工区,让我们这些当年的建设者叹息不已。

短短的半天时间,宛如时空在倒流,仿佛又回到了20世纪70年代,曾经是那样热火朝天的工厂,如今竟如同什么也没发生过,让人感慨万千,只有厂中

红星人故地重游

心区的那座古老斑驳的小石桥还静静地横卧在小溪上,成为历史的见证者。

庆幸的是我们当年打下的工业基础及配套工程至今造福着当地百姓,以原来小三线化工区的原料厂自强化工厂为基础,如今安徽省最大的精细化工区——香隅化工园区正蒸蒸日上,回想当年自强厂的合成氨和硝酸车间从红星化工厂剥离,我们还有些难以割舍。如今播下的种子,已经在第二故乡东至生根发芽,开花结果。原来开小车的司机(东至人)现已成了新自强厂和华泰化工有限公司的老总,公司现有年产18万吨浓硝酸、12万吨合成氨、10万吨农用碳酸氢铵、1万吨硝酸钠/亚硝酸钠等生产装置和一座年吞吐量为80万吨的长江危货码头。浓硝酸产品的生产能力位居国内同行业第二位,公司现有总资产4.6亿元,占地600余亩,员工800多人,年销售收入近5亿元,利税8 000多万元。我们留下的香口码头如今可停泊大型货轮,而龙江水厂原有的设施和水管不仅保证了园区30多家工厂的生产需要,水管还延伸到县城,替换了县城原未达标的自来水,惠及县城百姓。目前,从铜陵到九江的铁路和沿江高速公路早已建成通车,此外一座新的望东长江大桥正在附近抓紧建造,不久又将有一条高速公路在香隅交汇。香隅化工园区红红火火的前景让我们小三线的建设者看到了希望,我们当年的汗水没有白流。

夜晚的东至县尧城迎宾馆,一个怀旧联欢会正拉开帷幕。我们一边品着产自东至的红茶,一边尽情地联欢。昔日的往事犹如山泉般涌上心头,马志英等同志的发言让人的思绪回到了30年前,而王明春等同志吟唱的《鸿雁》中"鸿雁,天空上,对对排成行,江水长,秋草黄,草原上琴声忧伤……"声声入耳,经久不息。

短短三天的怀旧之行,终于到了要回沪的时候,在回程大巴上大家仍沉浸在幸福的回忆中,正如诗经曰:"昔我往矣,杨柳依依。今我来思,雨雪霏霏。"我们此行的心情油然而生,而唐诗中的"山重水复疑无路,柳暗花明又一村"则道出了怀旧后的欣慰之情。

回沪后,由原红星化工厂职工滕建中(笔名"走马观花")为此行精心制作了长篇巨作,整整七集的《怀旧之旅》录像片,上挂于新浪、搜狐等媒体,赢得了很高的点击率。

(宋锦茂,原上海树脂厂研究室主任;1968年调上海染化八厂任总工程师;1973年调上海红星化工厂任副厂长兼总工程师;1985年回上海染化八厂任总工程师至退休;杨企正简历见后文)

那些年，去后方基地开会

原红星化工厂　杨企正

作者杨企正

东至化工区地处皖南上海小三线的最西部，而红星化工厂（简称红星厂）在1969年选址时采用"进山、分散、隐蔽"的方针，因此工厂处于东至大山最深处的铜顶山的山坳里，各车间分布在两条山沟内，而生活区则安排在当地老百姓的铜顶村旁，工厂距离东至县城有35公里，是距上海后方基地总部最远的一家小三线企业。20世纪70年代中叶，东至化工区的红星、卫星两家工厂先后建成并开始生产，但工址的偏僻为生产和生活等方面带来诸多不便，而信息沟通方面，尽管有上海260电讯和地方上的邮电相辅，落后的通信设施仍严重阻碍了工厂与外界的沟通，因而开会成了最好且最直接的沟通方法。

那些年，当厂办收到上海后方基地的会议通知后，要先与厂领导汇报此事，经研究确定后，开具介绍信，去财务科预领少许出差费，并安排经验丰富的老司机,提前一天做好车辆保养,加足汽油,如遇冬季,还须随车配置防滑链等。

当时上海后方基地开会次数十分频繁,地点也不尽相同,我本人就曾去过屯溪、歙县、绩溪、休宁、贵池等地开会,会议内容以传达贯彻中央文件精神和上级领导工作布置、工业学大庆、生产经验交流等为主。

从局外人看来去后方基地开会是件轻松愉快的美差,其实不然,沿途的艰辛和与会过程的劳累,没有亲身经历过的人是不会了解的。

记得有一次,是去上海后方基地总部屯溪开会。东至去屯溪约有230公里的路程,我们都要起个大早尽快赶路,开始几年我们都会选择从红星厂发车,途经东至县城、葛公镇红旗岭、历口镇、祁门、屯溪这条最近的线路。那时不仅没有高速公路,就连国道都很简陋,而行车的公路大多是60年代修建的,从东至北边村至祁门珠林村,全长35公里,公路的最高处原名洪祁岭,后改称红旗岭。上山的路坑坑洼洼,都是土石路,沿途蜿蜒曲折,坡度大、路面窄、弯道多、转弯道急,常有塌方、落石,一路上充满风险与挑战,公路一边就是悬崖。快到红旗岭前有个小村庄叫马坑村,可千万别小看了马坑村,那可是著名的祁门红茶的原产地。马坑村海拔高、雾气重、日夜温差大、光照足,是茶树生长的极佳之地。马坑村附近至今仍有条古徽道,从红旗岭的天门一直通向祁门,当年徽州商人发现了此处的商机,进而打通了祁门红茶的商路,从此祁门红茶誉满天下,正可谓"世间绝品人难识,闲对茶经忆古人"。

过红旗岭主峰后便离开东至进入祁门,下山的路弯道更多、更急、更险,细细数来约有15道弯,这让随车的几个未见过世面的上海佬暗暗吃惊,所幸老司机李金奎经验丰富,沉着驾驶,总能化险为夷,当然沿途少不了乘客的大呼小叫。终于到了山脚下,已是祁门的新安镇了,一颗悬着的心终于落地,车轻松地左转驶向浮梁至屯溪宽敞平坦的省道,经历口镇至祁门县。

过祁门历口的省道旁,举目远望,翠绿的茶园层层叠叠,蔚为壮观,让人看了心旷神怡,分外舒畅。

随后一路畅通,途经渔亭后公路右侧有横江相伴,绕过齐云山脚,经万安镇,已经是下午3点多了,隐隐约约能感觉屯溪快到了。

新安江与横江交汇处的屯溪是皖南重镇,也是我们上海小三线后方基地总部所在地。

第一天下午是各路山友群英们前来报到的时间，我们东至的各厂因为路远，往往是最晚抵达的。安排好住宿后，没有交流发言的单位会比较轻松。上海后方基地总部地处屯溪北郊的仙人洞斜对面，那时火车站还在建设中，于是我们就会前往总部大楼拜访从红星化工厂出来的基地党办的顾榴龄主任，以及劳资处的孙进德等老同事。若有空还会逛逛屯溪老街，虽然是走马观花，但也算第一次领略了原汁原味的徽派建筑和博大精深的徽文化之精妙深邃。

那一次是"工业学大庆"主题会，我报上去的是《红星六车间不等、不靠，靠自己安装车间》的原稿，提交给大会会务组秘书处审稿，秘书处专门派了一个人到我房间，交代了会议的宗旨、上级的要求和对文章框架内容的建议等，然后提出了修改的初步意见，有了方向，我就关在房间里，按上面意思，对原稿大刀阔斧重新修改润色定稿，当晚写好后立即快速呈上，然后秘书处提出更详细的修改意见，回房间后我再次对文章作了修改完善，并逐字逐句地推敲，感觉差不多了，再用标准的500字方格报告纸以钢笔工整地誊写完成。记得那次我写到第二天凌晨，交差后终于长长地舒了一口气，此时方能躺下休息片刻。

第二天上午的大会自然是重头戏，基地领导的报告和指示，我要以速记的办法记录下来，与会者常有分工，分担记录任务，否则一个人会来不及，更重要的是怕回去传达时遗漏了重要内容，所以决不可掉以轻心。

会后的下午一般会安排分组讨论，也要有记录，然后再集中开交流会，分组讨论的过程往往是发掘新思路、新苗子的好时机，高明的领导常常会慧眼识珠，并选择相关单位在大会进行交流发言。最后是领导讲话，既把各分组讨论的要点和典型拎一拎，更需把工作的重点讲一讲，强调贯彻落实的重要性。

会议期间有时也有些令人难忘的场景。各单位开会的几十辆车会听从基地主管的安排，在市区大街旁边一路排列，听从统一的指挥号令，吹哨、亮灯、鸣笛、照相、点火起动……成了那个时代当地的一道亮丽的风景线。要知道那时在大街车辆很少，吉普车更少，如今能见到军用吉普车整整齐齐的几十辆一起有序排列，统一行动，到了夜晚车上灯光一起打亮，一起鸣笛，一起熄灭，煞是精彩，让路人惊叹不已。当地老百姓说起"老三老四"（上海小三线和国家铁路四局）都是由衷地表示佩服。

我们从基地开会同回程的路上相对而言是轻松的，有的在打瞌睡，我则习惯坐在车上放眼路边，静静地欣赏皖南山区的徽派建筑和山水风光，我们沿途会经黄山、齐云山等处，但我们不敢奢望去"游山玩水"。

有一次回程时车行到祁门历口镇，听说红旗岭上面塌方，交通堵塞，无法通行，于是就只能从景德镇浮梁方向绕道回东至，由此瓷都景德镇也成了那些年留存的记忆之一。那时在景德镇的大街上一元钱能买十只万寿无疆彩釉瓷盆，五元钱可买到彩绘的花鸟富贵瓶一对。至今我仍完整地保存着，也成为我小三线开会过程中的珍贵纪念。

回红星化工厂后，认真贯彻落实上级会议精神才是头等大事，如果有书记或厂长同去同回就轻松很多，只需把整理好的速记内容交给领导即可，遇口才好的领导会微笑收下，然后脱稿发言，滔滔不绝。传达完上级会议精神后，仍需分组讨论，更要抓紧落实。必要时会以《情况简报》的书面方式将典型事例和经验进行上传下达，力求深入人心。

记得我最后一次去后方基地开会是在1985年初，地点是上海市内吴中路宋园路口北侧的五机部沪办大楼，会议内容是安全生产。

1985年以后，我们上海小三线各单位先后按政策正式回沪工作，我也再没去后方基地开会的机会了。

（杨企正，1970年上海市化工学校毕业后分配至小三线红星化工厂，六车间工人、甲组组长；1974年参加复旦大学工人哲学短训班，半年后回红星厂，任办公室主任兼党委秘书；1983年在上海经济管理干部学院读大专；1985年调至上海树脂厂，先后在总务科、计划调度科、宣传科、厂办工作，后任厂办主任兼董事会秘书；2003年后在上海市新材料协会和上海市酒类流通协会工作至退休）

在初进山的那些日子里

原红星化工厂 赵纪松

作者赵纪松

1969年,随着上海小三线建设的需要,一大批有志青年,为了祖国的后方工业,满腔热血地奔赴小三线,我也和学校的同学们一起投入这股时代洪流。

我毕业后被分配到了安徽皖南的上海小三线。我去报到的单位是红星化工厂,位于安徽东至县城西南方向30多公里外的一个深山沟里,是上海小三线地处海拔最高、最为偏僻隐蔽的一个后方工厂。那里雾绕群山,人迹罕至,入夜更是兽声不绝。

当年秋天,随着厂区内外道路的陆续开通,厂房结构相继封顶,为配合大规模设备安装节点,我作为技术骨干被提前安排进山,成为工厂筹建组的一员。

那时我们吃饭都是在户外站着吃的,菜盆通常就放在路边的石板条上,每天收工时男女生要分时段到小溪里去洗澡,晚上就睡在"干打垒"工棚里,一旦下起大雨,响声就如同机关枪扫射一般。

记得某天的晚饭后,上海化工设计院来厂检查工程进度的两位工程师来找我,起因是白天他们在厂里检查时,检测设备发现了大礼堂里有两列声波,为此他们判定厂里一定有一位无线电爱好者,于是晚饭后他们抽闲想过来找我聊聊。当时我还太年轻,没有多少自知之明,自以为技术上已蛮要求上进了，于是自豪地向他们介绍说道:"进山后我除了作为甲方,进行例行的工程配合、监理外,还主动向安装三队的师傅学习了多条护套线的铺设技术,这里办公大楼的线路就是我参与一起铺设的;此后还向260通讯站的工程师学习了电话交换机安装和终端接线箱的接驳技术;为了丰富山里职工的工余生活,还在上海接受培训,曾经装配调试过20多台小型电影放映机,现在是厂里的业余电影放映员。"听完我这番话后,他们默默地点头,同时指着远处在生活区路灯下的一桌桌打牌、喝酒的人群,深沉地对我说:"作为青年人长期生活在这封闭的深山环境里,难免会感到空虚和无聊。工余时间打牌、喝酒、闲聊也都是情有可原的,但你们作为学生,肚子里的学问还不多,一定要抓紧眼下工余时间坚持多读些书,未来国家发展需要你们这代人,要把眼光放远,从现在就要准备起来,切勿被周围的环境所麻痹……"当年前辈们的这番殷切教诲,成为我日后努力学习的一种鞭策。

红星化工厂是上海小三线中的知名化工企业,其产品在共和国史册上有着浓墨重彩的一笔。我和好友马志英与那一代年轻人一样,为小三线建设流血流汗,艰苦奋斗,在那片土地上贡献了宝贵的青春年华。

红星化工厂投产后不久,我听说一车间里有一位了不起的学习达人马志英,他的自学习能力超群,工余时间能自觉排除干扰、往往利用别人闲置的时光,抓紧分分秒秒刻苦读书。据说他对文史哲尤为感兴趣,还利用各种碎片时间自学日语和英语。因此我对他很敬佩,想去结识这位上海市化工学校毕业的学习达人。

其实我对马志英的了解,多半是在和他一起下夜班回生活区集体宿舍路上的交谈中获得的,因那段路程单程要走约20分钟。

一车间的生产流程中要用到浓硝酸,生产设备经常会由于局部腐蚀等原因需进行紧急停车抢修,这时当班操作工人可以原地休息待命,但不能离开车间。

但凡夜班遇到这种设备抢修的情况,午夜时分大伙通常都会去找个地方去打盹,在周围一片酣睡声中马志英则会以常人少有的毅力,在僻静角落背起英语单词来,往往一夜就能背出近百个,不需要很长时间他就能背完一本词典,学习效率非常高。我常被他这种刻苦学习的精神所折服,我想这当中除了他的顽强毅力外,还得益于他正确的学习方法。

记得当时我俩在回生活区的路上,他常会兴奋地把这些收获与我分享,洋溢着自信而不带一点倦容,我想这大概就是他当时的获得感吧。

好友马志英在勤奋学习自学成才的道路上并非是一帆风顺的,根据我的了解,他经历了太多太多的艰辛和磨难,这可从他多次参加高考的经历中看出。

有一年,北京大学国际政治系来我厂招生,对于简单的文化考试,马志英自然是高分通过,以至于看了试卷后的北大招生组老师特地两次找他谈话,十分满意地表示说:"想不到山沟里还有你这样的人才。"并在临别的时候又对他说:"只要体检通过,就等着好消息吧!"

但由于种种原因,马志英的学业未能如愿,我想当时凭马志英的学识及掌握日、英两门外语的扎实基础,如果他当时去了北大,现在他很可能早已是一名出色的外交官了。

"青山挡不住,毕竟东流去。"1976年马志英在给同学好友的多封信里写道:"今后的五十年中国将会发生翻天覆地的变化,正需要我们这代人,因此我们现在起就要做好准备。"

历史的机遇终于来了,当我把由上海传来的今年国家要恢复高考招生的消息第一时间告诉马志英时,他还真有点不敢相信。1977年10月21日,当深山里的收音机里传来恢复高考的正式通知时,他听罢兴奋地立马抡起大锤一下子砸碎了山脚边的一块大青石。那年他已经28岁了,大学报考条件要求不超过25岁。好在还有一条规定:"对实践经验比较丰富并专研有成绩或确有专长的,年龄可放宽至30岁。"

当他把过去翻译日语书籍和科技文献的证明交上去之后,终于顺利拿到了准考证。他文科基础相对优势较大,因此志愿填报的是复旦大学日语系,结果比一般考生还多了一项日语科目的考试。一个多月的备考时间很紧,由于工作经常倒夜班,复习时间很少,好在那时他还算年轻,一个多月的时间里每天基本只睡4个小时。深夜看书累了,走出屋外,山区里除了断断续续的田蛙鸣叫声外就是一片寂静漆黑,只有一号集体宿舍那扇窗前的台灯在孤独地闪烁着微弱的光,那时他自己为自己所感动着,动情地说:"这就是希望的灯火啊。"

这一年马志英虽在安徽合肥以良好的笔试成绩和面试成绩通过了学校的

考核,成为当时整个皖南小三线化工区唯一的大学录取者,但最后还是因报考专业不对口,与复旦大学日语系擦肩而过。

当1978年春季高考再次来临时,马志英选择了报考理工科,在马志英复习备考期间,又恰逢车间生产的高峰期。他依然能工作学习两不误,和车间同事一道生产出一批又一批的产品,大家也全力支持他参加高考,尽量保证他有更多的学习时间,有的同事还半夜送点心为他鼓劲加油。

虽说他平时爱读书,但数学等学科知识毕竟已略有生疏,更何况工厂地处偏僻山区,身边一时又找不到复习备考的书籍和资料,似乎真有些勉为其难了。而恰逢此时,我去屯溪开"后方基地科学大会",会议结束时与会代表可有机会购得一套当时即便在上海也十分抢手的"数理化自学丛书",于是我赶紧把这套书给马志英捎了回来,这真算得上是雪中送炭,一时救了他的燃眉之急。在短短的十几天里,凭他过往基础,很快复习完了理工科考试所需的材料,结果以第一志愿录取到上海化工学院的抗菌素专业。

马志英大学毕业后被分到上海市食品研究所,终于有了发挥自己才干的广阔天地。在以后的近40年工作中,他从技术员成长为教授级高工,成为食品研究所的总工程师,在食品科研领域中硕果累累,获得了十多项国家、地方科技成果奖。

退休后他在科普领域中大展身手,著作等身,又相继取得科普领域的多项成果奖。

从默默无闻的小三线工人,成长为著名的技术专家,我有幸见证了他的成长经历。

(赵纪松,1970年由化工部上海化校毕业后分配至小三线红星化工厂,工厂筹建处成员,曾任红星化工厂电工组长、设备动力科仪表技术员。回沪后,曾参与城市酒店(上海)、外滩商城、萧山国际大酒店等处的筹建,任弱电工程师;其后还担任过芬兰通力电梯公司(中国区)大项目工程师;上海宗元广告公司营运总监、办公室主任等职。退休后,全身心投入社区民生、养老、社区自治、历史建筑保护等公益工作,先后被担任静安区发改委"十三五"规划公众咨询员、南京西路街道发展管理委员会专职委员、南京西路街道社会服务组织中心社区理事、静安区太阳公寓业委会主任等职)

小记红星化工厂六车间的筹建、安装、生产及后续

原红星化工厂 李光辉

作者李光辉

讲一个有关上海小三线的真实故事,那是发生在四十多年前了……

地处安徽省东至县的上海小三线红星化工厂(简称红星厂)主要由上海溶剂厂负责包建。上海溶剂厂是当时国内生产甲醛、乌洛托品(六亚甲基四胺)的龙头企业。当年红星化工厂筹建时,红星化工厂六车间人员的技术及管理培训,由上海溶剂厂全盘负责。

我自1970年从上海市化工学校基本有机合成工艺专业毕业后,与不少同学一起被分配至红星化工厂。因当时地处皖南的厂房尚在设计和施工阶段,因此我们就先被安排在上海溶剂厂甲醛车间实习。

刚进入甲醛车间,一开始真是浑身不舒服,厂房内到处弥漫着甲醇、甲醛和乌洛托品的浓浓异味,促使你禁不住涕泪俱下。即使下班后洗了澡,换上自己的衣服,身上难闻的气味也会让路人和家人闻出。这种情况,起初时我们都感觉难以忍受,时间一长,慢慢也就习惯了。接着,我们就如饥似渴地向溶剂厂的师傅们学习生产操作技术。经一年多的实习,师徒们已建立起深厚的友谊。

直至现在,我们仍会与溶剂厂的师傅们相聚,共叙师徒友情。

1972年4月18日,随着红星化工厂厂房的竣工,我们一行20人,告别上海溶剂厂的实习生涯,从上海的十六铺码头登上东方红九号客轮溯流而上,于4月20日下午抵达安庆,随后南渡至对岸的大渡口,乘上厂里派出的搭着篷布的解放牌卡车一路颠簸54公里,到达地处东至县域大山中的红星化工厂。

当年建设小三线的选址原则是"靠山、分散、隐蔽",所以,红星化工厂隐藏于东至县香隅镇一个叫铜顶村的山坳里。

到了山里之后,领导安排我们新进厂的六车间员工与前期到达的支内职工(来自上海各化工厂及从沪浙两地召进的支援小三线人员)一道,先去厂属农场拓荒。接着,我们又被安排去厂外修公路,这段公路可从红星化工厂厂区大门口通往当地的中心集镇——香隅镇,全长有8 341米。而后,大伙儿围绕着六车间区域,对厂房周边的溪坑、路桥、环境等进行彻底整治和美化。这一切,都是为日后厂房内外设备、槽罐、管路的安装所做的各项准备工作。

很快就到了1973年春季,由于从上海来的专业化工安装公司工作计划早已排满,就连红星化工厂机修车间的各路人马也为红星厂的一、二、三、八车间及后勤等处的基建忙得脱不了身。而这时六车间的大部分设备都已到达现场等待安装。时间不等人,怎么办?

为了加快小三线建设的进度,我们六车间全体职工在党支部书记蔡叔英和主任潘存仪的带领下,提出了"不等不靠靠自己,大干快上抢时间"的响亮口号,主动向厂部请战:由我们六车间的操作工自己动手,自行安装车间的全部化工设备、仪表和管道,整个项目保证45天内完成任务,同时向厂部立下了保质量保安全的"军令状"。

于是,一场轰轰烈烈的甲醛及乌洛托品生产线设备安装的战斗打响了,一切都由六车间化工操作工自己来实施。在这短短的45天内,涌现了无数的感人事迹:如操作工变成起重工、管道工、电焊工、油漆工;土法上马弯制管道;"五姑娘管工组"等等。

果然,45天后,甲醛及乌洛托品生产车间的主要设备安装基本竣工。此事在东至的上海小三线企业中引起了极大的轰动,车间主任潘存仪在公司范围内专门进行了项目的经验介绍,博得了一片掌声!

1974年春夏两季,我们发扬连续作战的作风,投入了触媒设备及余下的标准设备的安装工程。经过整个秋季及初冬,我们胜利完成了六车间全部设备及仪表的单机调试、联动试车,经上级单位验收,整体合格。

在1974年11月末,六车间来了一支生力军——从上海刚进山的一批七二届小青年。由于他们在上海经历了一段时间的化工生产培训,车间安排每位已在岗的中专生作为"老师傅"带一位七二届的新手,为他们尽快熟悉生产工艺和各项流程创造条件。

鉴于全部的准备工作基本就序,12月上旬,车间上报红星化工厂厂部,拟定于12月26日那天正式进行甲醛、乌洛托品两个产品的化工试生产。

厂部同意六车间的化工试生产申请并决定由车间主任潘存仪任六车间试生产总指挥,两位上海溶剂厂资深师傅郑一仁、吴广虎从上海专程来到皖南红星化工厂任副总指挥,党支部书记蔡叔英负责试生产的后勤支持及与厂部的联络协调,厂办主任杨企正(原六车间甲班班长)暂回车间支援试生产。

1974年12月26日的早晨5点,乙班班长唐家源就早早到岗负责氧化岗位及整个流程控制,丙班班长高定卫在午后接替唐家源,杨企正与甲班班长白素云在晚上接替高定卫。

当天上午9点,在试生产总指挥潘存仪的指令下,由李光辉在原料岗位起动系统蒸汽升温、开起甲醇泵及鼓风机送风循环。由唐家源在氧化岗位起动甲醇电加热升温及循环,带领全班操作工关注系统总体运行状态。下午1点,由高定卫实施甲醇氧化器点火,带领班内人员关注生成的甲醛的浓度。傍晚,第一波合格成品——40%甲醛溶液被切换进入成品槽。晚上9点,由杨企正、白素云带岗,领着班内人员连续进行甲醛生产作业。同时,由其班组起动乌洛托品生产线的生产流程。

上述人员及六车间工艺技术员余永芳、设备员袁金华乃至车间全体职工,原先均排定了当天的早中夜三班的交接时间点。但实际情况是,大家几乎不约而同都在清晨到达车间现场,自觉接受总指挥的各项指令,相互严密配合,上下工序有序衔接,在各自的岗位上一直坚守到半夜。

是日深夜11点30分,装有无色透明甲醛溶液的两只磨口瓶及另外装有白色结晶乌洛托品的两只"桃子"样品瓶,由李光辉精心包装,贴上标签。在潘存仪的带领下,我们车间一批人兴高采烈地将成品样本送往厂部报喜。厂党委书记袁根全带领领导班子全体成员,向六车间全体员工表示热烈的祝贺并致以深切的慰问!

至此,六车间成为东至化工区第一个化工试生产成功的车间。

1978年,红星化工厂六车间被评为上海后方基地"工业学大庆先进集体",六车间刘宝振师傅被评为"学大庆先进劳模"。

1980年,东至小三线进入调整阶段。时任红星化工厂党办、厂办主任的杨企正与六车间主任潘存仪,以红星化工厂"红头文件"的形式,向五机部、上海市化工局、上海后方管理局等发文并提交将红星化工厂六车间整体搬迁至上海的申请报告。

数年后,山里的这套甲醛生产装置和人员由上海吴泾化工厂全盘接收。我们红星"甲醛人",开始了"走出山沟,立足上海,面向全国,服务世界"的篇章。

时至1985年正式调整回沪后,我们红星厂的这批"甲醛人"亦先后在不同企业与岗位上做出成绩。其中:

冯樑楚,担任吴泾一家合资化工企业的副总经理;

李银海,担任吴泾一家合资企业(生产甲醛)的技术负责人;

高定卫,担任上海吴泾化工厂甲醛生产的领头人;

杨裕民,担任上海吴泾化工厂机动处负责人;

杨企正,担任上海树脂厂厂办主任;

李光辉,担任上海硫酸厂乙二醛产品开发及生产领头人。

最后重点介绍的是唐家源,他回到上海溶剂厂从事甲醛工艺设计,逐渐成了国内外著名的甲醛工艺技术专家。他不仅先后主持了国内多个甲醛项目的设计、施工,还为多个国家的新建甲醛项目奔波在世界各地,2018年又刚完成了在孟加拉国的甲醛新项目,为我国政府提出的"一带一路"倡议做出了新的贡献。

(李光辉,1970年于上海市化工学校毕业后分配至红星化工厂六车间工作,任厂理论小组副组长;1975年调后方化工中学任化学老师;1985年调任上海硫酸厂总工程师秘书、外协办主任、乙二醛分厂厂长)

"干打垒"的记忆

原卫星化工厂　芮永华

我有记事习惯,主要是为了查阅方便,"好记性不如烂笔头",它不是日记,而是生活记载,闲详忙简,基本没有什么思想性。最近翻阅时,几条曾经居住在"干打垒"中的生活记载,唤醒了当年上海小三线——东至卫星化工厂(简称卫星厂)建设的尘封记忆,它是"卫星人"在初创期的艰苦奋斗的心路历程,难以忘怀,遂摘录下来,加以说明和感想,算作是对那段岁月的纪念,全文如下:

第一条记录: 1971年5月23日,与徐敏涛、吴德昌两位师傅乘船离沪进山;同年5月25日下午3时许到达东至卫星厂,参加青年突击队劳动。

作者芮永华

我是上海市化工学校六九届毕业生,一直到1970年底才安排工作分配,按当时政策我只能到外地工矿,正好上海小三线建设需要人,我就被分到了卫星化工厂,1971年5月10日大部队进山报到,我因病初愈晚到十来天,同行的两位是支内职工。

到了该地,才知道工厂尚处于初创阶段,住的就是"干打垒"。

所谓"干打垒",就是在两块固定的木板中间填入黏土,夯实筑成一尺左右宽的土墙,门窗是木

"干打垒"的外观

头做的,屋顶框架以毛竹为梁柱,上盖篾席、油毡,再铺上厚厚的草垫,最后用草绳勒住或用泥巴抹平而成的土屋。

卫星化工厂代码5355,邮址用东至302信箱,计划建成后负责生产精制棉、硝化棉等。选址在东至县建新公社的周山水库周围,三面环山,几个车间就分布在各个山坳里,一面是平地村庄,当地人筑坝蓄水,造就了一个大水库。

在我之前,先到的职工有200多人,他们在坝背下面整理出一片平地,建造了几排"干打垒",每排很长,约有十间宿舍,每间可放六张双人木床,两边各三张,我住第三排中间的一间,同住的有吴某、余某、丁某、王某等同事,他们都是第二军医大学支内的青年,比我大几岁。最左边一间住的是军代表,最右边一间则是包建单位染化十一厂的两位支内职工的财务办公室。后面第四排是医务室、小卖部、劳保仓库,再后面是食堂、浴室、炉子间、水塔等。

"干打垒"虽说有点"冬暖夏凉",但太简陋,泥地,没门锁,宿舍之间只用芦席隔开,隔音极差,别说隔壁房间,就是再隔几间,声音大些也能听到,毫无个人隐私可言,即使夫妻也是分开住。最苦的是"干打垒"会透风,刮风的日子到处窜风,所以大家一年四季用蚊帐,夏防蚊冬挡风,天冷则是用棉毯当门帘御寒。虽说条件差,但我们的精神面貌很好,政治气氛浓厚,很有一些半军事化集体生活的味道,有时半夜机器设备到了,全体突击出动装卸,没有半点计较和怨言,大家甘愿为小三线建设付出汗水辛劳,贡献青春年华。

"干打垒"的生活虽然艰苦,倒也有不少乐趣,这里依山傍水,风景优美,独特的地理环境在整个小三线企业中可说绝无仅有。每天清晨推门出来,就能看见壮美的水库,湿润的空气沁人心肺,山里的鱼虾味美,竹笋鲜脆,春天的映山红满山遍野,秋天的松树苍翠挺拔,松针凋落软软的铺满一地……

这儿的人也有故事,宿舍里吴某和我谈得来,他颇有才华,美术和书法都极好,负责工厂宣传,吹的一手好口琴。他也很懂生活情趣,冬天厂里发木炭,每两人一篓,每个寝室一只小炭炉,他总是把从食堂里打来的饭菜在炭炉上加工一番,或者很随便地就能用搪瓷碗调出一碗美味的浓汤来,给寒冷寂寞的宿舍增添几分热量和生气。

第二条记录:1971年6月14—26日,全厂突击"606"工地挖土1 200多立方米。

那时为了赶工期,一个通知下来,我们全体人员就突击劳动,不分部门和工种,除了老弱生病的,及少量必需值班的,其余的都自觉上工地,挥镐、铲土、推车、平整,配合施工要求,硬是从山脚下挖出一个"工作面"来,好尽快让工程队建造工厂用房,安装设备。山区里六月的天气炎热难耐,汗水粘着尘土,特别难受,有时手磨破皮,脚被砸了,没人喊累叫苦。"606"是哪个工地,时间久远我已想不起来了。

第三条记录:1972年4月29日搬场——从"干打垒"搬到第二栋集体宿舍楼的203室,同室另外四位都是浙江人。

时间到了1972年,经过两年的奋战,一批崭新的工厂用房在新址落成,包括集体宿舍、食堂、浴室、小卖部、理发室、招待所、篮球场、图书馆等,卫星化工厂生活区初具规模,职工们陆续搬进了新宿舍,我也告别了"干打垒",住进了新楼,但仓库没搬,每天仍需沿着水库,抄小路去"干打垒"仓库上班。同室另外的四位都是浙江人,毛、欧、孙、郁四位师傅都是当年响应号召回乡务农的。现在小三线建设要人,就召回了这批浙江籍回乡职工或者他们的子女。

2017年10月我重访旧址时,看到了自己当年入住的那栋集体宿舍楼,已破败不堪,淹没在杂草树丛之中。

第四条记录:1972年11月29日下午,"干打垒"3号、4号宿舍失火。

从"干打垒"搬进新造的宿舍楼后,原来住过的"干打垒"并没空着,而是让给架设3.5万伏变电站的703供电所的职工临时居住,其中有一批是华东电管局的,他们大多数是江苏人和安徽人。

"干打垒"有一个很大的缺点,就是要特别容易失火。那天吃过午饭,天气晴好,诸位师傅提议陪他们到下面村庄逛逛,才走出不远,回头一看大吃一惊:只见"干打垒"片区有一处黑烟滚滚,火光冲天,不好,失火了!我们一路连奔带跑往回赶,跑得气喘吁吁汗流浃背,直到看到仓库安然无恙才稍稍心定,倪师傅见我们回来了,关照我们留守,他进去看看,一会儿过来告知,是4号宿舍先烧起来的,后殃及3号宿舍(就是我原先住过的)。我也过去看了一下,尽管火已灭,但威势不减,伴随着毛竹的"噼啪"爆裂声,灼热的气浪逼人,根本无法靠近。只见电管局的那批人员在外面乱成一团,女的哭天喊地,男的捶胸顿足,几次欲冲进去抢东西,都被热浪阻挡,只能眼睁睁地看着全部家当化为灰烬。等到火灭烟散,我看见一个人从灰烬里扒出一只糖果盒子,坐在地上发呆,打开来看见里面都是焦黑破碎的纸屑——钱款和粮票全"遇难"了。都说水火无情,火烛小心,不知是炭火还是电炉引起的,这场火灾的教训是刻骨铭心的!

岁月如梭,光阴荏苒。40多年过去了,当我重访卫星化工厂旧址时,曾经在水库坝上久久徜徉,想看看当年的"干打垒"还在否,记忆中应该在水库大坝背面的某处。但那块地已整片淹没在茂密的树林中,人无法进入,"干打垒"早已没了踪迹。

都说一方山水养育一方人,而山水也因人而灵动。

美丽的群山,你还记得这山山水水之中的人和故事吗?

（芮永华，1949年出生于上海。1965年9月就读于上海市化学工业学校；1970年11月分配至安徽东至县上海小三线卫星化工厂；1971年5月—1973年8月任厂内仓库管理员；1973年9月—1982年7月任卫星化工厂职工子弟小学教师；1982年9月—1984年7月为徐汇区教师进修学院学员；1984年9月—1985年3月任卫星厂职工业余中学教师；1985年3月分配至上海染料化工厂教育部门任教师，中级讲师职称，直至退休）

山 月 清 辉

原卫星化工厂　朱海洪

1970年末的一天深夜,我"上山下乡"来到坐落在皖南东至县的卫星化工厂。

漆黑一片的梅岭山坳清冷、空寂。舟车劳顿后,我和同学一起来到食堂吃夜宵。毛竹、芦席编织搭建的食堂趴在黄土坡上。凄寒中,挂在竹棚梁柱上的"小太阳"灯,闪烁着恍惚的白光。"呼噜噜……"吃完食堂值班师傅煮的面条,我身心稍感暖和。

那晚,我和同学在一排黄土夯起来的"干打垒"里安顿下来。

卫星化工厂是小三线企业,由上海染料化工十一厂和上海化工机械总厂共同包建。

作者朱海洪

筹建初期,零零星星的包建厂人员以及第二军医大学的若干支内职工,加上刚到的公共事业学校和我们机关事务学校的学生总共几十号人,在沟沟坎坎的工地上晃来晃去。

我先被安排在后勤组劳动。初来乍到,每天干些挖土、运石、平整场地的活。搭宿舍、建仓库、整篮球场……有一搭没一搭的"愚公移山"。不久,我又被分配到政工组属下的警卫室守卫大山。

警卫室的负责人是二军大的杨锡堂,我们叫他老杨。50多岁的老杨脸庞黝黑,双目炯炯,很精神。因为是同乡,我和老杨很谈得来,便搭档着在荒漠的大山里巡道、值夜。

最初的警卫室是简陋的草棚。随着建厂进度的深入,新警卫室迁移到了通向生产车间的山峰口。

当地生产队巡山护林的农民也会来山峰口休息。其中有个光头的老头常来警卫室抽烟、歇脚。老头木讷孤僻,见面后只点头、不说话。他从腰间抽出尺把长的竹烟管,解开烟袋,捏出一小撮烟丝按进前端的孔洞,点火、落座;有时干脆往地上一蹲,一口接一口地抽烟,抽毕起身,将烟管在布鞋底上敲敲,然后缠好烟袋往腰后一插,朝我们笑笑,走了。后来听其他老农说:"别看这老头不起眼,他年轻时参加过新四军,一只眼睛是看不见的,就是打仗时受的伤。"

从此再见这老头,不由让我肃然起敬。

警卫的活儿单调、乏味。烦闷无聊时,我便读点鲁迅的书,翻读些唐诗宋词。兴之所至,走走杂树生花的山道,望望古木葱茏的峰峦,附庸风雅地吟吟"采菊东篱下,悠然见南山";恰逢了皎洁的月光,便诵诵"明月松间照,清泉石上流"。

当年山峰口的警卫室

时光不知不觉流逝,孤寂的山道渐渐热闹起来。

旭日东升,厂长"老福泉"带着一众干部和工人循山道有说有笑地去工地干活;傍晚时分,又见了他们风尘仆仆地披霞归来。

人称"老福泉"的陈厂长其实年龄不大。只因长相老成豪爽,四十岁不到便被无端冠之以"老"字。

"老福泉"干活身先士卒,脏活累活抢着干,属下人人钦佩。上行下效,卫星化工厂干部职工便崇尚实干精神,工地上处处热火朝天。

"老福泉"喜欢喝酒。常见他干完活回到"干打垒"住处后光着膀子喝酒。喝的是当地的山芋烧酒。下酒菜无非花生、黄豆、炒鸡蛋,没菜时弄点黄瓜、萝卜干也能对付。喝酒时,"老福泉"手指间总不忘夹一支烟,似乎那烟也是一道下酒菜。酒一喝多,他眼中就布满血丝,再配上他浑浊沙哑的嗓音,烟雾缭绕中样子有点吓人。但熟悉他的职工都知道,"老福泉"就是一个目朗心慈的"金刚菩萨"。

工厂的兴建也离不开当地民工"逢山开路,遇水搭桥"。

我和老杨一起巡视山道,常会驻足观望民工干活。看他们放炮开山,扬锄挖土,推车运石;有时还可见半山腰处赤膊的民工晃晃悠悠地荡绳,在高空挥镐凿石。

开饭时刻,伙夫挑着木桶送来午饭。民工们光着膀子盛碗白米饭,挟些萝卜干堆在耸起的米饭上。端着脑袋般大的瓷碗往地上一蹲,"呼哧、呼哧"吃得风卷残云。

创业者的艰苦奋斗,奠基了卫星化工厂的设施建设。机器设备逐渐到位,主要生产车间显出规整模样,实习进修的新生力量也陆续进山到岗。

先前在"染化厂"和"化机厂"实习的"化校"学生,后来又分赴外地企业进修。一车间30多个学生和职工,在党支部书记和车间主任带领下,到辽阳庆阳化工厂实习;二车间、三车间的学生加上包建厂职工约五六十人,在支部书记和车间主任以及技术人员、生产骨干为首的领导班子带领下,去了西安户县惠安化工厂进修。

半年之后,这些实习、进修的学生和青工分批进山,使荒寂的青山生机盎然。清晨时分,常可在山道上见到学生励志晨跑的身影,以及简陋的厂房里干部职工的奋战劳作场面。

1973年,上海化工专科学校走上海机床厂"从工人中培养技术人员"的道路,办起了"七二一"职工大学。为支援小三线建设,学校的老师风尘仆仆来到皖南山中招收进修学员。

这是一次难得的学习机会,我报了名。经考试后,我有幸成为上海化工局"七二一"职工大学的学员。

那年夏末秋初的一天,告别那段难忘的青春记忆,披一袭山月清辉,我重新踏上了修身报国的求学之路……

(朱海洪,1949年出生于上海。1965年9月就读于上海市人委机关事务管理局中等技术专业学校;1970年年末至安徽省东至县的小三线企业卫星化工厂工作;1973年9月—1976年9月在上海化工局"七二一"职工大学求学;1976—1982年回到卫星化工厂,任厂设备科设备管理员;1982年9月—1985年9月就读于上海电视大学徐汇分院;1986年分配至上海京华化工厂教育部门从事教学工作,后又调到厂工会、厂长办公室工作直至退休)

午夜战山洪　奋力救女生

原火炬电器厂　谭同政

每当我从电视新闻中看到山洪俯冲而下吞没村庄的场景,我都会想起我们建厂初期那场"午夜战山洪,奋力救女生"的往事。

1970年1月,我中专毕业后被分配到皖南上海小三线的火炬电器厂工地进行劳动锻炼。当时,我们中专毕业生充满着进工厂的喜悦,可当我们来到工地,顿时都傻了眼。所谓的工厂连影子也没有,环顾四周的群山,所有的女生都放声大哭,进工厂的喜悦一下子灰飞烟灭。

作者谭同政

非但厂房没有建成,就连宿舍都没有。我们150名参加工地劳动锻炼的中专生,就分别分散安排在当时贵池县棠溪公社曹村大队的农民家中。那时当地农民家一般都是一层底楼加一层阁楼,阁楼一般堆放杂物不住人。当地农民听说要支持小三线建设,都将闲置的阁楼打扫出来让我们居住。

当地农村的房屋还是比较简陋的,晴天睡在阁楼的地板能看见瓦楞上瓦片的间隙;雨天外面下大雨,屋里下小雨;下雪天雪花从瓦片间隙里飘进来,第二天被子会结冰发硬。

为了确保小三线建设,组织上叫当时承建的上海第一建筑公司为我们在工地搭建了简易的芦席棚宿舍和工地食堂,免去了我们每天步行三四里的劳累。

一进火炬电器厂工地,中间是一个用毛竹和芦席盖成的"食堂"。"食堂"左边有一座水泥小桥,小桥对面是后来的办公大楼,"食堂"右转是后来的医务室和财务科办公室。山脚下的稻田里用芦席棚盖成的是女生宿舍,男生宿舍则搭建在地势较高的山坡下,即后来后勤仓库的位置。

厂区全长0.8公里,一条宽三四米、深二米左右的防洪沟贯穿厂区,从最后面的锻工车间开始,经过四段弯折到达厂区门口。厂门口有一个从高坡直下的左拐弯,车辆进厂都要放缓速度,避免发生事故。

平时,防洪沟里的水清澈见底。潺潺的流水绕着山石流淌,若突遇大暴雨,厂区四周山上的小水沟就会变得川流不息,水流汇集到防洪沟后再经过四段弯折,立马变成了汹涌的山洪。那奔腾而下的洪流,就像长江轮船尾部螺旋桨打出浪花。

1970年6月,连续下了几天的暴雨,往日平静的防洪沟汇集了汹涌澎湃的洪流。一天夜里洪水像凶猛的野兽直冲而下,淹没了水泥小桥。女生宿舍里的痰盂被洪水冲得哐当哐当响。一位睡相不好的女生手触到水后,从睡梦中惊醒过来大声呼喊:"不好了!发洪水了!"女生班长急忙叫醒所有的女生,每个人拿了自己的生活用品,淌着水通过水泥小桥向高处转移。

突然一阵急促的钟声掩盖了瓢泼的雨声,当时,我作为学生连的连长立刻意识到情况危急,马上叫了所有的男生奔向女生宿舍。女生班长高喊:"连长,我们被淹了!""快安全转移!"我一面叫女生快转移,一面指示男生赶紧去叫人帮忙。这时几位建筑公司的师傅抡起砍刀将宿舍芦席棚的芦席砍掉。当时我们

50年前,作者谭同政负责编印的《战地黄花》油印报

不解,后来才知道他们凭着多年转战山区工地遭遇洪水的经验,如果不砍掉芦席,阻力就会增大,很快就会将整个芦席棚冲垮,电线掉在水就会触电,发生人员伤亡。

这时,工地上有些建筑工人搬来木板,在左侧的高坡和女生宿舍对岸搭起了一座临时木桥。我指挥所有男生在桥上排成一排,像传送带一样将所有女生的被子、衣服传出去。

眼看洪水越来越大,同学们都筋疲力尽了,我呼喊道:"大家休息一下,最后这个箱子我和七班长来搬。"当我们走到桥中央,突然一阵洪水冲浪打在木桥上,班长脚一滑箱子搁在木桥上,我顺势跪在木桥上,直感到膝盖一阵疼痛,顺手一摸,裤子破了,腿还流着血。又一阵洪水冲打上来,情况十分危急,稍有不慎就会被洪水冲走。岸上同学呼喊着:"当心!"在生死瞬间,我沉着站起来喊:"不要慌!一定能抬过去。"等一阵大浪过去,我们一步一步将箱子抬到了对岸高地。

事后,有人问我:"那天万一掉下去牺牲了,你怕不怕?"我坚定地回答:"我真的不怕,因为我是连长,确保大家平平安安是我的责任。"

当时,我是学生11连的连长,在泥工班接受再教育。白天挑泥浆桶、传砖块,为泥工运送水泥浆和砖头,晚上在煤油灯下刻钢板,编印连队小报《战地黄花》。那时,我积极上进打了入党报告。虽然"连长"是一个空头衔,但是,我把它看作服务同学的一种责任和锻炼自己的一个机会。

半年劳动锻炼后,我们进入了工厂。经过三年的考验,我也光荣地加入了中国共产党。入党近50年来,每年7月1日向党旗宣誓时,我依然像当年入党时一样表达对党的忠诚承诺,高举有力的右手,随时接受组织的重托,担负起一名党员的责任。回眸入党近50年的历程,我在无数次瞬间中领悟了一个真谛:伟大蕴含在平凡中,一个合格的共产党员就必须"不忘初心、牢记使命",做到"平时看得出,关键时刻冲得出"。

(谭同政,1970年上海人民电器厂第一中等技术学校毕业后分配到贵池上海火炬电器厂,历任厂工会主席、宣传科长,回沪后任上海立新电器厂宣传科长、工会副主席)

贵申情,浦江谊
——记上海后方长江医院

原长江医院 李耀明

作者李耀明

上海后方长江医院坐落于安徽省贵池县梅街姚家村的一座山坳里。

长江医院由上海市第一人民医院负责包建,是一所市卫生局直属的市级综合性医院,于1970年正式对外开诊。医院有职工450人,行政科室健全,业务科室完备,能诊治三级医院范畴的各科疾病,开展各类手术。门诊设有内科、外科、妇产科、儿科、五官科、中医科、皮肤科、传染科等科室。医院有病床160张,设有内科、外科、妇产科、五官科、传染科五个病区。长江医院主要职责是为八五钢厂、胜利机械厂等12家企业的数万名职工及其家属,以及当地老百姓提供医疗服务,也接受部分芜湖、铜陵、池州、安庆等附近地区老百姓的就诊,同时承担了当地医院疑难杂症的会诊、手术等业务。

1988年1月26日作者李耀明在移交仪式上签约并致辞

根据上级指示，医院与地方政府于1988年1月正式签约，将医院所有资产无偿移交给贵池县政府，医院全体职工撤离回沪。从医院筹建到撤离，我在其中度过了18年的峥嵘岁月。

从繁华的大都市来到穷乡僻壤的山区，不仅在生活上反差极大，给全体职工带来重重困难，在工作和医疗业务方面，面对的也是新情况、新问题，全院上下面临着极大的考验。例如：所在地区的小三线企业以重工业和化工为主，如八五钢厂、红星化工厂等，难免会有工伤事故；由于地处山区，道路均为盘山公路，路面窄，路况差，机动车交通事故相对较多，而且往往受伤人员数量多，伤势都较重；当地山区由于毒蛇毒虫多，被咬伤蜇伤的病人也相当多，送医抢救的蛇伤病人屡见不鲜，等等。此外，在给当地山民治疗时，由于语言不通，他们只会讲本地方言，也听不懂普通话，交流时如鸡同鸭讲，经常闹出很多误会，由此又造成了诊疗上的困难。医疗任务的繁重与条件的艰苦，与上海相比，如同天壤之别。

由于远离上海且人员流动性大，部分科室的医疗力量捉襟见肘，有的科室仅有一名医生。而且在小三线地区没有上下级医院支持，我们只能独立作战，遇到危重病例，抢救病人分秒必争，根本无法转运病人或由上海派人来抢救，所以在缺失专科医生的情况下，只得由其他科室的医生硬着头皮顶上。妇产科经常需要外科支持，如碰到难产、剖宫产、子宫大出血手术等，作为外科医生就要毫不犹豫地上手术台支援手术；内科医生在遇到的大量抢救任务时，也要予以支援。应该说当时我们小三线医院的外科医生可称得上是真正的"全科医生"，而在这样的情况和条件下，医院就像是一个和平年代的"战地医院"。

在小三线建设的后期，医院大部分老职工回沪，仅有中生代力量留守坚持，各科仅留三名左右的医生，科室力量严重不足。当有工伤、车祸等突发事故时，就特别考验我们的外科医生。医院的全体职工始终坚持了救死扶伤的职业精神，全力以赴，不辞劳苦，顶住了压力，坚持至撤离，救治了无数病例，并做到了无一例抢救病人死亡。

白驹过隙，岁月如梭。艰辛而又难忘的小三线岁月已经过去了30余个年头，当年血气方刚、风华正茂的中青年白衣战士们，如今都已鬓发斑白，进入老年。我作为一个外科医生及留守到最后的医院管理者，全程参与了当年在皖南山区的多次重大伤病救治，那一幕幕惊心动魄的场景，仍清晰地留在脑海里。

倾力抢救烧伤病人"老祖宗"

当地一位男性病员，在用酒精点火时不慎重度烧伤，烧伤面积在90%以上，均为Ⅲ度烧伤，全身几乎看不到一块好的皮肤。一送到医院，我们立即予以清创，部分伤口包扎，部分伤口予以裸露。当时病人已神志不清，我们立即开设了隔离病房，病床也使用隔离罩，采用药物抗感染、抗休克的治疗方案，并安排专职医生、护士24小时轮流值班护理。前阶段病人创面渗出相当多，一天要换药、消毒三到四次，全身腥臭难闻，但我们坚持为病人治疗，还按时为病人翻身，防止病人生褥疮。一周后我们就安排病人进行了第一次大规模的清疮与植皮手术，因所植皮肤极容易液化，治疗必须分阶段开展，经过了前后数十次的清创植皮，总疗程达3个多月，最终使病人转危为安。在住院过程中，医护人员还要负责病人的吃、喝、拉、撒，病人出院后我们给他取了一个绰号叫"老祖宗"。这个绰号，反映了救治、护理这位病人的艰辛，更反映出医护人员全心全意为病人服务的精神。经过全科人员的共同努力，这位病人创面痊愈出院，创造了医院历史上的奇迹。

荣获1977年先进集体称号的长江医院大内科医护人员

跨科室抢救车祸危重伤员

一天凌晨,八五钢厂的一辆通勤车与火炬机械厂的买菜卡车在上下坡交会时相撞致6人受伤,约凌晨5点钟左右急送医院抢救,首批送来5名伤员。外科病房值班医生急派人通知相关领导,我从睡梦中被唤醒,急忙披上衣服,奔向病房组织抢救。经查,其中一例为脾破裂大出血的危重伤员,一例为肋骨骨折,其余为四肢骨折。脾破裂的重病号已神志不清,血压明显下降,处低血压状态,必须立即送手术室进行剖腹探查。在手术中,我们发现其腹腔大量积血,脾脏有较大的撕裂口,决定做脾脏部分切除术,此时其他伤员都已安排住院观察。但脾脏部分切除手术还没有结束,事故现场又送来了一位危重伤员。原来在事发现场,抢救者发现他昏迷不醒,不见呼吸,而且满头是血,以为其已死亡,未在第一批送医,后来发现伤员肢体有微弱抽搐,便立即用救护车送到医院。当时院内连我在内只有三名外科医生,而且没有脑外科医生,怎么办?伤员已命悬一线,已由不得半分犹豫。我曾多次配合脑外科医生同台手术,当即决定由其他医生继续进行脾脏手术,自己毅然走上了脑外科手术台,拿起了手术刀。经初步检查,该伤员深度昏迷,瞳孔不对称,前额顶部偏右侧凹陷,脑组织与血液混合外溢,当即决定在局麻下进行开颅探查,扩大骨折区颅骨。打开颅骨后,见局部颅骨贯穿状,初判为颅骨粉碎性骨折,数块碎骨片嵌入脑组织,局部脑组织液化缺失。我当即予以清创,取出颅内碎骨片,清除液化脑组织,并予以止血。手术持续到当天中午12点多才顺利完成。从早上到午后,手术室的医生护士们没顾得上吃一口饭、喝一口水,手术结束,大家累得几乎不能站立。但看到颅脑重度外伤、脾脏破裂的这两位重伤员经抢救后转危为安,所有医护人员的内心都感到了极大的欣慰。这次抢救,也让我们经受了一次严峻的考验。

敢担风险,实施高难度手术

有一次,医院接诊了某三线厂财务科一位职工家属病患,该病患消化道大出血,经过保守治疗无效,出血仍无法止住。危急之下,外科决定予以剖腹探查,结果在腹腔发现一个鸽蛋大小的胰头肿块,经研判,疑似胰头恶性肿瘤,如不将肿瘤切除,出血就无法止住。但这是一个高难度的手术,风险极大,手术需将胰头切除,重建胆总管、胰管及十二指肠,这在上海的市级医院也是少见并棘手的。为了挽救病人的生命,医院的外科医生们敢冒风险,果断决定做胰头肿瘤根治术,最终挽救了病人的生命,使其平安出院。后病理诊断为胰头癌,与我们手术诊断一致,这个病例,充分体现了在当时的医疗条件下医护人员强烈的责任心、精湛的医疗水平和勇克难关的精神。

风雨18年,难忘那种艰难困苦,唯当年为小三线职工、为当地老百姓献出的汗水与收获的工作硕果让人欣慰。这就是在特定历史时期,医院全体医护人员做出的不平凡的贡献;这就是在艰苦的条件下,自觉学习,通过刻苦钻研、实际磨炼换来的硕果。全体医护人员以崇高的献身精神,吃在医院,住在医院,干在医院,把医院当成家,从不计较个人得失。只要有医疗抢救任务,不管是上班还是休息在家,也不管是白天还是黑夜,广播一响、号令一出,我们的医护人员都会在第一时间奔赴抢救一线,不分科室,通力协作。有时为了抢救病人,白天黑夜地在手术台上工作,曾有医生由于过度操劳,导致心脏早搏每分钟多达36次,饭都吃不下,但仍吊着盐水坚持上手术台。专科医生的缺失,倒逼我们医生刻苦掌握全科知识,各科医生相互学习、配合协作,尤其是大外科的大部分医生都一科为专,各科通熟,能开展各专科的手术,这也称得上我们小三线医院的特色。发生重大、突发抢救时,后勤人员也自发地组织担架队帮忙搬运伤员。这就是在小三线的岁月里锻造形成的"长江医院精神",这种精神,激励着全院职工团结奋斗到小三线建设任务的结束。

长江医院奋战皖南十八载,凝聚着两代人的辛勤付出,也承载着一个时代的记忆。优异的服务,精湛的医术,无私的奉献,让我们获得了上海小三线企业及当地老百姓的信任与赞誉;共同的经历,也培养了单位领导与职工的相聚、相依、相助的兄弟情怀。如今回忆起这一切,我们深感无愧于国家,无愧于人民,无愧于逝去的青春。

(李耀明,上海中医学院医疗系伤骨科专业毕业,进入长江医院外科工作,专业为骨科医生;1985年晋升为外科主治医师,曾任医务科长,常务副院长;回沪后任浦南医院副院长,浦东新区卫生防疫站副站长,疾控中心副主任等职)

岁 月 匆 匆
——五月的回忆

原自强化工厂　田楼华

作者田楼华

我叫田楼华,今年(2020年)65岁,20岁那年在上海小三线自强化工厂(简称自强厂)宣传科工作,2015年3月我在上海天汉环境资源有限公司退休,现居上海。

回忆过去,往事洞若烛照。这一生实际工作了45年,拿退休证时工龄为40年又4个月,返聘工作5年整,今年办理了上海市老年卡,就此进入老年生活。

那年,我响应"知识青年到农村去,接受贫下中农的再教育"的号召,离开了城市,奔向了农村,奔向了大山。

1972年12月,一纸通知将我送进了染化十厂技工学校,两年学制,生活费16元/月,学习染料制造相关技术,属于理工科,至今我还能熟记化学元素周期表,这些知识在后来的政治工作中虽没有派上用场,但是在后续单位的工作中都用上了,面对客户时,我把学过的东西几乎用到极致,让人感到没有什么可以把我蒙住,氧化还原反应、中和反应、置换反应等用在商务谈判和实际工作中还是蛮实用的,谈合同前把学过的东西拿出来,是能起到一定作用的,学的东西不在多而在于能够用上,这才叫学以致用,所以我在从事环保行业的业务工作中有一点化学知识,我是幸运的。

1974年底,我技校毕业,分配至上海小三线自强化工厂,安排在上海培训了一年,学习铸工,习惯上称之为翻砂造型工,自强厂有翻砂间,印象中在仪表间的背面,木工间的西边,到离开自强厂也没有启用过,和我一起培训的吴申强同志在进山时也改行做了其他工作。由于工厂需要,我提前于1976年5月进了山。离开上海时也没有人告诉我到山里具体做什么工作,到厂后才安排我在自强化工厂政工组工作,后来进入宣传科,在厂部大楼上班。当时宣传科有王恒元(副科长)、黄鑫刚、徐文魁和我,三位同志都是我的前辈和大哥。

建厂初期的老照片,背后是还在建设中的工厂建筑工地

自强化工厂最高的烟囱上有"工业学大庆"五个大字,那是我写的,一个字有四个多平方米,用两块钢板焊接而成,从24K水厂泵房方向看过来清清楚楚,是我这一生写的最大的字。

那一年和我同一天进厂的还有十几个同事,工作去向基本都是为了工厂运作做准备的,有财务、劳资、政工和运输部门的"方向盘"等,有幸和"方向盘"们同住仪表大楼的一个房间,虽然时间不长,但相互了解也结下了一段友谊。

我是1976年5月16日乘坐东方红五号轮离开上海十六铺客运码头的,在长江上航行了两天两夜后到达安庆,摆渡到对岸大渡口,坐上厂里派来的接送车辆直接开往工厂,约80公里的山路,两个多小时后终于到达。

5月离开上海是个巧合,冥冥中预示着5月的永恒氛围,那是对万事美满、健康顺意的向往和追求。今天是2020年5月30日,5月的深意远大,恒久滋润着人们的心房。时间过得真快,世上一晃,晃过了65个5月,今天已是5月底,还有不到两天,我们又将对暖暖的5月说再见了。5月的天,让我们沉醉在甜蜜的柔情之中,这是因为5月带给人们初夏的清新。微风吹起,曼妙惬意,轻拂脸颊，陶醉抒怀。一年一度的5月又要渐行渐远了，而岁月将人们称之为匆匆过客。相遇过难忘的5月，不禁让人有着流连忘返的美好感觉。愿我们微笑着站在时光的路口，期盼四季转换中的每一天都有着幸福快乐的轮回，明年还过5月。

　　时光总爱不言不语，不经意间，5月已经悄悄溜走，6月来了，2020年将过去一半了，还没来得及好好享受温润的春光，夏日的风已从远方徐徐而来。

山中寂寞求知忙

原自强化工厂　　陈耀明

1976年10月我来到自强化工厂（简称自强厂）建设工地，那时尚处于土建阶段，厂里的职工不多，多为外单位来的土建人员。我的生活环境发生了变化，不再有上海的喧闹，家中的热闹，下班以后，变得寂静枯燥，而这何尝不是好事，正好可以利用起来，多学习些知识。我深感在学习上失去了太多。虽说中学毕业后我上了技校，弥补了一些中学的课程知识，但仍达不到高中的水平。来到小三线后，正逢1977年恢复高考，全国出版了不少高中课程的复习资料，我从上海买来一些学习课本，每天晚饭之后，就回到办公室，除了读报就是看书学习，开始了高中课程的自学，重点是数学。什么解析几何、几元几次方程、对数、数列……这些东西，要看懂并不算难，但真要弄通，必须做习题。好在书中有大量的练习题，我就逐道演算，花了一年左右的时间，总算基本弄通了高中阶段的数学知识。

1978年初开始，在上海培训的职工逐渐来到山里，准备开展厂区基建，厂里比以前热闹多了，工余生活也丰富了一些。工余时间，职工们有的聚众打牌，有的三五成群聊天自娱，还有一起出去钓鱼的。厂里青年职工多起来，工余时间也正是谈情说爱的时候，一对对恋爱青年花前月下，相依相伴。而我与女友（现在的妻子）一般只在周六下班后或周日相聚。同事小章见了不解地说："你们这算谈朋友？"他坦率地告诉我，他不能一天不见女朋友，可谓"一日不见如隔三秋"。而对我来说，心中有一种信念，就是抓紧时间学知识，把损失的时间补回来。

作者陈耀明身后的楼房即为原自强厂办公大楼(摄于2018年11月18日)

那时,厂部订有《人民日报》《光明日报》《解放军报》《安徽日报》等多种报纸,我每天拿来阅读,关心时事政治,学习各种知识。我比较喜欢《光明日报》,里面有许多文史哲方面的文章,知识量大。当时每张报纸头版差不多都有评论类的文章,我就细细阅读,了解它们的观点和写法,有时为了锻炼自己的写作能力,就自拟一些论题,学写议论类的短文。厂里还订有一份《新华文摘》,每月一本,我爱不释手,里面政经文史哲无所不包,都是从全国报纸杂志选摘的精华文章,从中增长了不少见识。我学到的知识在工作中也起到了作用。党委老鲍有时在大型的会议上要有个动员之类的发言,便让我拟个草稿,我结合学到的知识撰写文稿,得到了他的认可。

恢复高考以后,出版界开始恢复生机,陆续出版了不少好书。我记得后方基地定期会寄来征订书单,厂里图书室陆续购买了不少图书,我便借来一些阅读。其中有多卷大字本的《东周列国志》,该书我虽在中学时连同四大名著一起读过,但那都是父亲的珍藏,这回我再次细细阅读,书中展现的春秋战国时期的历史画卷和精彩故事至今令人难忘。我还借来《中国通史》两卷本阅读，书中对中国历史多角度的叙述和分析，对以前没有读过完整中国历史的我来说，读后真有醍醐灌顶之感。夜深人静，是我读书的好时光。偶尔远处传来一阵喧闹，打破了宁静，那是同事们休闲和娱乐时的欢笑声，而我则畅游在书的海洋，享受知识带来的愉悦。

1978年上半年，第二次高考报名开始了，厂里有同事要去报考，我也想报考，觉得自己有了报考的底气。我向核心小组组长施屿讲了我的想法，他听了以后对我说："你对工作也熟悉了，基建建设的大会战就要开始了，正需要人，如你离开，一时也难找合适的人，还是以后再说吧。"被他这么一说，再加上我当时正谈着恋爱，我就放弃了这个机会，但读大学的心愿始终在心里。

到了1978年下半年，厂里的基建建设进入高潮阶段，全厂上下一片热闹景象，我工作忙多了，开会做记录，写简报，联络工作，了解工地情况，去车间参加劳动，一天下来，感到十分疲劳。但一到晚上，我还是习惯性地来到办公室看书学习。有时，正遇见核心小组副组长老冈在他办公室独自喝酒。在这基建繁忙的日子，老冈身先士卒，每天在工地忙碌，我见他皮肤晒得通红，他在晚上喝点白酒来消除疲劳，减轻压力。他见到我常常招呼："小陈，来来来，一起来喝一盅。"有时我就去凑热闹，我不会喝白酒，一盅下去，只觉得从喉咙口辣到胃里。神奇的是，一天的疲劳顿觉消失了，喝完酒我回到办公室，泡上一杯绿茶，捧起一本书，感觉有一种说不出的畅快。

当时我对马克思主义哲学产生了兴趣，花了不少精力。我用零用钱买了很多马克思主义哲学的著作，进山时带在身边学习。通过阅读这些著作，我对马克思主义哲学的基本原理已熟记在心。后来在大学上哲学课时，我就不做笔记了，有同学担心我考试会有问题，其实不用担心，考试结果无悬念地得了"优"，这是后话。

上中学的时候，我帮学校用毛笔抄写过宣传文稿，对书法产生了兴趣，但当时只有新魏碑之类的字帖。恢复高考后，全国开始出版一些古人的经典字帖，我买来柳体、颜体等字贴，时常照着写写。没有老师，无法有大的进步，但能够修身养性，提高审美。有段时间专练颜体，一次我在厂里黑板上写会议通知，后勤组同事张师傅看了问我是不是最近在练颜体字。他懂书法，钢笔字写得不错。原来，练什么风格的字体，自己写字就不知不觉融入了这种风格了。

厂里职工子弟小学的顾老师,毛笔字写得很好,他见我喜欢书法,就邀我到他家欣赏其珍藏的名家碑帖。后来我上大学时有书法课,听沪上知名书法家讲课,使我对书法的认识提高了许多。现在退休了,有了时间,我便拾起了以前的爱好,每天习字。

  1980年以后,工厂停建,职工开始陆续回上海,厂里又慢慢冷清起来。这时国门已渐渐打开,学外语也渐渐流行,我又有了学外语的念头。我姐姐以前就读上外附中,学的是法语,受她的影响,年轻的我跟着广播学起了法语,略知些皮毛。我决定把学过的法语拿起来再继续学。我在上海福州路外文书店买来法语教材,跟着附送的口语朗读塑胶唱片学起了法语。那时,厂里的广播室已停止广播,我就利用其唱机,放上塑胶唱片练习口语。仪表组的小顾那时正自学英语,十分投入,我们虽然学的语种不同,但爱好相同,经常在一起交流,十分愉快。回沪后,因有基础,我通过考试插班去上外夜大学了一年法语,获得两年制结业文凭。现在回想起来感到后悔的是,如果那时学英语多好,想不到以后英语用处会这么大,而法语在日常工作生活中就派不到什么用场了。不过也不能说没有一点用场,我在评高级职称时,感到法语的水平要比英语好些,就参加法语考试,结果获得通过。现在退休了,有时拿起一些法语书看看,自我欣赏。

  1983年,上大学的机会终于降临到我的头上。那时,上海市为了提高干部素质,在大学开办干部专修科,组织上批准我和组织科副科长梅滨泉参加报考。那年报考人数多,录取比例约为十比一,由于我俩平时都爱好学习,有了积累,考试双双获得通过,幸运地进入复旦大学分校历史系政治学专业学习,由此进入了知识的殿堂。历史系主任、我们的班主任唐培吉教授请来众多沪上名师给我们上专业课。我们还聆听了费孝通教授等一批知名人士在大学的报告和讲座。大学的学习,丰富了我们的知识,进一步培养了我们的学习能力及思考能力。

  毕业后,我和厂里职工一样进入安排好的单位工作,但我还想继续深造。当时上海行政学院开办政治学专业研究生班,我准备复习迎考,还写信向我的大学老师请教。当我接到上海行政学院研究生考试通知时,因占用工作时间较多而未被批准,从此失去了提高专业和学术水平的机会。后来我又自学了20多门课程,获得复旦大学行政管理学专业自学考试本科文凭。进入浦东新区建交委系统的管理部门工作后,我投身浦东改革开放的热潮,见证了浦东日新月异的变化,学到的知识更有了用武之地。成绩的取得离不开知识的积累,我将理论知识和实际结合起来,为单位起草了大量的文稿,在报纸杂志上发表了数十篇论文。回想起我的学习历程,其基础离不开在小三线挑灯夜读的那段艰辛付出。

1976年的"暑期学习班"

原化工职工子弟中学　李光辉

1976年暑假前夕,赵校长收到上级通知,要我们学校教研组长等骨干,务必于7月23日到达宁国,参加由后方基地教育处在宁国举办的"上海后方中学教师暑期学习班"。

于是,原本打算回上海度假的几位教师便奉命留了下来。

我校参加这次暑期学习班的教师有老吴、老周、老谢、我、更大、本善及炳文7位。

作者李光辉,背后的四层楼房是学校的家属宿舍

赵校长特地派我从公司商借来一辆面包车,专程送我们赴宁国。

7月23日清晨,我们乘坐的面包车从东至出发,经过一路颠簸,终于在傍晚到达宁国招待所。

7月24日开始,我们与后方其他几所中学的老师一起,参加了既定的"学习":上午参观后方基地下属的一个工厂,下午分组学习讨论。

参观胜利水泥厂时,我第一次看到了如此庞大的转窑,第一次知道了什么叫"球磨"。

我们还参观了宁国的683车队、联合机械厂、岩寺的培新汽车厂。

说来也难为情,我在这三家单位的参观中,都开了小差:一是去683车队看望了发小;二是在联合机械厂的表哥家吃了顿午饭;三是去培新汽车厂翻砂车间和几个老同学聊了聊。

至于每天下午的学习讨论,内容大多是上级文件精神等等。

四天的"暑期学习班"一晃而过。

7月28日早上,天气酷热难耐,我们早早整理行装,先后坐上面包车,准备离开宁国县招待所回东至。

已经上车的炳文先生忽然说了句:"我的一把折扇忘记在房间里了,我上去拿一下。"

我当时笑着回了他一句:"对!大胖子,手不离扇!"

炳文先生走上楼去,见客房门锁着,高呼服务员却无人应声,随即就独自爬上气窗,不料体胖身拙,竟一跟斗摔进门内!顿时头破血流,坐地呻吟。

我们在车上久等不见炳文下楼,于是我和老吴便上楼看看,在走廊里只闻呻吟却不见人影,急召服务员打开房门,方知险酿大祸!

我俩急忙上前扶起炳文,他还嗫嚅着说:"我稳稳地爬上气窗,谁知墙壁会抖动的!"

老吴说:"没事吧?赶紧先去包扎。"

待到炳文在招待所的小医务室坐下,由卫生员一检查,还好,只是蹭破了一点头皮,包扎后稍事休息了一会,炳文先生说道:"没事了!打道回府!"

在车上,老周、老谢和本善他们几个数落着炳文:"你这个'大块头',怎么能去爬窗呢?"炳文还是坚持说:"我爬上去挺稳的,谁知道墙壁会抖动……"

由此一路耽搁,当我们回到化工中学门口时,天已全黑了,一帮教师和家

上海后方化工职工子弟中学部分教职工合影（1985年5月摄于学校教学大楼前）

属们正在校门口乘凉。

我们走下面包车,我搀扶着头顶白色纱布的炳文先生。赵校长一见如此模样,顿时大惊,急问何故。我只得无奈地将此"故事"汇报了一遍。在一旁的家属们大呼:"这么热的天,还好没出大事！平安回来就好！"

当晚,我们通过"新闻联播",得知了唐山大地震的消息!

第二天,我们在办公室聊起昨天的惊魂一刻,均一致断定:应该是炳文悬在房门气窗之时,正好发生了强烈的余震,震波延及宁国县招待所,导致炳文跌入门内!

因此,炳文先生亦是唐山大地震受害者之一。

我与小三线的一些往事

原707库　裘新民

昨天余秘书长在微信里嘱咐我也写写以前小三线单位里的事情,答应是答应了,也想动笔。在捋思路时,忽然想起很多年前写过百余篇游记,其中不少与小三线有关,就去找出来,发在这里。这里都是记的是我还在707库时的经历,都与安徽有关,其中有几篇直接与小三线有关。过去的东西,与现在的认识已经有了差别,但一时也不去修改了,时过境迁,就随它去了。

作者裘新民

黟县停车记

我们的吉普车一路往西。过了一个叫渔亭的地方,驾驶员把车一停,说没油了。出门的时候,同行的一位领导关照,看看油还有没有,驾驶员瞄一眼油表,说还有不少呢,这一路够了。怎么回事,驾驶员显然有点不自在,过了好半天才恍然大悟,油表坏了。

车就抛锚在路上了,路其实是弯弯的山路,前不着村后不着店,真叫人着急。本文的标题叫"停车"不叫"抛锚",实在是因为斟酌一番之后,忽然脑海里泛起一首叫《山行》的古诗来,此诗的一句是"停车坐爱枫林晚",仿佛与当时的情景相似,于是借来一用。停车的地方,属黟县境内。这个"黟"字,读音同"衣",若不是此次前往,是不会认识的。此后,与人说起"黟"的时候,往往多此一举地要说一下——一个黑,一个多,黟县。

此行要去的目的地,是上海小三线在黟县的一家厂,离抛锚的地方已经不远,是那位同行的领导说有点事要过去。好在发现汽油没了之后,没有等多少时间,过来一辆卡车,大家一起挥手,把车拦下。卡车司机问了缘由,就拿个橡皮管匀了点油过来。这吉普车的驾驶员,这回应该长记性了,听闻后来他的事业一帆风顺,一直做到某市市长的专职司机。说起来,从本单位出去的司机,后来为市一级领导开车的有好几位,当然,这是后话。

后来才知道,单位在上海的兄弟单位中有位同事的孩子在黟县那家厂里做事,此去是为探望。当时,本单位在宁国,离上海要比黟县近许多,顺路探望,给孩子带些东西很正常。虽然这么说,但哪知道半路出了这么个小插曲。而巧合的是,我后来与那孩子的父亲在一个单位一个班组工作过。这以后,也有点明白,孩子在那里太艰苦,他实在是放心不下,才拜托了随车这位领导去看看孩子。

本文,从停车写到这里,早已离题万里,但止不住又想起另外一些事。这黟县的小三线单位,叫新安电工厂。与该厂相近的休宁,还有一家新光金属厂、一家群星材料厂。这些厂里,人才济济,生产的产品也属高精尖,像精密合金、指挥仪、半导体材料等。要知道那年月我国的半导体材料在世界上可是领先的,当时上海有色金属研究所的一个研究室迁了过去,在崇山峻岭里做领先世界的课题。还有,可以说中国第一代计算机专家,当时就在黟县新安电工厂从事计算机研究与应用,那时还是20世纪70年代。

想起这些,是因为在想,什么样的人,才是我们这个国家、这个民族的脊梁。鲁迅说过,有几种人,其中一种就是埋头苦干的人,还有应该是勇于和甘于奉献的人,正是有了这样一些人,国家和民族才有希望。

东至尝酒记

此生第一回买来酒菜煞有介事地喝酒,是那次出差在东至红星化工厂的时候。

那次出差,是与单位领导,陪着有关方面的人一起去的。说来也是,一路走来,十多天了,大家没有喝过酒。毕竟有些日子了,路上的劳顿颠簸不说,伙食也都十分简单,一行人都觉得快扛不住了,说要改善改善。

此次出来,平时吃饭的时候,大家总是在一起吃的。那一日,领导悄悄将我与另一位同事叫去,说晚饭让我们自己解决。领导特别关照,买点果子酒,再弄点菜,乐惠乐惠。从领导那儿出来,另一位同事说,他们喝好酒,叫我们喝果子酒,好像我们只配喝果子酒,有点想法了。问我会喝酒否,我说不会。他像自嘲道:"看来我们只好喝果子酒了。"

当晚,那位同事真去买酒喝了,果然买的是果子酒,至今记得那酒名——梨子果酒。回想自己第一次喝酒的经历,还是读中学的时候,喝的是家里的五加皮,偷偷尝了一口,很难喝。满师的时候,在宁波同乡会对面的同泰祥饭店办过酒席,是托人家一手操持的,听人说当时我也喝酒了,可我自己早记不得了。之后,一直不知酒味,更不用说特意买酒来受用,想不到却在异乡异地,竟与人对饮对酌。"两人对酌山花开,一杯一杯再一杯。"虽然是果子酒,也不乏酒劲,我竟也晕了,但还是努力把酒喝得点滴不剩。

我到单位的起初几个月中被派在外学习,后来参加过一次订货会,其余时间一直在家歇着,正式到岗上班的第一天,就是这次与大家一起出来。与这位同事,以前少有接触,这一路才打上交道,想不到又有了同桌共饮的经历。酒一定有点酣了,可能也说过不少话,只是于今全不记得了,不过自此以后,我俩竟成了酒友。起先,单位刚刚在搞基建,还没有房子,我到岗后,借住在良种场,他是早到的,似乎住在供电所,等单位的宿舍造好后,就与他成了室友。后来,我俩常常在宿舍里对饮,而且不知从什么时候开始,我与他都有点馋三点水那玩意儿,还不时闹出点动静,供同事们作茶余饭后的笑谈。

却说,在东至那次,都喝得有点酩酊大醉了,感慨着"浊酒一杯家万里,燕然未勒归无计。"忽然想起有个同学,就在那厂里做事,曾想好了去看看的,也就顾不得满嘴的酒气,寻了过去。问到宿舍区,报出所要找的人的大名,照人家指的方向摸了过去。

那次去找同学,同学正在。毕业后,因住得远,就没有再见过,"浮生聚散云相似,往事冥微梦一般。"这时不知怎么的,或因酒精的作用,如此的感叹,油然而生。

在同学处，一聊就忘了时间，待要回招待所，天上的已明月高挂。"明日隔山岳，世事两茫茫。"与同学道别时，也许酒还未醒透，总觉得心里添了些许凄凉。

（裘新民，1979年担任707库业务组组长，1982年调入上海市金属材料公司工作，后在上海市物资信息中心任信息部主任直至退休。现任《上海都市百货》杂志主编，上海市诗词学会理事，上海市物流学会理事）

回望三十年前的足迹

原金星化工厂　王均行

在2008年国庆节假期里,我们20多位原上海金星化工厂(简称金星厂)的老同事,结伴回到地处安徽东至县香隅镇深山沟里的老厂,去寻找当年的足迹。

在30多年前,我们曾经在金星厂筹建工地上为建设小三线朝夕相处,战天斗地,洒下了青春的汗水,建立起了真诚、深厚的友谊。1980年之后,随着形势的变化,已经建成,还没有投产的金星化工厂移交给了安徽当地政府,上海籍的职工都返回上海。回沪后,我们被安排到各个接收单位,又开始了新的生活,老同事之间渐渐淡忘,失去了联系。近几年又陆续联系上,这么多年过去了,人变老了,但是大家的心没有变,都十分珍惜过去的友情。虽然知道老厂已经被废弃、拆除,但是大家还是希望再回去看看。

1974年春季,我只身来到金星化工厂。在那之前,我已经在上海电化厂、江西吉安化工厂和安徽霍山浦信化工厂等参加了多次实习。那时,整个金星化工厂都处在初期建设之中,一车间正在进行设备安装。我被安排在一车间办公室当工艺员,协助工程师校对工艺流程,查看已经安装好的工艺流程设备等工作。

那个年代物资短缺,经常出现待工等料的情况。当时有句名言"没有条件,创造条件也要上",于是我们筑马路、铺地砖、搬砖头、清场地,什么活都干,还要去种"五七田",就是在厂区的空地上垦出一些农田,种上瓜果蔬菜,贴补厂里职工的蔬菜、副食品供应。厂里还盖了一个猪圈,派人养了十几头猪,用

作者王均行(左)1977年2月于上海金星化工厂办公楼前留影

来改善职工的伙食。

深山沟里的夏天特别热,办公室的温度达40多度,那时没有空调,只有电风扇,电风扇越吹越热。后来,我们在楼顶上做了个水泥板隔热层才稍有好转。

在厂区,因为地处深山,电视信号接收不到,除了一个高音喇叭定时播报新闻,给大家带来一些外界信息外,一到晚上,整个厂里就静悄悄的。1979年,我们在山顶建了个电视信号塔,才算是看上了电视节目。电视信号塔的塔身及基础由厂里的工程师林先锐自行设计,零部件由机修车间的师傅加工完成,购买来的电视信号接收转播器也由工人师傅自行安装到位,一次开机成功。

山上没有路,荆棘丛生,把建筑材料运上山顶成了一个难题。我们在荆棘丛中辟出一条小道,发动全厂青壮年职工人拉肩扛,把大批钢材、水泥等搬运至山顶。我们这些人有一股苦干、实干的精神,当时那种人人争先,不怕苦、不怕累的场面至今仍历历在目。

1979年春节前,化工区几千名职工要回上海过年,长江航运的运力远远跟不上,后方化工公司包来了一艘货轮,让我们搭乘回沪。那年大雪封山,马路已被冰雪覆盖,厂里安排几辆卡车,在车轮胎上绑上防滑链,把我们分批送到香口码头。到了那里,货轮已经靠岸了,但是码头上挤满了人,大家带着大包小包,在雪地上排着长长的队伍等候上船。乘客要进这艘货轮的船舱,只能通过一块跳板,从船侧面的一扇小门进入。人多拥挤,有人甚至在跳板上把一只行李包掉到长江里去了。我们进入船舱,里边光线暗淡,已经有不少人挤在那里,一堆堆的人站着、坐着。地板就是冷冰冰的钢板,我想办法找来了几只草包,别的什么也没有了,只能席地而坐。坐在那里,越坐越冷,晚上打个瞌睡,一会儿就被冻醒了。在船舱里,不知道白天黑夜,还好可以爬到甲板上去吹吹风,看看长江两岸的风景。船上一天只供应两顿饭,晚上又无法入睡,体验了一回饥饿的煎熬。经过两天两夜的航程,我终于回到上海,但是,我的归程还只完成了一半,还要去排队买票坐火车,再转汽车回浙江新昌。到了老家,与家人们在一起,一路上的艰辛也就烟消云散了。

在金星化工厂,我一共待了五年多,先后当过团干部、培训队领队、计划调度员等,1979年秋季,我因考上大学离开了金星厂。我把最美好的青春年华献给了这个厂,在要离开它的时候,并没有永远离开的感觉,觉得就像平时出差一样,说不定在哪一天还会回来,想不到这一别就是29年。

那次回老厂,我们通过一家旅行社组织了一次特殊的旅游,包了一辆大巴士,沿着浙西北至皖南新筑成的高速公路一路挺进。沿途景色与以前相比,已经发生了很大的变化,城镇的楼变高了,山更青了,不时看见新筑的铁路穿山而过,在大渡口还看到了横跨长江的斜拉大桥。以前,我们可是要从上海坐船到安庆,再坐摆渡船到长江南岸的大渡口的。

在大渡口下了高速公路,沿着国道到东至县城,然后在宾馆住下。当时还比较早,大家都急不可待地要去浏览东至县城,虽然第二天一早,我们还要赶到金星化工厂旧址。一位同事是在那里参加1978年高考并考上了大学提前出来的,他特意去找了当时的考场所在地。整个县城新老交错,沿街新楼林立,商场、酒楼不少,还有比较大的超市,走进一些巷道老街,与以前没有什么变化。

在去香隅镇的路上,大巴士依山傍水而行,其中一段路的上空架起了安庆到九江的高速公路。到了香隅,我们找到了原金星化工厂的当地职工,听听名字都很熟悉,但是人都认不出来了。分别20多年又见面了,大家都很高兴,他为我们带路进厂区。车子朝着山里开,路越开越窄,有些马路已被树枝和灌木遮没了,如果没有人带路,简直不敢朝前面再开了。

到了原来的金星化工厂家属楼前,大家兴奋异常,纷纷去找自己住过的房

1978年夏,作者王钧行(右二)和金星厂部分团干部在卫星厂参加化工公司组织的游泳比赛时留影

子。遗憾的是,十几栋家属楼大多是门窗大开,空无一人,有的房子已经倒塌了。还有几栋楼零星地住着陌生的人家,我们对那些大人和小孩说:"30年前我们就住在这里。"他们都笑了。在那里拍了几张照片后,我们还想去厂区看看,到了厂区北大门的"老虎口",车辆已经无法通行了,那条爬山通往厂区的人行道已经长满草木,根本无法行走了。车子只能改道从东大门进入厂区。

到了厂区的东大门,大家又激动起来了,惊叹声此起彼伏。大门口拉了条"金星厂复垦工地"的横幅,原来高大宽敞的机修车间厂房不见了,只看见原机修车间办公室的几间平房。再往里走,就到了七栋职工宿舍楼,也有几家人住着,问他们是怎么住进来的,原来是他们以两万元一栋楼的价格买下来的。一栋宿舍楼上下两层,共有16间房间。再朝里边走,原来的篮球场、排球场已不见了踪影,原地已经种上了蔬菜,大会堂兼食堂也没有了,医务室也不见了,只有消防队和小卖部的房子还孤零零地存在着。厂部办公大楼还在,楼下原设备科办公室已经是复垦工地的办公室,大楼以楼梯为界被隔开,东边楼上的办公室已经走不通了。我们从东头一家住户上了楼,几间办公室都是空荡荡的。以前我们在这里办公、开会,人气兴旺,活力无限,眼前却是物是人非,破败不堪,令人感叹不已。几位在这里工作过的老同事一起拍了个集体照,留作纪念。有人再朝里边走,到电工间、仪表组去看了看,听说一车间、二车间已经拆得没有什么了,我就没有再走进去。

  在回沪的路上,大家兴高采烈,有说有笑,还即兴唱了不少那个年代的歌。庆幸赶上了改革开放,我们成为现代化建设的参与者和见证人,目睹了自己的国家从贫穷落后走向富强的过程,也看到了此消彼长的巨大变化。我们这些老同事,有许多也是事业有成,成为在各个领域里脱颖而出的成功人士。要感谢当年艰苦环境的锻炼,也要感谢老一代的领导和工人师傅的传、帮、带,我们从他们那里学到了工作方法和敬业精神,时代给了我们很多机会,我们就像一颗种子根植到了新的土壤里,生根发芽,茁壮成长。

(王均行,1953年出生,中共党员,大专学历,高级会计师。历任上海金星化工厂团委副书记、计划调度员;上海龙柏饭店人事部经理、党总支副书记、副总经理;锦江集团计划财务部副经理;上海新锦江股份有限公司财务总监、董事会秘书;上海锦江国际旅游股份有限公司财务总监、董事会秘书)

青春的回忆

原金星化工厂 周宝森

一位车队维修工的青春记录

作者周宝森

我是1972年进上海焦化厂车队的职工,为响应国家关于建设三线厂的号召,于1974年奔赴上海后方基地位于安徽省东至县的金星化工厂,参与小三线的建设和工作。

那个年代的年轻人好学上进,无忧无虑,听从国家的召唤,告别父母和家人,背起行装就出发了。在十六铺码头与家人告别,那依依不舍哭成泪人的场景至今难以忘却。经过近40个小时的航行,东方红客轮靠上了安庆码头,我下船后摆渡过江到达了对岸大渡口,再乘上敞蓬大卡车,途经东至县香隅镇,卡车一路颠簸,车后一路灰尘,几百米内看不清人和物,车上的人浑身上下都是灰,只露出眼睛和牙齿。大卡车行驶了两个多小时,经过大营,翻越山顶"老虎口"后,终于来到了四面环山,躺在山沟沟里的金星化工厂。

进山后,我被分配在车队搞车辆维修,我所做的工作是确保全厂车辆运行正常。那年代的物资相当短缺,好多生活用品还是凭票供应的,全厂职工的生活用品及建厂物资都得靠卡车从上海运到厂里(来回1 400多公里),记得当时还没有运油料的专用槽罐车,车辆用油也是从上海运到山里,一辆4吨卡车可以装20桶汽油,但一辆车来回上海一次就要用掉4桶油,运到厂里就只剩16

原金星厂的职工宿舍,现已为农家住房

桶油了。

当时修车的工作条件也相当简陋,只有一些简单的修车工具和一条修车地沟,遇到车辆在外抛锚,我们还得立即赶往车辆抛锚地点进行抢修。当时的汽车配件是集团控制配给供应的,有些配件短缺,我们还得想法请机修车间的师傅帮忙加工或改制,有时还要自己制作修理工具和设备,千方百计确保车辆的维修质量和正常运行。

我们车队修理组的十多位同志担负着全车队20多辆车的保养和维修,任务还是比较艰巨的。我当时是修理组长,在炎热的夏天,近40度的气温加上发动机的温度,修车过程中,经常烫到手起泡。冬天气温将近零下20度,修车时冷到手指捏不住螺丝,有时还要半夜起来抢修抛锚车辆,冰雪天气,还得给车轮套上防滑链。就是在那样艰苦的条件下,车队维修组的全体同志,努力工作,确保了车辆的维修保养和正常运行,每年都出色地完成了厂部交办的任务。

那时的工作虽然繁重艰苦,但在车队工作的人还是蛮吃香的,每月厂里的车辆都要来回上海运输物资,驾驶室内还能搭乘人员来回上海,好多干部和职工都享受过这一便利。每当车辆外出采购或者试车,或多或少会带回一些农副产品和当地特色产品,如木器、竹器、瓷器等,都会和工友们分享,当然,比较熟悉的朋友就近水楼台先得月了。那时物资匮乏,商品紧缺,我们利用随车维修的机会,在上海和安徽之间当起了快递员的工作,或受托将山里的物品送上家门,或将上海父母托带的物品带回山里。那时为了省些邮资费,我们每次回上海,常常受托带回一书包信,到了上海再贴上4分钱面额的邮票投送至邮筒里,既快又省钱。

山里的生活就是这样,白天各自忙于上班和工作,空余和休息日时,双双对对聚在一起谈工作,谈谈各自的家庭情况,描绘未来生活的向往等,姑娘帮小伙缝缝补补,洗衣晒被,有时成双成对出去买点鱼肉水产,或者出去钓鱼摸虾自己烧烧,也有几个要好的同事聚在一起小酌的。姑娘们洗洗烧烧,小伙子们喝喝酒打打牌。

那时厂里文体活动搞得也相当活跃,放下饭碗打排球的,早晨傍晚打篮球的,足球、乒乓球、羽毛球、琴棋书画、文娱表演等活动搞得有声有色。一周还放一次露天电影,东至境内的金星厂、红星厂、卫星厂、自强厂、龙江水厂、大营中学、医院等还经常组织球类比赛和文娱演出,极大地丰富了山里枯燥乏味的生活。

想当年在山沟沟里找对象也是很不容易的,据说当年我们金星化工厂的青年男女比例是七比一,我也有幸成为这"七"中之"一",追到了同厂的一车间职工胡冬霞,成为一对恋人,直至1980年金星化工厂的大批人员撤退回沪后,我俩喜结良缘成了幸福的一家人。

以上的回忆是断断续续的,但是最让我难忘的还是在那个特殊的年代和艰苦环境中,让我邂逅了爱人胡冬霞,我们的结缘来自那个青春时代,美好的故事也是发生在那个年代的金星化工厂,山沟沟里的那段青春岁月,是我俩人生中最幸福最温馨的时光。

揭示"会战简报"刻录的旧事

原上海市第四建筑公司　计明强

探秘——跨越半个世纪的宣传小报

近日我在宅家翻旧物,偶然发现了一张珍藏有半个世纪的《会战简报》,纸张虽有些发黄变脆,但品相尚好,字迹基本能看清。至于怎么会到自己手上的,至今已毫无印象。

作者计明强

小报出版于1970年8月5日,由上海市第四建筑公司(简称市建四公司)407工程队旌旗厂工地"政宣组"编印。从刊头推测,当年为推进建设507工程,施工单位搞了一次"会战",各单位为此开动了宣传机器,包括编印此类工地宣传小报。

那为什么这份油印小报会在版头冠以"会战简报"字样呢?并还注有"旌旗工地政宣组编印"。据了解,1968年1月至1971年底,市建四公司承建的小三线工程进入第二阶段。期间,市建四公司在旌旗厂建设时确有403工程队,当年旌旗厂基建项目,是从1970年6月至1971年上半年才初具规模,基本建设完成后市建四公司403工程队才撤走。而407工程队承建的是同在旌德地区的东风、工农、立新诸厂。

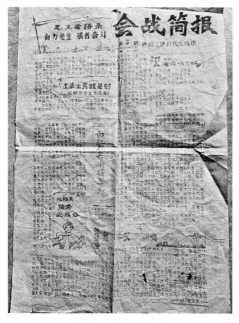

当年的《会战简报》

但在小报中,有两处提及东风厂,一处是《向红卫兵小将学习》一文,提及"纷纷奔赴旌旗工地参加507工地大会战",另一处是《风格高,任务完成好》一文,提及"在不影响东风厂任务的情况下,又抽了一位同志顶了上来",那么是否可以推测,当年在旌旗厂搞"会战"时,403工程队人手不够,向同在旌德施工的407工程队借调了一些人手。这时候,在旌旗厂参加大会战的407工程队在工地设立了宣传组(可能还有其他管理小组),出版了该油印小报。因407工程队早已解散,确切的信息已无法获得,如今这样判断和推理,再结合小报上的信息,应该说基本还原了当时的大致情况。

我们从这份工地小报上的内容来看,版面五篇文章中,有两篇提到了当年来工地劳动锻炼的学生。文字当然完全是那个特殊时代的风格,但我们这些过来人今天读起来,反而有一种亲近感。特别引起浓厚兴趣的是其中的一篇《向红卫兵小将学习》,文中点到多名学生的姓名,其中的故事虽然简单,但恐怕也能引起知情者和亲历者的共鸣。

现将50年前的这篇文章与各位分享,让我们品品春茶看小报,重温往事慢慢聊,走进那段渐渐离我们远去的岁月……

向红卫兵小将学习

东凤舞旗春雷响,革命生产掀巨浪。一个抓革命、促生产的新高潮正在旌旗工地掀起。我们油漆组的全体战士和红卫兵小将遵循伟大领袖毛主席"三线建设要抓紧"的伟大教导,纷纷奔赴旌旗工地参加507大会战的战斗行列。在这战斗的日子里,红卫兵十一连一班的战士们,发扬了"一不怕苦、二不怕死"的革命精神,每天和老师傅一道,头顶烈日,赤着双脚在河浜里捞石块。一些女同学以前从没干过这样的重活,但她们从不叫一声苦、喊一声累。她们把艰苦的工作当作锻炼自己革命意志的好机会。像袁绍茅、金秀娣、朱汉达、尹琳娣、陈小燕等红卫兵小将,都表现得很好。尤其是班长陈小妹,处处以身作则,抢重活干。有一次,她使尽全力将一块一百多斤重的石块,往三尺多高的岸上顶时,石块沉重地压在

当年市建四公司食堂的餐具

她的手指上,划开一条大口子,鲜血直流。同志们关切地劝她回去休息,她却满不在乎地说:"为了抢建507,擦掉点皮、流点血,又算得了什么!"仍然与同志们一起坚持参加战斗。

"青年是整个社会力量中的一部分最积极、最有生气的力量。"十一连一班红卫兵小将的冲天干劲,正极大地鼓舞着我们油漆班的全体同志,我们决心向红卫兵小将学习,为507工程贡献出自己的一份力量。

407队油漆班

(计明强,1968年9月初中毕业后,由学校分配至上海市第四建筑工程公司,随即参加支内,赴浙、皖参加上海小三线工程建设。先后在浙西昌化及皖南绩溪、旌德、宁国等地的多个后方厂建设工地工作。1971年,上海小三线首期工程陆续结束,随队撤回上海。2014年在上海四建集团正式退休)

在东方红厂基建科的十年

原东方红材料厂　杭首平

作者杭首平

初入东方红厂

1976年春节前,当时我正在上海彭浦机器厂木模车间上班。春节过后,彭浦机器厂劳资科通知我,要我去安徽绩溪上海小三线东方红材料厂(简称东方红厂)工作。因为我学徒的彭浦机器厂属于机电一局,而东方红材料厂属于后方仪电公司,所以我是跨局调动。记得我报到的时候是先到位于延安西路上的仪电局三线办公室,办公室的一位女同志接待了我,给我开了一张单子,叫我再去欧阳路的上海无线电七厂支内办公室报到。户口和粮油关系是我自己到派出所、粮管所去办的迁移手续。到无线电七厂报到后,东方红厂劳资科有两位同志还来我家家访,询问我是否有困难。我说:"没什么困难!"劳资科的同志说:"你可以带个煤油炉去,东方红厂有煤油供应的,不要票子。再带点挂面,有时可以自己烧点吃的。"

劳资科的同志进一步告诉我："你们这一批有26个人,这次去安徽小三线东方红厂的车是3月26日早上5点半发车,上车地点在七厂门口。"然后给了我一张红色的车票。我自己在家整理行李,买了一条棉毯,又翻出学农时买的一顶蚊帐,正好派上用场。行李中还有一把二胡,两支竹笛。

此次去安徽绩溪东方红厂,前路茫茫,究竟会如何?要待多久?这些我真不知道。但作为一代革命青年,好男儿志在四方! 1976年3月26日清晨,我来到上海无线电七厂门口准备出发,给我送行的除了父母,还有同学阿七、洪亮等人。大客车5点半准时发车,车子一路经过平望、湖州、长兴,到了泗安,大客车停车吃饭。我没去饭店,午饭吃自己带来的面包。行前,亲戚朋友得知我要去安徽,送来了好几包面包和糕点,不吃掉会浪费。午饭毕,驾驶员上车,又一次发动了车子。

车子经过广德,进入宁国山区。公路弯弯曲曲,两边都是山,山上有树木、毛竹,山脚下还有清澈的山溪。当天傍晚5点,大客车终于到了东方红厂。走下车抬头放眼望去,周围尽是连绵不断的群山。后勤科的同志当场给我们发饭菜票,还给每人发了两只搪瓷碗,只怪我当时心急忙乱,没有领到饭碗和饭菜票。负责接待的一位同志把我们一行人领到了宿舍,宿舍是在半山腰的东方红二村19号,是一间一室半的家属房,行李已先前运过来了,宿舍朝南的房间睡四个人,中间的房间睡两个人,每人一个双层床,下边睡人,上边放东西。负责接待的同志说:"行李放好后,赶紧到东方红厂大食堂里吃晚饭,晚了食堂要关门了。"但由于我没领到饭菜票,所以没去食堂吃晚饭,吃了自己从上海带来的面包和糕点。后来才知道,接待我们并领我们到宿舍的是东方红厂的副厂长季阿鸿同志。

没去食堂的我索性就铺起了床,我从上海带了一条草席,先铺上草席,再铺垫被,接着把床单、被子、枕头都铺好。因为缺两根竹竿,蚊帐只能挂在钉子上。晚上,四周一片静悄悄,月光朦胧,只听得大源河潺潺流水声,在东方红厂的第一个夜晚就这么度过了。

第二天我去后勤科领了饭碗和饭菜票。保卫科在东方红厂的电话会议室给我们上课,新工人进厂都要先上学习班,学习基本的工作守则:本厂名叫东方红材料厂,代号国营8331厂,写信用安徽绩溪县402信箱某某某收……学习班结束后,我被分到基建科。进基建科之前,先安排到五七连去种菜。

每天早上,我都拎着两只热水瓶和两只搪瓷碗到食堂去吃早饭。山区的空气非常好,沿着厂区大道一路走,左边是流水潺潺的大源河。食堂的早饭一般是粥和馒头、花卷,肉包很少见,有时会有菜汤面。早饭后,我就把两只搪瓷碗放在碗箱子里,东方红厂职工,每两人一个碗箱,除了放碗,还可以放热水瓶。我把碗和热水瓶放进碗箱子里,挂上小锁后就去五七连上班。到晚上,吃好晚饭,再把热水瓶灌满开水,拎回宿舍。从食堂到半山腰的宿舍,大约需要走一刻钟,还要登78级台阶。两瓶热水还要省点用,喝茶、洗脸、洗脚都在内了,还要留点第二天早上洗脸,要是热水用完了,早上就只能用冷水洗脸了。

五七连的连长、指导员和农艺师是固定的,但队伍是三个月一期轮换的。五七连共有二十余亩土地,都零星分散在厂区各处。我在五七连时,看到有手压农用喷雾器,居然闲置不用,连长说是坏了,喷不出。我去试了试,确实喷不出。我就把喷雾器拆开,彻底清洗一番,结果居然被我修好了。连长和指导员看了很高兴,安排我近期负责喷打药水,不用下地。每天喷药水后,身上的衣服都有一股农药气味,天天要洗澡换衣服。五七连给我们发了劳动布工作服,是那种很差的再生布工作服,但有工作服总比没有的强。遇上下雨天我们就

东方红厂五七连的土地

可以不出工,上午大家一起学习、读报,下午休息。

大家在五七连辛勤劳作,种刀豆、豇豆、黄瓜、茄子等,每天浇水施肥,结果蔬菜大丰收。天天两筐刀豆,一筐豇豆,还有茄子、扁豆等,我从基建科借了平板车,把一筐筐蔬菜推到食堂里,交给食堂管理员过秤。

我在五七连时间虽不长,但大家相处得很好,短短的时间给我留下了很好的印象。

我进五七连时,同进厂的几个人分别分到了三车间、四车间和八车间,做外延、扩散、光刻、蒸铝等工作,他们整天看显微镜,在三层楼的厂房办公,屋里全空调,打蜡地板,净化生产线,都穿白大褂。但我不羡慕,我不喜欢整天坐着的工作,再说大楼里许多工种是有毒有害的,长期下来对身体不太好。厂里上班是听喇叭吹军号,上班有上班号,下班有下班号,晚上有休息号,早晨有起床号,晚上准点收听中央人民广播电台的《新闻联播》。

某个礼拜天我去了一次绩溪县城,那时的绩溪像个徽式民居大村庄,只有短短一条街,街上有百货店、邮局、银行、粮站、农资店、茶叶土产店等,但却没有菜市场,也不知当地人是怎么生活的。因绩溪没有菜市场,厂里买菜要去歙县。东方红厂里有个小卖部,有日常用品供应,也有蔬菜。我们一下班吃过晚饭洗过澡,便觉无事可干,只好望着远处的群山发呆,也不知道要在这个厂待多少年。到了五月,我只觉得身上发痒,手臂上、腿上、身上发了一块块的红疹,痒得要命。听小组里的老师傅讲,这是水土不服,新来的人都会发的,到医务室配点药膏涂几次就会好的。我去了医务室,医生却说我得了花粉症,给我配了药,我服用后果然有效,不痒了。

我还去过一次离我厂五公里远的遵义厂,沿着公路一直朝北走,要翻过鸡公关山,在鸡公关山顶,只见群山连绵,山峦起伏,大源河水在脚下千回百转,旌歙公路弯弯曲曲,贴山而行,如此美景,不由得令人心旷神怡。步行一小时后,就到了遵义厂,见到了我在彭浦机器厂的同事小蒋,相见甚欢。小蒋还留我在遵义厂食堂吃了午饭,饭后我循原路返回。

转眼到了梅雨季,一连几天暴雨,一天半夜,就听到外面隆隆作响,早上起来一看,窗外的大源河一夜之间成了一条很是宽大的河流,泛黄的河水咆哮着卷起一层层浪花,发着巨大的声响,河面上飘着冲下来的树木、柴禾和庄稼,河水向着下游极速冲去,我从未见过发大水,觉得很是震撼,听老职工说,几年前发特大洪水时，险些把东方红大桥也冲掉，以前甚至还有猪羊等被冲下来的。

1976年6月底五七连的劳动结束后，我回到基建科，分到木工组做木工，原来我在上海彭浦机器厂是学木模工的，对于造房子做家具并不精通，木工间有五位老师傅，都是浙江支农工，四个温州人，一个萧山人。温州师傅技艺高超，什么都会做。我刚去时，正逢仓库大修，我就爬到房顶上钉屋面板，做门窗，划配玻璃等。基建科木工车间有两台圆锯机，一部压刨机，还有砂轮机、钻床各一台。

从徽杭公路回上海

1976年9月18日早晨5点，我们乘车到达绩溪汽车站，绩溪汽车站当时是一栋很大的徽式房屋，黑瓦白墙，两边还有高低错落的马头墙，候车大厅的门是绿色的玻璃门，大厅里挂着行车班次时刻表，还挂有一幅巨大的黄山迎客松油画，广播里传来带绩溪口音的安徽普通话："旅客们，开往杭州方向的班车现在开始检票了，请大家按次序排队进站检票。"我们乘上了去杭州的班车，那是一部非常老旧的客车，车门还是用手拉绳拴住的。据一位老乘客讲，这车还是解放初期的进口车，开起来除了喇叭不响，哪儿都响。班车的前挡风玻璃上有一块牌子，写着"绩溪—杭州"。铃声响了，发车时间到了，客车驶出绩溪汽车站。车子经过歙县，驶上杭徽公路。据说杭徽公路建于民国时期，以路险、弯多而著称。此刻我们的客车行驶在杭徽公路上，窄窄的路面仅容两辆车并排通过。窗外掠过一个个黑瓦白墙的徽州古村落，班车经过村庄，司机一按喇叭，鸡、狗、鹅都吓得鸡飞狗跳，过了村庄，见路旁有条大江，碧绿的江水平静地流淌着，偶见一帆孤船远远在天边。"看！新安江！"客车过了苏村，迎面一座大山，眼看前头无路了，司机不慌不忙一个一百八十度转弯，驶上了盘山公路，一弯连一弯，一弯接一弯，一边是山，一边是万丈深渊。后来这里就被我们称作"七十二道弯"，真实地名叫"三阳坎"。

下了山就是著名的三阳古镇了，黑压压一片都是黑瓦白墙的徽式民居。再往前就是著名的天目山，主峰山势陡峭，雾气缭绕，徽杭公路如带子般弯弯曲曲，车子一直在上坡下坡再上坡……到了坡顶，赫然出现一个拱形石砌门楼，门楼上刻着"昱岭关"三个大字。只见四周群山连绵，层峦叠嶂,雾气茫茫。班车从门洞里通过。过了关口就是浙江省地界了,竖着两块牌子,写有"浙江人民欢迎您"和"牌证齐全,方能行驶"。这时的路面就成了碎石路,车子一旦开过,后面就扬起一团巨大的烟尘,良久方才散去。然后班车一路又是下坡,上坡。车到了昌化镇,停车吃饭,那个小饭店又脏又破,桌子黑乎乎的,大黄狗在桌子下钻来钻去。车经过了昌化镇后,又经过於潜镇,便看见临安附近还有个很大的水库,叫青山水库,绿水青山,景色宜人。经过了余杭、留下,下午1点半,班车终于到达了杭州武林门长途汽车站。出站后,我乘上了51路无轨电车,2点多的时候我到了在杭州拱墅北路卖鱼桥信义巷的叔叔家,我在叔叔家留宿了一晚,第二天到杭州城站乘火车回到了上海。

上海!我终于回来了!

晚上参加义务劳动

10月底,厂里召开全厂大会,党委书记和厂长给全厂职工下了特别任务,做了动员工作,说是本周六晚上,全体男职工到三车间生产大楼顶上参加义务劳动,铲除旧的防水层。原来,三车间生产大楼屋顶防水层老化了,导致大楼有多处漏水,严重影响生产。如果放在如今,是很方便的,再贴一层防水卷材就好了,但那时是没有的。到了那天晚上,我们都到了大楼屋顶上,包括厂领导在内的上百号人同时参加义务劳动,拿着钢钎、铁锹、榔头。我们用榔头敲,用钢钎铁锹铲,那个大楼屋顶面积很大,大约有两千多平方米,每个车间都划分承包一块区域,由各车间领导带头,榔头敲、铁锹铲,铲下的废渣装在箩筐里,再用电梯运至底楼,如此往返进行。到了11点,由后勤科长带队的送饭三轮车来了,饭由电梯送到楼顶,每人发三个大肉包子再加一碗绿豆粥,那个肉包子做的比平时大,里面的肉也多,味道真不错。电工间的电工师傅安装了好几只小太阳灯,照的屋顶如同白昼一般。六车间的青年职工,在六车间支部书记和车间主任的带领下,喊着劳动号子"一二三!"钢钎、铁锹一起发力,一大片一大片的防水层被撬下来,我们一直干到凌晨两点多钟,屋顶的旧防水层差不多都铲除干净了。后来基建科又重新做了防水层,浇了沥青,从此生产大楼再也不漏水了。

工余时间做家具

当时也有同事来请我帮他们做家具。有的人家是真的有困难,一直以工作为重,到东方红厂十余年,家里空荡荡没啥家具。有的是大龄青年,好不容易找了对象,准备成家。大家都是低工资,当地也没有卖家具的。人家开了口,我也不好意思拒绝,帮忙做做小桌子、橱柜等等。但等做好,人家千恩万谢,心里还是蛮开心的。有些人家会把多下来的木料都送给我,1977年国庆节之前我就用人家送的木料,在工余时间做了两把折椅,做好后我想带回上海,却又不敢乘去上海班车,因为当时规定竹木器一律不准带出安徽。后来我就买了张去杭州的班车票,把两把折椅严严实实包好捆好,从绩溪汽车站上车,后到杭州转坐火车,顺利地将折椅带回上海,我妈很是开心,夸我手艺好,坐着很舒服,如今这两把折椅仍在家中。

那时在厂里,我还给许多人家划配玻璃,都是5毫米厚的家具玻璃,还有镜子。那时都流行做玻璃柜、梳妆台,人家从上海带来了玻璃和镜子,却因尺寸不符不能用,就找我帮忙,我也乐于帮忙,有些还要划出圆弧,都是一次成功,从没划碎过。

造职工家属楼

东方红基建科于20世纪80年代初在小山头西边建了一个家属区,有三栋大楼,又称东方红三村,全部是四层钢筋混凝土结构,一梯两户。基建科建这几栋楼是很不容易的,主要是建筑材料难弄,需要大量的水泥、钢筋、红砖,红砖是从泾县砖场购买的,当时红砖紧张,一窑砖出来像抢一样,买好后再请683车队运进厂。

厂里为了节约资金,基建科何科长决定家属楼由基建科自己造,不请徽建公司。基建科自己准备了两台水泥搅拌车,造房子的民工都来自镇头、浩寨、旺川、坦头、上庄等地。基建科在大源河边搭了水泥搅拌机台,黄沙、石子、水泥都准备就绪。那天天刚亮就开始施工,水泥搅拌车轰隆轰隆,民工把一车车的黄沙石子倒进搅拌车,搅拌好的混凝土,再由民工一车车推到工地,用卷扬机吊上去,由上面的泥工浇筑,再刮平。那天基建科人员全部出动,何田富科长戴着安全帽在工地指挥,施工员安排材料进场,混凝土从早上一直要浇到半夜里,一层楼面才算完成。东方红厂因为要造几栋职工家属楼,需要大量的模板,那时没有现成的大张复合模板,都是松木来做模板的,需要大量松木模板,怎么办?何田富科长就去大源公社,请地方公社的同志帮助,经绩溪森工局和大源公社领导同意,由东方红厂附近几个村,茶源、里洪、外洪、木坑村等为东方红厂提供松木模板,东方红基建科按市价收购。这些模板基本上都是2米多长,2.5厘米厚,净边,每户社员家提供一套松木模板。

经过一年多时间的施工,三栋家属楼终于造好了。当时何科长对我们说:"房子已完工了,你们去新房子装房门锁,要当心钥匙不能弄错。"我说:"你放心!绝对不会弄错!"于是我用一块塑料板,写上号码,打好洞,穿上绳子。装一户锁,钥匙穿好,号码写好,全部装好后,一并交给了何科长。等分房那天,厂里张红榜开大会,当场发钥匙,许多职工兴高采烈,拿了钥匙立刻就去看新房,还有职工把家里的老人也接来了,到1985年撤退时,许多老人都恋恋不舍地说:"可惜房子带不走!"

基建科造的东方红三村家属楼

情系小三线,命系小三线
——难忘的1974年

原东方红材料厂　孙大成

作者孙大成

1974年对我来说是一生中最难忘的一年,是我如同再生的一年。我们夫妻两人在那年支内去了东方红材料厂(简称东方红厂),这是一个工厂,一个半封闭的小社会,也是一个大家庭。

大家在一起工作在一起生活,既是同事也是邻里和伙伴。那年我妻子生病经后方瑞金医院诊断为乳房导管肿瘤,正等候入院进行手术治疗。期间的一天晚上,我突然胃部不适,吐出半脸盆酱色的呕吐物,厂医务室的医生一看就断定为胃出血,立即联系厂车将我送到后方瑞金医院。当时我们还有一个4岁的儿子,只能先将他托付给同事,爱人陪我一起去医院。到了瑞金医院内科急诊医生马上为我进行止血,但由于病情严重,血没止住,我渐渐开始呕吐鲜血。当时医生马上为我输血并与厂里联系:一旦医院血库供应不上,请厂里动员职工献血。医院请外科医生前来为我会诊,来会诊的一是瑞金医院的"第一把刀"陈宝堤医生,也是诊断我爱人患乳房导管肿瘤的医生,他一见到我爱人马上反应过来,问道:"怎么你俩生病也凑在一起了?"陈宝堤医生查看了我的病情后便通知立即进行手术治疗。

一早我的搭档党支部书记毛根娣就和厂领导胡柏林一起到医院与医生了解病情并在手术同意书上签了字。厂里也广播动员职工准备献血。我是早上8点不到被推入手术室的,一直到下午4点多手术才结束,我爱人及毛根娣等好几位厂里的领导和同事全部在手术室门口等候着,大约4点半左右只见陈宝堤医生一边吃着馒头一边走出手术室,他看到我爱人开口第一句话就说:"你爱人今天跟我'打架'了。"一句话让所有在场的人都惊住了。陈医生马上解释说这是玩笑话,接着他将手术情况向在场的人说明了。当时我进手术室后采用的是新的中药麻醉,属于局部麻醉。当手术开始陈医生一刀划下去见我人在蠕动,医生的本能反应是麻药不够病人痛了,就通知加麻醉量。谁知加麻醉量后躺在手术台上的我一下子挣脱了绑带坐了起来,这时陈医生马上断定是药物反应,立即停止手术,手术室内的人员全部上来一起将我按住,调换麻醉药后再进行手术。这个意外情况使手术时间长达约8个小时,手术的医生们午饭也没吃,一直到手术结束才能吃点馒头充饥。接着陈医生又对在场的厂里人说要多留几个人,"因为前面有过药物反应,等到苏醒时病人也会挣扎的,等病人出来送病房后你们千万要按住他,不能让他挣扎,要等他恢复意识后才能松开。"于是,厂里的同事们在病房内就一直按住我,直到晚上8点多我苏醒后感到被压住不能动就喊道:"不要压住我啊!"只听到人们说:"醒了,醒了,叫医生。"值班医生过来问我的感觉并让我不要乱动。由于胃部大出血,我体内失血过多,需要大量输血,好在当地的供血者较多,医院血库的库存还算充足,没有惊动厂同事们为我献血,但我也要感谢那些准备为我献血的同事们。可以这么说,我身上流淌的血液大部分是当地供血者的,3 400 cc徽州人民的血才让我得到重生,是陈宝堤医生将我从鬼门关上拉了回来。

手术后我在病房内住了约一个月,接下来是我爱人进行手术,她的手术方案也是陈宝堤医生制定的:切除肿瘤部位,尽量保留乳房。主刀医生是李兆平,陈宝堤医生现场指导。手术采用针刺麻醉,针刺麻醉时病人完全处于清醒状态,我爱人说手术过程中她全程能听到陈宝堤医生是如何一步一步指导李兆平医生进行手术的。今天我再次对陈宝堤医生表示感谢，陈医生高超的医术挽救了我的生命，挽救了我的家庭。我还要感谢毛根娣同志，她一直陪护我爱人到出院。

当年帮助我们一家渡过难关的还有小三线的同事们，不是一家人而胜似一家人。当年我们还带着一个四岁的小儿子，我进医院时爱人要陪，孩子只能托付给同事们。当时帮我们带孩子的有李登夫、夏润庆等还没有成家的小青年，可他们带孩子却非常棒，孩子也非常愿意和他们在一起，在我和我爱人住院期间孩子就由他们全程照顾着。

我手术后需要有人陪护，除了我爱人白天陪护，晚上都是同事们陪护，记得陪护过我的同事有范正明、沈长华等，还有不少同事前来医院探望我。也要感谢驾驶班的同事们，每天接送前来陪护我的爱人和同事们。出院后我身体极度虚弱，体重一下子减轻了30多斤，后来厂领导为我联系了上海无线电三厂的疗养院，让我在那里康复疗养了三个多月。

现在回想起当年的情景，我的内心依然满怀感恩之情：如果当时没有后方瑞金医院，没有遇到陈宝堤这样医术高超的医生，也许我早就不在人世了。如果没有像亲人一样的同事们帮助我们渡过那些困难的日子，不知道结果会是怎么样。当然我们能渡过这一年的灾难，与当年厂里各级领导的关心和帮助是分不开的。回忆往事常感恩，我永远铭记小三线的这段岁月。

山里看电视杂忆

原光明机械厂　陈国伟

山里的生活尤其枯燥，自从有了电视机（当时大多还是黑白的），我们这群山里人的生活便得到了很大改善。每当工余饭后，大多数职工都会打开电视观看当天的新闻，了解国内外时事，或收看各自喜欢的文艺节目。曾记得有一年夏天的一个晚上，雷电交加，天降大雨，我们正坐在家中收看电视节目。一阵闪电划过天空，照亮了外面漆黑的山岭，紧跟着响起了一声恐怖的惊天大雷，家中电视突然呈现一片雪花，信号中断，只得等待。不一会厂广播台播放通告：因雷电，厂设在山上的电视信号设备遭雷击损坏，电视节目无法转播。无奈中我们只得提前早睡了。第二天早上醒来已是6:45，感觉不对，上班要迟到了。这时才发现昨晚一场大雨，今天连厂里的广播都停了。我赶紧去食堂买了两个馒头急匆匆跑向车间。到达车间，只见大家三五成群都在议论昨晚电视信号突然消失后又是怎么被修复的。原来是厂广播员王建基同志得知山上的电视信号设备出问题了，带上工具，冒着雷雨摸黑一个人爬上山顶连夜抢修，一夜未归，现在还在山上没下来，故今天早晨广播未播。事后才知他虽冒雨上了山，但不敢冒险摸黑下山，只得在山上待到天亮。此山望去虽不算太高，但无路。平时连当地老

作者陈国伟

乡也极少上去。天晴时，像我这样的男同志爬上去也需要一个小时。当初建这信号塔台时为了架送电缆我们曾组成百人传送队伍，那时我也只爬到半山腰。看似瘦弱、文静、书生气十足的王基建同志怎么能有这样的胆略和勇气。

说起王建基同志，他人不高，戴眼镜，身材偏瘦，话不多，声不高。他是上海市化工工业学校毕业后来到光明机械厂的，负责厂区的广播宣传。为此他和广播结下了不解之缘。他有责任心，做事也认真，厂广播台自他到任后面貌焕然一新，有规有序。而全厂职工每天的作息也依着广播的节奏更有规律。厂广播不仅是宣传、传播、传递信息的重要途径，也是我们每天生活和工作中不可或缺的内容，起到让全厂行动一致的作用。同样，王建基同志也深感自己工作的重要。为此他十几年来每天坚持比别人起得早，睡得晚。除了安排每天三个时段的广播，他还要对广播设备进行日常维护保养。他不断自学钻研，提高维修技能，是各类电气修理的全能高手。许多职工家里的收音机、录音机、电视机都在他手中起死回生。他每天默默无闻、从不计较地做着自己的工作，十几年如一日。厂电视信号塔台的建立使他肩上的担子更重了。特别是当时的设备由于技术原因，可靠性、稳定性都较差，经常会出故障。王建基同志不论刮风下雨还是冰天雪地，总是不顾危险及时上山排除故障。他甚至多次冒着大雪和寒风独自在山上通宵达旦修理设备。这里只是他的点滴事迹。可以说王建基同志是光明厂无人不知、无人不晓的学习楷模。可惜三线调整回沪后由于长期积劳成疾，王建基同志不到50岁便英年早逝。家属遵其遗愿，将他的部分骨灰葬于光明厂电视信号塔台的山顶。王建基安息吧！光明人永远记得你！

回沪过年的惊险历程

原光明机械厂　蒋英才

2019年12月28日中午，光明机械厂（简称光明厂）的部分职工将在共和新路上的鑫鑫大酒店聚会，那时离春节也不远了……

这使我想起30多年前，也就是1983年春节前夕，厂里一批职工顶风冒雪回沪过春节的惊心动魄的历程。

1983年元旦一过，厂里很多职工都在扳着指头计算何时能回上海看望亲人，过个团圆年。令人担心的是，春节越是临近，天气越是糟糕。气温很低，时不时还飘雪。为了安全，最后厂部包了上海公交公司的17辆车，让职工们坐包车回沪。

作者蒋英才

归心似箭。春节前五天左右的一个清晨，刚过6点，回沪人员带着厂里同事们的祝福，带着上海亲人的期盼出发了。当时，天还下着雪，道路坑坑洼洼，泥泞不堪，从光明厂到三公虽然只有10公里的路程，车队却开了几个小时。大家的情绪有点不安，这样的路况还怎么继续开呢？

对车队的考验才刚刚开始。回沪的第一站是宁国。从厂到宁国的路程约90公里，当时天空下着鹅毛大雪，能见度非常差，车子很难开，简直是在爬行。驾驶员要对一车人的安全负责，可见他们肩上的担子是多么沉重。车队到宁国已是深夜了。但更艰巨的困难还在前方，过了宁国，车队继续向广德前进，路程大约是60公里，但路面不好，转弯又多。平时天好的时候驾驶员开到这里都挺头痛的，现在又是鹅毛大雪，外面白茫茫一片，杳无人烟。刚从宁国出发，睡意蒙眬的人似乎清醒一点了。路上带的食品、饮用水等基本都用完，成年人还可坚持，小孩怎么办？车上的幼儿、婴儿的哭声时断时续、时强时弱。奶粉、牛奶、饮用水全数用完。幼儿、婴儿的哭声又揪着人们的心。当时我们真正体验到了什么叫"内无粮草，外无救兵"。偶尔在公路上碰到一两辆车，都是泥菩萨过江，自身难保。

天无绝人之路，职工们不约而同地想到了一个办法，向当地老百姓求助。于是，好多人在天寒地冻的深夜、凌晨去老乡家敲门，向他们求救。皖南山区的百姓们听了我们的难处，二话不说，帮我们解决了一切困难。让我们渡过了极其困难的一关。从厂里出来已经有20个小时了，肚子空，窗外冷，大家依偎取暖，想家人，想同事，盼着早些走出困境。

越怕的事就越会发生。我乘坐的16号包车，从广德出发行驶一段时间后，忽然有人听到车窗外有沙沙的声响，我们往车外一看，都呆住了。密密的竹叶已经触碰到车窗，从窗处往下一看，吓了一大跳，车轮已压到了公路的边缘，公路基础并不算牢固，公路边就是深渊，我们的车开错路了。这是什么地方？怎么办？有人说不能再往前开了，有人说继续往前开，七嘴八舌，什么主意都有。这时，我发觉好多人面色发黄，说实话，我的后背也已出汗，都是被吓的，也难怪，驾驶员从来没有来过这地方。

经过慎重商议，大家决定和驾驶员同心协力，不慌不乱，保持镇静。我们的车子硬是从羊肠小道退了出来，重新回到了大路上。我们都佩服驾驶员高超的技术和过人的胆识。

半个世纪前的记忆

原光明机械厂　王尔祥

时间追溯到20世纪60年代末,当时全国都在学习解放军,各行各业都要进行军事训练,从学生到工人、从营业员到服务员,都展开了"练好铁脚板"的野营拉练活动。在那个年代的工厂职工中,都希望自己能参与拉练活动,一是因为这代表了一种荣誉;二是因为机会难得,可以不用上班,到外面走走看看。

1970年元旦刚过,光明机械厂(简称光明厂)首批野营拉练队正式组建,参加人员有近100人。驻厂军代表老张任指挥员,厂领导虞勤贤担任领队,拉练的路线是从光明机械厂出发,经伏岭再到歙县,目的地是浙江新安江的淳安,历时约两个星期。

作者王尔祥

对于这次拉练,厂部非常重视,当拉练队打着"红军不怕远征难"的队旗出发时,厂里职工夹道欢送。回来时,在距厂2公里的瀛洲路口就有人专门接风,迎接队伍凯旋归来。

拉练队在队伍安排上,前有精悍的先遣队,负责探路及找地方落实大部队的吃住,同时还要接应大部队的到来,帮助走不动的队员到达宿营地,因此特别辛苦。大部队还设有个专门的收容班,帮助一些落在后面的队员跟上大部

首批野营拉练队伍到达新安江水电站，队伍中有不少职工纷纷在此合影留念，图左是光明厂职工方慧清，图右是职工沈美娟。

队的节奏。

说起拉练的艰辛，大家记忆犹新。队伍每天都要行走60里到70里路，最多的一天就是到天平山的那天，走了100多里路，累得大家倒在地上就想睡。那时每个人都要背上自己的包袱（被子、衣服）和随身用品，加上一支木头做的"步枪"，有人称过自己的随身物品，足足有27斤，短途不要紧，几十里的大路小路，翻山越岭，实在挺累的。但宣传口号"苦不苦，想想红军二万五；累不累，想想革命老前辈"激励着大家勇往直前。那时的条件差，工资收入每月30几元，能有一双球鞋就不错了，哪有现在的旅游鞋呀，没走多远有些人脚上就起了水泡，成了"泡兵司令"，到了驻地必须挑破，否则第二天没办法继续走路。

至于住，地方上都很支持，基本安排住在村庄大队的粮库，下面铺上稻草，上面盖条被子就能睡。当时虽是寒冬，但白天赶路身上还是会出汗，可整个拉练期间都没安排洗澡，反正那时年轻单纯，对于这些困难，谁也没有怨言。相反，大家天南海北说说笑笑，一会就进入了梦乡。

至于吃，由于先遣队里都是精兵强将，好几位是饮食学校出来的烹饪高手，总体安排得不错。米饭是农家灶头烧的，香喷喷的，菜大都是青菜大肉或者大白菜肉丝等，年轻加上体力消耗大，大家吃得有滋有味，大灶上残留的锅巴更是最佳的夜点心。那时集体打饭打菜就用洗脸的脸盆，现在想想挺吓人的。那时没有手机没有照相机，就靠个人携带的半导体听听新闻和十分有限的娱乐节目，很单调。一路上的山山水水，炊烟村庄，景色很美，但那时看过算数，什么也没留下，想想真有点遗憾！

要说收获，确实多多，一是得到了一次绝好的军事训练机会。"拉练"是军队里一个很重要的训练科目,这是为了增强军官和士兵的体质及加强战斗力的一项训练。在拉练过程中,每个人都会在一种纪律严明的压力下磨炼自己,使这支队伍变得更加团结,更有凝聚力。

挎枪打背包,铺草睡地铺。每天上午的军事训练是排队列,搞了好几次紧急结合,有人背包打得松松垮垮,像蒲包;有人鞋穿反了、帽子戴歪了,就像逃难一样。军代表老张不留情面,点名让其出列,并叫大家向他看齐,引来哄堂大笑,在同伴的笑声中,一些暂时落后的人员,确实得到了提高,有了进步。

二是受到了一次良好的革命传统教育。我们拉练的第一站就是革命前辈柯庆施的老家,安徽歙县竹溪村,在那里我们见到了他的哥哥和老屋。他的老屋跟普通人家一样,没任何特殊待遇,观后我们都很感动,当时的干部真了不起,吃苦在前,享受在后,他们都是人民的公仆。

三是筑固了与地方的关系,加深了对地方老乡的了解。队伍每到一处,都受到了村庄老乡的热情接待。当时生活艰苦,条件很差,记得山上的老乡连五

将近100人的野营拉练队伍,在军代表的带领下,全体人员在新安江水电站合影留念,留下了精彩的瞬间(1971年元月15日)

半个世纪前的记忆 | 229

元钱纸币都没看到过。我们把上海的糖果、点心分发给当地小孩,他们都惊呆了。在某个山村,我们还不顾旅途的疲惫,与当地老乡举行联欢活动,几乎全村的人都出来了。

特别是在天平山住宿的那个晚上,为了接待远道而来的上海客人,当时一顿晚餐几乎用掉了老乡过年的全部食物,我们的激动心情难以言表。后据悉,春节前夕,厂领导专门派车慰问,送去了他们过年所需食物。

第二天上午,当我们依依不舍地离开时,老乡们自发为我们送行。队伍走出老远了,回首观望,不少老乡还在原地,久久没有离开。

四是加强了同事间的友谊,不少人还收获了爱情。十多天的拉练生活,条件艰苦,但大家非常团结,有事及时商量,一起克服解决。行军路上,大家发扬集体主义精神,互帮互助,始终保持了团结向上的精神。通过更多的接触了解,加深了青年男女之间的友情。随着时间的推移,参加此次拉练的人员中,有六至七对修成正果,最终走入了婚姻的殿堂。

光明机械厂首次野营拉练,在许多光明人的记忆里留有很深的印象。拉练队伍浩浩荡荡的,回来之后厂里热议了很久。"你说拉练苦不苦,想想红军二万五""江南第一关""柯老家乡"等名词也在职工的议论中反复出现,成为一段佳话。

岁月匆匆,近半个世纪过去了,拉练队伍中当年风华正茂的青年男女们已年逾古稀,道不尽的沧海桑田,难忘小三线的青春记忆!

(王尔祥,1970年进山,曾任光明机械厂党委书记,1987年撤回上海。到上海后,回到包建厂上海永久股份有限公司,担任公司党委副书记兼纪委书记直至退休)

后方基地的红旗食堂

原光明机械厂 杨伯龄

"民以食为天。"小三线企业的厂区不多位于山沟中,生活在这里的职工和家属要解决自己的一日三餐,只有靠食堂。因此,在食堂的工作人员是在干"天大"的工作,每天按时开窗卖菜卖饭,不能延迟一分钟,这是铁打的纪律。

我是上海市饮食学校烹饪专业六八届毕业生,于1970年8月分配到光明机械厂(简称光明厂)食堂工作。我们学校分配到光明厂的共有7位同学,徐

1970年与饮食学校同学的合影,前排右一为徐金明,后排右一为作者杨伯龄

当年职工使用的搪瓷碗和代粮券

金明、王传根、陈凤敏、冷树星、朱敏、郭锡玲和我。1970年,建厂基建还没有完全结束,原来由市建四公司402队的工地食堂就由光明厂接管开张了。当时食堂的管理员是江文德,一位任劳任怨的老党员。大师傅有戴传孝、胡必松、张焕宝、周炳昌(点心师)等人,他们全部来自包建厂上海永久自行车厂,由他们先搭食堂班子,开展工作。

突然进来7名学生,再加上还有其他学校分配进食堂的学生,食堂队伍壮大了,真是"新人、新马、新刀枪",一群20岁左右的年轻人,朝气蓬勃。

厂里食堂的工作安排是和职工的作息配套的。早班,每天凌晨3点上班,下午1点下班;中班,上午10点上班,下午7点下班,有时可能延长至半夜12点下班;点心组每晚12点来2人醒酵面团;食堂24小时不关门,加班加点是常态,炉膛的火也是终年不熄。食堂每天供应6餐,除早中晚三餐外,晚上8点供应中班餐,晚上11点半供应夜班餐,凌晨4点供应警卫早餐。全厂职工和家属合计约2 500人,食堂饭菜的销量一直很好,加上当地农民也可买代价券,点心的销路也很好。此食堂工作安排一直执行到光明厂撤回上海为止。

而我们这批学生由于经过专业学校的系统化教育,在刀工烹饪专业技术上明显好过比我们年龄大的师傅们。时间久了,互相看不顺眼,怎么办?当时的后勤组支部书记周瑞洪颇有领导艺术,在不到半年的时间,将徐金明、王传根和我都提拔为菜组班长,负责日常菜组的具体工作,陈凤敏任点心组班长,并且保留了原永久自行车厂师傅们的职务,由他们在后面支持我们的工作,出主意,想办法,让年轻人站在第一线,这样老少关系和谐了,食堂工作也越做越好了。

由于我们在学校都是烧小锅菜的,厂部根据我们会烧小锅菜的特点专门添加了设备,为供应小锅菜奠定了基础。小锅菜的问世,当时在光明厂就引起了很好的反响。光明厂的工人会吃,懂得吃,欢喜吃,在整个轻工公司是有名的。为了食堂正常运转,我们食堂在上中班时几乎每天要延时,经常从上午10点一直忙到晚上12点。那时,加班加点都是义务的,没有加班费,全体小三线职工都是这么干的,在厂里已形成这样一种氛围,懒人是被人看不起的,你想风光就得拼命工作。只有这样,才能得到大家的认可,这是多么好的氛围啊!

当时我们根本不懂什么奉献之类的话语,我们年轻时就是朴实的工人阶级,满脑子都是干好本职工作的想法。我为此感到骄傲,因为我们年轻时曾为共和国无私地贡献了自己的力量。

20世纪70年代初期的3 500吨压机大会战是当时光明厂全厂的头等大事。为此,上海市请来了焊接专家唐应斌带队支援。厂部要求食堂为唐应斌供应小锅菜,专人送达。我记得我当班时曾给他烧过芙蓉鸡片、生煸牛肉丝、清炒猪肝、蘑菇蛋汤等菜肴,每餐就一荤一素一汤而已。唐师傅对饮食从不提要求,体现了中国工人阶级的伟大气魄,他团队的其他人就餐与光明厂工人一样,食堂排队,这就是当时的社会风气。

改革开放初期,上海歌剧院、上海滑稽剧团先后来光明厂慰问演出,我也曾参与慰问团的饮食供应工作。那时条件已经好多了,基本达到了酒席的标准,实际上这也从侧面向上海展示和宣传了我们光明厂食堂的实力。

1975年左右,食堂又增加了新鲜血液,七二届的沈国华、李纪昌、尤达明、杨春海、胡肇明、邵幼芳、张应森等人,他们都是经过上海饭店培训的厨师。这下,光明厂食堂力量又得到了很大发展,光明厂食堂从此走向辉煌。

随着厂里的发展,为解决离厂区3.5公里外光明新村的职工家属就餐问题,厂里又在光明新村建了一个小食堂。这样,光明厂就有了两个食堂。

为降低成本,食堂购进的都是整片猪肉,需要分档拆骨才能使用。在光明厂拿菜刀的人几乎人人都会这技术活。拆下来的废料,如肉皮,我们将其晒干,洗净,待干后再进行油炸,当时满满一盆花菜肉皮只卖7分钱,深受职工欢迎。后来我回沪工作,分档拆骨这活儿,在上海食堂会干的人不多,因为已由菜场先期解决了。

为了改善职工生活,厂里每年会派车去芜湖等地采购大闸蟹。等买好蟹的车回到厂里,已经下午5点,厂里马上广播:"今晚食堂供应大闸蟹"。此刻,食堂工作人员可忙坏了,尽快地洗、煮、蒸,及时将美味的大闸蟹送到职工手中,简直像过节一样。

当时副食品供应紧张,厂里千方百计到处采购货源,从合肥的花生米到浙江舟山的海蜇皮;从新安江深渡的活鱼、甲鱼到江西的猪肉、芜湖的鸭子。凡是能买到的,就派车去采购,有了丰富的原料,厨师也不愁"无米下锅"了。

当时的卤味部供应品种也很丰富:椒盐猪头肉、白斩鸡、酱鸭、酱牛肉、油爆虾、清蒸甲鱼、炸猪排、熏鱼等等。今天写到这里,仿佛还能闻到当时菜肴的香味。

由上海市总工会评选的"红旗食堂"是后方基地所有小三线厂食堂的最高荣誉。光明厂样样都要争第一,这种精神也许来自永久自行车厂的传承。大概是1979年,食堂在新管理员虞兆龙、总配菜徐金明的领导下,大搞卫生,消毒用具,清洁场所。菜组花色品种要求每餐不少于20种,天天不重样,花色面点全面开花,整个食堂品种不少于60种,食品坚持留样检查,并做好书面记录,真像过年。这些工作对于光明厂食堂员工来讲,其实都不是大问题,因为本身整体素质和实力就摆在这里,只是忙点罢了。就在当年,光明厂食堂不出意料地被评选为"红旗食堂",真是实至名归。

每年12月26日,全厂吃长寿面,为毛主席庆祝生日。那天食堂向全厂供应大肉面、大排面。我们忙得不亦乐乎,厂部领导都来食堂督战,要保证每位职工吃饱吃好。

每年大年三十,我们食堂几乎办得如同上海的大饭店一样,卤味20余种,还有小锅菜、八宝饭、汤团,各类点心一应俱全,菜肴丰富,品味鲜美,回想起来真是令人垂涎。

为了能让山里的职工过个好年,食堂人员全部行动。我记忆中有好几年大年三十,我的年夜饭就是酱菜加开水泡饭。不是不想吃,而是累得吃不下,为了丰富全厂职工的年夜饭,我认为我们的付出是值得的。

光明机械厂食堂,是我年轻时工作过的地方,也是塑造我人生品格的地方。光明厂食堂传授了我中国工人阶级的优良品格,那就是:心怀祖国,不畏劳苦,勇于向前!

我的小三线回忆

原光明机械厂　柳光明

每家一个小灶台

小三线职工结婚后都会免费分到一套二室一厅的婚房,但没有独立的卫生间,也没有煤气。卫生还可以解决,开水什么的楼下食堂也有免费供应,但天天吃食堂,谁都想改善一下,自己烧一点"小锅菜"。于是土灶台应运而生。

于是我请厂里有名的"灶台王"吃了一顿小酒,他便免费帮我在客厅角

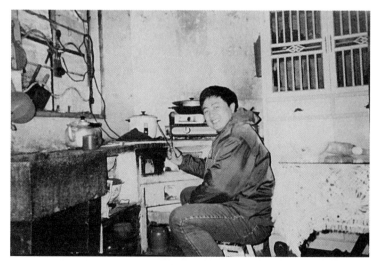

作者柳光明家里的土灶台

落建造了一个土灶台。那是一个可放两口大锅,一口余热小锅的土灶台,土灶台两边,一边是水斗,一边找木匠打了个菜橱。土灶台两边的台板还可以放锅碗瓢盆,最底层放置柴火。这灶台外观漂亮而且炒菜时出烟好,火势旺,很省柴火。

为了保障火灶台的柴火供应,我每隔几天都会去木工车间,带上一麻袋废料和刨花。之后,家里炒青菜、煮豆腐,甚至炖个鸡、烧点肉、煮条鱼都离不开这土灶台了,土灶台的味道使人难忘。20世纪90年代我出差路过徽州时特意去了绩溪,到我住的五楼老家的土灶台前拍了张照,土灶台那时还有人在用呢。

楼房里建土灶台,这和城里相比,也算是小三线的一大特色了。

山里的儿童

小三线人总习惯把自己叫作山里人,山里人的生活是枯燥乏味的,山里儿童的生活环境更是单调。山里虽有托儿所、幼儿园,但与城里相比,可供儿童阅读的文化书籍实在太少了。

那年我儿子还在幼儿园,一次我带他去歙县县城,看到路边摆摊的小人书

当年作者柳光明为儿子拍摄的照片

架,儿子迈不动腿了,跪在长凳上一本本翻阅。

我的照片记录下了中国早期一个已经消失的文化娱乐行业,也记录了当年小三线山里儿童对文化娱乐和知识的渴望。

小三线厂的"黄埔军校"

小三线光明机械厂的青年工人都只有小学五六年级的文化水平。对他们而言,代数、几何、物理、英语几乎是全新的课程,之前学过的机械基础、机械制图此时此刻也已很生疏了。为此,不知是厂里哪位领导的英明决策,光明机械厂率先开办了职工业余学校,举办脱产六个月的文化技术轮训班,但这个轮训仅仅开办了一期,后被称为光明机械厂的"黄埔军校"。

厂里从各车间工人中抽调了教员,各车间又推选了学员,组成了一个班级。光明机械厂职工业余学校就此开班。六个月中,教员没日没夜地教,学员无时无刻地学,六个月中大家几乎学完了初中的全部课程。班级中的"三陈"(陈家鸿、陈洁英、陈建雯)"五姓"(孙汉民、陆宪年、戴安伦、江明华、夏建国)的聪明程度令人惊讶,反应能力也是鹤立鸡群,每次考试,他们的成绩总是无人能及,前八名都由他们稳稳占据。厂里职工都称他们是职工学校的"八大金刚",特别陈家鸿,被称为学霸中的学霸。

这批学员回生产岗位后,为提高产品质量做出了重要贡献,个个都成了生产技术骨干。令人遗憾的是这"八大金刚"之后都没有继续参加高考,反倒是

作者柳光明当年在山里参加高考时的准考证(1977年)

我这不上不下的,偷偷考上了大学本科,获得了学士学位。

难忘我厂的"黄埔军校",它为我后期攻读大学课程打下了良好基础。

养鸡趣事

小三线职工,家家户户都会养些鸡。在副食品匮乏的年代,山区的交通又非常不便,于是,养鸡成了小三线生活区的独特的风景线。家属户养鸡,单身户也养,这些鸡不但可以改善职工生活,多余的鸡蛋带回上海还能当作馈赠的礼品。

那时,我住在单身宿舍,宿舍的小师傅、老师傅都有各自的宝贝鸡。我也养了四只,工作之余,也平添了类似养宠物的乐趣。

一天,我发现鸡群中最活跃的麻雀鸡不吃不喝,躲在角落里边打瞌睡边发抖。发现情况不妙,我立刻请教了老师傅,都说可能传染了鸡瘟,麻雀鸡为此也成了一群鸡避之不及的瘟神。次日,麻雀鸡依然不见好转,鸡脖下的嗉囊圆圆滚滚,还是边瞌睡边发抖,似乎快要死了,甚是可怜。我脑筋一动,与其看它慢慢死去,不如给它动个手术。于是我拿来了剪刀,准备了缝衣线、棉花、红药水。我先拔掉了鸡脖下面的鸡毛,剪开了嗉囊,里面都是未消化的大米粒。我把大米取出,将嗉囊剪开处用自来水冲洗干净,再用针线将嗉囊缝好,最后涂上些红药水,手术完毕。

手术后第二天,想不到麻雀鸡竟然活了,不瞌睡不发抖,还开始自己吃食了。更想不到的是,吃食后,米粒还会从嗉囊漏出来,大家看后狂笑不止。于是我又用针线在嗉囊上补了几针。之后,这鸡的外貌严重受损,鸡脖子处一边大一边小。但这麻雀鸡似乎不在乎外貌,为了感激我的救命之恩,这一年下蛋比其他鸡都勤。那年回上海提的鸡蛋大多是这只麻雀鸡贡献的。

(柳光明,1953年生于上海。上海华东政法学院本科毕业,法学学士,律师;国家级邮展评审员、中国税票集邮研究会副会长,香港印花税票研究会名誉顾问;上海财经大学特约研究员、学者,著名集邮家、收藏家)

齐心协力,攻克"以钢代铜"难关

原光明机械厂　陆来发

光明机械厂（简称光明厂）生产的产品需要黄铜，但商品材料遭西方国家封锁，我们只能买成品电缆，再熔化成铜材。为解决材料问题，国家提出"以钢代铜"运动。

原来的黄铜壳体加工工艺比较传统和成熟，现在要采用全新的钢材壳体加工工艺，由于钢材延展性不太理想，要冲压成57毫米直径的

作者陆来发

壳体，比较保险的工艺是红冲工艺成型，而厂领导提出更高要求：采用冷挤压先进工艺，减少能耗，降低环境污染，成型外观美观，合格率高，产能高。为适应这个工艺，厂里各车间都下足了功夫：

二车间冲压车间搞了一个冲压磷化工艺相适应。为此还请来了焊接专家唐应斌来厂焊接工艺所需用压机的墙板。我们目睹专家在夏日炎炎中，亲自上阵，汗流浃背，出色完成高难度的压机墙板的焊接。这对我们是一种极大的鼓舞。

三车间搞了一个"六合一"刀具一次定位工艺，六道工序同时加工，不仅提高了加工精度，也可以同步提高产能。

四车间搞了一个"四合一"磷化和电泳漆新工艺，在设备上采用全自动

当年的光明厂大门

"四合一"磷化生产线和环型电泳漆生产线。

为完成以上配套新工艺，厂里特别成立了领导小组和工作小组，技术方面由技术科甘文镇带领各车间技术人员攻关，表面处理由张九和、宫雪云负责研究工作。

我们是1970年刚毕业的学生，到了光明机械厂正好碰到"以钢代铜"运动，我有幸和姚俊吾分到新工艺试验工作小组，和老工程师们一起攻克新工艺中出现的各种问题。他们的身教言教及周围老师傅的冲天干劲，深深感染着我们这些年轻人。各个车间都为解决"以钢代铜"中出现的各种问题绞尽脑汁，废寝忘食。我们表面处理车间碰到许多需要解决的技术问题，解决的过程中充分体现了当时大家的热火朝天，不计报酬，没日没夜工作的工作热情。

"四合一"磷化工艺是一个全新工艺，要做到没有浮灰，附着力、耐腐性好，满足电泳漆的要求，在没有技术资料，工艺比较复杂，国内没有先例的情况下，大家以为国家争一口气的坚强意志和坚持不懈的工作热情，坚决要攻克新工艺。

当时磷化工艺的资料只能查到五十年代的马日夫盐磷化,非常简单,冲压磷化也不能用作电泳漆配套使用。好在我们年轻,精力旺盛,资料少就依靠大量试验积累数据,时间不够,下班后就继续干,星期天我们也不休息,继续做试验。有时碰到晚上放映队到操场上放映电影,很想停下手中的活去看一场电影,但想到国家建设的需要,看到兄弟车间进度比我们快,我们就放弃了看电影的机会,一心投入工作中。

在"四合一"磷化工艺的试验过程中我们得到了广州科学电器研究所的指点,这也加快了我们的试验进度。试验不是一帆风顺的,"四合一"磷化工艺配方复杂,可变因素多,我们便采用方差设计方案,逐步取得数据,从原材料开始,不断记录数据。我们一有机会就跑各地的图书馆和书店查找有关磷化工艺的资料,了解其化学原理。但在工作中有时出现理论上讲得通,实际行不通;有时则出现实际上可行,而理论上解释不通的现象。但随着时间推移,我们的认识得到了提高,试验过程越来越快了。

电泳漆与"四合一"磷化工艺配套使用后的产品附着力和耐蚀性均佳。但电泳漆同样是新工艺,为此上海涂料研究所特地派技术人员驻厂与我们一起攻克技术难关。

当二车间解决冷挤压成型,三车间解决"六合一"刀具一次机械加工时,四车间工艺、设备还没有最后定型。

"四合一"磷化工艺自动生产线除了采用发报机纸带打孔控制程序外,还存在壳体进入溶液中如何排出空气,离开溶液时如何倒出溶液的难题,在设计组杨奎生等的努力下,非常好地解决了这一难题。直至前几年,我在一次技术咨询中还碰到类似的磷化工艺问题。

生产线刚开始时,经常出现故障,车间张维嘉刻苦钻研技术,设备正常运行时不在休息室休息而是在现场仔细观察设备运行,当设备出现异常时便以最快速度将其修复,为批量生产打下了坚实基础。

经过大家的齐心协力,"四合一"磷化工艺和电泳漆工艺试制圆满结束,"以钢代铜"的工艺试制宣告成功。

我们的成功也离不开相关配合部门的大力支持。记得那次我急着采购放样的试验用品,请购单刚到供销科,他们就立即安排采购,连夜驱车11小

光明机械厂最大的1 250吨压机

时赶了400多公里山路,早晨到上海后立即购置,然后又马不停蹄地赶回光明厂,当我拿到这些化工材料时,心中久久不能平静,太给力了。

当"以钢代钢"初步告捷时,光明厂又接到紧急任务,需要临时大幅提高产量。这个产量是我们当时产能无法实现的,但军令如山,只有一个办法,把现有生产人员一分为二,工作时间7进7出。即一班人员早上7点上日班,晚上7点下班,另一班人员晚上7点上夜班,次日早上7点下班。年轻人都抢着上夜班,照顾那些有小孩有家庭的职工。上日班的人做事尽量不发出太大的声音,让夜班人睡好觉。最后经过大家的共同努力,出色地完成了上级交给我们的任务,真是干劲冲天,青春无悔。

当时我们在缺少资料、缺少经验,时间短、任务重的情况下,硬是在"以钢代铜"中实现了冲压、机加工和表面处理三大工艺完美配合,凭的是什么?

西方封锁我们,反而激起我们的爱国热情,与时间赛跑,一万年太久,只争朝夕。

整个"以钢代铜"运动,发挥了我们每个人的聪明才智,也发扬了吃苦耐劳,不计得失的劳动精神。

"以钢代铜"运动像一个大熔炉,大家的心往一处想,力往一处使,效率得到了极大提高。

对我而言,试验工作锻炼了我的意志,让我从此不怕失败,不怕吃苦,刻苦钻研,努力学习,耐得住寂寞。心往一处想,劲往一处使,光明厂的经历为我打下了坚实的基础,影响了我之后的四十八年的工作。四十八年的辛勤耕耘,必定有微笑和收获!感谢光明厂的那段经历。

（陆来发，上海化工中专有机合成专业六八届毕业生，1970年进光明厂，在四车间从事工艺试验、化学分析工作。小三线调整回上海后，先后在上海自行车厂、上海自行车辐条厂和上海瑞尔实业有限公司工作，担任过辐条厂电镀车间技术主任、汽车城瑞尔公司工程部表面处理工程师、中国表面工程协会技术顾问等职务。在全国表面工程专题会议上多次发表主旨演讲，并因成绩优异表现突出，在上海瑞尔公司获得特殊贡献奖）

亲情札记

原光明机械厂　金翠凤

作者金翠凤当兵时的留影

今天的文章虽寥寥几百字,我把它称为札记,是一位投稿者通过公众号私信发来的。那还是两个月前的事了,当时的"阳光小三线"微信公众号刚刚开通一个多星期,那天正在地铁上,收到了公众号上的一个信息,打开一看,是两段有标题的记叙文字。虽说我们的公众号欢迎工友们踊跃投稿,只是觉得这两段文字要是作为文章的话,感觉太短了些,又一想,对方也许只是在此叙述怀旧而已,于是出于礼貌地给了回复。

回家后,我打开电脑,把对方发在公众号上的文字保存在电脑文件夹里以作资料。这几天在整理资料时又看到了,这是投稿者写她父亲和婆婆的两篇短文,字里行间无不透露出女儿对父亲的那种真挚的感情和怀念,以及对婆婆的敬佩和孝爱,看得出这是一个充满幸福的家庭。文中有被改动的地方,我本想充实一些内容,但我更希望带着一些遐想,来读一读这篇让我们产生共鸣的记叙。

我的父亲

记得我是1983年退伍后到光明机械厂工作的。进厂后的第一个春节回沪时遇上了大雪封山，原本8个小时左右的车程，整整开了近40个小时，因为我家住在松江，我可以在312国道的青浦站提前下车，一路上的艰辛、饥饿及寒冷，让我感觉如同经历了一场战役。

最难忘的是我的父亲，为了接我，在青浦及松江泗泾来回折腾，当时没有通信设备，等了好几个小时，又冷又饿，想回家再等吧，可我母亲非让我父亲来车站接我。

我记得父亲讲了这么一句经典的话："丫头，为了接你，我把自己整得像猎户老常（智取威虎山中小常宝的父亲）。"父亲是个极其幽默的人，虽然他走了十多年了，但每当这一幕在我脑海里再现时，仿佛就在昨天，母爱是温暖的，父爱是强大的，没有言语表达，但它就是内心那股强大的暖流，没有这段经历，还真的体会不到父爱有多深……

我的婆婆

我的先生也是小三线的职工，他六八届初中毕业就去了宁国机械厂，因为外婆舍不得才刚16岁的他，便让他母亲放弃市区工作，与他一同去了宁国。

据先生回忆：当年同去的女青工，一到厂区，看着尚未建完的宿舍，全体哭成一团，当时婆婆才三十几岁，充当了大姐的角色，给她们做好吃的，说点暖心话来安慰这些女青工。现在想想婆婆也很不容易，不顾一切陪老大去了安徽，家里还有两儿一女尚在求学，公公又在工业基地工作，那时一个普普通通的工人，有如此高的觉悟，真是打心底里佩服。他们没读过太多书，但是，当国家需要他们的时候，他们把个人的困难全抛在脑后，他们值得我们敬仰。

我想用电影《芳华》的一段话来作为本文的结束语：
每个人心中都有一段属于自己的芳华，
每个人心中都有一段刻骨铭记的青春。
只有经历过岁月的洗礼，
才能沉淀美好的芳华。
愿芳华永存，一路芬芳。

写给光明机械厂的诗

原光明机械厂 徐敬懋

作者徐敬懋

光明机械厂(简称光明厂)已成历史。1968年我们支内来到光明厂工作,当时的口号是"先生产后生活"。我们进厂时头顶青天脚踏草地,住的是一个大棚。我们帮助建筑工人搬运黄沙、砖头、水泥、小石子,劈山开路直到工厂建成,机器运进深山,车间开始生产。

我们对这里的一山一水、一草一木都有很深的感情。尤其是我们自己种的泡桐树,在我们离厂时最大的树已是数人那么高、两人合抱的大树,沿着小溪两岸,厂前屋后绿树密布,浓荫覆盖全厂。

在小三线徽州专区光明厂可以说是个大厂,就连光明厂的桥都被当地人称作"大洋桥",高大的厂房里有3 500吨大压机。工厂在小溪两侧依山傍水延绵两公里之多。一排排公房耸立在山腰上,看上去像山城重庆。每逢夜晚,万家灯火犹如深山中一串串闪耀明珠。工厂的大门口有一个叫"油坑洞"的地名,在绩溪地区算是个景点。油坑洞有一座小枯庙,庙旁有一个洞,这个洞有多深,通向哪里,谁也不知。当地老乡传说:"很早以前庙里是有一个和尚,有一天和尚进洞探险,后来再也没有出来过。过了一段时间有人发现他在杭州灵隐做和尚。以后这小庙再也没有和尚点香念经,渐渐成了一座枯庙。"我

作者徐敬懋（后排居中）当年在光明厂和同事们的合影（1979年）

诗中的"坑洞"或"油坑"都指这里，因诗的平仄声要求故而出现多个名字。

想当年光明厂气势恢宏，大有勇夺徽州第一厂之势。我们一边生产产品一边种五七田，在这种困难的情况下，大家团结奋斗，把青春献给了小三线建设，献给了祖国。所以我们光明人对工厂有一种深厚的感情。

三十年后的2014年4月19日，我参加了由原光明厂组织的250余人的旅行团队，队伍浩浩荡荡进山重返第二故乡——绩溪瀛洲。到达光明厂厂址后大家目瞪口呆，当年繁华的厂房、公房、办公大楼、灯光球场，已是一片荒芜，使人惊愕。光明厂百余栋房子已夷为平地，使人悲哀。厂边数百余棵高高的泡桐树已被砍绝，使人惋惜。凄然之下我写了几十首诗作为深山支内岁月的纪念。

1984年5月我别离光明厂至今整整三十年。

好友相见不相识，笑问客从何处来。

现选出几首，与大家分享。

写给光明机械厂的诗 | 247

绩溪重逢

人生难有几回逢,共聚绩溪兴趣融。
叙旧当年年少梦,话新今日日盈隆。
相知嬉笑瀛洲地,心满沉浮油坑洞。
惊悉光明荒野处,再无厂舍一望空。

凝望光明

故居漫步址荒郊,难信光明梦已遥。
布谷有情啼沥血,残阳无意照空桥。
新溪雨霁倾潸泪,旧燕归来难觅巢。
满眼凄然云鬓湿,茫茫烟雾夜萧萧。

细雨中

烟树濛濛油坑洞,玉兰寂寂望苍穹。
风吹旷野千丝细,梦断残桥一影空。
燕觅新巢双比翼,人思旧故几相逢。
光明一幅凄然画,挂在徽州烟雨中。

惊 愕

白发回乡一路歌,光明无剩泪滂沱。
不堪今日荒凉目,深悔当初投入多。

伤 感

卅载悠悠梦已阑,重回故里觉心酸。
早知败落沧桑地,何必豪情支内干。

砍 伐

光明消失不闻莺,垄上鹧鸪哀叫声。
砍绝梧桐千丈树,再无丹凤作巢鸣。

鸥 飞

月落茫茫飞白鸥,荒芜残壁觅谁楼。
遥知今夜无高处,迁越凄鸣更远游。

蝉 鸣

昔日光明娇翠屏,如今月塚伴幽灵。
残桥九曲无人过,空有山蝉日夜鸣。

独 思

黯淡荒凉春日斜,沙溪芳草也无花。
谁知苍莽狮峰下,游子凄然客思家。

惊 悉

峰藏迷雾雨缭天,车进瀛洲已愕然。
只有光明涧底水,空流默默似当年。

月 夜

残桥踏月忆光明,旷野哀鸿独自鸣。
阵阵鸱枭幽谷泣,隐隐又作压机声。

绩溪小憩

轻云细雨晚难收,分别依依客运楼。
相聚谈心时太短,语多未尽已离愁。

绩溪相聚

绩溪相聚近端阳,难得知心共一觞。
欲问老乡今健否?已临仁里着红装。

含 笑

仁里溪桥柳色新,房商喜悦接佳宾。

殷勤织就黄金梦,含笑相逢非故人。

迎 宾
仁里迎宾早善谋,大红横幅挂门楼。
商家今日空房梦,看好回乡离别愁。

故 里
一别流光三十年,小溪逝水少炊烟。
幽幽油坑无人问,处处荒芜缺绿川。

心 酸
油坑花飞溪水红,光明炫耀一时空。
白头回故寒之骨,忍看群鸟啼向东。

秋 凉
溪草穿沙已半凋,坑洞冷月水迢迢。
闲愁满眼霜晨白,一夜秋风过石桥。

吊 别
坑洞枯庙锁青苔,失却光明僧不来。
今日故居凭吊别,空无一草对尘埃。

雨中别
一杯浊酒在台前,自笑闲愁三十年。
今日临行仁里别,满庭细雨恨绵绵。

散 鸦
坑洞流水小桥斜,枯庙临溪松竹遮。
问道光明已绝迹,荒凉白地散林鸦。

鹃　泪
雨霁初晴枯庙阴,烟云缭绕黑森森。
斜窗摇曳风吹打,无主杜鹃含泪侵。

夜宿仁里
绿阴深处石桥横,山影湖光月不明。
今夜难眠无限感,忍听凄切鸥鸪声。

油坑洞
坑洞深奥不知年,翠壁苍松依旧然。
时雨时风溪水急,花开花落绿崖边。

笑春风
当年建厂此山中,油坑光明相映红。
今日光明何处去,坑洞依旧笑春风。

三岔口
东风细雨白云低,路入瀛洲坑口西。
此去光明路已断,唯闻隔垄鹧鸪啼。

（徐敬懋,现已85岁。在光明厂时,曾在计量室和检验科担任领导,回到上海后,参加了老年大学诗词班,所写的诗总是有感而发,虽带有伤感,但也值得一读。诗为心声,让人看后引起共鸣,激起大家对小三线这段历史的回忆与怀念,在他所创作的诗词中,徐先生特意选了其中的26首,也许对他来讲,光明厂工作的这段特殊经历,倾注了这位老人的深厚感情。所以当他面对昔日厂房的破败,一下子让留存在自己脑海中的所有憧憬荡然无存,顿感失落。他用诗表达心中的郁闷和感慨。我们要理解这位老人,因为在山沟沟里,他曾经挥洒过他的青春年华,这样的一段经历让他刻骨铭心）

我的童年在光明

原光明机械厂职工子弟 吴 菲

作者吴菲幼年时的留影

提到光明,你第一个想到的是不是牛奶?要么,就是奉贤盛产黄桃的光明村?哈,都不是,我的同龄人中很少有知道我说的"光明"了。我所说的"光明"是一家工厂——光明机械厂的简称,也是在那里工作、生活了十几年的几代光明人对它的爱称。光明厂位于皖南山区的绩溪县,那里群山环绕,水清林密。它是在特定时期下应国家支援内地建设的需求而诞生的一座后方工厂。七十年代初,我的外祖父母、父母响应国家号召,从上海来到了这里,开荒建厂,用双手打造出了一片天地。在这片热土上,留有他们两代人的青春和汗水。

我这个光明第三代在上海出生后也来到了那里,和父母、祖父母一起度过了六年美好时光。虽然那时我年岁尚小,六岁以前的记忆也不是那么完整,但这童年的点点滴滴却犹如大海里的珍珠和碧空里的星星,始终在我的人生道路上闪耀着迷人的光芒——那是令人难以忘怀的"光明"岁月。

光明之路

当年,从上海到光明厂大约400多公里路,需要10—12个小时的车程。那天天不亮我就被拽起来,肚脐上贴上生姜片(防晕车)后在长途车里颠簸摇晃了一整天,直到天再次变黑,车子打着大光灯在蜿蜒的山路上最后转一个弯,车大灯照到了厂门口那块白底黑字的牌子——光明机械厂的时候(那时还不识字,现在想来应该就是厂名牌),才知道终于抵达了目的地。我的记忆就从这里开始啦。

爸爸是厂里的司机,负责运输物资和人员。这条往来于上海和光明厂之间的路他不知道开了多少回,山高路远,道路崎岖,一路颠簸,风尘仆仆。尽管车程长,路况差,但爸爸每次总能平安归来,他开的是大家的放心车。我听他讲过这条路上发生的很多大大小小的故事:大雪天车轮打滑无法行车,得用铁链子裹着轮胎才能前进;装巨石的卡车下坡失控,老司机猛拉一把方向盘让车子侧翻,避开了巨石当头砸下的灭顶之灾,救了一驾驶室人的命;车行一半,汽油不足了,前不着村后不着店,车队驾驶员急中生智,利用吸管用嘴吸出同行车辆上的汽油,人工给车加油,等等。每个故事我都听得津津有味。终于有一天,我也亲身经历了一回。

山区的道路十八弯,路上经常有险情发生。记得那是一次回上海的途中,我大概也就四五岁的样子。午后,当我们的车快开到一个弯道时,看到前面有很多村民围在路边,很焦急的样子。路的左侧下面是一个陡坡,也可以说是个山崖吧,刚刚有村民(好像是一对母子)骑自行车不慎摔到了崖下。伤者已被人救了上来,鲜血淋漓,急需送医。那时山区可没有什么120救护车,山路上也少有来往车辆,众人看着一筹莫展,干着急。我们的车是满车,车上还有妈妈和厂里的其他几个人。只记得我们大家都很快下了车,爸爸调了个头,就把车开走了。我们在路边朝前走了一会儿,正好我和妈妈也都有些晕车,走走路,吹吹风,透透气,看看野花野草,觉得很舒服。等了好久,爸爸的车终于回来了,我们继续出发。可是,我却执意不肯上车了,小小的我坚持要走到上海去!看着我一脸认真的样子,大人们都笑了,要知道那个地方离上海还有一二百公里路呢,这是要闹哪样?爸爸妈妈都以为我是因为晕车才不想再坐车了,可实际上,我是因为看到了车坐垫上的斑斑血迹,十分害怕而不敢坐车。原来,刚才爸爸让我们下车腾出地方后,立即载着伤员去了医院。不知道那对母子后来怎样了,也想不起后来我是怎样被哄上车的,山路上的这件事我却一直无法忘记。长大以后再回想起来,已经不再是害怕了,而是一种感动和快乐,还有一点点的骄傲,仿佛还闻得到那时路边的野花香味。祝那对母子一切安好。

我的外公外婆

七八十年代的普通山村,物资匮乏,大家生活并不富裕,各方面条件也都不能和大城市比,但在我幼小的心里,山里的一切都是美好的,哪怕只是再普通不过的日常生活。

由于爸爸妈妈工作的关系,我更多的是和外公外婆住在一起。外公主管厂里的财务工作,严谨细致,算得一手好账。平时他少有时间和我一起玩,但只要休息下来总不忘给我带各种好吃的。我在话还说不清的时候就会一边舔着外公给我买的冰棍一边得意的逢人就讲:"阿拉东东买棒冰拔吾切,哎~"(注意此处的"哎"发音为第三声,并配合摇头晃脑的动作;"东东"就是公公,那时年幼,发不了gōng这个音,就用dōng代替了)。这句话也一直被外婆津津乐道,在她眼里,我就是她的骄傲。外婆在检验科工作,专管产品的质量,做事同样细致、认真、负责。我五六岁的时候外婆就开始教我写字,但那时没有什么学习材料,外婆就用毛衣针在纸上用力写出印迹,给我当描红本用。她一笔一画写得认真,也要求我一笔一画认真地写。我写字的时候,她就在一边织毛衣。有时我写得烦了,觉得怎么那么多,写都写不完,外婆就会不紧不慢的告诉我:"别急,耐心写,不要分心,不要去想怎么还有那么多,也不要停下来,一个字一个字地保持速度,很快就能写好。" 真的是这样,当我定下心来,只专注于写好每一个字后,很快就写完了,而且还写得不错呢。外婆教我的这个办法我一直用到现在。当我面对成堆的杂乱无章的工作难以继续下去的时候,总会想起外婆的这句话,它帮我稳定情绪,理清思路,重新开始。我还用这个办法来帮助我的孩子解决当年我也遇到过的问题,当他知道这是他太婆的方法时,眼里满是佩服。外公外婆的严谨细致和认真负责使我终身受益。

山河岁月

是的,山里的一切都好,我至今都思念那山头的烂漫,水底的清澈,球场的快乐酣畅,还有那"喜洋洋"的早晨。

每到三月中下旬,温暖的春风轻柔地拂过脸庞的时候,漫山遍野的映山红就依次盛开了。成片成片的玫红色铺满了每一个山头,山花烂漫,无尽地释放着春天的力量。到了休息天,妈妈会给我换上漂亮的手工编织毛衣,梳好羊角辫,外婆给我准备了一些水果,爸爸带上相机,一家三口到山上玩。有时,外公外婆也会和我们一起去。回来的时候我会带上一两支映山红,插到外婆家的花瓶里。这个花瓶现在还在,它里面也插过各种各样从花市上买来的鲜花,但不管是多么好的品种,多么美的花色,在我眼里,都不如那映山红更能令人心动。

最近,看了前辈的回忆文章我才知道,爸爸常带我去的那条大沙河叫大源河。大沙河河面很宽,水很清,河水不深,但水流湍急,水底有大大小小的石头,形状不一,都被水冲得非常光滑。我喜欢听流水哗哗的声音;喜欢从水里

作者吴菲当年的留影

捡起小石头再丢回水里,看水花四溅的样子;我从小就不是娇滴滴的小姑娘,我喜欢用大石头来试力气,看看我的臂力。爸爸就这么一直陪着我,看着我尽情玩耍,和河水、石头做游戏。咔嚓咔嚓,他用随身带的黑白相机记录下了很多美好的时刻。如今,我的孩子也快十岁了,每每想起我和爸爸当年在大沙河边玩水的情景,我都不免要感叹一下,现在的孩子还哪能有这样的快乐呢?如果有机会,我可真想再到大沙河,带着我的孩子和他的外公一起去耍一耍呢!

灯光球场

说到玩耍,光明厂的灯光球场可是当年大人小孩的活动圣地。四岁的时候,我在上海的二伯给我买了一双塑料的儿童溜冰鞋(那时就叫溜冰鞋,其实是四轮轮滑鞋)。这鞋在上海可没啥用,专门的场地不是哪儿都有的,马路上也太危险,弄堂里又没那么大的地方。可山里就不一样啦,我们有灯光球场,两边各一个篮球架,中间一大片平整的水泥地,这就是最好的溜冰场。我学得很快,从一个篮架滑到另一个篮架,妈妈一直在一边保驾护航,但很快她就发现不用再跟着我,可以放手让我自己去滑了。妈妈笑着在一边看着我,我熟练地蹬着溜冰鞋满场跑,风在耳边呼呼作响,开心得快飞了起来。那酣畅淋漓的感觉至今回想起来都忍不住要大呼一声:"爽!"

到了晚上,球场又会变身露天电影院。有电影放映的时候,大人小孩拿着板凳、蒲扇、蚊香和大搪瓷茶缸从四面八方聚到这里看电影。这也是山里为数不多的文化娱乐活动之一,虽然我一点儿也记不得看的是什么电影,但当时的情景却给我留下了很深的印象。2005年,露天电影重返上海,我下班后特意约了朋友一起去看,不为看什么电影,只为重温儿时的记忆。那天恰好遇到新闻晨报的记者采访,我也向她说了这段往事,第二天便见诸报端了。

喜洋洋

快过年了,电视里、广播里又会传来各种各样喜庆的乐曲。我们光明人对其中的一首曲子应该都特别熟悉,也有着特别的感情,那就是广东音乐《喜洋洋》。为什么呢?因为这支曲子在光明厂并不只在过年过节的时候播放,而是几乎天天放,并且是一大清早就放!音乐声响起,光明人的第一反应绝对不是"过年咯",而是"上班咯"。哈哈,没想到吧。这是怎么回事呢?原来这是厂区早上上班的广播音乐,就好比是部队的起床号,前奏一起,大家就该准备去上班了。听着这样欢快的曲子去上班,心情怎么会不好呢?工作劲头怎么会不高呢?现如今一些知名企业倡导的"快乐工作、快乐生活"的理念,原来早在四五十年前的光明厂就有了!光明人早已把快乐融入工作和生活。也许正因为这样,我们的光明人才这样的出色,我们的光明厂才这样的欣欣向荣!这种光明人的财富,让我们继续传承发扬下去。

作者吴菲幼年时的留影

记忆的闸门一旦打开,就收也收不住了。零零碎碎写了这些小毛孩的回忆,想想也是不足为道,就此打住。感谢各位耐心看完。然而对于我来说,这些小事三十几年来时常闪耀在心头,不时触动我记忆的阀门。直到今天,我终于把它写了出来。非常感谢王伯伯给了我这次机会,让我一吐为快。六年的时光在整个人生中只占了很小一部分,何况还是孩提时代未谙世事的六年。但是,每当我看到、听到有关于小三线"支内""光明厂"的话题的时候,我都会特别关注。也许,这就是所谓的情结吧。"光明"情结已经融入了我的血液,深深地扎根在我心里。我自豪,我的童年在"光明"。

(吴菲,祖籍江苏南京,1979年12月生于上海。1980—1985年随父母、外祖父母在后方小三线安徽绩溪光明机械厂生活。后于1986年回沪。现居住上海浦东,从事物流行业)

"班车"情缘

原后方轻工公司　梁敏民

作者梁敏民

说起班车,我们自然会想到现在接送职工上下班大小客车,可在20世纪七八十年代安徽小三线建设时期,"班车"与我们每个人都息息相关,它有着不一般的含义。

班车接送不可或缺

由上海轻工局包建的后方轻工公司(简称三工区),其下属光明、燎原、光辉及万里等厂家分布在山沟沟里。那时职工们把接送职工的2吨卡车、4吨头卡车等车辆,统称"班车"。职工回上海大都是搭乘"班车",或搭"班车"至县城再乘长途汽车。那会儿的后方轻工公司地处县城方向、上海方向及进山方向的三岔路口,可等候路过"班车"搭车进厂,自然集聚的人也多。司机一般会留意等候回厂职工,接他们上车回厂。那时的条件虽然比较艰苦,但在那个年代,能够搭上车子回沪或回厂已经是不错了,似乎也不怎么觉得苦。

搭车方式五花八门

那会儿每天下午集聚在三岔路口的人特多,大家明白,如赶不上"班车",

那就得摸黑赶一个多小时的路才能回厂,这对于在外奔波、疲惫不堪的职工来说是很艰难的,所以这时特别渴望有"班车"能捎带进厂。说来也挺有趣,不知怎么,女职工搭车,往往会受到特别的眷顾,那时等候班车的男职工常会躲在路口的加油站里面,由女职工在外等候扬招车辆停车,一旦司机停车,男职工即随女职工蜂拥而上,一溜烟全都爬上卡车,4吨卡车虽然有点高,但对年轻男女来说,不在话下。尽管满身尘土,但一路欢声笑语,快乐无比。为方便职工看病,厂里会安排每周一次的就医"班车",为了能在卡车上占据一个靠栏板的位置,争先恐后在所难免,上车动作必须干净利索,即一脚踩在轮胎内圈,另一脚蹬上轮胎外圈上沿,紧接着一个猛子翻越栏板上车,到了医院迅速翻越下车直奔医院挂号处,每每看到此景,医生都会忍不住惊叹:"这哪是病人啊……"

"打弯司机"最有腔调

"班车"司机那可是个香饽饽岗位,虽司机工作很辛苦,但也很令人向往。在那个物资短缺的年代,我们地处偏僻的山沟沟,所有的物资和人员进出全靠司机长途运输,职工回沪一路上也都由司机安排停车吃饭,照顾大伙儿买点农副产品之类。当然,一路上偶尔也会发生一些意外情况,或是车辆抛锚,或是方向盘失灵,或是刹车失灵,然而在司机的智慧、经验以及车友们的齐心协力下,大都能逢凶化吉,有惊无险。司机好,大家都好,一路平安,大家满载而归,皆大欢喜,故戏称司机为"打弯司机"("打弯司机"的沪语发音同"党委书记"),在职工心中可与党委书记齐名。由于班车司机工作如此吃香,如哪位职工与司机沾亲带故或关系不错,那他就会方便不少,如遇恋爱中的男女,与司机有点关系的,那可是会加分的哦。可想而知,那时的"班车"司机是属于蛮有腔调的。我1976年底便从光明机械厂抽调到后方轻工公司,每遇去厂公干或回沪出差,往往离不开司机们的辛苦接送。时过几十年后的聚会中再次提起,我依然满是温馨,心存感激。这么多年来,我与不少司机保持着兄弟般的友谊,让我深感欣慰。

步入新时代,班车似乎还在延续,每每看见路上那些大巴班车驶过,脑海中便会闪现那些难忘的经历。闲来无事,写上几句,也算是一种释怀和感慨吧。

（梁敏民，1972年参加工作，20岁入党。1976年初进入小三线光明机械厂，同年年底调入后方轻工业公司后任本部书记等职；1988年回上海后曾在上海制笔工业研究所、海文信息公司及隧道股份下属等单位担任领导职务，期间多次荣获全国、上海市及集团奖项；2015年退休后从事编辑及讲课活动）

难忘的新安岁月

原新安电工厂　刘润生

当年为了响应号召,上海决定在皖南地区建设上海小三线。新安电工厂(简称新安厂)由上海电工仪器研究所包建,是最早一批进山的单位。所里将最好的仪器设备以及正在研制中的风洞检测仪及试制组科技人员迁到安徽,成立了一个上海仪器仪表研究所分所。

1966年底组织上决定由我带领从上海挑选出来的一批精兵强将,来到黄山脚下的黟县渔亭参加小三线建设,一干就是二十几年,直到撤回上海。

我在新安厂经历的这么多年,并不是一帆风

作者刘润生

顺的。就拿厂里研制指挥仪来说,当年仪表局领导来新安厂调研,厂里向局领导如实汇报了厂里的技术设备和能力,希望能承接指挥仪的研制项目。当时,领导在会上没有明确表态让新安厂承担研制指挥仪。等局领导一行离厂后不多久,我与张明昌、章汝槐等商量此事,心里觉得很不踏实。于是马上开了吉普车追赶已离厂的局领导的车队。那时天正在下着大雨,驾驶员开足马力,冒雨急追了100多里,终于在歙县县城附近追上了。我们在那里又把厂里希望承接指挥仪研制任务的决心向局领导表达了一番。局领导听后表示一定会回局里集体研究的。

之后，经仪表局研究，决定让新安厂与合肥23所（简称"23所"）合作研制指挥仪。当时在上海曾与23所一起成立过一个联合研制团队。开始进行方案讨论时，23所因他们也正在研制指挥仪，故提出要联合研制模拟机电式指挥仪。我们厂因有一支参加过数字电压表研制的科技人员队伍，对数字电路比较熟悉，所以我们提出要搞就搞数字式的指挥仪。双方各执己见，方案得不到统一，联合研制组也就散伙，各搞各的。

不久，仪表局与四机部研究商量，最后终于同意由新安厂研制当时国内还没有的数字式指挥仪。所以，该数字式指挥仪项目是我们新安厂努力争取得来的，全厂职工很是自豪。

因为我们原本是仪器仪表研究所，对数字电路设计有一定基础，但对指挥仪却一无所知，是一张白纸，一定要出去学习。我们运气好，当时北京正在召开一个大型工业会议，我和李帅军工程师硬着头皮闯了进去，受益良多。在上海有关领导的关心和帮助下，我们又得到了去太原785指挥仪厂学习的介绍信。于是我、章汝槐、张明昌、李帅军、卢松筠、王兰妹等六人，凭着这封介绍信，去了太原785指挥仪厂学习。

因为产品技术涉密，厂里把我们安排在一个无人的学校。零下15度的冬天，我们每天工作到深夜，花了二十几天才把指挥仪的设计原理和图纸基本消化。学习结束后，我们又到合肥23研究所，学习了他们正在试制的机电式指挥仪的设计原理。从此，我们才比较全面地了解了当时我国指挥仪的水平和指挥仪的设计原理及技术要求。

在市仪表局的大力支持和全市及后方各单位的大力配合下，我们边设计、边试制、边建设、边生产。我和技术科长章汝槐、组织科长张法清，首先到复旦大学、市计算中心、上海交大、华东计算机所等单位，借调数学、运算控制、内存、信号输入、信号输出的专业技术人才，又到各高等院校招收了一大批大中专生，这些人才占了全厂职工总数的25%，四机部领导夸我们是一个了不起的工厂。我靠着这批人才，在厂子扩建的同时，借101厂的房子开始了指挥仪的研制。我们的技术人员带着线路图到各有关元器件厂去，让他们配合研制指挥仪所需的元器件。在各元器件厂的帮助下，新安厂终于在1976年研制成功国内首台数字式指挥仪。接着新安厂再接再厉，先后又完成了DG-1遥测计算机及其他科研产品的研制任务。

在研制产品的同时，新安人还克服了生活上的困难。当年小三线建设时当地还为我们新安厂提供了一座荒山，供我们开荒种菜。厂里便派人去山西大寨学习参观，全厂职工分期分批去学习，回来后我们披荆斩棘将一座荒山开垦成大寨式的梯田，在山上逐步种上各种蔬菜，而且和生产任务一样，要求各车间各部门参加五七劳动，有布置有检查。当时新安厂的厕所是很干净的，因为很早就被职工打扫干净，尿粪都用于种菜施肥了。当时我们把这座山称为"新安五七山"。厂里还建了几间简易房用于养猪，善职工伙食。

为了节约投资，我们特意从西安交大招收了一位建筑系的建筑设计工程师季成铨。在他的带领下我们自己设计建造职工宿舍，在当地招施工队伍，并在每间宿舍中设计了一个卫生间，职工冬天再也不用出门上厕了，此举受到全厂职工的欢迎和好评。

我虽然自始至终是新安厂领导班子的成员，但后期因积劳成疾，厂党委关心我，让我坐镇上海办事处，一边治病，一边工作。没为新安厂做更多贡献，实感遗憾。

我的新安生涯

原新安电工厂　王益芬

作者王益芬

我是1968年底被分配到安徽小三线新安电工厂（简称新安厂）的中学毕业生，当时厂里正在研制数字式指挥仪，我被分配在四车间工作。1972年4月，厂领导为了培养青年技术骨干，特选派我与张晔、徐美龙、顾秋静等人去华东工程学院（现南京理工大学）计算机系脱产学习计算机技术。我们几人于1975年夏季毕业，毕业后仍回新安电工厂工作。1975年年底，厂里派我作为新安厂驻长沙代表，参与DG-1小型多功能数字计算机样机试制会战。

当时，DG-1计算机研制小组由计算机专家康教授挂帅，组员由俞教员、王教员和李教员等组成，还有他们带领的学生，我们边学习边参加实践。我主跟俞教员，全程参与运算器和控制器（简称"运控"）设计，包括总体方案认证、运控总体设计及运控各部件的逻辑设计，还包括微程序框图及微程序库的设计等，其中通用寄存器的印制板走线图由我设计绘制完成。俞教员是个技术高超的设计师，试制生产期间，他在我厂为试制生产辛勤奋斗了几个月，最后在回长沙途中因急性脑膜炎发作英年早逝。我们至今仍十分怀念俞教员。

试制会战中，有一段感人的小插曲让我难以忘怀。与我同驻长沙的同事顾巧顺,工作期间突发胃出血,我们马上将他送进医院,并立刻联系了长沙的专家为其动手术,康教授亲自在手术同意书上签了字。没血浆怎么办?学校用广播喇叭动员,学员们听到这一消息,纷纷赶来排队验血,有两位学员验血合格,马上为顾巧顺献上了他们宝贵的鲜血,那场景令人十分感动!

为了顺利试制生产DG-1计算机,新安厂也成立了相应的DG-1小型多功能数字计算机课题组,设计科科长章汝槐任组长,李帅军和我为副组长,下设数学组、运控组、内存组和外部设备组。前方研制小组设计出的图纸被陆续送往新安厂,由对应的有关人员消化吸收,做到无缝对接试制生产。样机试制会战结束,我回到厂里,立刻投入DG-1计算机的生产。此过程中,全厂职工都全力以赴,加班加点,不计个人得失。特别是调试阶段,24小时分两班倒,往往是接班的来了,下班的还不肯走,继续一起攻克难题。

在这期间,我分工设计了运控的部件装配图,拟定了部件的调试方案,为认证方案的合理性,做了相应的电路试验,最后将方案付之于实践。我还根据逻辑原理图为其他部件提出调试方案并被采用。最后开定型会前,我还协助整理汇编资料,并编制了《DG-1小型多功能数字计算机面板使用说明书》。

1979年至1982年,我们新安电工厂前后共生产了6台DG-1小型多功能数字计算机,成功完成了国家级科研任务。我作为一名新安人,上海小三线建设的一员,我为自己的新安生涯感到自豪!

新安园丁
——桃李芬芳

原新安电工厂　陈蓉华

作者陈蓉华

1966年上海电工仪器研究所承担了小三线建设任务，在当年"保存精华，发展精华"的方针指引下，所里挑选派出了科研、管理、制造等方面的精兵强将108人，奔赴安徽黟县渔亭镇下阜村安营扎寨。

其中举家内迁的职工有近二十户，这些职工大都拖儿带女来到内地，准备长期扎根在这里搞建设。当时工厂建设任务重，资金少，物资条件有限，厂领导就考虑，三线建设要搞好，职工子女就学问题就必须同时解决。于是就想先利用当地条件解决职工子女的教育问题，但新安厂附近没有小学，而厂区离当地最近的渔亭小学也有七里多路，离黟县县城则有十三公里。于是，厂领导决定与当地商量就近联合创办小学。

与当地联合办小学

据厂长张明昌回忆，当时厂部派人经多次与黟县教育局商定：由渔亭公社与新安厂所在的下阜生产大队联合开办"下阜小学",教学业务由当地教育部门主管,新安厂派出师范专科毕业的陈莉芳和大专毕业的沈冰两位老师,到下阜小学任教。

联合办学解决了职工子女上学难的问题,让职工能安心投入小三线建设。据陈莉芳老师回忆:当时强调教师的工作态度对学生有直接影响,要求教师教书和育人两不松懈,所以新安厂的教师十分注意与当地老师密切配合,在教学、教育管理等业务上互相学习,共同把学校办好。

随着新安厂职工的增加,职工子女也相应增多,新安厂又将随迁来厂的樊克秀、周坚敏两位有教师工作经验的职工充实到下阜小学,加强学校师资力量。

新安老师在下阜小学呕心沥血教书育人

地方与新安厂联办下阜小学是件好事,但要办好学校、教好学生却不容易。一方面要按地方教学大纲教授课程,另一方面又要考虑两地差异,处理好两地生源学习基础的落差、语言交流的不顺、生活习惯的不同等问题,给任教老师带来了一定的困难。好在陈莉芳老师和沈冰老师都是非常疼爱孩子的老师,两人既有教学资历又有专业素养,两位老师用各种方法教导学生、训练学生。她们从抓课堂纪律入手,指导学习方法,让学生们很快养成了按时完成作业的习惯,培养了学生良好的学习风气。

在刚办下阜小学时,有年级班与年级复式班。对学生年龄、学历、数量参差不齐的班级,采取复式班形式,一年级复合三年级、二年级复合四年级。陈莉芳老师与沈冰老师在担任班主任的同时,加大备课量,增加讲解作业时间,使复式教学不脱大纲,并集语文、数学、历史、地理、体育、美术、音乐、劳动等于一身,成为全科老师。全科教学让学生在校学习时既获得知识又能在德智体方面全面发展。

新安厂的子弟们在下阜小学学习前后长达十三年,陈莉芳、沈冰两位老师爱岗敬业,对学生倾注了所有的精力和爱,令已经长大成年的学生至今十分尊敬,之后调入的樊克秀、周坚敏两位老师也逐步适应并融入这所联办小学,她们与陈莉芳老师、沈冰老师一起呕心沥血教书育人。1978年,上海后方基地与上海教育局正式接轨。1979年,新安厂着手自办职子弟学校。

新安厂职工子弟学校正式成立

1. 成立厂教育科

1979年上海后方基地要求后方各单位成立教育科,与上海教育局接轨。我厂教育科由我、张国良和胡慧儿三位组成,我任科长,主管全科并负责我厂约300名青年职工的双教(文化教育和技能教育)。张国良任副科长,负责对外联系工作,小胡负责教学资料汇总。

同时任命陈莉芳老师任新安子弟小学校长兼任教老师、沈冰老师任教务处负责人,兼任教老师。

2. 新安职工子弟学校选址

上级单位原打算在新安厂一村附近筹办一所仪电二中,因中学生源问题,未能正式开课。经厂里与上级单位商议后,上级单位同意将仪电二中校址,包括学校的新教室、新课桌椅和教学设备等全部无偿移交支援职工子弟小学,大大丰富了办学资源。当年厂长何熙甫是筹建仪电二中的负责人,为此他做了很多工作,为职工子弟学校的建立创造了有利条件。

3. 充实师资队伍

厂领导很重视子弟学校的创办,补充派来了学校所需的老师,把厂原托管的仪电二中老师悉数编入子弟学校,组成了一支师资力量雄厚的教师队伍。

校长:陈莉芳

教务组长:沈冰

教师:林君芳、樊克秀、周坚敏、沈国华、华金宝、林鸿宗、季金生、张紫琪、王慧君、杜惠珍、丁建顺、周大维、徐瑞麟、吴和中等。

4. 全面贯彻执行上海教育局教学大纲

学校软硬件都具备了,老师的授教、学生的学习都开展得很顺利,学校呈现一片浓厚的学习氛围。但由于远离上海,学校仍然缺乏教学尺度和质量标准。于是厂部派出周大维老师去其母校杨浦区第三中心小学进行外联对接,得到了第三中心小学校方的热情支持与帮助。杨浦区第三中心小学每个学期都为我校小学各年级的老师提供教学资料,传达教学要求,制定考试标准等。为此,周大维老师两地奔跑,为学校做了很大贡献。

为了不断提高老师教学水平,教育科副科长张国良负责对接后我校与上海方老师的联合培训。每学期组织我校老师轮流参加各种培训和各类活动,从而使老师们增长了知识,开阔了眼界。

张国良还负责子弟学校学生毕业后小升初、就读高中的管理工作,解决学生来回学校的交通和与中学学校对接等有关问题。他的辛勤付出,得到了大家的一致好评。

老师为了使学生得到良好教育,除书本教学外,学校还组织学生开展多种室外活动,如课间游戏、踢足球、放风筝,去黄山等地旅游及野外活动等,增长学生的课外知识,让学生在各方面得到全面发展。

由于厂领导的关心和上级教育部门的支持,加上老师辛勤教学、学生努力学习、学生家长积极配合,我们厂的职工子弟学校办得朝气蓬勃。

求助当地中学解决小升初难题

随着不少职工子女陆续从子弟小学毕业,我厂又遇到了职工子女上中学的问题。于是厂领导又将此作为一项重要工作,积极出面求助当地教育部,使职工子女小学毕业后可以到休宁万安中学就读。因该校是徽州地区的名校,又是安徽省重点中学,出过不少栋梁之材,而且交通较方便,家长们都非常希望送子女上这所中学就读。

当时厂部派人到休宁教育局努力求助,得到了教育局领导的关心和支持,休宁万安中学接受了新安厂子女入学。一开始是解决上初中,相对顺利,但上高中就碰到难题了,因为该校高中部是择优录取,对新安厂学生也没有招生名额。这个困难如不解决,很对不起孩子,更对不起夜以继日地奋战在一线的新安厂全体职工。经过与地方再三协商,最终新安厂学生以借读名义,不占高中计划名额等变通方式才得以解决。新安厂学生在该校借读高中毕业的约有三届,1977年恢复高考后,这些学生先后参加了上海设在后方基地的高校招生考试,不少学生考上了如复旦、同济、交大、华东理工等理想的上海高校。

桃李芬芳满园香

新安厂深居皖南20余年,桃李芬芳满园香。新安厂出山后,其第二代职工子女也已桃李满天下。

新安厂职工们的第二代继承了其父母艰苦奋斗的崇高品质,在上海刻苦学习,勤奋工作,茁壮成长,不少子女成了各行业的佼佼者。在这批新安厂第二代子女中有不少人以技术专家、公务员、医生、教授、工程师、金融专员、高级技工、党员干部等的身份,活跃在国内外各地,施展他们的聪明才智。

新安人每当回顾往事岁月,不由得为此感到欣慰与喜悦!

山里的故事

原新安电工厂　　陈锦荣

这是20世纪六七十年代,我在皖南山区亲身经历的一些故事。

进山

1968年毕业后,我们这一届的毕业生一部分(138位)去军垦农场,另一部分(62位)进工矿企业,我算进工矿企业的。同学去军垦农场那天,我在中山南二路船厂路码头目送同学上船,天渐渐暗了下来,看着客轮慢慢离开码头驶向远方,但不知道去到何处。

第二天工宣队召开学生会议,学习毛主席关于三线建设的指示,宣布分配名单,我和沈成婉等13位同学去上海电工仪器研究所报到,其他15位同学分别去向东厂、卫东厂及星火厂报到。我们报到后,才知1969年春节后将去安徽皖南上海电工仪器研究所分所上海新安电工厂(简称新安厂)工作。

作者陈锦荣

1969年3月初,我们一行13人随新安厂师兄陈朝发,翻山越岭,进入皖南到徽州过歙县大桥,最后到达黟县渔亭后又转了几个弯,终于到达了上海新安电工厂。这是一个完全陌生的地方,四面环山,青白色外墙的砖房和干打垒土屋,平时在外面看不到厂房,转几个弯后才能看到庐山真面目,据说是劈山开路建的厂,这就是上海小三线。到达后的第二天,书记张执玉同志给我们开了欢迎会,并发给我们三件宝贝:《毛主席语录》、锄头和斗笠。于是我们就投入了开垦五七山的劳动大军,挖树根,筑梯田,种蔬菜。除了农垦,我们还要开山筑路,为新安二村开辟道路。为解决我们和附近老乡看电视的问题,我们背砖驼沙上山建电视信号塔台。厂里的科研工作也不能放下,我们一边劳动,一边还组建了一个集成电路静态参数测试仪研制小组,当时我担任组长,小组成员有童国庆、凌国英、方立民、周礼银、王根林等,其实我真是一窍不通,还好组里这些同志有些基础,大家团结一致摸索试验,花了半年时间,赶制了2台测试仪,设备的静态参数既快又好。

进二连

1969年初,新安厂接到重大科研任务,厂里实行半军事化管理,全厂机构设为一部三连一处,即由厂部领导,一连为机加工连,二连为试制连,三连为后勤连,再加一个上海办事处(采购组)。全厂以广播军号作为我们上下班的铃声。新进的大中专毕业生以半军事化训练形式参与开山平地修路等新厂区建设,之后就被安排到各岗位。

二连由数学班、运控班、内存班、外部班、机械结构班和电源班组成。我有幸分配到负责试制的二连,二连在老厂区的一栋二层的青灰色墙面的楼内工作。连长易存作能把如此重大的科研任务接下,确实需要很大的魄力,因时间紧任务重,又是新设计的产品,他协调好全连六个试制班,相互配合共同完成了研制任务。设计科科长章汝槐是位深受大家尊重的技术干部,他急任务所急,工作仔细,善于安排和调动各方人员的积极性,使指挥仪研制项目一步一个脚印,直至最终研制成功。

在二连我被安排在运控班,班长李帅军,他是一位资深的抗干扰设计专家,技术上没有能难倒他的,他平易近人,助人为乐,从不宣扬自己,总是默默无闻地工作,是我学习的好榜样。

记得当时运控班还有刘根梅、黄道英、陆留福、陈公伦、赵春生等二十几位同事和专家。

我们这些刚从学校毕业来厂的年轻人中最小的才18岁,对数字式指挥仪的研制真是一窍不通,大家非常着急。于是班里就经常开展培训,由林教授、梁教授、李帅军等讲课。我们运控班是一个既团结紧张又严肃活泼的团队。在班长领导下,大家有序地学习和工作,研制人员按技术要求,各自出图,并进行一次又一次的艰难试验,学生们跟着老师傅学习焊接印刷线路板和机架布线。班长李帅军很注重焊接质量,经常查看印板和机架焊点,防止虚焊和脱焊。在指挥仪的研制过程中大家怀着只争朝夕的精神,白天干完晚上接着干。夜深了,班长叫大家下班回宿舍休息,明天再来,大家去食堂吃过夜宵后,与班长玩起了捉迷场的游戏,不约而同地从实验室后门又溜进了班组,班长和专家也一样,经常挑灯夜战,直到厂领导来训话:"你们这样连着干,不要命了?!"这才算把大家赶出来,"我们现在就是革命加拼命,早些把指挥仪干出来",我们嘻嘻哈哈地摸着漆黑的山路,打着手电筒回宿舍休息。这样的事情常常发生,习以为常了。

去海峰厂

指挥仪控制面板的印板图画出来了,这么大印板图要拍成底片,我厂是没有这种专用照相设备的,我就直接去求助当时这方面比较专业的海峰印刷厂(简称海峰厂)。海峰厂领导很重视,即刻安排拍照,第二天就可取底片回厂了。当天晚上我住进海峰厂招待所。正巧,我和黄山景区管理处领导老王、合肥博物馆顾馆长三人住在一间里,晚上我们三人聊了很久。老王看上去有80多岁,他原是上海园林管理局的领导,解放后组织派他到这边来管理黄山景区,从此他全家就住在黄山。他平时善于挖掘黄山的美景,例如,他发现有一块大石头看上去很像一尊观音菩萨,又发现对面山上有一块小石头,经他稍纠正一下视野角度,把小石头和"观音菩萨"连在一起,便有了著名的"童子拜观音"的美景了。他这次来海峰厂就是来印黄山美景画册的,后来他还给我寄来了一本,可惜这本画册被人借走后遗失了。老王人很瘦,他的嗜好就是每天抽两包凤凰牌香烟,那天晚上边谈边抽烟,满屋烟气扑鼻。同屋顾馆长这次也是来印合肥博物馆画册的。后来大约在1979年吧,我在新安厂办黄山专题邮展,想去老王那里借阅一些关于黄山的资料时才得知老王已离世,真是遗憾。这一夜的相遇让我非常难忘。

救山火

有一天晚上,厂里食堂正放映着电影,我们年轻职工一部分负责在场内维持秩序,还有一部分负责场外巡逻,电影放着放着,突然有人大喊:"看!库房后的山上冒火光了!"当时我是连长,觉得情况不对,马上召集大家去救火,电影也即刻停放,大家不约而同地奔向库房后面救火。

食堂离库房距离约1 000米,大家有的拿着灭火器,有的拿着扫把,有的拿着木棍,有的拿着小竹竿,反正各有各的招。我实在是太笨了,拎着灭火器跑了几步就上气不接下气,灭火器实在太重了,只能先丢一边,人先奔上去再说。大家拼命地往山上爬,天很黑,我拉着树枝和杂草往上爬,到了半山的火场才发现四面全都着了火,我赶紧捡了一根树枝对着火焰乱打乱拍,其他同志也上来了,只见大家脸上都乌黑乌黑的,个个汗流浃背,都在乱拍乱打,互相鼓励。山火很旺,山风一会儿从这边吹过来,一会儿从那边吹过来,火这边灭了,那边又着了,就这样不分东南西北,大家乱拍乱打了一个多小时才把火灭了,疲惫地回宿舍去了。第二天我又去了火场,真是奇怪,昨晚也不知道我们是怎么上去的,根本没有路,只有一个十几米高的陡峭的山坡,大家全靠一股劲才爬上去的。

沉淀的岁月

原卫海机械厂 蒋忠华

一次偶然的机会,我看到了有这样六张一组的照片,这些照片出自34年前(1986年),从照片上的人穿的衣服猜想,时间大概是那一年的9月至10月,这是一组集体合影照,那九位戴帽子的是原卫海机械厂的绍兴籍支农工,还有另三位是原卫海机械厂的领导。

1986年小三线调整已经进入关键时刻,家属区的搬迁正紧锣密鼓地进行着,而这九位绍兴籍支农工正面临退休,并正在抓紧给子女办理顶替事宜,因为按照政策只有家里是农业户口的孩子才可以顶替父母进工厂上班。也许就在这样的情况下,给这九位快退休的支农工在厂区的六个不同位置,拍了对他们来讲很有纪念意义的集体照。据了解,卫海机械厂(简称卫海厂)的支农工是1971年被安排进卫海厂的,这当中绝大部分是当年响应号召回乡务农的人员,但其中也有个别是顶替父母进厂的。

作者蒋忠华

这是六张照片中的一张,拍摄于1986年9月左右,卫海厂车间大门口,照片中戴帽的都是支农工

当年这些绍兴籍支农工,他们中的大部分人原先都有一份挺不错的工作,其中有曾在上海或其他省市工作的工人,拿着每月一百几十元的高工资。但20世纪60年代初,正逢国家困难时期,他们响应国家号召回乡务农,从拿高薪、有铁饭碗的工人变为农民(其中大部分被划归农业户口),领着全家挣工分,这日子可想而知……

他们为什么自愿回乡务农?因为他们大部分都是党员,无怨无悔地听从党的安排。70年代初(1970—1971),国家落实政策,将这些下放的支农工或其子女安排到皖南小三线各厂。我们卫海厂也进了约70名绍兴籍支农工,并安排他们在厂各个岗位上工作,其中个别还担任厂中层领导。这些支农工为卫海厂的工作和生活做出了不少贡献,而他们在自己生活上的节俭是值得我们称道的。

支农工大多夫妻长期分居两地,一年只有两次回家机会,一次是家乡农忙,请探亲假回去帮家里抢收抢种;另一次是厂里春节放假,回家过年。

有人曾经把他们春节放假时乘坐的厂车里猪头超人头当笑话讲（支农工过年回家前，他们会用绍兴传统方法腌制酱油猪头），又曾经把他们往家带些煤饼柴火磅秤的事当闲话聊（当时支农工带煤饼柴火回家过年的很多，由于煤饼柴火很重，专门的行李卡车会出现超载现象，所以规定每人携带的重量），可又有谁想过他们为什么要这样做？

他们中有参加过抗美援朝战争的老战士，甚至有立功者。记得在30多年前，我走进绍兴籍支农工唐岳炎的单身宿舍，那次所见让我印象深刻。老唐1932年出生，中共党员，原在四车间一线工作，1987年退休，由其子顶替进厂。我进他的宿舍后只见他床铺前的小桌上摆放着一只陈旧的搪瓷杯，杯子上印着一行红色赠言：赠给最可爱的人。这是由当时中国人民赴朝慰问团赠送给每一位抗美援朝战士的，见我感兴趣，老唐还给我看了他的抗美援朝纪念章等。

支农工屠春芳，1932年出生，中共党员，1990年前后退休，由其女儿顶替进厂。卫海厂职工大多都记得这个名字，他退休前是我厂食堂的一位普通职

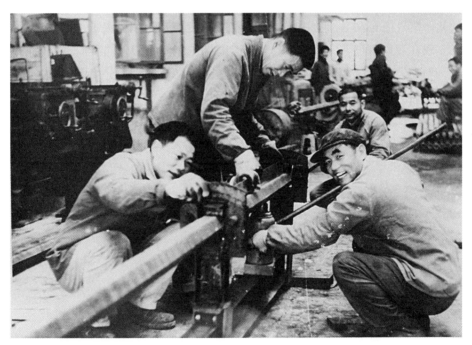

照片左二是文中的老唐，右二是文中的老张（拍摄于1985年）

工,可又有谁知道他其实是一位战斗英雄、一位在抗美援朝战场中立过战功的老同志,但他退休后没多少年就走了……

还有一位支农工张长春,1933年出生,1987年退休,由其子顶替进厂。他是一位绍兴籍的老共产党员,也是一位抗美援朝的老兵。我记得在2007年10月间,他和同样是抗美援朝老兵的老唐两人,特意从绍兴赶到上海,来厂里咨询有关上海对抗美援朝老兵的补贴政策。

那天我真巧与他俩打了个照面,我看过老张的军人退伍证,上面记载职务一栏是副排长。多么了不起啊!就是这样一位老兵、老共产党员、老英雄,在厂里默默无闻地干着一份普通的工作。他在一线干过,在基建组干过,再苦再累却从不埋怨,多次被评为厂先进个人、先进党员,在平凡的岗位上体现了其自身价值。

我原先一直认为英雄离我们太远,遥不可及,又有谁知道,最可爱的人就在我们身旁,这些可亲可爱的同志,平时低调做人不张扬,他们身上所体现出来的一种淳朴,就是当前国家和社会所要弘扬的爱国爱岗和敬业精神。

随着岁月的流逝,如今这些照片中的绍兴籍支农工,以及没在照片中出现的其他绍兴籍支农工,他们中有相当一部分人已经离我们远去了……

现在我们都已步入老年,也十分惦记身在他乡的绍兴同事们,因为那些年,我们一起在山沟沟这个特殊的环境里工作过生活过,小三线的建设也留下过他们的足迹和身影。人生有了那样一段的特殊经历,始终让我们难忘和怀念。

谨以此文,致敬那些曾在上海小三线建设中无私奉献的可敬的支农工!

(蒋忠华,七二届无去向培训,1976年3月进山,为上海卫海机械厂职工,1987年1月撤回上海)

万里生活杂记

原万里锻压厂　金春贵

上海小三线的各单位基本都建在山沟沟里,由于交通闭塞,离城镇较远,所以生活物资比较匮乏。尤其是在吃的方面,花色品种较为单一,满足不了职工日常生活的需求。尽管如此,小三线各个单位还是群策群力想尽办法在"吃"上狠下功夫,努力提高和改善职工的生活,确保小三线建设稳定有序健康地发展。

作者金春贵

想当年,我们万里锻压厂(简称万里厂)的领导为了解决职工吃菜难的问题,号召厂里各个部门在车间、办公室周围以及山脚下开垦五七田,做到自己动手,丰衣足食。我所在的准备车间门前门后也有几块空地,工友们积极响应号召,信心十足,一起动手把荒地里的乱石杂草清理干净,把结块的土地锄松,再在上层培上山土,随后浇足水,施上基肥。大家看着平整好的五七田,松下一口气,虽然很累,但都露出了满意的笑容。

过了两天,我们到后勤部门领到了种子,在有经验的支农老职工的指导下种上了鸡毛菜。接下来的浇水、施肥、拔草等农活大家都抢着干,尤其是青年职工,过去都没有种过地,既充满了好奇心,又觉得种菜劳动蛮开心的,所以干起活来都很卖力,都在为解决吃菜难问题做着贡献。由于我们

万里锻压厂职工集体留影

的田间管理做得好,鸡毛菜长势喜人,没过多少时间,我们就吃上了自己种的青青绿绿的鸡毛菜。尝到了种菜的甜头,等第一波鸡毛菜地翻了以后,我们又种上了青菜,并根据支农职工的建议,在菜地周围搭起了竹篱笆,种上了刀豆、豇豆。大约半个月,豆苗就开始爬藤了,长势也很好,结的豆也多,看着让人欢喜。同样,其他兄弟车间的积极性也非常高,也都种上了青菜,有的还种上了茄子、辣椒等蔬菜。厂里各车间之间还开展了劳动竞赛,看谁的产量高、品种多、质量好,人人争当五七标兵。记得那一年确实蔬菜大丰收,特别是青菜产量最高,除了职工自己留的、交给食堂的,还有很多青菜都吃不了,于是后勤部门就利用食堂里的泔脚和这些多余的青菜养起了猪。

每逢重大节日厂里便会杀几头猪来改善职工的生活。七一党的生日那天会安排职工免费吃大排面。劳动节、国庆节职工凭厂里发的餐券就可以到食堂领取一份红烧大肉、大排或红烧狮子头。我们这些单身汉都是几个人拼在一起搭伙,买点其他小菜搭配,再炸点花生米,小酌几杯开心开心。和现在饭店的聚餐比起来,虽然当年的菜差了点,但它却另有一番情趣和味道。年轻时的无忧无虑,轻松放任,集体生活的快乐气氛让人记忆犹新。可惜那已是一去不复返了,再也回不来了。

记得还有每年大闸蟹上市的季节,厂里总会派出卡车和后勤采购人员到苏北扬州一带采购大闸蟹,让职工尝尝河鲜,换换口味。等到采购车出发后,大家就期盼着大闸蟹什么时候能买回来。谈的话题也转到了吃蟹的上面。比如啥地方出产的蟹好吃,味道鲜美,啥地方的蟹品种好,又大又肥等等。一旦买蟹的车子回来,菜场门口就会人头攒动,排起长队,后勤部门经过核算,剔除损耗,基本上是按成本价卖给职工,比外面市场上肯定要便宜,所以大家买起来都是十几只一买。此时和蟹搭配的生姜、醋也是生意兴隆,供不应求。这一天的晚餐家家户户都在开蟹宴,吃得过瘾,吃得爽,好像全厂在欢度"吃蟹节"似的。第二天有个别同事上班讲话都含糊不清了,问他啥原因?大闸蟹吃得太多了,舌头开花了。

再说一件趣事,有一年秋天的一个午后,我们32号房对面的小溪河滩上看见从湖村方向过来好大一群鸭子,鸭子的叫声把我们几个好奇的青年职工都吸引到了河滩上,大伙看着一只只草鸭在溪水里戏水觅食,看着它们一摇一摆地向厂区方向缓缓走去,后面河滩上留下了一些刚刚生下的鸭蛋,放鸭的老乡便一个个捡起来,放在提着的篮子里。记得我那天是上中班,去食堂吃晚饭的时候就听说,这群鸭子被厂里后勤买了下来了。饭后回到车间休息了一会儿,又听说帮忙拔四只鸭子的毛就能换一天调休,大家觉得很划算,刚开始认为拔四只鸭子的毛没什么难度,于是都高高兴兴地到食堂领四只鸭子回车间拔毛。哪知道拔鸭毛也是一个技术活,而我们这些几乎没有干过家务活的青年职工根本就做不好这个事,有的开水烫过了头,拔鸭毛时连带鸭皮都撕了下来;有的开水温度没掌握好,或烫得不到位、时间短了,鸭毛怎么也拔不下来;有的算是把鸭毛拔下来了,但细小的鸭毛怎么也处理不干净。就这样,我们个个都弄得一脸尴尬,最后用了九牛二虎之力,费了好长时间,总算完成了任务,但距离食堂师傅的要求还是有点差距的,只能说是勉强过关吧。

然而不管怎么说,在之后的几天里,大家都吃上了食堂师傅烧的美味

当年万里厂的小卖部

酱鸭。那年头散养的鸭子色香味俱全,味道特鲜美,按现在的话来说,这就是正宗的草鸭。如今这样的味道和感觉再也没有了,当时那才叫真正的绿色食品。

总而言之,我们上海小三线单位职工的生活基本还是可以的。比如我们万里厂小卖部,职工所需的基本生活用品一般都有供应。上海居民凭票购买的香烟、啤酒、肥皂等我们一样也不少。小卖部里出售的糖果、饼干以及食品罐头也不少,如茄汁黄豆、蜜汁蛏子、午餐肉罐头、五香凤尾鱼罐头等都是上海产品,尤其是小听装的茄汁黄豆,打开一听,一餐便解决问题了。如果现在想吃这种经济实惠的茄汁黄豆,还真不知道啥地方有的卖呢!

这些山沟沟里的陈年旧事,虽然已经过去几十年了,但是现在回想起来,还是觉得非常难忘和怀念,没有经历过这段岁月的人,听我们讲述往事,还以为在讲笑话,实际上这些都是那个年代上海小三线的真实故事,这些零零总总的往事,却始终留在我的脑海里,念念不忘。

(金春贵,原后方轻工公司属下的绩溪万里锻压厂职工,七二届无去向培训生,1976年1月进山,在万里厂准备车间工作并兼做车间工会工作;1986年返回上海)

追忆我们逝去的青春

原光辉器材厂　殷美玲

"到农村去,到边疆去,到祖国最需要的地方去",为了响应党的号召,我和同校的6位同学在1969年12月23日那天的清晨,赶到上海老北站的长途汽车站,乘上了去安徽祁门的大巴车,开始了为期一年接受工人阶级再教育的征程。

大巴一路颠簸,途中尘土飞扬,我一直觉得胃里翻江倒海般难受。窗外有山有水有树木,但我们都无心去欣赏这些美景,大家心里只有一个念头:早点到达那心中期盼的目的地。中午大家在车上吃了自带的干粮,到了傍晚时分,忽听得前排的司机叫:"到了!到了!"此时大

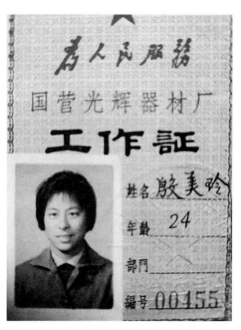

作者殷美玲当年进厂后的工作证

家都睁开了模糊的双眼,争先恐后地提着自己的行李下车,进了承包单位上海市第四建筑公司给我们安排的集体宿舍。这里成了我们的第二故乡,开门见山,抬头也是山。宿舍的条件很简陋,每间房间要睡十几个人,可以说"家徒四壁"。那时的生活很艰苦,每人每月发16元的生活费,除了吃饭还要买肥

皂、草纸、牙膏、信封、邮票等日常用品,唯一的零食就是从上海带去的炒麦粉,平时是不轻易吃的,只有肚子饿得咕咕叫的时候才拿出来充饥解馋。虽然生活这样艰苦,但我们在写家信时大多报喜不报忧:"父母大人好,我在此一切安好,吃得好、睡得好、身体好……望大人放心。"

  白天我们在工地上劳动,我们的工作是为了小三线"添砖加瓦"。工人师傅砌砖头,我们学生排成"一字型"传砖头。一开始大家很不习惯,有时传不好砖头会从手上滑落,或砸在脚上,或敲在手上,伤手伤脚的事情常常发生。我们一干就是一天,到了下班时个个都已精疲力尽,但我们班没有一个同学叫苦,因为我们的生活方式是半军事化的,对此我们早有一些心理准备。我们一到安徽,工宣队给大家按连、排、班进行人员分配,然后就是办学习班。通过学习,我知道了"三线建设要抓紧"。工人师傅拌水泥,我们就去溪坑边就地取材挑黄沙,为他们做准备工作。班与班之间还要展开比赛,看哪个班挑得快,担得多。那时我们年轻力壮,谁也不甘心落后,簸箕已装满黄沙,还要踩几脚,为的是再多装两铲,下班时汗浸湿了衣裳,肩挑肿了也没人吱声。白天忙忙碌碌日子还好过,到了夜晚,尤其是身体不舒服、生病时,我们就特别想家,有的人还会默默流泪。但第二天早晨我们照常出操,干活谁也不落后。

  记得有一天很冷,我们班的周同学高烧不退,而且瑟瑟发抖,盖了两条被子也没有用。怎么办?那时天已很晚,外面一片漆黑,伸手不见五指,我和几个同学借了板车,连夜打着手电筒送她去祁门医院。一路上寂静无声,偶尔听见远处的几声狗叫,直感到自己的心在怦怦直跳。到了医院,医生的诊断是患了疟疾,立刻入院治疗,一切都办妥后大家这才放下心来。我们回到宿舍已经是下半夜,也不知是几点钟,因为那时戴手表的人实在寥寥无几。

  让我最难忘的是带我们的工宣队老师,我们叫她"严师傅",她爱人在部队工作,为了我们放下了自己的小家,与我们同吃同住同劳动,同甘共苦。每当同学中有人生病,她就会在床前问寒问暖,无微不至地关心我们,使我们备受感动。有的同学收到家信后有思想波动,闹情绪,她就会与之促膝谈心,偶尔回沪公差,也会从百忙之中抽出时间去家访。"严师傅"既是我们的老师,也是我们的"妈妈"。

  我们学生中较大的是中专生和技校生,较小的是各个中学的学生,年龄相差约三岁。生活在这样的大家庭中我们感到很温暖。男同学在家时不会洗衣缝补，我有时会帮他们补补袜子、缝缝纽扣、洗洗衣服。总而言之，连里的好人好事层出不穷，一人有难大家帮，好风气蔚然成风。在帮助他人的同时，自己也得到了快乐，这是我们的真切体会。

记得那年春节我们是在第二故乡祁门过的，没有大鱼大肉的丰足，只有粗茶淡饭的年味。但是那些年"自力更生、艰苦奋斗、勤俭节约"的精神早已在我们心中深深地扎下了根，让我们受益了一辈子。

经过一年不到的学工再教育，使我尝到了艰苦的滋味，懂得了珍惜，学会了孝顺和感恩，这笔宝贵的精神财富让我一生受用不尽。1970

作者殷美玲当年在光辉厂工作时的电镀车间旧址

年也是我从学生到工人的转折点、里程碑，使我深深体会到，人只有经过不断历练、不断进取，才能无愧于自己，无愧于国家，这也许是人们为了美好生活而努力奋斗的缘由。1970年，我进了上海小三线建设单位——安徽绩溪的国营光辉器材厂，一干就是十多年。

光阴似箭，一晃五十几年过去了，当年靓丽的姑娘、帅气的小伙子，如今已是两鬓斑白的老人了。现在的生活条件可以说丰衣足食，什么都不缺，夕阳无限好，只是近黄昏。朋友们，让我们牵起手来，抓住青春的尾巴，再活五十年。

（殷美玲，1969年12月23日中专技校毕业后去安徽祁门茶乡劳动锻炼一年，后被分配至安徽绩溪光辉器材厂电镀车间，1985年调回上海，被分配在上海钟表元件二厂工作直至退休）

"光辉"岁月

原光辉器材厂 张耀海

1969年7月24日,公司通知我支援小三线建设,关系转到安徽绩溪县公司包建的光辉器材厂(简称光辉厂)。我参加小三线建设后,先在上海搞技术调查、参观学习,并负责对进山人员进行政审。1969年12月底,我到重庆354厂学习,在火车上过了个元旦。1970年1月2日我到达重庆站,后转汽车到354厂,学习了半个月。学习结束后,我乘东方红号长江轮由重庆长江轮到达武

1970年1月作者张耀海在重庆至武汉途中东方红号轮船上留影

汉,在武汉参观了武汉长江大桥等,并在武汉过了一夜,然后乘昆仑号长江轮至南京,在南京也过了一夜,次日参观了南京长江大桥,于傍晚乘火车至上海,前后总共历时近一个月。

回上海后,我本打算回家休息,可当时光辉厂领导小组决定,全体职工一律到安徽绩溪工地过春节,学习毛主席著作。可进山后,厂里也没有组织学习,我们算是提前探探路,熟悉一下厂里的环境。那年春节过后,厂决定在沪工作的职工仍回沪,我到厂里住了几天,然后就回了上海。

因为光辉厂的领导班子存在些问题,轻工局调工区副组长雷英伟同志担任光辉厂领导小组组长。老雷到任后,进行了些人事变动,要我速进山工作,于是我于3月20日再次进山。当时生活很艰苦,晚上采光仅能靠建筑队的柴油机发电,到九点钟就关机没电了,如果还要看书、学习、开会,就只能用煤油灯或矿烛了。但是,大家积极性很高,干部白天帮助搞机器安装,晚上开会工作,还要下宿舍关心新工人,毕竟新工人都是些刚从技校分配来的学生。经过一段时期的努力,表面处理车间先建起来了,组织生活也逐渐恢复正常。我们这些被调去的干部思想上很合得来,并且都有一定的管理经验,尤其是老雷,既懂生产业务管理,又善于做思想政治工作,能团结同志一道工作,因此厂里的工作很快就有了起色。后来经厂党委研究,工区批准,任命我担任厂政工组第一副组长,这大大加重了我的工作量。因为老雷身体不好,眼睛有病,许多会议都由我代他去开,工作是辛苦的,但党委一班人思想统一,我依然心情舒畅。

政工组任务是很重的,但组内同志素质较高,业务能力强。陈步青同志任副组长,分管宣传工作,施凤升同志分管组织工作,还有郑文义、张锡龙、张大权等。军代表张月光同志很支持我们,因厂里工作搞得不错,我们经常去外面介绍经验。

因为安徽离家较远,过了几年,老雷同黄锦林同志商量,叫我把家属子女都调过去。1973年春节后回家,我曾带了组织介绍信,打算到家乡诸暨县联系家属的调动问题,可一到家,看到上有老下有小,要全家带去,确有困难,尤其是岳父母年迈,怎能远涉他乡。我也下不了这个狠心,因为如果让岳父母留在家乡,把子女带去,让二老孤苦伶仃更不好。于是,我便没去联系家属调动的事情。回到厂里后,老雷和黄锦林同志问我为何不愿带家小进山,我实事求是地谈了上述情况,他们都表示理解和同情。于是,老雷提出让我调回老家,问我有无门路。我表示我自己平时都在讲叫大家安心进山工作,而自己却当"逃兵",这实在不大好,还会给领导带来工作困难。老雷说:"我知道你的情况,你在上海工作时就提出过调回浙江的请求,只是工作离不开,但家庭总不能长期分离下去,你去联系,这里的工作我会做好。"这样,我才写信同弟弟联系,叫他设法到绍兴联系单位,同时我写了请调报告。是年,弟弟也调到绍兴地委组织部,在他的工作下,由一些老同志帮忙,我被落实调到了绍兴。当时,老雷已明确调任三公司党委副书记、行政主要领导,我被借调在二区搞首届党代会筹备工作,这样,调走后,群众意见可少一些。按我当时的思想,确实舍不得离开光辉厂,因为我与那里共事的同志关系搞得很好,在这个集体里工作,心情舒畅,再苦也乐。

1973年8月上旬,我告别了老雷、黄锦林、邵伟等在光辉厂共同战斗了四年多的同志,由老雷、黄锦林等同志陪同到绩溪县汽车站,三工区陈大来、李政委等领导同志也到车站送行。虽然在山区偏僻了一些,工作也是辛苦的,但真的要离开了,我真有点舍不得。我尽情地看了绩溪的山山水水,看了在这块草

1988年作者张耀海与女儿合影

地上我们亲手创建起来的工厂,努力把它完全装入眼底。人是有感情的,要离开这么多战斗在一起的同志,内心确实激动,上车前,我一面在和前来送行的领导握手告别,一面止不住地热泪滚滚。大家都安慰我,希望我到新单位好好工作,为党多做贡献。汽车开动了,大家都立着挥手,我在车内也探出头来,挥着手,互相依依惜别。离开绩溪后,我到上海办理了组织关系转移和粮户关系转移的手续,于1973年8月20日到绍兴地委组织部报到,由组织部介绍到相关单位报到。

张耀海女儿的话:我的父亲张耀海去世已整整30年了。在整理父亲生前写下的自传时,发现了这段他参加小三线建设的记述,字里行间,充满了对"光辉"岁月的怀念,对领导和同事的思念,对绩溪山山水水的眷恋,读后深为当年父辈们的大局意识和艰苦奋斗精神所感动,更为当年父辈们之间的深情厚谊所打动。机缘巧合,有幸结识了余启明先生,使父亲的这份怀念、思念和眷恋能穿越时空,在他去世30年后得以传递。我想,父亲如果地下有知,一定会非常欣慰的。

作为小三线人的后代,我在此谨祝各位当年参加小三线建设的叔叔阿姨们幸福安康!

绩溪,我的第二故乡

原光辉器材厂　郭向东

从小三线回沪已有30余个年头了,许多往事令人难忘,回味无穷。绩溪,光辉器材厂,那是我的第二故乡。十六个春秋,我为小三线的建设献出了宝贵的青春年华……

进山第一天

我是第一批进山的,车上仅有四位女同志,当时我们还只是二十岁出头的姑娘,雄心壮志比天高,一心只想出去闯闯世界。十多个小时的长途跋涉,我眼前的全是重峦叠嶂,尘土飞扬,一路的颠簸快把我的五脏六腑都移位了。离目的地越来越近,大家越觉得好像进了深山老林。

黄昏时分,车驶进了驻地。下车一看,驻地就像一个大盆地,四面环山,头顶一方蓝天。我们拖着疲惫的身子走进宿舍。这是间简陋的砖瓦小屋,一块木板,两条长凳作床。夜幕降临,小屋内只有一盏随风摇晃的昏暗的小灯。窗外一片漆黑,时不时还传来几声狼嚎。我们心里都有些害怕,躺在床上,眼望房梁,大小老鼠穿梭往返,发出吱吱的叫声,这时大家再也忍不住,委屈地大哭了起来。

天亮了,鸡鸣、鸟啼、牛叫、狗吠,我们走出了砖瓦小屋。嘿!这里的风景还真不错,漫山遍野的松树、杉树和竹林,紫色、红色、黄色的野花点缀其中,雾气飘游其间,犹如仙境一般。脚下一条蜿蜒的小溪名叫登源河,溪水清澈

当年和厂里同事的合影（后排右一为作者郭向东）

见底，我们就用溪水洗漱。洗漱完毕，我们四人沿着小溪边的山路走向办公室，突然，我们中一位大叫起来，原来老乡们在小溪上游涮便桶、洗衣物……天啊！我们刚才洗漱用的水，竟是上游下来的脏水……

山区新生活

随着一批批支内大军的到来，我们的生活也一天天正常起来。厂房、住房拔地而起，水泥路、后勤设施陆续跟上，虽然生活比城市艰苦，但还是能在苦中找乐。我们常到老乡家去"寻宝"：花生、小核桃、土鸡蛋、野笋干、大米、猪腿……有厂车回上海，我们就托司机师傅捎给上海的亲朋好友，一则新鲜，二则便宜。这样的"寻宝"也使周边的老乡们富了起来。

我当过广播员、子弟小学老师、幼儿园老师。因学生不多，配设的是复式班，老师大都不是师范生，但都经过进修培训。虽然于当时艰苦，但我们也不能耽误了孩子的学习。在那个人人都看样板戏的年代，我给二年级小朋友排练《红灯记》《沙家浜》片段。穿上小戏服,小主角们栩栩如生的表演可爱极了。在当时文化生活匮乏的后方基地,小朋友们可爱的表演无疑是一抹亮丽的风景,深受群众欢迎和好评。

我们渐渐地爱上山区生活了。春天上山挖竹笋,夏天在小河水中嬉水,秋天狂吃大螃蟹,冬天上哑巴山采蜡梅。

每逢佳节倍思亲,最让人期盼的是一年一度的春节。又是一年要回沪团聚团圆的时候,山货备了一大批,可惜,天公不作美,大雪封山了,路上结了厚厚的冰。厂里仅有的两辆大客车要优先照顾老人和小孩,剩下的职工都要挤大卡车。汽车的轮胎上安装了防滑链,座位是临时钉的木条凳,帆布围裹的车厢大棚里黑黑的、闷闷的。十几个小时的路程,把人颠得横七竖八、东倒西歪,更让人提心吊胆的是沿途的安全。终于到了目的地——上海,大家松了口气,各自整理好行李,回到亲人身边,但大都已精疲力尽。

这一年回家过节的情景是刻骨铭心的。我珍惜现在的生活,享受现在的生活,正因有那段经历,有那段生活。

山里文化

越来越多的人怕回上海过年,不愿在路途中花费巨大的精力,而且留在山里过春节的话,假期也比较宽裕。我们很早就准备好了年货,有自采的,有从上海带来的,更多的是由厂车从上海运到山里小卖部,然后分配供应给职工。我们自己还包了馄饨,做了八宝饭等过节食品。

临春节的前几天更热闹了,几户友好的邻居互相拜访串门做客,每家准备一天宴席轮着吃。轮到作东的那家总是动足脑筋,别出心裁,做出自家拿手菜品,唯恐怠慢了来宾们。我们在欢声笑语中度过了一个个愉快的新春佳节。春节的娱乐节目便是翻越哑巴山采摘蜡梅,孩子们沿途一路打雪仗,到了夜晚时分还可以燃放烟花,整个天空五彩缤纷,漂亮极了。

平时,我们的文化生活主要是看电影,有一个巡回放映队负责工区几家单位的电影放映任务,基本能保证每个厂子每个月放映两次电影。每当消息灵通的人下了班去食堂抢先占座位时,我们便知今晚有电影看了。这天大伙儿会早早地吃了晚饭,提凳扛椅,把食堂摆得水泄不通。

临到放映电影时,人多得很,有的干脆坐到舞台上的银幕后面观看电影。后来,当地老乡也加入观影行列,连家住四五公里外的老乡也会携儿带女跑来观看。记得《卖花姑娘》和《流浪者》两部影片均在半夜三更放映,《流浪者》还是在雨雪交加中放映的,大家裹着棉衣撑着雨具,照样摩肩接踵,很少有人离去。

在上海人民的关怀下,来了许多文艺演出队和有名望的演员。我们自己也组织小分队巡回演出,再加上图书馆的开放,电视机的普及,山里的文化娱乐生活就愈来愈丰富多彩。

我演《阿必大》

上了年纪后,我总会想起一些陈年往事,特别难忘、特别开心的事回忆一下,也是蛮有滋味的。

当年我支内建设去了皖南山区,刚开始在山沟沟里生活好像与世隔绝,非常枯燥,但后来慢慢习惯了,也学会了自己找乐子。有一次我心血来潮,想排一个沪剧小戏,因为小乐队有现成的,只要有曲谱就不成问题,难的是找演员。

当年演沪剧《阿必大》剧照(前排左为作者郭向东)

那时厂里的文艺爱好者虽不少,但会唱沪剧的还真只有我一个,好在从样板戏年代过来的人多少会哼上几段,上海人对沪剧也不会陌生,所以在我盛情撮合下,爱唱淮扬戏的"婆阿妈",喜欢京戏的"婶娘",歌声优美的"陆阿大"加上我这个"童养媳",角色配备齐全,沪剧折子戏《阿必大》开排啦。

当然,练唱的方面我得多出点力,读白和伴奏就辛苦大家了。前期的唱念花的时间不算太多,难就难在做功了,当时没有视频,就凭看过舞台演出的印象自导起来,当基本架子搭成后,工会组织我们专程到上海长宁区工人文化宫学习,经过老师的辅导以及服装、行头的支持,这出小戏就成了。

在道具置备、舞台搭建、灯光安装等各方人员支持下,折子戏开演了,无论是演员还是观众都过了把瘾,也丰富了后方基地职工的文化生活,稍有遗憾的是没有音像录制(当时连彩照都没有),所以对这几张保存了将近四十年的黑白剧照我十分珍惜,因为那是我美好的回忆。

大自然的美

春回大地,鸟语花香时节,最快乐的事莫过于踏青游玩。休息天,几户要好的人家早早起床,相约结伴出游。女人们在田埂边挑挖马兰头,男人们带着小男孩在溪边翻着鹅卵石找寻螃蟹和小鱼,女孩则采摘野花做成花环。

厂子往北走三四公里路的地方,有一个叫北村的庄子,那儿有典型的徽州民居,有供销社和小饭馆,兴致好时我们也会坐下叫上几盘有当地特色的徽州菜,家常小酌,花钱少,口福到。有时还会到供销社去扯些衣料,学做缝纫。临回家时,大家不会忘记到老乡家去转上一转,觅些山货。当收获不小的春游队伍凯旋而归时,一路上洒下串串欢声笑语。

春天是个好季节,这时住宅边的竹林里春笋露尖,一天一个样,此时笋的价格最便宜了。山上树木成林,满山翠绿,空气新鲜,是养身修性的好地方,犹如仙境。

到了夏天,梦醒了的山区常常要发脾气。有一年冬季,下了一场大雪,冬季时山顶积雪,开春还未融化,到夏天积雪才开始融化,紧接着加上几场大暴雨,洪水夹带着泥石,像脱缰的野马奔腾直下,山洪暴发了。我们住在山脚边,虽有大石垒起的护墙,但也挡不住倾泻而下的洪水,护墙倒塌了,狭小的溪坑容纳不下翻滚着巨浪的洪水。洪水溢出,声如狮吼虎啸冲入大溪中,上游冲下的家具杂物被撞烂撕碎,公路也冲开了一个大口子,交通被迫中断,我们被围困在山中。但是大家并未被吓倒,干部、工人、乡民都纷纷加入抗洪救灾的行列。

洪水过后,溪流又恢复了平静,哼唱着催眠曲,潺潺而过。我们爱它,它是绿池,是夏天降温的好去处,不会游泳的我,也情不自禁地投入了它的怀抱。

山里的环境就是这样,发起怒来让你颤栗,平静起来犹如温柔少女。直到现在,还让我常常怀念。现在,每年春夏时节我都会去农家乐,就是去找寻那时的感觉。

不舍的惜别

一眨眼的工夫,十六个春秋过去了,我的青春也献给了小三线的建设。小三线建设后期各厂已经很难维系,职工的收入也相对低,久而久之我们这些山里人的思乡情绪愈来愈重。

大伙儿都觉得该回家了。不知盼了多少个今冬明春,终于给盼到了。小三线调整,我们即将离开山沟,重返大上海发光发热。

走在亲手修筑的水泥路上,看着艰苦创业办起的工厂,六层楼的公房,还有隔溪相望的老乡,不敢相信从此就要离开这里,喜悦和惆怅就像一张没有头绪的网,罩在每个人的心头。

老乡们依依不舍:"叶落总要归根,只要别忘了咱们,万一到上海走个亲访个友,可别把我们往外赶。"

真的要走了,每天都有搬家的车流。与初来时不同的是,这次搬家、打包、装车等重活,都被老乡抢着干了。

临走的前一天,总有些乡亲乡邻来串门唠叨一番,有叮嘱,有难舍,有祝贺,也有留恋,有人的地方总有感情,何况这十六年的朝夕相处,情深意长!

车驶出驻地,向公路拐弯时,泪眼模糊的我,看着车窗外老乡伫立欢送的场面,心里情不自禁地呼唤着:再见了,相伴多年的山峦!再见了,滋润心田的登源河!再见了,皖南山区的老乡………

离开绩溪,离开小三线已经30余个年头了,但那些往事,还是经常萦绕在梦中。绩溪,那是我的第二故乡!

老照片里的故事

原燎原模具厂　杨志松

油画《飞》

大概在1983年,上海轻工业局和上海食品工业公司到后方我所在的燎原模具厂进行企业验收。说来也很奇怪,上海后方小三线准备撤销的消息已经在厂里传得"满天飞"了。不少"劳务输出"的朋友,已经打起背包准备出山到上海去做"临时工"了。但是,厂部还像模像样地组织大量人力和物力,隆重迎接来验收的贵宾。

我接到的任务是布置厂办公大楼的四楼会议室。这间会议室是厂级领导向上海代表团汇报工作、表示决心、畅谈未来的重要场所。这间会议室在办公大楼的顶层,场地面积不大,大概有六七米宽,十来米长的长方形房间,宽的两头是整堵的墙,长的两面是门和窗,一面靠走廊,一面靠厂区山路。

我不想把这个会场搞成一个红旗加标语加横幅的地方,我向那时的厂党委副书记周福元提议,主席台的墙面上挂一幅宽银幕式的大幅油画,两边窗柱上挂小幅的油画和国画,他很爽快地就同意了。但他要我把准备画的稿子先拿给他看看,特别是主席台墙面那一幅画稿。

我明白他的意思,抓政治工作的领导,关键要把握好主席台上的那幅画,他要亲自审一审,看看我到底准备画点些什么。

我找了手头上仅有的资料,我不打算画《江山如此多娇》之类气势磅礴的巨作,因为那类作品全国人民都看熟了。从北京的大会堂到地方上的迎宾馆,

作者杨志松1971年五一劳动节留影于绩溪大桥

从影剧场到飞机场,甚至码头车站的候客厅里,到处可见。

我本想画些小桥流水人家之类的,但是时间紧,手头上又没有现成的资料。我七翻八翻,终于在一本画报里看到画家黄永玉先生的一幅水彩画,画中几只白鹭掠水面而飞,背后是一片沼泽地,画面不大,像是一幅小品,但很有动感。

有了!

我想到我们迟早就要离开这山沟沟,我们就要像这几只"鸟儿",将飞出芦苇荡啦!

就画这一幅。

我画了一张草图,把画面拉长变成一比四的宽画面,把沼泽地改成芦苇荡。整个画面是暗调子,在芦苇荡水天交界的远方,天空露出一抹亮色。

我把印刷品和草图一起送到周副书记面前,我告诉他,我准备把水彩画改成油画。

他当场拍板说:"蛮好。"

其实,我当时心里有点虚,怕领导会把这个方案"枪毙"掉。因为这张画,一点不带政治色彩。当领导的日理万机,千头万绪,总是要有点政治色彩的,尤其是会场布置,怎么可以搞得像开画展一样呢?

我想要是他问我这幅画表达些什么意思。我也不好直截了当拿心里话对他讲:"我们就要像小鸟一样飞回上海去了!"

多亏周副书记当时一句也没多问。

其实,我早已做好了思想准备。他要是问我这幅画摆在主席台上是什么寓意,我就开门见山地告诉他我们看惯了山,现在让职工们看看水,像那几只鸟儿一样,拍拍翅膀开开心。

想不到领导一句也没多问,也没为难我半点。周副书记马上通知"西瓜先生"杨尧棠负责国画部分的绘制,通知木工间师傅,第二天就动手制作油画布木架和裱油画的镜框。

我这一米宽四米长的油画因为太大,只好在木工间里绘制。木工间的小师傅大师傅们,不但忙着做中西式的油画、国画镜框,还帮我一起绷油画布。绷油画布就是把浸过水的油画布用鞋钉固定在木架上。这是一项费力的工作。几个人边拉边钉,要使画布在木架上绷得像个鼓面一样挺括,能够敲出"咚咚咚"的响声,大家用足了吃奶的力气。

最后,为了表示我对木工间几位师傅的谢意,在这幅油画完成之后,我在画布的背面,写上了木工师傅、油漆工师傅的大名以及年月日,以作纪念。

我想,我们终究会离开这里,这幅油画,日后不知还能否再见到它。

二十多年后的2006年4月,我出山后第一次进山去拍视频。这次旧地重游,最想见一见的就是这幅油画。我听厂里的同事说,二十几年前"大撤退"时,办公大楼一片狼藉,可以拿得走的和想拿走的都拿走了,拿不走的,就算再值钱的也全部放弃不要了。办公楼里乱得像逃难一样,满地都是杂物。挂在墙柱和走廊里的小幅油画和国画都被"顺手牵羊了"。唯有这幅我心目中取名叫《飞》的油画还挂在老地方。大概一是因为画面太大,搬运起来太费劲了。二是因为油画镜框全被牢牢固定在了墙上,拆下来也要有点水平的。

我一定要进山去看看它,在它前面拍张照片。因为当年画好之后,我没来得及拍照留念,就和"西瓜先生"被借调到上海食品工业公司去为他们画画了。

我想,要是有可能的话,我准备用刀片把画布割下来,"偷偷"带回家。

没想到,等我站在这幅油画面前,真是百感交集心灰意冷,这幅油画竟已满目疮痍。

作者杨志松在离开皖南23年后,幸运地又重逢在这幅当年自己亲自创作的油画前

那年,四楼这间会议室,灰土满地。两边的门窗玻璃大部分都破碎了,只剩下了一排窗框。屋顶天花板上不少地方还有漏水的痕迹,加之四面通风,画面上的油画颜料早就开始风化剥落了。

二十几年来,一个好端端的"小妹妹"已经变成了饱经风霜的"老婆婆"啦。

回过头去想想,人生也真有趣,1971年3月,我进燎原模具厂上班才没几天,就在一车间画了《毛主席招手》《全世界人民大团结万岁》等几幅油画。那时候条件有限,因此一张照片也没有。

1983年离开燎原模具厂之前,又有机会画了这幅油画《飞》,虽然也没拍照,但真正做到了有始有终,有头有尾,有来有去。

那天,我站在这幅油画前,请陪着我的同事,也就是当年做油画镜框的,现在还留在山里的油漆工汪金师傅,为我在这张油画前面按下了快门。

我没把这张油画"偷"回家。

还是让它留在山里吧。

有位作家曾经说过:只有留在记忆里,才是最美好的。

老朋友再见!

鸟儿已经飞过,唯有记忆永存。

(杨志松,1969届上海美校毕业,1971年进山,原绩溪燎原模具厂职工)

瀛洲旧事

原轻工中学 刘金峰

作者刘金峰的父亲年轻时的照片

父亲

近日话及大杨浦,数位群友起兴共鸣,杨浦在上海的地位蛮特别的,产业工人居多,因此可谓"区风硬朗"!这里是我的出生地,我对自己的出生之地始终充满感情!

我家三代老杨浦,也许受此影响,家风也有那么一点"尚武"的味道,凡添男丁,都要学点腿脚功夫,用作防身。祖父是旧社会过来的人,明白强身的重要性,其实我父亲年轻时也仅学过一点太极拳。我一直认为,学过武的人,关键时刻还是"冲得出"的!说一件父亲进山后的真实事情:1974年某秋日,光明机械厂出过一件大事,一女工清扫时误入变电所"进户柜",1万伏的高压电瞬间将其击倒,人昏迷伏于电排上,周围形成了骇人的放电电弧,电火花有半人高,啪啪作响,薄烟已腾,旁边五六位工友惊呆。突然有人大喊:"刘师傅快来!出事了!"父亲闻声从变电所二层工区飞身跳下，见状神色陡变，对边上人大叫："赶快打电话给703供电所拉闸！拉闸！"又叫，"赶快通知医务室准备抢救！"同时父亲抓过绝缘手套戴上，小步前挪，几番试探，终于成功抓牢触电女工的工作外衣，猛喝一声，一把将其拽出电柜，两人一起朝后跌倒……女工后来被厂车急送至后方医院，幸亏抢救及时，脱离生命危险，也未留下残疾。但当时右腹电击处已烧出一个大洞，用工人师傅的话形容"可以塞进一只二两淡馒头"，治疗很久后才痊愈，真是不幸中的万幸。抢救医生当时说："谁的胆那么大，1万伏也敢上去拉？"事后我在家问父亲当时怕不怕，他答："怕还是怕的！我当时采取了一个太极拳虚步动作，重心在后，万一触电，失去知觉人应该是朝后倒下的。"父亲的勇敢得到全厂的表扬，并有宣传人员写成"事迹稿"在光明机械厂广播站广播。广播时，父亲与我对坐在家中桌前，见他沉默，几无表情，广播稿最后一句引用了采访父亲时的原话："我是党员，关键时刻我不上，谁上？"此时见父亲嘴角微动，眼里似有晶莹泪花闪过，我不忍看，赶紧转身离开……

家中石磨

山里过年，回沪者多，光明机械厂此时已显寂寥，一夜大雪，更是冰封世界。晨起推开木窗户，满眼白茫茫，辨不清山上原先的树和石，只有山坡上一排排宿舍依旧错落有致，只多了一顶顶厚厚的银冠！忽听得哪位仁兄引吭高歌，少剑波的唱腔："好一派北国风光！啊……""好！好！"有人隔楼喝彩……

我家有一石磨，在早期的光明机械厂声名远扬。此石磨为湖南麻石，白底黑点，听说祖父年轻时曾用，民国早年购得。离沪进山时，辎重过多，只得舍弃一些杂物，只有这个几十斤重的石磨父亲坚持不舍。母亲说："这有啥用？"父亲不作声。山里备齐一般年货不难，但包汤圆的糯米粉难寻。家家户户早将糯米浸透，来我家借磨的同事络绎不绝，父亲也乐意相帮。名声一出，借者甚多，父亲便让他们自行"接龙"下传。光明机械厂的家属楼一般都刷上红色大字标语："团结、紧张、严肃、活泼""抓革命、促生产"等等，彼此地址就以标语为号。比如，我家就住"团结"楼下第一间……除夕夜之前，我家的宝贝石磨开始走家串户，加班加点：上午在"严肃"，下午在"活泼"；上半夜去"抓革命"，下半夜去"促生产"，年复一年……来年春夏，父亲都会找石匠来家重整

作者刘金峰和祖父母的合影（1970年8月）　　2018年9月作者刘金峰和父母的合影

石磨，修复已钝的牙口。当地石匠不多，要价自然就高。门口院子里响起叮叮当当的声音，锤凿过处，火星四溅，碎石起烟。母亲心疼花费，就有怨言。父亲说："都是厂里同事，怎么好意思拒绝人家？"

独家村来的小胡

龙川近年来名声大噪，已成徽州旅游业一张"名片"，不过我们三线人更习惯称其原名——坑口。五十年前的光明机械厂建厂不久就帮助瀛洲当地拉线通电，搞好了工农联盟。父亲为参与者之一。当年他带过一个农民电工徒弟胡协根，胡协根就是坑口人。相处不久，师徒甚融洽，遂邀请小胡来我家做客数次，印象极深。按年龄他比我大十岁，但长得瘦小，且是一张娃娃脸，如我是小学生，他顶多算个中学生！小胡始终笑容灿烂，有点憨。我们兄弟背后笑其傻，家父断然道："协根绝对聪明，学技极快……"

某周末，小胡突然登门，说前几日他家拿出了几块腊肉，遵其父嘱，邀请我们全家去做客，尝尝美味！小胡家其实不住坑口村，而在村后的高山密林丛中。从坑口走羊肠山道盘旋而上，还有两里多地。小胡前引路，大家循道而上，不时需抓住身旁的灌木借力上攀，似无尽头。待我们一行人气喘吁吁快精疲力竭时，犬吠声至，隐约中已能望见白墙黑瓦，小胡的父亲下来迎接我们了……老胡同志精瘦，面透风霜似老农，目光却锐利深邃，一望便觉其有些与众不同……早年胡家本不在坑口，老胡曾当过新四军交通员，在歙县岩寺一带负责传递情报，1941年皖南事变后遭敌军通缉，遁至绩溪，找到在缫丝厂的胡姓族亲，被送至老家坑口村后山上，藏匿于山洞里。好在当时国民党当局管辖仅至县级，乡村基本由乡绅管理，且皖南宗族势力强大。

这是文中提起的老乡胡协根家旧屋

老胡藏匿后山，坑口老乡大多知晓，但无人告发。风声一过，天长日久，老胡便在山中安营扎寨，娶妻生子，成了山上的独一家。新中国成立后，老胡不愿下山，他早已习惯山中自给自足的生活，且懂得诸多草药知识，会些医术。老胡一家热情好客，腊肉香溢满屋，我们边吃边听他们叙述山中趣事。

时至2013年，我回绩溪，除了瀛洲和光明机械厂，坑口是我必去之地。旧地重游，物是人非，坑口已变成龙川，村里人家的门牌仍是瀛洲乡坑口村某某号，且尚书牌坊依旧在，水街游人如织。打听下来，后山上早已无人居住，老胡过世多年，小胡搬家去绩溪县城做电工本行，在当地混得也算风生水起，只是前不久因病也已去世了！这个难辨真伪的消息一时让人难以置信，霎时间脑海里闪过的全是胡家父子与我们一同吃腊肉的景象……当日龙川景点游玩的兴致全无，总幻想着某扇老乡家的门会慢慢打开，闪出胡协根的娃娃脸，还有老胡那憨憨的笑容……

（刘金峰，1961年12月生，1970年9月去绩溪光明机械厂随父母支内；1980年7月考入大连工学院造船系；1984年7月毕业后分配至南京某国企工作；2002年回沪定居）

我在绩溪瑞金医院的八年

原后方瑞金医院　吕建昌

作者吕建昌

在去上海皖南小三线之前,我们根本不知道什么叫小三线。记得1970年之前,我们67、68、69三届学生"一片红",全部上山下乡了。到我们毕业分配的时候,根据我的条件,可以到郊区的农场去,当时有个"一工一农"的政策,我家里有一个在外地插队落户,有一个在上海工作,所以我才有机会到市属的农场去,或者做"外工"(即到外地工矿企业单位工作)。如果家里没有"一农",肯定是到外地农村、农场去了,或者插队落户。我们班上很多人就到外地插队落户去了。

像我这种条件,还有一个分配去向,叫"无去向培训",这是1972年才开始的。凡被定为"无去向培训"的学生,中学毕业了之后并没定好去哪里,但是肯定是要被分配到外地的,只是先被安排在上海的某个单位(譬如工厂企业或宾馆饭店之类等)去当学徒,两年后就分到外地的工矿企业或别的什么单位去。有相当一部分"无去向培训"的毕业生被分在梅山,一部分分到安徽铜陵或其他更远的地方,我们医院也有一些属于"无去向培训"的毕业生被分配进来,都被安排在后勤部门,如技工组、车队、食堂等,大多都根据他们在上海培训时学的技术与知识让其做相应的工作。

我在中学时读书比较好，班主任老师想让我继续去读书。那时继续读书有两个去向，一是技校，二是卫校，我以为男孩子都是读技校的，所以估计是会被分配到厂里面读技校，结果通知来的时候，是直接到后方瑞金医院工作，我感到很惊讶。

当我们这批七二届毕业生到后方瑞金医院报到后，医院方面计划为我们进行医学培训。我们男生分两部分培训，一部分是学口腔医疗，另一部分是学药剂学；女生全部进行护理培训。我们没有选择的权利，都是老师分的，结果把我分去学药剂了。

当时后方瑞金医院办药剂学培训的条件比较差，我们到了那里之后，医院又把我们送去上海第二医学院附属卫生学校（简称"二医卫校"），读一年药剂学基础课。第一年我们跟二医卫校的学生一起上课，那时候后方瑞金药剂科的钱漪老师和其他几个二医卫校出来的老师给我们讲课，课上得很好。

一年的基础理论学习结束后，我们就回到后方瑞金医院去实习了。

在瑞金医院的生活

我到医院后先在药剂科工作。药剂科有门诊药房、病房药房、灭菌制剂室和普通制剂室（我们习惯称它为"药厂"）等部门，我在药剂科的各个岗位都工作过，比如在门诊药房给病人配药，到药库里面进货、对账等。医院里用的有些药是我们自己的"药厂"制造的，属于内部制剂，比如一些现成的中成药、喝的饮剂、一些软膏，我们自己都可以做。

病房药房只限于为住院病人配药，病房是上午8点上班，8点半交接班，8点半以后医生查房，到10点之前护士把医嘱全部开好，然后把这个药方单子送到我们药房，由我们配药发出。灭菌制剂室经常做葡萄糖盐水，因为输液需求很大，不可能从上海运过去，都要自己生产。

1974年年底，我和另一位在药剂科工作的同事一起被调到医院政工科工作。因为医院要发展，缺少管理人才，所以把我们抽调上去，算作是培养对象。政工科下分组织与宣传两个组，类似于现在党委的组织部、宣传部。不过组织组除了干部培养、考核工作之外，还把单位人事部门的工作也包揽了；宣传组主要负责政治学习和一般的宣传工作。在那个时期，政治学习任务繁多，每个

原后方瑞金医院行政楼

星期政治学习两次,还有"天天读"等,每天都会布置学习任务,要找文章和写文章。宣传组一方面要根据上面的指示开展学习,另一方面要动脑筋想办法组织大家学习。

政工科的领导是两位参加过抗美援朝的老战士,一个科长,一个副科长;科员有四个,其中一个是山东大学调来的讲师,口才与文笔都很好,每年领导的年终总结都由他来写。

当时为了不脱离群众,我们干部每周四都要去基层劳动。我们药剂科中药房里面有位"老法师",他知道皖南地区的金樱子、茵陈蒿比较多,可以去采,什么地方有什么草药他都比较熟悉,所以我们基本上每周都会去采草药。

由于我们政工科领导拉着院里一把手老崔、二把手张贵坊一起去,所以条件比较好,先到驾驶班要一辆车,中午在外面吃饭。夏季的时候,医院周围都是稻田、村庄,院里帮附近的大队收割,所以跟当地的关系很好。

根据上级指示,我们每年都要组织一个医疗队到当地附近的农村开展巡回医疗。这个方式还是不错的,当地百姓一看来了城里的大医生,很愿意来看病,而且巡回医疗实际上都是免费的,看病配药都不要钱,费用由医院支出。那个时候医院的经费都由国家财政支出,每年都由上面拨款。瑞金医院那时候财政是"赤字"的,常常需要去催款,我们戏称"讨债"。

每年快到春节了,我们医院就会组织一批人马,到附近的农村去催款。因为我们医院也为当地病人服务,当地病人来看病是不用押金的,来了就给看病。如果住院,那病房里就多少会有开销,出院时付不起钱可以先欠着。照理说没有把钱结清是不能出院的,于是欠钱的病人就偷偷地溜走。这些病人就连原来带来的背包物品都不要了,人就这么悄悄走掉了。

当时这样的情况比较多,去找欠费逃走的病人时,问某某人在吗?他说在。看过病住过院吗?他说是的。问他欠了钱是吗?他也承认,但是就是还不出来。而且我们还是先到公社,由公社的人陪我们去的。这是很正规的,我们打介绍信到公社,说明找哪个人,此人欠多少钱。有一年我记得是和公社里的一个书记一起去的。我们坐车到公社所在地,然后一起走到村子里去。找到欠款人的家以后,发现这个人穷得不得了。他家里可以说真的是没有一点家具,就是一个破床一个破灶头,家徒四壁。我们那时候规定,到外面去,医院里给你的补贴是很少的,可以去吃当地人的饭菜。他也拿不出什么东西给我们吃,招待我们喝了几口薄粥,吃了点咸菜。他这么穷,我们都不好意思多喝粥,就饿着肚子。我就和旁边的人说算了算了,因为肯定是讨不到了。即使再待在他那边也没有用,在他那里睡一夜也没用。他倒也很客气,说他实在还不出钱。这些情况我们回去后都向医院汇报了,医院也没有办法,每年都要向上级部门申请勾销一笔欠款,就像银行的坏账一样了。

我们医院当时主要是服务小三线厂的职工。他们各厂每个星期都会放一次车,因为各厂都有自己的医务室,像校医院一样,小毛小病都可以解决,出了紧急病症的时候才专门放一辆车过来。因为厂与厂之间,单位与单位之间还是有一定距离的。如果是急病式抢救,先救活再说,不讲什么付费不付费的,因为反正是厂里的,问题不大,都有劳保,不会赖账。

那时我们这边的工余生活很单调,当时领导就安排文工团来演出。当时某部队有个文工团驻扎在屯溪市,经常到我们这里来演出。地方上的放映队也经常来医院放映电影,我记得除了地方的放映队之外,当时还有个"三二一"地质队驻地在屯溪,他们也有一个放映队,也会来我院放映电影。那时后方基地也有个放映队,在各小三线厂巡回放映,基本上一个月来医院放映一次。

小三线时的日常生活

我们医院的职工几乎全是上海人,讲的都是上海话,当地招工进来的几个都是属于"弱势群体",因为他们做的都是后勤工作,分发饭菜,食堂里面做副手,送煤等,因为没有受过训练,不能做技术工作。总体上来讲,我们那里也等于是一个封闭式的环境,唯一的不足就是有钱没地方花。老医生拿的还是和上海一样的工资,我们拿的是小三线的工资。当时工资有地区差别,安徽属于四类地区,上海属于八类地区,如果我们完全拿四类的,也亏待我们了,折中一下,把我们的工资归入六类,六类这个档次起步就是33元。我在医院8年都没有加过工资,那个时候是不加工资的。但当时东西也便宜,食堂吃饭时打一块大肉、一点青菜，一共也就一毛五分钱。

我们在那里吃得挺好的，医院食堂经常开了车子到屯溪去采购。我们日常吃的肉类蔬菜等都可以在当地的市镇上买到。当地的农副产品很多，粮食也很便宜，那里的米都是新米，很好吃。以前我们上海米店里卖的都是陈米，新的米藏起来，陈米拿出来卖。

相对而言买东西就不太方便了，和上海是不能比的。上海到处都是店，他们那边的店都是在市镇上，我们买东西必须要开车子。我们一般去绩溪县城比较多，开车来回大概要花三刻钟到一个小时。县城里面还有点东西，但是也不多，和上海没法比。我们也常去歙县和屯溪，那些地方东西相对较多一些。

上海的瑞金医院有个支内组，这个支内组大概有五六个人，负责联系上海和我们后方医院，处理两地的相关事宜，主要工作是帮助我们采购药品、采购设备，后方也算一个机构，所有采购的东西都由支内组在上海买了以后运到后方。

支内组的人员经常变动。比如职工在安徽工作有困难，就把其派驻上海，这样职工在上海若有家人要照顾就好办了，不然一个独生子到那边去，父母亲都在上海，有什么事怎么办？不可能来来去去，若是在上海支内组工作，每天就可以回来了。另外像张贵坊他们这批1969年带队去的老医生，他们的户口都保留在上海，人在那里工作。我们这些人等于是从学校里直接分配的，户口自然跟人一起迁过去了。

我们每年有20天的假期，过年大多要回上海的，在那边过的也有，一般是一家三口都在那边了。回上海有两个方法，一个就是乘当地的长途车，还有一个就是乘单位的班车。我们一般都是乘单位的车，因为是内部车辆，象征性地收点钱。从安徽回到上海，我们当时要坐12个小时的车。回上海的路两条，一条是从杭州方向走，另一条是从湖州方向走，反正都要经过宁国。我们先到宁国胡乐，那里有古田医院（上海仁济医院支内医院），我和里面的很多人还是比较熟悉的，我的几个同学也在那里。宁国的小核桃很多，我们很喜欢吃，有时打个电话，让我的几个同学带过来。

小三线也有小三线的好处，我们在医院里面，能结识很多朋友，当时年纪轻大家都讲义气，我常会帮他们找医生看病，所以很多人都乐意和我交朋友，今天到这个厂玩，明天到另外一个厂玩可以一直从这里吃到那里。

我在后方工作的8年间，基础设施方面几乎没什么变化。1972年的时候公路都开好了，建设得差不多了，要不然大部队也开不进去，当年张贵坊带领的先头部队去搞筹建的时候，由地方上帮助建造房子，那个房子叫"干打垒"，和我们这里不一样，下面都是用石头砌的，但外表很是不平，结构很差。

我们的宿舍区分两块，一块位于黑风口，这个地方夏天很凉快，所以叫黑风口。另一个地方位于老虎灶那边，从黑风口过去大概五分钟，两个地方各有一排房子。我们去得晚，又是单身，所以都住老虎灶那边。

这房子就在山脚下，隔音效果很差。我们刚去那里的时候，大家很热闹，楼上住了几位医生，下面小护士声音很吵，他们上面就"噔噔噔"地敲。后来时间长了以后，我们搬到病房楼上的空房间去住，当时医院住房管理方面是很松散的，因为都是医院造的，如果不愿意住原来的房间，只要跟后勤讲一下，有空的地方就可以住。后来三楼病房靠近食堂部分作为单身宿舍，有时候也作为招待所，那时候我的同学到黄山来玩就会住在我这里。我跟管理招待所的人讲一下就好了，都不要钱的。

唯一觉得不太好的就是当时比较闭塞，不能回去，不像现在有手机，那时只能打长途、发电报。当时20世纪70年代，根本没有现在这种电视机，医院就搞了一个大的投影仪用来看电视，但机器的质量不过关，一直要请后勤工程师来修。有一个工程师是上海交大毕业的，因爱人在医院工作而调到一块儿，本事很大，但在这里无用武之地，只能委屈他修理设备。

在皖南山区，若是想看电影，除非我们医院有放映，不然就得跑到绩溪去看，那得花很多时间，划不来。另外，这里也买不到书，虽然我们医院有图书馆，但是大多都是医学书，而且对老专家来说，这些书也不够。在后方医院也不觉得苦，因为那时候也不像现在生活这么丰富，也没有想过赚大钱，思想简单又快乐。

其他工厂应该也都不会很艰苦，因为他们生活条件还是可以的。问题是厂和医院都是独立的单位，出了医院或出了厂之后周围都是农田和荒山。我们医院算是和各厂的交流比较多的，因为医院里护士多，很多厂的小青年都跑到医院里来找女朋友。

后方瑞金医院附属小学

我们医院开办了一所附属小学,主要是照顾医院职工和家属的孩子就近读书。那时我已调到政工科做行政工作了,有时也担任那里的小学教师,兼授些课程。但是因为学生人数不多,各年级学生人数都不均衡。

我们这个小学的老师一般是医院的家属。比如张美玲护士长的丈夫是华师大中文系毕业的,分到四川工作,当时有个规定,支内的家属可以把他的户口迁到我们小三线来。张美玲的户口留在上海,但是因为她是支内的,她的家属可以过来,她丈夫过来以后就到小学教书。

还有一位是山东大学历史系讲师,他的妻子是我们化验室的一位工作人员,他也调到后方医院来了,跟我在一个科室工作,70年代末他到苏州铁道医学院去了。还有一个叫张春宝的,是海关学院科班出身,搞法学的,他调过来以后就负责筹办小学,他任小学校长,他的妻子是我们医院的一个内科医师。

奋战高考,回到上海

当时只有工农兵学员才能上大学,我本是想当工农兵上大学的,但是需要单位领导同意,领导把我们当接班人培养了,不放我们走。我们单位有了选送工农兵上大学的名额,却把很一般的小青年送出去了。我很是气愤,但又无可奈何。后来高考恢复了,但领导还是不同意放我走,我就跟领导吵,因为单位不盖章,我就没办法报名。最终领导还是同意了,我就参加高考了。

1977年的第一次高考,我什么也没有准备,书都没有,医院里有几十个人和我一样去高考,结果全军"覆没"。没有书怎么准备呢?后来我们发现有一个当地的员工读过高中,有一套教材,我们就把这套教材借来轮流看,但是我们当时的理科知识仅仅是初中水平,高中教材有很多都看不懂。

不管怎么样,我决心从头开始学。我当时解析几何很差,就向医院里的家属老师请教。这些家属老师是随配偶调到后方瑞金来工作的,虽然不能当医生,但是他们都是大学毕业的,理科功底很好,有他们的帮助,真是我的幸运。另外,我同原来的中学班主任联系,她是华师大毕业的,在上海一所中学教化学、数学,我就向她求救,让她把给学生做的卷子也寄给我一份,这样虽然不

上海后方卫生工作组机关全体团员青年合影（1977年于黄山）

全,但至少我有了一些资料。

  我每天白天上班,晚上复习,一直到凌晨两三点才休息,第二天照常上班,很累。但我还是坚持下来了！1980年我们医院15个人参加高考,就我一个人考上了。从此,我就离开了瑞金医院,离开了绩溪,离开了安徽。

  (吕建昌,1972年上海永吉中学毕业,被分配到上海后方瑞金医院工作,1980年考入上海复旦大学分校,就读于考古与博物馆学专业。现为上海大学文学院历史系教授,博士生导师,上海大学"伟长学者")

岁月有痕·记忆难忘

原上海后方卫生工作组　陈金洋

1978年作者陈金洋在后卫组的业务组工作

上海小三线的建设和发展离不开医疗保健工作，它直接关系到整个上海后方小三线建设者的生命与健康，是小三线职工的医疗后勤保障。在小三线筹建各工厂的同时，医疗卫生及预防保健工作也进行同步筹建，并以医疗小分队形式开展医疗、预防保健工作。

记得我到上海后方卫生工作组（简称后卫组）上班的第一件事，领导就给我们讲小三线工作要求，我被分配到后卫组的业务组工作，鉴于业务组的工作性质，我们在工作时要下到基层，工作内容涉及工厂职工的健康安全工作环境、职业病防治和"三废"治理等。在杜佛海老领导的教导下，我们这些刚从学校毕业的学生，虽然都是初出茅庐的小青年，没有工作经验和与人打交道的经历，基本上都是单独一个人下基层工作，那时没有正规的介绍信，就在一张空白的公函纸上事先盖个单位公章，这样无论在当地旅馆住宿或到工厂保健站（医务室）、医院等，自己填好内容就直接可以用了。那时回沪或回皖乘上海班车也需单位证明，而且要事先打电话预订。记得当初出差有补贴，开始好像一天是一角五分钱，后来逐步调整到五角钱。

我最初到后卫组工作时,单位还处于筹建阶段,要洗个澡只能自己在灶头上用木材烧水,再将烧开的水倒入木桶内加入冷水后,用脸盆盛水冲洗,条件很艰苦。但比起最初筹建后卫组时的条件,那已得到了很大改善,据老领导蒋征曾经谈起,刚筹建初期,六七个人住宿在一座四面通风的破庙里,工作、生活环境非常差,更谈不上洗澡。后来随着筹建逐步进展,条件才有所改善,吃饭有时还能在车队食堂搭伙。由于后方卫生防疫站较长时间一直处于筹建状态,所以,后卫组就担负起整个上海小三线的具体卫生防疫工作,其中包括业务指导和督查,以及上通下达及协调管理工作。

初期工作,我曾有一段时间与杜佛海老领导一起乘班车到工厂和医院。记得有一次,我和杜佛海老领导一起乘地方班车先到旌德的仪电公司调研,然后再乘班车到德三里下车,走了好长时间才到达险峰厂保健站,完成工作的时候已没有班车了,我们就只好在险峰厂的招待所住宿了,因老杜第二天单位还有要事,所以打算次日一早就走。之前听说当地有金钱豹出现,该厂保健站的医生怕出事,劝我们天亮后再走,由于急着赶回去,结果第二天天还没亮,四周还漆黑一片,我们俩就出发走到德三里路口等头班车,当天上午便赶回了后卫组。

记得还有一年,我与姜庆五一起到贵池参加卫生大检查,那时山区的道路崎岖,我们早上从绩溪乘班车,到达贵池已经是晚上了,我们俩就找了一所大旅馆住宿,到半夜当地人推着独轮车进来一阵吵闹,早上4点左右又推着独轮车走了,弄得整个一夜都没有好好睡,身上还被跳蚤咬了。那时候工作出行的条件非常艰苦,但大家都没有怨言,而且非常开心。

后来随着后勤人员的增加,各单位也相应配备了车辆,我们外出下基层的交通条件得到了改善。记得有一年调资,正好是1月份严寒的冬季,零下10℃左右,我和蒋征领导俩人乘着一辆面包车,从绩溪到贵池的长江医院,然后再赶到东至的天山医院,路经石台县的盘山公路时有几处发生了塌方,其中有一处塌方的石头较多,影响了车行,我和蒋征下

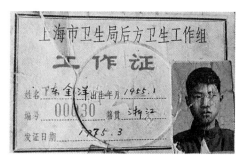

后卫组工作证

车搬石头,刚搬了几块石头,突然山上又有石头滚下来,驾驶员戚选明看到后,叫我们赶快上车,车刚过去,回头就看到一块巨大的石头翻滚下来,真的是好险啊,也算是逃过一劫吧。

还有一次,我也是和蒋征领导一起到贵池长江医院,后又去探望和慰问在深山中的长江医院医疗小分队医务人员,我们的吉普车开到没有路的地方停了下来,再步行到医疗队工作的地方,这时看到一位上了年纪的山里老人,手拿着一把稻草给汽车,还冲着汽车问这个牛怎么不吃草。这个画面给了我很大的触动和启示,我们基层医院下乡医疗队的工作、生活条件非常艰苦,而且山区非常落后又缺医少药,那里的老人连汽车也没有看到过,他(她)们是多么需要医疗卫生保健啊!"要让他们更多地得到医疗卫生方面的救助和保障,让贫困闭塞的山区多了解外面的世界和知识"。我当时就萌发了这样的愿望和想法。

还有一次,我与从683车队长期借调在后卫组工作的史美芳师傅(他是一位开车技术非常优秀的驾驶员)到贵池长江医院去,也是路经石台县时发生塌方,石头把路都堵住了,我和史师傅下车到塌方的地方去看,路的一边是悬崖,一边是山体,而靠山边有一块巨大的石头(少说有几吨重)把路挡住了,小汽车能过去,但大客车以及大货车想要过去就非常危险了,稍不留神就会车毁人亡。堵住的车流的前三辆是军车,开军车的解放军战士感到太危险不敢开。只见史师傅到前面看了看地形,然后人站在车前,伸展开双臂做了个目测后说:"小心点,慢慢开能开过去。"开军车的解放军战士还是犹豫,于是史师傅二话没说,拉开车门发动了军车,他小心翼翼慢慢地开,终于开过去了,后面的两辆军车也在他的指挥下,都小心翼翼地开过了这段危险地带,终于把堵死的路打通了。他的举动得到了现场驾驶员们的一致赞扬!

记得那时史师傅从上海开车到绩溪基本上中间不停车休息,一口气开到的,有时甚至连吃午饭的时间也省了,边开车边啃着面包喝口水,算是吃过午饭了。他人很胖,开救护车或吉普车时基本是肚子顶着方向盘的,所以他肚子上有一条方向盘的印痕。当年我们就是在这样的环境下工作,亲眼看着老同志们兢兢业业、任劳任怨地工作,这种工作作风为我们小三线后卫组的青年职工打下了良好的基础。所以后卫组的青年职工回沪后,不少人都成了单位挑大梁的骨干。

卫生预防保健、医疗业务、计划生育、病残儿童鉴定等工作,我们在上海都有相应的对口单位或部门作为后盾,这就保证了后方小三线的卫生工作可以与上海市同步,使后方职工在预防保健及医疗卫生服务方面,能享受到上海职工的同等待遇。所以小三线的预防保健和医疗卫生工作,基本上是与上海的卫生工作是一致的,在行政管理和业务上,都参照上海的政策执行。这也是上海市政府对小三线工作的重视和关心。

我们这一代小三线的工作者,应该说是非常幸运的,虽然青春永远留在皖南山区,度过了美好青春时光,近中年才回到上海,但难忘的青春永远留在了记忆中。感到荣幸的是,我们在小三线建设中得到了思想、知识、观念、意志、身体等各方面锻炼。在小三线的那些年,是我一生中难以忘却的岁月。

(陈金洋,1955年出生。1974年卫生学校毕业后分配进入上海后方卫生工作组工作,1980—1982年借调至上海后方基地管理局工作,1983年调到古田医院工作,1986年按上海小三线政策回沪筹建南市区肿瘤防治院。后就读上海职工医学院毕业。1988年起曾任南市区肿瘤防治院办公室副主任,院肿瘤预防科长。曾参与国家"八五"肝癌早期发现攻关课题的合作,后又负责"上海市社区肝癌高危人群筛查"上海市课题项目,曾在国家级核心期刊和省市期刊上发表十多篇论文。20世纪90年代为上海市抗癌协会会员)

炒　青

原险峰光学仪器厂　张　侃

作者张侃

爱喝茶的小三线人当年大概就从炒青开始喝起的。

新年后，时光如白驹过隙，转眼已到三月中旬，但胃口却还未从前些天饭菜的油腻中恢复过来，那些天喝得茶也比以往更浓，可怎么也解除不了对油腻的厌恶。茶分三六九等，可我偏偏喜好浓绿茶，浓茶不计较绿茶的品种。还偏好炒青茶叶，抓一把炒青放入杯中，冲入沸腾的开水，只见茶叶在水中如一叶叶小舟起起伏伏，漂浮在沸水中，蜷曲的叶片慢慢舒展，缓缓沉淀杯底，水色深褐，喝在嘴里，浑厚的苦涩常常会让我想起十年的皖南生活。

黄山脚下，我在皖南小三线险峰光学仪器厂（简称险峰厂）十年，从进山前很少喝茶的青年，到现在年过花甲，每日已离不开浓茶的老人，最爱喝的还是"炒青"。此茶虽不入名茶之列，但几十年不弃不离，深入骨髓，成瘾已久。

炒青因采摘晚，嫩芽变茶树叶，因生长周期长，茶树叶厚、大、叶汁充分，采摘后经人工炒制的成品，形卷弯曲，色深墨绿。入杯冲泡，水呈深褐色，茶味浓郁、苦涩甘醇、叶片大、耐冲泡。每日泡一杯，慢慢啜饮，或大口饮喝，细细品味，满口香爽，回味甘美，清郁隽永，韵味无穷。

我刚到皖南时才20岁。那天是1976年的年初五，我第一次远离家门、远离父母，独立生活。险峰厂地处山坳，群山环抱，生活乏味，枯燥单调。低沉的情绪整日飘荡在宿舍楼，年轻人不习惯山区的生活，常常有些情绪

当年发给险峰厂职工印有工号的瓷杯

压得自己喘不过来气，经常几个意气相投的人聚在一起，吃着合伙从食堂买来的菜，偶尔会用煤油炉烧些从当地采购来的鸡、鸭、鱼类，三五朋友借酒消愁。酒后口干舌燥，我就会给自己泡上一瓷缸浓浓的炒青茶，让茶的滋味压过劣质酒引起的喉咙干燥，那刻，温馨厚重的茶香四溢，腾腾的热气氤氲了自己的营造的境界，一日不吸烟可撑，一日不喝浓茶口渴难熬。

皖南是著名的茶叶产地，黄山茶林场远近闻名。那时的茶叶价格与现在相比，真是天壤之别，物价虽低，但工资也低，一斤茶叶的价格也占了每月收入的十分之一。烟可无茶却不能少，为了节约，我平常都买三元一斤的二级炒青。一次，我和室友陈春新找到了一个好方法，在每年新茶采摘时，我们就到离厂很近的后德山生产队的茶厂去买碎茶叶，虽说是碎茶叶，茶厂用的筛子细密，筛下来其实也已近粉末状了，价格也便宜，二毛一斤。泡茶特别浓，有时放多了苦涩难咽，但其极具炒青茶香味，直到现在我还记忆犹新。一斤一级炒青的钱能让我喝碎茶叶茶喝上大半年。价钱便宜了，喝茶放茶叶也大方，自此一发不可收拾，贪图便宜，茶越喝越浓；我倒掉的茶，有人还觉得很浓，我却觉得无味清淡需要重泡，茶不苦涩总觉喉咙不爽。天长日久，现在浓茶对我早已失去了提神的功效。

转眼回上海近四十年了。

半世风雨催人醒，险峰十年识茶味。人生很多凄苦不知要比茶水苦多少

倍啊！而这种苦的滋味不正是我在几十年喝茶中体会到的滋味吗？茶水苦的滋味就像细品着人生滋味，自得其乐。

回上海后，生活条件好了，可我依然迷恋炒青。每天，一杯浓茶伴我左右。亲朋好友知我爱喝茶，送我各色好茶、名茶，我不为所动，常用于转赠他人，因好茶包装精美、量少、不耐泡，如我这般喝法是种浪费。

中国茶文化博大精深，我这种喝法，绝对是茶文化的另类。回沪后，为喝到当年手工制作炒青那深入骨髓、印入心田的久远茶末苦涩味道，数次更换购茶摊点，最后认准一位来自皖南郎溪摊主的自产炒青，购买至今。郎溪摊主自产炒青的形、色、味以及耐泡度近似当年，每年5月底后，他家乡新茶到货后，我都会一次购买好多，如今我已和摊主成为好朋友。

我已习惯退休后平平淡淡的生活，随心所欲地敲击键盘感悟人生，喝着炒青茶，看着缭绕在茶杯上芳香的雾气，那清香会在瞬间浸润全身，炒青苦涩的茶味却使我尝到了人生美好的滋味。

夜已深，走出阳台，吹着微凉的春风，闭着眼，让自己的心灵得到慰藉，耳边听着风声，让所有的以往，消逝在这寒冷的风里；虽然伸手碰不到想要的幸福，但情绪安静而无波澜。

（张侃，七二届无去向培训生，1976年初进山，原在旌德县德山里的小三线单位——险峰光学仪器厂工作，曾任该厂动力车间团支书，部门工会主席，厂工会委员等职，1986年回上海后，在上海光学仪器厂工作至退休）

我的音乐梦

原险峰光学仪器厂　乐清华

去年夏天,曾与黄山好友小聚,其中小三线联谊群余启明、石言斌两位邀我写点当年山沟里的生活。我想,令我毕生难忘的,就是报考上海音乐学院的那几段经历了。

我有三次与上海音乐学院擦肩而过。

1974年夏,上海音乐学院应后方基地邀请,专赴小三线招生。接到驻沪办事处负责人通知,我立刻

作者乐清华

中止探亲返厂。翌日坐了车队特派的车子,风风火火赶到考场,我才知道那天作曲系也招生,可我两手空空,没带任何作品。

于是我改报音乐理论专业,算得上冷门了,何况有个名叫丁芷诺的女考官又极严苛,但是我对自己充满信心。

我能把他们即时编写的、节奏故意搞得很乱的歌曲直接唱出来。

我也能指出半导体收音机中某段乐曲是用什么乐器演奏的。

我还有独门绝技:厂区扩音器里一播芭蕾舞剧《红色娘子军》的音乐,只要人在寝室,我就像个乐队指挥,从头到尾跟着音乐翻阅厚厚一大本五线谱总谱。所以我熟悉其中主旋律和伴奏各由哪些乐器担当,那些乐器各有什么特

色和效果。

不过在报考时遇到一个"三连音",这种节奏在民族音乐中很少碰到。我一激灵,想起芭蕾舞剧《白毛女》中两个"特性音乐":大三弦弹奏的黄世仁,圆号吹奏的王大春,旋律与此近似。借鉴一下,应付过去。

所有考项,我均一次通过。谁料到了最后阶段,却因年龄问题,我被一个七二届小青年比了下去,尽管我的考分不低。

1975年夏秋之交,第二次报考的考场设在徽州岩寺镇的上海培新汽车厂(简称培新厂)。在这一年等待中,我没闲着。我悄悄地作词谱曲积累作品,悄悄地自学"和声学"等音乐理论。我信心满满,仍想报考作曲系。然而阴差阳错,当年该系任务是给全国文艺团体专业作曲人员分批举办进修班,并不招生。我只好改报弦乐系。

那年报考弦乐系的考生增加了许多,负责小提琴招生的李老师要求极严,好几个考生直接栽在了音准上。

给我印象最深的是一个小伙子,瘦高个,高鼻梁,打扮得很洋气,据其私下自述是经过音院某位老师点拨的,这回托人打了招呼,志在必得。他在演奏最新琴曲《金色的炉台》时,一味炫耀技巧,有几个快速段落,他左指虚浮无力,没有实实在在按到指板上,就一股劲地朝前冲,看似豪华,但是效果就像在棉花上跳踢踏舞。最要命的是跑调厉害,让人听了直起鸡皮疙瘩,老师调教许久,依旧我行我素。看来该同学把误音当成了正音,毫无察觉,像他那样,"演奏"经历越久越糟糕,他的耳朵算是废了。

有位音乐大师说过:音准是音乐的生命。

谁也犟不过。

可怜!报考的大多是盲目、莽撞、没有家境的自学者。例如在上海考场,一个工人子弟带了一副用硬纸板按标准尺寸做的钢琴键盘。他竟借此自学几年。老师见他在纸板上流畅"弹奏"得认真,指法无误,潇洒自如,不禁流下泪来。因为这个绝无仅有的考生,虽然值得向他致敬,但长期未接触真正的钢琴,他已不可能在真钢琴上圆他的梦了。

自知技不如人,叫到我时,我向身边考生借了琴来,老老实实拉起《绣金匾》,慢条斯理,中规中矩。刚到一半,李老师叫停,转向大家说道:"大家听到了吧?这位同学是今天音拉得最准的。"

李老师推荐我改选大提琴,面试通过。我们通过的考生被安排到指定医院做了体检。
　　应培新厂干群盛邀,招生老师当晚举办了一场露天告别音乐会。那位李老师表演的是小提琴独奏《千年的铁树开了花》。此曲当时非常流行,电台播得很火。当他演奏其中大段大段的华彩旋律时,热情奔放,技艺娴熟,真让人羡慕。
　　回到厂里,我表面平静,内心激动,苦等这所高等学府的入学通知。夜长梦多。一个月后,音乐学院来电,又说我年龄偏大,未被录取。
　　1976年11月28日是我第三次报考了。这回出乎意料,是上海音乐学院主动发函到我厂组织科,约我到后方基地见面的。此时我已有女友。出于礼貌,也出于好奇,我搭车去了一趟后方基地。回来后我给音乐学院写了一封信,谢绝了。
　　这封信大概是这样写的:

　　上海音乐学院音研室负责同志、并转赴皖招生组各位教师:
　　我叫乐清华,在三线厂工作。十一月二十八日,我在后方基地见到了招生组的各位教师。我不想赴校学习,特写此信说明原因。
　　我爱好文学、戏剧和音乐,平时也搞一点创作,以配合厂里的宣传工作。随着年龄的增长,……
　　这机会还是让给年轻同志吧。……
　　我是一个革命文艺哨兵。我的哨位在这里。……
　　致以
　　革命敬礼!

一九七六年十二月二日

　　(乐清华,1973年10月进入旌德上海险峰光学仪器厂车队任驾驶员,1985年10月撤回上海,在上海光学仪器厂运输科工作,直至退休)

春 忆 皖 南

原险峰光学仪器厂　滕玉辉

皖南春天的故事

一年四季中,许多人喜欢金秋10月,因为秋天是收获的季节。农民享受着丰收的喜悦,城里人则利用难得的国庆长假,带着孩子,外出旅游休闲,尽情地欢乐。而我却喜欢万物复苏的春天。

春天,各种植物相继吐出嫩芽,就连地上的小草也渐渐泛绿。走进公园,梨白、桃红、柳绿;池塘中的鱼儿也不时浮上水面,探头张望;晨练的人们早已脱去了臃肿的冬装,显得格外精神,到处是一派生机盎然的景象。让我喜欢上春天的原因当然远不止这些,真正使我喜欢上春天的,还是在皖南山区工作的那段日子,那时每年春天发生的趣事,至今难以忘怀。

20世纪70年代,我在皖南山区工作,工厂和宿舍的四周都是千米左右的高山,山上有粗细不同的马尾松、杉树、枫树、竹子,还有浓密的灌木丛,灌木丛中有棕竹、野板栗、茶树等许多植物,山上四季以翠绿为主,却也五彩缤纷。每年到农历三四月份,山上更是好看,只见满山遍野的映山红,争相竞放,偶尔还有几簇开着白花的杜鹃,夹杂在其中点缀,煞是好看,置身其中,呼吸着清新的空气,看着美丽的蝴蝶在花丛中飞来飞去,听着蜂鸣鸟啼,真是心旷神怡,宠辱皆忘,胜似仙境。

春雨绵绵,滋润着大地,一切植物都醒了,就连灌木丛中的竹笋也迫不及待地钻出了湿润的土壤,伸长脖子往上长,一天一个样,茶树的枝头上也吐出了鹅黄色的嫩芽。这时正是我最高兴的时候,因为那是我收获的大好时机。

那时,每年劳动节,趁着放假,我便早早起床,匆匆吃过早饭,穿好工作服和工作鞋,戴上帆布手套,拿着旅行袋和铲子,兴致勃勃地进山去拔野竹笋、采茶叶。

进山的路不太好走,山路很滑,一路上都是浓密的灌木丛,时不时会遭遇荆棘钩住衣服,如不戴手套,抓在上面会刺伤手;还要当心脚下是否有竹桩,尽量不踩在上面,如不穿工作鞋,踩在上面,很可能被刺破鞋底伤到脚掌。一路走,一路看,眼睛要不时地注意周围,哪儿有野竹林和茶树,待到发现了一片野竹林,并还是没有被人采摘过的,那兴奋劲就甭提了,立马拉开袋子拉链,摆开架势,一边拔,一边往口袋里装,如果幸运,一个上午就能装满一旅行袋。果真这样的话,就迅速往回赶,吃了午饭再上山,继续拔,一天下来,便可以收获两袋竹笋。回到家里,把笋倒在地上,看到自己一天的收获,疲劳和辛苦就无影无踪了。

皖南山区的野竹笋,个头比手指粗一点,剥去笋壳,笋肉可以做油焖笋、腌笃鲜,还可以晒成笋干,冬天拿出来烧肉,味道很是鲜美。但是,我最钟情的还是做咸笋。

当然无论做什么,剥笋壳是第一道工序。要剥那么多的笋壳,没一点技巧是不行的。我们夫妻俩经过学习和琢磨,很快地掌握了这一技术。只要在笋尖部位用刀一划,而后用拇指、食指抓住笋尖,在食指上一绕,往下一拉,一支笋就剥好了。剥笋是在院子里进行的,顺便把家中饲养的几十只小鸡放出来,因为剥下的笋衣是小鸡的美食,等竹笋全部剥好,小鸡也吃饱了。

而后把笋肉分批在沸水中煮两分钟,再捞起来,待凉了以后,便放进瓦罐里,层层撒上盐,压上石头,一星期后,把笋从瓦罐里拿出来,放在簸箕中晒几天太阳,便可以装在玻璃罐中长期保存。到了盛夏,拿出几根来,做一个咸笋冬瓜番茄汤,真是味道好极了。若有多,还可以送给亲朋好友,很受欢迎的。

在拔笋的路上,眼睛还时不时地看着周围,看是否有茶树的踪迹,如有,还会做上标记,在适当的时候再来采摘。采茶要比拔笋费时许多,一般是早晨出发,傍晚回来,午饭吃自带的干粮。

山中的茶树的分布好像也有点规律。一般来说,如果发觉一棵茶树,就会

作者滕玉辉在山里时的留影

在周围发觉好几棵,我想,这大概是蜜蜂、鸟儿或风儿传播的缘故吧!它们长在灌木丛中,大多数晒不到太阳,仅靠雨露,生长较慢。农历五月初,我们采摘到的茶叶还只是嫩芽,质量很好。运气好的话,一天下来,采摘的茶叶可以装满一大包。有一位同事嫌每年上山采摘麻烦,便赶在冬天上山,把山上的茶树移到自家的院子里,来年春天、夏天,就可以就近采摘。这样,方便是方便了,但由于茶树的生态环境发生了变化,做成的茶叶成品的质量也相对差一些。

好的茶叶不但要采摘适时,而且要有好的烘炒技术,二者缺一不可。首先,烘炒的锅要绝对的干净,无油腻味。二是火候不能太大,要文火。三是手要勤翻,不能使茶叶烘焦。到了接近尾声时,要适时把茶叶搓制成形,太早太晚都不行。太早,茶叶还没有烘干,太晚,茶叶有脆性,一搓全碎了。烘好茶叶,我自己会先美美地泡上一杯,品尝品尝,自我陶醉一番。

每到这个季节,我们几个喜欢采茶、品茶的同事,还会相约拿出自己的产品,相互切磋"斗茶",决出高低。

"斗茶"活动十分有趣,它一共有三个环节:一看,二闻,三品。"一看"是看泡出的茶叶的形状是否美观,具有观赏性。一般来说,烘炒到位的明前茶和雨前茶泡上热水后,开始阶段茶叶是竖立在水中,形状有"双枪将"——两瓣嫩芽、"两刀一枪"——两瓣嫩叶加中间一个嫩芽等。"二闻"是闻谁的茶叶清香、无焦味。好的茶叶在热水的冲泡下,会散发出一股沁人心脾的清香。"三品"是品谁的茶叶香醇、口感好,有回甘味。大家拿出自己的杰作:有的像黄山毛峰,有的像太平猴魁,有的则有点像休宁的松萝。有的品相不太好,而喝起来口感却不错,有的则相反。真是不比不知道,一比见分晓。

由于我多次"斗茶"落败,很不甘心,有一次,我特意耍了点小聪明,把黟县县委书记送我的极品茶,拿出来和他们斗,结果是可想而知的,在一片啧啧赞扬声中,我终于取得了胜利,这也说明大家的确是品茶的行家。

从皖南山里返回上海已有三十余个年头了,然而,每当回忆起山里的这些趣事,依然是兴奋无比,回味无穷,真想再回故地走一走、看一看,再到山上转一转,那该多好啊!

(滕玉辉,于1969年上海光学仪器厂中等技术学校毕业,后分配到上海光学仪器厂金工车间从事金加工工作。1971年支内到皖南险峰厂工作,1985年上海小三线调整撤回上海,又回到了上海光学仪器厂试造车间,从事金加工工作。1988年调往上海物理光学仪器厂,1992年单位资产重组后在精科公司制造部工作,2012年退休。一路走来,一直从事金加工技术工作。2013年至今一直在上海光谱仪器公司发挥余热)

我在险峰当采购

原险峰光学仪器厂　余启明

我在小三线险峰光学仪器厂（简称险峰厂）生活了16年，前几年和后几年都在厂后勤部门工作。

当年为了让小三线职工能安心工作，各级领导对小三线后勤工作都很重视，而况在山里大家24小时都在同一环境下工作和生活，所以后勤工作的好坏就显得尤为重要。记得1970年11月份，第一批支内职工到厂时，基建工作还没结束。我们吃饭均搭伙在市建公司下属的404工程队食堂，后来职工人数逐渐多了起来，404队食堂也满足不了这么多人就餐，于是厂里就决定自己开办食堂。刚开始时，家属区人数也不多，到旌德县城买一次菜回来可吃两天，当地的物价也便宜，那时虽然县城也有凭票买副食品，但是我们去当地采购鸡蛋、猪肉等，也没有遇到什么困难。后来随着厂里职工和家属不断地增加，除了食堂供应外，尤其是家属买菜、购物需求也逐渐增加了。

记得有一年，有职工反映厂里常常吃不到海货、水果，于是厂部决定派我和驾驶班长老蔡（在黄岩当过兵）以及工人代表老张（人称大光明），开一辆交通牌卡车去黄岩、海门，让我们一路采购橘子及副食品。由于当时采购这些副食品都是现金交易，很多都没有正规发票，我们就采用白条盖私章的方式。当年厂里财务科有规定，凡每月外出采购，派各部门工人代表随同采购员一起去，一方面作个证明，另一方面协助采购。所以那次去黄岩之前，我们也做了一些准备，我随身带了5 000元采购款（在那年头也是一笔巨款哦），当时最大票面10元，为了安全起见，我还特地到旌德的白铁匠那里定做了一只配上锁的小铁皮箱,途中住旅馆时,为了所带现金的安全,晚上我睡在两位师傅的中间,一边一位保护我。

由于司机老蔡当年当兵就在黄岩路桥机场,所以对那一带地方很熟悉,我们采购了半车橘子并用挡板挡好,那次当场买了三种橘子,其中黄岩蜜橘最有名气。记得当时普通橘子最便宜是0.19元/斤,本地橘子最甜,但要0.25元/斤,无核橘送人最好,价格也高,0.27元/斤。黄

作者余启明当年外出采购放现金用的铁皮箱

岩还出草席,我们三人共三条,三尺一条,四尺半一条,五尺一条,总共只要5元钱。车子开到海门时我们还买了好多海蜇头、海蜇皮、带鱼及肉板油。当车子开到绍兴时,我们顺便还买了五坛优质黄酒,后来在厂小卖部开坛卖时,那黄酒真是酒香溢满屋,大家是拿着瓶瓶罐罐抢着买。

我们的车开到浙江萧山时,又买了好几只三黄鸡,上海人喜欢用三黄鸡做白斩鸡。这次出去采购,就两天的来回路程,再加上路也远,虽然这一路上很辛苦,但想到此刻全厂职工都在翘首期盼,我们只要人财安全,一切也都值了。当装了满满一卡车货物到达厂里时,职工们见了都奔走相告,那高兴劲呀,像过节似的。山里有个特点,厂里卖啥职工吃啥,第二天全厂上上下下都在吃橘子,评橘子。

碰到山里若有同事上大学或调动工作,都要买打包带、草包、草绳这些东西,也归采购员管。在小三线撤回上海之前的几年,我又被调回后勤部门任采购员。那时我是隔月就要去上海采购货物,每次都是押车来回,当时我在上海有好几张付汇卡,是规定买计划用品的一种集团卡。中百一店、食品一店、医药公司等我都有付汇卡的。厂里每月放一辆卡车配合后勤装货。主要有计划供应的香烟、肥皂、火柴、啤酒、食糖等,山里人吃惯了上海货,连酱油、盐等调味品也都要从上海买回去,要是遇上医务室采购药品,还得陪同轮流来上海的医生一起采购,由我负责用付汇卡结算。

拍摄于1982年,右一是作者余启明

后来食堂面粉紧张了,库存告急,眼看要影响早点供应了,通过我夫人关系和协调,多次用糯米换面粉,上海人很喜欢糯米,厂里糯米库存也多,这样就解决了我厂面粉短缺的问题。通过单位之间的采购协作,我们和不少兄弟厂家建立了良好的人脉关系,兄弟厂的几位老师傅还帮我联系到一些海鱼,并送了些大冰块,让我连夜押车赶回险峰厂,解决了厂里吃海鱼的难题。

在猪肉供应上,我们搞好同当地岩寺肉类加工厂的关系,我们送了台生物显微镜给他们,这是用厂里多余材料装配的一台,他们需要这类仪器用来检查肉品质量,可当时又买不到,我们算是"雪中送炭",所以后来我们厂肉品紧张的问题也缓解了很多。我们还通过那驻厂军代表联系到他家乡的一家肉类加工厂,弄回了一车猪肉,极大地改善了职工生活。这段时期厂里领导除了忙厂里的生产任务外,对于后勤部门的各项工作也给了很大的支持,厂里的各个部门也积极配合,尤其是驾驶班,为后勤采购任务做了不少贡献。

无论是夏天开车出去采购西瓜、生梨、甘蔗、大闸蟹,还是同兄弟单位相互调剂副食品,那些年只要职工有需求厂里就会组织去采购。我在后勤工作岗位上这么多年,就是配合厂里做好后勤保障工作,急职工所急,想职工所想,保障供给,让厂里职工生活得更好更安心,才能更好地为生产服务。

回顾这些年在山沟沟的后勤工作时光,有烦心苦恼的时候,也有开心的时候,每当外出采购满载而归的时候,虽然辛苦,但有一种成就感,一切也就释然了。

(余启明,1964年进上海光学仪器厂中等技术学校学习,1970年从上海光学仪器厂支内到险峰光学仪器厂,先后在生产科、装配车间工作,后调入行政科任采购员。返沪后在上海第二光学仪器厂销售科工作至退休)

谦谦君子胡建华

原险峰光学仪器厂　赵燕来

多年以来，我先生爱好种植各种盆栽植物。蜗居之地的阳台中，梅、兰、竹、松等盆栽已有几十盆之多。

各类盆栽会因生长习性、生长规律不同随季节交替而外貌发生变化，或由青变黄，或花败叶落，只剩残枝，等待来年春天枯枝复苏，便又萌发新叶，重新焕发勃勃生机。

作者赵燕来

其中唯独君子兰常绿，始终保持它的秉性，不骄不馁，不争不躁。其叶厚实，绿润对称，竖纹清晰，淡淡泛光，四季常青肃然傲立。每年适时便默默开花，花朵不骄不媚，婉约别致，素雅的花蕊从花芯中长出，与俊秀厚实的叶片相依，赏心悦目，是兰属植物中开花高贵又大气的花卉。

难能可贵君子兰，不会因身居陋室或移登大雅之堂而将自己的品质改变，符合"富贵不能淫，贫贱不能移"之古训，恰似古今文人赞赏的谦谦君子。

六月初接到余启明和陆鑫奎电话，邀我撰写与胡建华相关的文章，至今月余。近期家里杂事繁多，无暇静思，面对催促，大脑依旧一片茫然，不知如何落笔。近日整理阳台，君子兰跃入眼帘，顿时脑洞大开。

落笔时"君子兰"三个字始终萦绕于心，干脆"谦谦君子"取作文题，思绪通畅，"谦谦君子，温润如玉"跃动眼前，挥之不去！

借花喻人，借诗行文，此刻，眼前始终无法抹去家中那盆君子兰，一片片叶片泛着郁郁葱葱的碧玉色。

实话实说，在小三线险峰厂（险峰光学仪器厂）的十年中，我的工作生活与胡建华并无太多交集。只知道他在工会工作，负责每期黑板报更新，放电影、有演出时会忙碌在售票窗口和播映场地。漆黑夜色中工会办公室透出的灯光，那是他埋头看书。印象中的胡建华做事认真，循规蹈矩，待人礼貌，不抽烟不喝酒，用现在流行的话来说就是一个"文艺青年"。如果没有今年三月的南非之行。我想，对他的印象就定格于此！

阳春三月，当我们险峰厂十五位同事相约组团，经过二十余小时的长途飞行，抵达南非开普敦机场时，只见胡建华早已在候机大厅等候我们。一声"黄山老同事"上海乡音，亲切耳熟，瞬间让我们忘却了旅途的疲惫和身处异乡的陌生感！

一星期的开普敦旅游，胡建华为我们聘请了久居南非的上海籍导游，并亲力亲为全程陪同。为我们安排当地最好的吃、住、行，深思熟虑提前制订全部游览景点、出行线路、停留日程，事无巨细一一进行了详尽安排。我们一行同事被胡建华的热情、细心深深感动！

说实话，出发去南非前，内心还是有点小忐忑的。毕竟与胡建华分别已有三十几年，更何况今时的胡建华已非昔日险峰厂工会的小胡。网上搜寻关键词"胡建华"，跳出诸多相关词条，检索发现，他已是一位集太多光环和荣耀于一身的南非侨界知名人士，是我们险峰厂乃至德山里最出名的一位人物。

他是1992年放弃律师职业，随出国热去往南非打拼的，期间克服了无数难以想象的困难，尝尽了人间酸甜苦辣各种滋味。他凭着毅力一路坚持，不忘初心一路前行，奋发向上。时至今日，现任南非开普敦中国和平统一促进会会长，中国侨联海外顾问等要职，五次受到国家领导人的接见，还是我们上海市侨联海外顾问。这是他至高无上的荣耀，也是我们所有险峰人的光荣！

面对成功，胡建华没有忘记曾经同甘共苦的险峰人，在险峰厂举办回沪三十周年纪念会时，身在异国他乡的胡建华，牵念皖南多年曾经朝夕相处的险峰厂职工，他特别委托上海贸易公司向大会赠送106箱红酒，让大家品尝来自南非的佳酿。

在南非旅游时，同事们与胡建华经过短暂相处，一致认为如今顶着光环的胡建华依然还是我们往日印象中的险峰厂工会小胡。小胡没变，只不过是历经沧桑，岁月痕迹爬上了他的容颜，江山易改，本性难移。他，险峰厂的小胡，初心不改，品性依旧。

与胡建华朝夕相处的一周中，渐渐唤醒了我对皖南险峰厂生活的记忆。小胡自生产科去工会工作后，勤奋努力，积极配合历届工会领导开展工作，在开门见山、举目见峰的环境里，他想方设法用丰富多彩的文娱活动为单身职工解除烦闷，每到辞旧迎新，会场布置现场都可以看见他忙碌的单薄身影，他在工会工作的几年，用自己的人脉资源，为厂里安排了不少最新的影片和精彩的文艺演出。

那几年，是险峰厂文艺演出电影播放最频繁的几年。胡建华用自己的辛勤付出赢得了险峰人的良好口碑。在险峰厂工会最后一届厂工会委员差额选举中，他众望所归，高票当选新一届厂工会副主席。

胡建华曾在上海机械学院、上海险峰厂担任工会工作，曾经的华东政法学院的求学经历，让他养成了勤奋好学、孜孜不倦的儒雅性格，形成对博大精深的中华文化的热爱。我们与他朝夕相处一周，发现他与在险峰厂时相比，言语间时常有适时贴切的古诗词吟诵附和，谈古论今娓娓道来，他的待人接物、文化修养已远超昔日的工会小胡。

尽管二十多年"独在异乡为异客"，在喧嚣纷繁的商海中沉浮前行，但他没有辜负光阴，坚定地选择了抛开过往的沉重，任凭岁月匆匆，克服一个人身处异乡、语言不通时的孤独，始终坚持自我、不忘初心、淡定从容地面对一切。今日"小胡"身上丝毫不见那种巨商富贾披金戴银的奢靡陋习，依旧清透朴素，与我们毫无距离感，我们相处似乎是穿越时空来到险峰。

三十年的时光带走的是他的青春韶华，却带不走他历经风霜后的那份沉淀于内心的丰盈与厚重。时间改变的是他的容貌、地位和生活环境，却改变不了他的乡音、乡恋和对乡土文化的热爱！

君子兰在我看来是平凡典雅的象征，花型挺拔，四季苍翠，恰似一年四季赋予生命的真色，给人带来一种幽静。君子兰花形婉约别致，虽艳丽却不张扬，像谦谦君子般儒雅，由此想到《孔子家语》中的一首咏兰诗："不以无人而不芳，不因清寒而萎缩；气若兰兮长不改，心若兰兮终不移。"

很多时候，我们都会因为人生苦短、时光匆匆而惶惶不安；也会因为留不住岁月、抓不住青春而郁郁寡欢。斗转星移,时光荏苒,与其为过去而感伤,为琐事而懊恼,不如忘记年龄,且行且珍惜,做最好的自己,纵使岁月无情,心却始终年轻。

难忘厂足球队

原险峰光学仪器厂 叶兆浩

我们是当年七二届的培训生，1976年进入小三线险峰光学仪器厂（简称险峰厂）。当时我们这届有300人左右，分别来自上海机械学院、第四纺织机械厂、电工机械厂、上海光学仪器厂、第二光学仪器厂、自动化仪表一厂等十几家单位，20岁刚出头的俊男靓女是厂里的一道风景线。由于厂建于重峦叠嶂的山坳地带，业余生活枯燥乏味，有些青年职工便开始"调皮捣蛋"。于是，在厂工会主席俞福兴主持下，由胡建华，甘新建两位同志负责组建了一支足球队。队员由金士荣、黄霄元、徐煊、范培德、李明荣、叶兆浩、陈金龙、王云国、王玉海、周科辅、戴元龙、吴亚泳等十几位组成，我被荣幸地选为队长，教练由程国培和"老克勒"担任。厂党委和厂工会给予了我们大力支持。山区条件相当艰苦，

作者叶兆浩

厂里没有一块像样的平地，厂工会殷伟国同志冒着酷暑连续一星期开铲车硬是将食堂前的一大堆煤铲掉，平整出一块长宽各约50米的平地，供球队平时活动和训练。刚组建时球队人员纪律松散，胡建华同志做了大量动员工作，甘新建同志也做了很多宣传和外联工作。当时我们区块只有仪电中学有块像样的场地，我们足球队经常与工农厂、立新厂、卫东厂、井冈山厂的足球队踢友谊赛，厂里拥有一大批足球粉丝，只要有比赛，厂里会派卡车接送，第二天足球赛肯定是头条新闻，特别是队里的几位主力球员，被厂里追捧为偶像级人物。我们足球队的战绩斐然，当时在后方基地算是名噪一时。那年厂里还为我们足球队新购了一辆大巴士，由唐秀忠驾驶，工会还买了印有"险峰"字样的球衣球鞋，让我们披上非常鲜亮醒目的战袍出征屯溪与培新厂足球队赛了场球，结果2比2打平，培新厂当年是传统强队，后又去了绩溪与七一厂比了一场，我队凯旋。第二天全厂热议，人们的兴奋之情犹如世界杯！后来联合机械厂慕名而来挑战我们，他们也是传统强队，赛前我们做了充分准备，厂领导亲自给我们开会打气，教练组精心策划了战术，球员们个个信心十足，谁知那天在我们上半场就被连灌5球，输得没了脾气。当年的我们真是风华正茂，血气方刚啊！光阴似箭，岁月如梭，如今我们都已是夕阳红，活在当下健康放首位，放平心态，开心快乐每一天！缅怀那些已离我们远去的小三线人……

一部照相机

原险峰光学仪器厂　邱善权

我在小三线险峰光学仪器厂（简称"险峰厂"）工作过16年。险峰厂从起步到完善的前8年是一个创业与发展时期，厂里各方面条件十分简陋、极不完善，因而从生产到生活都很辛苦很乏味，但没有人因此而逃避放弃，人们都在努力地适应着这艰苦的环境，今日回味当年的点点滴滴仍然是快乐并充满激情的。险峰厂的历史也是一本创业史，故事很多，每个人在这部史书里都有着自己的故事，我的故事也很多，这里就说说一部照相机的故事。

作者邱善权

想当初七十年代，尤其是贫困山区，能拥有一部照相机是一件很奢侈的事，我们的老厂长陈启时同志相当前卫，特别批准买了一部二手135型照相机，很慎重地经过厂部讨论决定交由我使用和保管。

然而搞摄影光有一部相机可远远不够啊，拍照后还需及时显影、定影和冲印、放大，还得配置一系列的辅助器材。我和厂长说了一句话："你送我一块没有表带手表，让我怎么用？"于是在有关部门的支持与配合下，器件得以完善，可是放大机是一笔不小的开支，我不想再让有关部门为难，便利用厂里废旧光学件及金工件，自己动手加工部分零件，组装了一台放大机。

设备和器件总算得以完备,从此我便开始了忙碌的摄影工作,在圈内名声渐起,常常被兄弟单位邀请拍摄,包括近在县城的向阳厂。难忘的是旌德县开党代会,我受邀随拍了五天,记录了会议的全过程,期间也结识了多位与会代表,借此机会我邀请了旌德地区黄梅戏剧团来我厂演出。那个年代上海市政府也十分关心我们小三线单位,经常派专业团体来后方基地巡回演出,如上海歌舞团、上海歌剧院、上海评弹团及医疗小分队等都需要拍摄和报道。厂里生产上的重大事项,新产品试验,好人好事也需及时报道,工作量最大的是后期制作,都是利用晚间进行的,忙得不亦乐乎,但从中得到了不少乐趣,无形中也有一种成就感。

初期的险峰厂生活条件很艰苦、文化娱乐匮乏,但仍有一批志趣相投、积极向上的文艺爱好者自发组建了工厂文艺小分队,通过队友的努力,当时的文艺活动也是风生水起。开始乐器很少,大部分是私人的,后来争取了点经费,工会派我利用去上海出差的机会,到大光明电影院旁一家上海知名的工艺美术品商店购买了一批常用乐器,从此小分队如鱼得水,编排了一系列文艺小节目,尤以舞蹈《洗衣舞》最为闻名,曾到过许多兄弟单位演出。特别难忘的是

作者邱善权拍摄的1973年险峰厂首届文艺汇演照片

有一次，随我厂拉练队伍演遍了皖南山区，每到一处总是有村民打着火把、扛着凳子成群结队赶来观看演出，远远望去仿佛条条火龙漫延在夜空甚是壮观，也十分感人。只可惜我们的节目太少，村民们意犹未尽，不胜遗憾。

在险峰厂的日子，也是我人生的黄金阶段，没想到会在如此艰苦、乏味的环境中度过这么多年，难免感到失落，但这何尝不是一种历练呢？自此以后，我面对人生的坎坷已十分坦然。

人能改变环境，而环境又能改造人，在这种环境中，人人都有自己的生活态度和方式，并找到自己的位置，以致能适应环境，这也许是人的求生本能。庆幸的是我有部照相机做伴，让本乏味枯燥的山沟沟生活从此有了更多的生机和快乐。

照相机的陪伴，使我工作得以充实，也丰富我的工余生活，它为我增添了不少乐趣，带我结交了许多朋友，并记下了当年的点点滴滴。

（邱善权，1941年生于江苏建湖，中共党员，工业设计工程师，杨浦区画院画师，五角场镇书画研究会顾问。1961年毕业于上海机械专科学校（现上海理工大学）；1962年分配到上海光学仪器厂工作；1971年支内安徽上海小三线险峰光学仪器厂，期间曾任光学车间支部副书记等职；1979年调回上海光学仪器厂光学仪器研究所从事仪器仪表外形设计，期间先后担任所工会主席、精研所设计室主任、上光五厂支部书记等职；1996年应聘于香港中威上海分公司、北京分公司担任设计部、工程部经理；2000年退休，退休后生活以绘画创作及教学为主，现为上海美协海墨画会画师）

一盘难忘的象棋对局

原险峰光学仪器厂　陈鸿康

作者陈鸿康

我是1971年8月20日进山的,在旌德县德山里的险峰光学仪器厂(简称险峰厂)工作,在山沟沟里生活了16年,这确实是我青春年华最宝贵的16年……

回顾往事,浮想联翩,要回忆的事情很多,但给我印象最深的是一件至今让我难忘的趣事,那就是"一盘难忘的象棋对局"。

20世纪70年代中后期,正逢险峰厂"老三米"测距机与连续变倍指挥镜两大产品同时研制生产的时期,由于时间紧迫,按当时险峰厂的生产能力,要在短时间内完成这两大产品的研制生产,难度确实不小,尤其是机械制造方面的技术工人当时特别紧缺,于是后方基地指挥部决定组织一次跨单位跨行业、多方支援险峰厂的产品会战,没过几天工夫,险峰厂顿时出现了不少生面孔,大家都知道,这是多家企业派来支援险峰厂产品会战的技术骨干,是险峰厂的生力军。

有一天上午,金工车间的陈国富急匆匆地前来告诉我:"'小萝卜头'已经到我们险峰厂了。"当时我感到好意外,因为"小萝卜头"是我初中同年级不同班的校友，初中毕业后，我们这批同年份的校友已经全部分流了，有直接进厂参加工作的"幸福花"，也有继续升学的"苦菜花"，"小萝卜头"好像是和我一样考进中专或技校而继续升学的那一批，反正中学一毕业都各奔东西了，大家分别都有十多年了……

  我真没想到会因为产品会战，能和他在险峰厂再度相遇。当时的小三线厂大都是建在山沟沟里的，车间也都分得比较散，只有在同一个时间，同一个食堂吃饭时，人员相对集中，容易找到。果然不出意外，在厂里的食堂里，我们三位象棋爱好者相会了，见面后才知道，他是光辉厂的，属后方三公司（轻工公司），而我们险峰厂属后方四公司（仪电公司），他是这次跨单位前来支援的技术骨干。在上海时，他和陈国富接触会多一些，因为他俩都是在江浦路陈家头象棋摊上称王称霸的象棋好手，当年我家离陈家头相对稍远了一些，所以我去陈家头棋摊的次数相对也少了一点，我们都是象棋爱好者，这次难得的邂逅，也算是一种缘分。免不了要谈起各自在棋台上的趣事，从中得知，"小萝卜头"原来是上海象棋名将刘彬如老师的学生，果然是名师出高徒，"小萝卜头"的名号当时在陈家头象棋摊上名声大振，而陈国富的家就在陈家头附近，他又是上海电焊机厂象棋队的，上海电焊机厂也靠近陈家头象棋摊，而且他们厂也有一位两次获得杨浦区象棋冠军的名将于文华老师，我当时在学校象棋界中也是称得上号的角色，后因学校老师的介绍，曾去上光厂拜见过上海象棋名将陈奇老师，跟他学过棋，应该说这三位老师在上海象棋界都是有名望的角色，而相对而言，陈奇老师的名望显得更为高些，因为他在1958年得过上海市的第三名，又在上海《新民晚报》上，以"上海小将"的头衔被报道过。在20世纪70年代初，上海市象棋队恢复时，陈奇老师也是上海市象棋队六名队员之一，与连续十五届冠军的胡荣华特级大师是队友，上海象棋队在集训时，我还曾去看过市队六位名将的训练现场……

  这次小三线产品会战，让我俩在相隔十几年后的皖南相见，实在令我意外和激动。我们聊得起劲时，午饭的时间已近尾声，这时在我们三位的旁边已经围聚了好几位厂内外的象棋爱好者，他们围坐在一起旁听我们聊象棋轶事。这时有人建议，老棋友异地相遇不易，何不在下班后，你俩再认认真真地下一盘呢？

  当日下班后，由陈国富组织我和"小萝卜头"下了一盘难忘的象棋对局，这局棋印象很深，至今还记忆犹新，当时的观战者有数十人之多，棋局是我先行的，直到现在还能清晰地记得，我为什么要采用如此奇特的象棋开局，原因是当年在象棋界的名声，他比我大得多，棋艺也确实比我高，如用通常的开局，他比我熟悉，熟练得多，我占不到任何便宜，还很有可能陷入他的套路，故我采用了象棋局谱中很少出现的"金钩炮"开局，即炮二平七，我想以奇制胜，打乱他的常规思路，避免进入他设的套路，而他只稍微迟疑了一小会儿，马上沉着地回了我一个炮二平五，支起了当头炮，紧接着几个回合，形成了先手"金钩炮"对"中炮夹马"的对局，双方都下得很认真，旁观的数十位象棋爱好者看得也很入迷，已经一个多小时过去了，旁观者没有一个人随便插嘴的，真可谓"观棋不语真君子，落子无悔大丈夫"。大家都在静悄悄地看着我们下棋，时间过得很快，不知不觉地已经下了两个多小时。首先，我先明显地感到体乏力衰，碰到强敌了，这不单是棋艺与智慧的较量，也是一次体力的抗衡。光说体力我更是比不过他的，因为在两三年前我刚生过一场大病，住院治疗又加康复休养，在上海住了将近大半年，当年下这盘棋时，我上班还属于减轻工作的照顾对象呢，这局棋我输定了。这局棋在我的头脑里挂了好多年，每次都能从头到尾，一步不差的背出来，回到上海后，我将这局棋复盘给陈奇老师看过，他的点评是："双方都很认真，没有明显的漏洞，双方都很努力"。

支援险峰厂的产品会战，没有多长的时间就结束了，几位棋友都希望我们双方工会的负责同志能找机会组织一次两厂正式的象棋团体友谊赛。

后来，在我们险峰厂工会的组织下，举行了一次厂内象棋比赛，取名为"险峰厂大师杯象棋赛"，参赛的棋手可以自由报名参加，赛程进行了近两个星期，为了避免偶然性，特地采用了淘汰赛与循环赛相结合的比赛程序，最后选出了前六名选手组成险峰厂的厂队，我是本次"大师杯"的亚军，陈国富是第三名，我和陈国富都被选为险峰厂象棋队的队员，参加山里组织的各类象棋联赛，但因多种原因，与光辉厂的友谊赛始终无法实现。我与"小萝卜头"在皖南再也没有象棋对弈的机会了。1986年，小三线单位全部撤回上海，由于上海小三线的厂家比较多，而且又分得较散，我们与光辉厂也再没有什么联系了，更不用说能见到"小萝卜头"。

2016年我参加了上海市第三届退休职工象棋赛，得了个第9名，在赛场上我是多么希望能再次见到我的老朋友"小萝卜头"，但依旧让我很失望……

随着时光的推移,当年建设小三线的我们现都已进入了古稀之年,我那位当年险峰厂昔日的棋友陈国富,已在2018年驾鹤西去了。

　　而这位忘年的校友、棋友——"小萝卜头",我已经记不起他的真实姓名了,每次下棋却常常让我想起他,不知道他现在还好吗?这次我想借助此文,希望山友们帮我寻找一下我的老棋友——"小萝卜头",寻找到他,在我的有生之年,继续下完我俩那盘难忘的象棋对局……

又忆山中红叶

原险峰光学仪器厂　刘来定

作者刘来定

又临深秋,公园里常见有些许红红的树叶。这不禁使我想起,曾在山里见过的另一种红叶。

它不像北京香山的红叶,那么有名,那么让人向往。它是我们曾经工作过的德山里山头上的南天竹红叶。

想当年,我们几百名来自不同单位的无去向培训青工被分配到皖南险峰光学仪器厂(简称险峰厂)工作。险峰厂位于安徽旌德县,一个叫德山里的山沟沟里。沿沟建有数家小三线厂,一条沿溪而筑,随坡上下,尘土飞扬的简易车道将各厂串联在一起。险峰厂因建厂晚,坐落在最深处的山沟中。

初来乍到的小青年,在这开门见山,抬头望峰,偏僻又陌生的地方,什么都感到新奇,却又不能一下子融入新的环境和工作中去。于是,各种情况就出现了。夜晚常有思家哭泣的,有借酒消愁的,更有寻衅滋事的……总之,琐事繁多。最终在各级领导和组织的安抚指导下,厂里开展了多样工余活动,生产和

南天竹红叶

生活也慢慢走上了正轨。

记得1977年晚秋,经历过早霜,被双河砍伐队"修剪"过的山上,原本就树木屈指可数,灌木因为烧山垦荒变得焦黄枯萎。然而,那残留的南天竹树根,却愈加显出了超强的生命力,顽强地从残根上生长出矮矮的枝叶来,那逐渐变红的叶子更加耀人眼目。

我们动力科的团支书张侃,充分发挥其聪明才智,运用平时自学的知识,托人从上海购回了做盆景的花盆,上山挖掘出无人问津的南天竹。然后,根据树根的形状,加以修剪、造型、培土、浇水、养护,竟做出一个独一无二,好看的盆景来。看着那枝绿叶红,造型别致的南天竹,配以陶瓷的花盆,真让人眼前一亮,精神为之一振!

这一"新闻"一下子打破了厂里单调贫乏的工余生活。盆栽的美,像无声的诗,像立体的画,惊动了整个单身族群。"邮电"大楼的伙伴都聚来观看,在经过了惊诧、议论、羡慕的过程后,迅速在厂里激起了一股养盆栽的热潮。

于是休息日,伙伴们都结伴爬上山头,去寻找和挖掘适合做盆栽的南天竹,回来用线绳或铅丝捆绑成型,植入花盆,没有花盆的就用废弃的木箱子代替。大家都想通过自己的汗水和智慧,来呈现出美丽的一景。

那时候,宿舍的饭桌上,车间的窗台上,班组的工具箱上,都有伙伴们争奇斗艳的各种盆栽。据说,当时车间的铅丝都告急了,颇有"洛阳纸贵"的感觉。后来,厂里因势利导,组织了盆栽评比,我们动力科的张侃还得了奖。有的伙

用于盆栽的南天竹

伴还把盆栽带回了上海,送给亲朋好友,给自己挣足了面子!

这波南天竹盆栽热潮,既开发了险峰厂人对美的认知,又丰富了大家的精神生活,还增强了我们的动手能力,更让我们明白美好的生活要靠自己的双手去创造!

这虽是我人生道路上的一朵小浪花,也已过去四十多年了,但每当晚秋来临,红叶茂盛时,都会唤起我的这段回忆。

看 电 影

原仪电中学学生　高翠玲

　　我是长在皖南小三线的职工二代，爸妈单位是上海小三线红波设备厂（简称红波厂），我们家就住厂里的家属楼。小时候，男孩子们玩的我都擅长，抽"贱骨头"、滚铁圈、刮刮片、跳绳、踢毽子……都是我喜欢玩的，偶尔也会和小姑娘们一起跳跳橡皮筋。但说起看电影这件事，那才是我最最喜欢的事情，它

作者高翠玲曾住过的红波厂家属楼

能让我亢奋和激动。每到闻讯晚上有看电影的时候，就会让我激动不已，连吃饭都没了滋味，也不管是刮风、下雨、下雪，我都会迫不及待得早早做好准备，拿着凳子去占座位，其实去早了也没有什么事情，就是等着，看着放映员们做放映前的准备，看着他们把幕布挂上并拉平；看着他们把放映机架起来，装上胶片；看着他们对焦，等他们完毕后，我才会赶忙回到自己的座位上坐好，等待着电影的开始。

记得刚上一年级的时候，那是一个天气不是很热的季节，爸爸带着妈妈去泾县晏公镇的煤矿医院去看病，走前嘱咐我在家照顾好两个弟弟，不要出去乱跑。我那天一直在家照顾着弟弟们，在哄着弟弟们玩的时候，听到门外有人说要放电影，我立马兴奋起来，可看着两个弟弟，一时不知如何是好，怎么办？

再一想，爸妈让我不要出门乱跑，带着两个弟弟出门看电影应该不算乱跑呀，反正爸妈不在家，"猴子称大王"，我自己做主了，于是我就赶忙开动脑筋，想着怎么搬凳子。那时小弟弟很小，还不会走路，大弟弟走路晚，路走得也不是很利索，我就把两个小竹椅拎在手腕上，另一个手抱着小弟弟，让大弟弟拉着我的衣角出门了。我们走一段路歇一会，走一段路歇一会，好不容易终于到了老食堂。我把小竹椅放在最前排，让大弟弟坐旁边，我抱着小弟弟，起先两个弟弟都很乖，不吵也不闹，等工作人员拉起窗帘一片漆黑时，小弟弟可能是

后排中间为作者高翠玲

害怕,哭了起来,我怕影响别人,便使出我最有效的方法:我左右摇晃着,用脚不停地抖动着,最后我用我的胸脯盖住他的小脸晃着拍着硬是把他哄睡着了。

那次放的是一部朝鲜电影,电影名字已经记不得了,但那个药瓶滚出来的镜头记忆深刻。电影结束了,还在想着怎么把小椅子搬回家呢,等工作人员把门打开后,看见爸爸妈妈已经在食堂门口外面等着了。估计他们回到家没有看见我们,到处打听后才知道我们来看电影了。

这事情虽然已经过去差不多50年了,但我仍然记得清清楚楚。现在我妈已经不在了,可我还记得她说的那句话:"我都没本事一个人带两个孩子看电影,你真有本事。"

(高翠玲,1964年3月生,1970年3月跟随父母到安徽泾县红波设备厂,就读当地的小学和后方基地子弟中学——仪电中学,毕业后通过招工考进入红波设备厂工作,1985年回沪后于上海邮政机械厂工作直至退休)

岁月像条河

原工农器材厂　陈敏昆

珍贵的同事情

每当闲步于小区或公园,看到四五岁的小孩穿着名牌的旅游鞋、名牌衣服时,心中就会想起女儿小时候我因为没地方为她买衣服、鞋子而发愁的情景,

原工农器材厂(8370厂)大门

就会感慨我们年轻的时候,自力更生、丰衣足食的艰苦岁月。

记得那是20世纪70年代末期,我们差不多都到了成家的年龄。身处皖南山区,一切生活用品,包括吃饭穿衣都得自己想办法解决。那时我与老公上下班基本穿的都是进山时带来的衣服,有时干脆穿工作服。大人好解决,但问题是我们那日长夜大的孩子,上半年买的衣服鞋子,过了一个夏天就嫌小不能穿了。那时候不像现在可以在网上买、去商店买,琳琅满目,随意挑选,想买什么就有什么。当年我们可得开动脑筋,因地制宜、就地取材地解决各种生活难题。

夏天到了,我会用自己的人造棉花衬衫,改成女儿的连衣裙,用老

1981年作者陈敏昆和女儿在山里的合影

公的白衬衫改成女儿的背带裙,上身配小T恤也不会觉得委屈孩子,穿着也很漂亮。

春秋两季,我会用劳动布工作服,改成一件娃娃衫,领头和口袋绣上小鸡小鸭,用红色毛线织一条喇叭裤,这样的打扮也很活泼可爱。就是小孩的鞋子我不会做,又不好意思开口叫能干的小姐妹帮助。怎么办?我就无可奈何的与一个会做鞋子的同事商量:"我帮你小孩织毛衣,你帮我女儿做鞋子行吗?"同事听了哈哈大笑,说:"算了算了,鞋子我帮你做,毛衣不用你织了。"此事让我感激不尽,几十年过去了,依然难以忘怀。

前阶段老同事聚会,遇见这位曾经帮我做过鞋子的同事,又让我想起了这件事情。

当年物质生活虽然艰苦,但我们同事之间的关系非常亲密,感情深厚真挚。所以时隔那么久,老同事还是乐此不疲地欢聚在一起,总有说不完的陈年

旧事，聊不完的山里故事。尽管平淡无奇，都是些生活点滴，但还是让人记忆深刻，回味无穷，百听不厌。

不要看我们这些从大城市进山的小青年，生活能力和适应能力都很强，都很能吃苦。那时我们每月的工资不到40元，夫妻两个人加在一起，再加上5元一个月的奖金还是凑不满100元，过日子必须精打细算。为了保证孩子和家人的营养，山里人真是八仙过海，各显神通。

家属区的许多老同事会自己养一群鸡，公鸡长大了杀了吃，母鸡长大了可以生蛋。有些人到了休息日还会上山砍柴，下河捕鱼捞虾，去田头钓黄鳝。平日里也是千方百计节约开支，小日子过得忙碌而充实。现在的小青年，职场竞争激烈，压力很大。当年的我们生活虽然艰苦，物质贫乏，但我们压力不大，大家一样的工资收入，一样的住房，一样的物质条件。但这段经历却是我们人生中的一份宝贵的精神财富。为我回沪后工作单位破产，职工下岗再就业等种种人生磨砺提供了足够的勇气和闯劲，奠定了我面对人生各种风浪的坚强毅力。

岁月像条河，我们都在河中学会了游泳，尽管曾经呛过几口水，但我们都到达了彼岸。

过年

20世纪80年代初期，我进山已有10个年头了，那时我已经结婚成家，孩子快5岁了。又到了年底过春节的时候，要回上海过年的同事在一个星期前就已经陆续出发了。我依然选择留在山里过年，因为家里兄弟已经结婚，原来就不宽裕的住房再也没地方让我们一家三口回去住了。

记得那是腊月二十八的早晨，连着下了几天的大雪，房门已被积雪封住。我们只能在电炉上烧了一壶开水，将开水从门缝里往外浇，然后再用力推开房门。出门后才发现外面的积雪少说已有半尺多深。这会儿家里除了米、土豆和鸡蛋外，没有任何过年的东西，实在令人心焦。

在万般无奈之下，老公说只有到新建一个认识的老乡家里去买点年货。白茫茫的一片，一脚踩下去，雪已经没过半高筒胶鞋了，哪里是沟，哪里是路根本分不清了，只能凭着记忆，两只套鞋上扎上根稻草绳防滑，手里拿着一根拖把柄探路，一边摸索一边前进。老公出发时是上午9点多钟，样子很难看，真像一个乞丐,为了生存,也顾不上这些了。

我在家里心神不安,时不时地出门张望。眼看到中午了还不见人影,只能耐着性子继续等,但心中的不安真是与时俱增啊!没办法,我不能再出去了,家里还有孩子呢!可是我就给女儿炖了个鸡蛋,让她凑合着吃。下午1点……2点,还是不见老公回来,这时的我已经开始坐立不安了。干脆开了门,站在雪地里,朝着新建方向不停地张望着。

左等右等,到下午3点多,终于看到两个黑影由远及近地走来了,但是还看不清脸,究竟是谁?又过了几分钟,看清楚了,走在前面的是老乡的弟弟,年轻小伙子,后面拿着拖把柄的是我老公,一副狼狈相。两个人好不容易到家了,问他们吃过饭没有,回答说在老乡家里吃过了。先进门的小伙子肩上挑了一副

作者陈敏昆和女儿,20世纪80年代初的合影

担子,整整两箩筐的东西,有老乡家刚杀的猪肉、活鸡、香肠、黄豆、咸菜、花生糖和芝麻糖等等。

我提着的心总算放下了,心中满是感激之情,老乡家真是雪中送炭,大雪天挑着担子,深一脚浅一脚地给我们送来那么多年货,我不用再发愁,不用再伤心了。我连忙给他们泡上热茶,想让小伙子休息一下再走。然而小伙子却表示时间不早了,还得在天黑之前赶回家。是的,山里路上是没有路灯,路上又不好走,不能再留了,所以只能千恩万谢地让他回家了。

这是我在皖南旌德时,记忆最深、最无奈的一次过年置办年货的经历。那次经历让我终生难忘,难忘那时的艰辛,难忘安徽老乡的热情与纯朴。所以以后我们两家就像亲戚一样经常走动,回沪后我们依然有联系,真想回安徽再去看看这家好心肠的老乡。

(陈敏昆,1970年由上海无线电六厂支内,到仪电公司下属工农器材厂工作,1987年撤回上海)

一位厂医的手记

原延安机械厂　戴妙法

表决心,报名参加小三线,有理想,力争出席全英会

　　回首自己走过的路,想起1968年6月自已向上海市卫生局报名参加小三线建设,真的是以实际行动听从党的召唤,接受党对我的考验。在欢送会上,我向组织保证,进山后兢兢业业做好本职工作,听从党的一切召唤,争取在不

作者戴妙法参加小三线建设后在上海仁济医院大门口的留影(1968年)

远的将来,以优异成绩出席全英会(就是当时的全国英雄模范大会),下面很多同事听了都哈哈大笑起来,牛皮吹得太大了。

我是当年10月上旬出发的,进山路上足足走了五天,才到达山里。眼前的景象,着实让我的心,一下子凉到了脚底。当时无住房,住在草棚屋内,到处杂草丛生,野兽毒蛇到处可见,在头顶蓝天脚踏野草的荒山野岭中,想想这里的困难处境,真的连鸟儿也不愿飞进来。由于思想准备不足,与美好的愿景相差太远了,所以头脑中产生了逃回上海的念头。于是我有一天借着去上级公司开会的机会,搭了别厂的车子私自溜回了上海。没想到这是我人生成长路上的一次挫折,那次回上海后就摔了跤,在疼痛之余不由让我反思了自己的错误思想。我下决心痛改前非,以实际行动投入厂保健站的筹建工作。

我在业务上精益求进,提高医疗服务水平。我自创了一套无痛注射法,厂里男女老少都指名道姓要我注射。我们还发现柴胡针是治疗山里常见的流感高热病人的特效药。消息传到古田医院,内科主任陈曙霞通过进一步实践论证,写了篇柴胡在临床应用中的有效性研究的论文。

我们曾经同时抢救过两位危重病人。我们一方面积极开展抢救,另一方面通知古田医院派人支援,等蒋伟人和陈曙霞主任到厂时,两位病人都已转危为安,我们抢救成功了。对儿科的小病人,凡遇到发热、腹泻、咳嗽等疾病,基本上都由厂保健站治疗,包括挂盐水等处理。我曾经遇到一件很棘手的病例,有位仅36天的男婴发高热,这种婴儿的药量很难把握,一不小心就有可能用药过量。看到年轻的父母都眼泪汪汪地注视着我,我决定大胆细心地用药,用柴胡针三分之一剂量,奇迹出现了,半小时后,婴儿体温开始下降,待天亮后已恢复正常。此时此刻我心中也感到欣慰,因为学到了实践中的知识。

我厂曾有过三位发生心搏骤停的职工,由于当场处理及时,赢得了时间,三人均安然无恙。其中一位是在去医院途中,在蔡家桥处心搏骤停的。当时是我护送他去医院的,我见状马上叫司机停车,立即对其进行心脏复苏。2—3分钟后,病人又恢复了正常心跳,我随后嘱咐司机加快速度直奔古田医院急诊室,如今该病人已80多岁了,子孙满堂,安享着幸福的晚年。

我当时担任厂爱卫会主任,自感压力很大,工作难度也不小,在厂里的家属生活区,又到处鸡鸭成群,要做好卫生工作,只能挨家挨户上门谈心,很多职工也很配合我们的工作,厂区和家属区的卫生包干等各项任务,基本都达到了厂爱卫会所提出的要求。各兄弟厂来参观检查时,我厂获得了一致称赞和好评,并把唯一的一面"卫生先进单位"大旗留在了我厂。

经过锻炼和努力,我最终实现了在卫生局欢送会发言中的承诺,在1983年的春天,我光荣出席了在上海文化广场举行的上海市医疗卫生系统先进个人表彰大会,我被评为市先进个人,心中感到无比的自豪和光荣,进山18年的奋斗和付出都是值得的。

抢救生命,与时间赛跑

在20世纪70年代末期的一天,记得是上午9时30分左右,一辆草绿色吉普车飞快地驶出延安厂大门,用极快的速度朝古田医院的方向飞驰而去……

原来抢救的是一名从二楼跌落右额头着地的儿童,是厂里职工家属的孩子,约4岁,名叫皮里。孩子当时是由厂职工朱洪生用双手抱着送到保健站的。当时病儿额头凹陷明显,全脸青紫,反应迟钝表情呆木,无哭声。我见后,马上说急送古田医院抢救,此时再联系车子时间来不及了,于是我跑步去厂大

当年延安机械厂的正大门

门,准备为挽救儿童生命进行拦车。事情也正巧,厂里有部吉普车碰巧要开出厂门,是送胃出血职工就医的车子。我当机立断叫停车子,把皮里的情况和车内人员讲了一下。他们听说孩子情况危重,二话没说就搭上了危重病儿皮里,我知道时间就是生命,抢时间就是在争取生存的希望。

吉普车飞速行驶,当车离不蔡家桥不远时,病儿母亲突然大喊大叫,号啕大哭,我一看,皮里已七孔流血,我果断叫司机再加快车速,同时安慰家属不要哭喊,并用毛巾拭去孩子的血迹。

当时车子的喇叭发挥了警笛的作用,我们的车子一路飞速行驶。我当时脱掉身上白大褂,上半身探出车窗,不停地晃动手中的白大褂,提示前车我们情况危急。

就这样,吉普车一路上不停地鸣喇叭,我不停地晃动白大褂,终于在45分钟内赶到了古田医院,这时候我总算松了口气,但等到我打开车门时,我和司机都惊呆了,医院门口站满了医生和护士,等候接诊危重患者。

当时我一下子蒙了,不知道是谁打了这个救命的电话。事后才知道,原来是厂警卫打电话通知古田医院的,说有部吉普车飞驰向古田医院,也没说是什么病情,只说情况危急。所以医院接到电话后,做了各种准备,等车子一到,医院各个科室配合,有条不紊地展开了抢救。司机王光成的汗水湿透衣服和裤子,这一路的过程够紧张的。

事后得知,皮里当场做了开颅脑手术清除血块,我们为孩子的抢救赢得了宝贵的时间,作为一名厂医,践行了自己走出校门的初心和承诺。

一场抢救农民兄弟的战斗

时光倒流到20世纪70年代初的一个炎热夏天,火辣辣的太阳当头照,热得人心烦。中午12时30分,职工午饭后大多在休息,突然我家响起了急促的敲门声和叫喊:"戴医生!戴医生!保健站有位严重外伤的农民,快点!快点!"我立即披上白大褂,以最快的速度奔向保健站。此刻保健站门口已经涌来很多老乡,只见地上放着一副担架,仰面躺着一位面色苍白,反应迟钝的伤员。他是由20多位农民从三溪县兴隆公社轮流抬过来的,他们一路翻山越岭来到厂保健站,都抱着乞求的眼光希望我救救这名伤员。

经我询问才知道该伤者是兴隆大队的队长，因开山取石，不慎从山坡上滑了下来，右大腿从膝关节至根部被锋利的石割伤，大腿肌肉伤及骨膜，伤口有1尺半长，失血较多，大腿根部已用皮带捆扎止血。在场几十名职工和农民兄弟都看着我。见此情况，我想起自己离校门时校长的教导："不忘白衣战士的初心，做一个像白求恩一样的医生。"我当机立断，敢于担当，不能辜负农民兄弟的一片信任。

当时有一位兄弟厂的张医师正好有事找我，我便叫他当我的助手，经过彻底消毒后我帮伤员结扎各出血点和细小血管，再用不同医用线将伤口层层缝合，经过紧张的60分钟，最终把右大腿的伤口全部缝合，未发现血液渗出的情况。最后我对伤口进行了常规包扎，几小时后这位农民居然站立起来，右腿能稍移动一二步。伤员得救后，在场的几十位农民跪地道谢，我连忙挥手说："不用，大家都起来，工农本是一家人嘛。我尽自己的微薄之力，能帮助农民兄弟做件实事是应该的。"此刻我的心中也感到无比的欣慰和成就感。两周后兴隆公社的领导曾来看望我，我得知伤员的身体已恢复正常，公社的领导说："戴医生，你为农民们做了件好事，我们永远不会忘记。"

（戴妙法，1968年10月进山任延安机械厂医务室厂医，1983年被评为上海市医疗卫生系统的先进个人；1985年10月返沪后进入上海无线电十二厂工作，1990年调入长桥医院伤外科，1994年初调入闵行区政府机关事务管理局从事医务工作，直至退休）

回　味

原延安机械厂　钟桂芳

我是六六届高中毕业生，1968年幸运地分进了有支内任务的上海无线电十二厂，1970年4月厂里的宣传队敲锣打鼓地把进山的大红纸贴在了我家的门板上。我将从此离开父母兄弟姐妹，踏上社会，走独自谋生之路。

当时脑中一片空白，进山的车轮在崎岖的盘山公路上行驶，我眺望着车窗外的景物。哇！美哉，群山之中呈现了一条彩带，构成一幅自然而美丽的图画，在兴奋之余，心

作者钟桂芳

中的恐惧、担忧却依然盘踞在脑海，经过12小时的车程，我们进入了与世隔绝的世外桃源，一个不起眼的厂名（8373厂），这不是"给啥吃啥"厂吗？是我要留下来工作的厂吗？好奇的我被四面围山盆景式的厂区所吸引，宁静、自然，如画中之景。随着工作的开展，小三线建设打开了我的眼界，真是环境造就人，我们年轻人在各自的师父带领下，各显神通，在工作和生活中，涌现了一批年轻的骨干能手，他们奉献自己的力量，一股生机勃勃的气息在8373厂的空中回荡，周志恩、陈家樑、刘华娣等举不胜举，他们冲在各项工作的最前线。我们

装配车间最为突出,冲刺在各项工作的最前沿,我们吃苦耐劳的工作作风得到了大家的一致好评。我们既是同事,又是姐妹兄弟,亲如一家。在我们的共同努力下,厂里的一切生产设施都那么齐全,有冬暖夏凉干净明亮的车间,还有为职工供应早中晚三餐的食堂。生活区内宽敞的礼堂、图书馆、理发室、小卖部、医务室、浴室、托儿所、中小学校等样样齐全,简直无可挑剔,完全是一个"独立王国"。我们早已融入了这个大家庭,找到了一个在山区的家。休息天我们相约到师父家聊天聚餐,杏娟从上海带来的毛蚶好吃极了,妙手回春的戴医生也带来了他拿手的酸辣菜。小李福根家的9寸黑白电视机在我们这片十分出名,它吸引着我们去他家去看外面的世界。李长花、徐大宝两位恩师一直关心、照顾和帮助我,让我的生活充满了人间之爱,至今难以忘怀,感恩这份深情。我还要感谢厂里的后勤组,竭尽全力地把职工生活安排得井井有条。那些年的山区生活眨眼而过,我们又返回了上海,各自奔向不同的岗位,开始另一轮的工作和学习。再见了,小三线。

(钟桂花,六六届东昌中学高中毕业,1968年8月15日进入上海无线电十二厂工作,1970年4月进山)

相思梧桐的小三线点滴

原旌旗机械厂　黄志诚

相思梧桐的诗词

我叫黄志诚,笔名"相思梧桐",是七二届无去向培训生,1975年12月进山,在原旌旗机械厂工作(5319厂),曾担任厂团委书记。1982年离开皖南,后考入大学,读的是汉语言文学专业。我喜欢诗词和杂文,人生格言是:调侃自己,戏说人生,"桐"言无忌!我写过一首词《江城子·情牵三线》:

作者黄志诚1981年留影于旌旗厂山道上

江城子·情牵三线

皖南山下弄潮惊。

遣精英,笑含情。

酷夏冰寒,依旧乐盈盈。

三线曲终留好梦,春去也,忆难停。

浩然回首望旌旗。

数年龄,慕华轻。

青涩烟飞,难忘是相惺。

敢问九天谁铁汉? 丢岁月,却留名。

重返皖南绩溪,绩溪不仅景色宜人,而且名人辈出。游而习之,不亦乐乎! 好景总要感慨,故留下一词。

小重山·游绩溪

车绕溪山眼底沟。

朝霞惊起梦,

景难休。

榴红远树衬云浮。

人醉了,

满目画幽幽。

笔墨自徽州。

河川多过客,

适之留。

登临佳处叹风流,

君知否?

英烈永歌讴!

游绩溪,意犹未尽,美如仙境,作首七绝,表达此情。

七绝·绩溪采风

云雾妖娆罩碧峰,

远山深处隐仙翁,

踏青采景寻佳影,

凭揽绩溪醉意浓。

烤箱诞生记

　　因为青春,所以铭心,因为刻骨,所以难忘!小三线,我最宝贵的青春岁月曾留在那里了,故而留恋!

　　惭愧的是,本人是个"逃兵",较早离开了小三线,去了南方老家。

　　但是,那些小三线的经历还是难以忘怀的!

　　难忘的不是青山绿水,也不是情深谊长,而是年轻人的奉献和热忱,是那种快乐向上的活力和精神!青春的美好和激情,都在那里尽情地舒展!

　　我说的故事就发生在我曾经担任团委书记的小三线旌旗机械厂里。

　　那时,为了改善员工的生活,厂领导决定为食堂添置一台"远红外烤箱"。烤箱将由厂里自己制造生产,这个任务由我们团委负责落实完成,而且要求只能利用工余时间。当时我很紧张,我从来没有独立负责过一个项目,很多东西我都不懂!在进行了简单的动员后,广大团员青年都非常积极,从拿到图纸到具体部件的加工分配,在几天内就能完成了前期准备。以后,每天下班晚饭后,金加工、钣金、电工等各个班组灯火通明,很多团员青年在车间团支部负责人的带领下,不计报酬加班加点,连续奋战两周,终于完成了"远红外烤箱"的制造任务!

　　令我感动的不仅仅是制造的过程,而是年轻人的那种精神,其中有两个人并不是团员,没有要求他们加班,但每次我晚上去加工现场时都能见到他们,我劝他们:"你们可以不要来的。"他们却说:"反正待在宿舍也没事,还不如为'烤箱'做点事情!"

　　还有,尽管是团组织的"事情",但还是得到了厂里各部门的大力支持,图纸的审核,原材料的供应,零部件加工等,广播室还专门播报了一段采访,赞扬青年们的工作热情和奉献精神,食堂还专门为这些青年职工加了中班时段的夜点心!各级领导都非常重视,尽管这不算当时的主要工作,但我们团委每次需要工作协调时都能得到大力支持,问题很快都能顺利解决。所有这些都是"烤箱"能按时诞生的基本保障。

　　在大家的共同努力下,青年号"烤箱"诞生了!从此,食堂不仅多了一样

"神器",而且多了一种烹饪方式"烘烤",每当我闻到食堂飘来烘烤的饼香,我就情不自禁地为团委的这件实事而感到自豪!

  事情虽已经过去了几十年,但我总能被那时年轻人的热忱和奉献精神所感动。如今回首,真是感慨,填就《如梦令》一阕,以表感怀!

如梦令

青涩年华邂逅,
慨赴皖南奋斗。
披日月风尘,
回首好梦依旧。
知否,
知否,
人道晚霞碧透。

我的小三线岁月

原旌旗机械厂　丘惠云

人,其实不需要太多的东西,只要快乐地活着,真诚地爱着,也不失为一种富有。

八年的支内生活,磨砺了我的意志,改变了我的人生。支内人积极向上、乐观坚强的人生态度至今在我的记忆深处熠熠闪烁,引起我追溯昔日的美好时光。

小三线人的春节

20世纪六七十年代,上海皖南小三线人的春节,因它深厚的感情和浓郁的年味在我的记忆深处烙下恒久的温暖和思念的印记。

当年小三线人的"五七田"为丰富支内人的春节餐桌所做的贡献真是不小。每年的春节,支内职工家庭都可以享受到"五七田"发放的鲜猪肉、鲜鱼和时令蔬菜。厂行政科还会动足脑筋从江浙地区购置当年的紧俏年货发放给职工。这些都让沪上小三线人在物质贫乏年代的春节依然有滋有味,吉祥快乐。

最难忘的事情就是每年春节,支内人都会结伴上山挖野生小竹笋来自制小笋干。一根根碧绿鲜嫩的小竹笋晾晒在春光下格外耀眼夺目,是家属区里的一道靓丽的风景线。到了次年春节,小笋干烧肉则是小三线人春节餐桌上的一道具有皖南农家风味的佳肴。上海职工还喜欢把小笋干作为春节回沪馈

作者丘惠云母子三人合影,1980年9月于上海电子器材四厂内

赠亲朋好友的佳品。

我在小三线工作期间最开心的春节是1975年的春节。那年的冬天,连续下了几日的大雪,交通受阻,上海职工只得留在山里过春节。我们留厂职工自发组织集体吃年夜饭。我和爱人为大家烹制了一款具有南粤风味的传统美食"糯米灌猪大肠",色香味俱佳的灌肠令同事们吃后回味无穷。而上海人的酱油肉、宁波人的糖醋大黄鱼、山东人的大葱牛肉馅水饺、福州人的燕皮云吞面、北京人的大葱爆羊肉、广州人的五香牛肉等也让大家大饱口福。我们还喝了啤酒和当地老乡酿造的果子蜜酒,给支内人的春节平添了几分喜庆。我们欢声笑语举杯祝福,祈祷早日返沪。原本寂寞沉闷的家属区,此时到处飘荡着吉祥快乐的浓郁年味。

我在小三线工作期间最温暖的春节要算1977年的春节。年初一早上,一派"千里冰封万里雪飘",除了听见"沙沙沙"的雪花落地声外,整个家属区显得格外阴冷和凝重。一缕淡淡的思乡之情从我心中涌起。过了一会儿,门外响起了熟悉的敲门声,吴福兴副厂长披着沾满雪花的雨披给我家拜年来了。温馨的祝福,顿时让冷冰阴暗的小屋温暖敞亮起来,犹如冬日里的暖阳给小三线职工带来了盎然生机,演绎了小三线年代纯朴和谐的干群情谊。

那时候春节最幸福的事情就是为两个儿子缝制新衣裳。我托上海同事到南京东路的儿童衣片专卖店买来了衣片纸样。花了三天三夜,利用新加坡的婆婆送给我的卡其布料,挑灯夜战为两个儿子精心缝制了当年上海最流行的双排扣卡其布外套和脱卸式连帽棉风衣。虽然缝制手艺比不上商店买来的那样精致,却融入了一位母亲对儿子的舐犊深情。看到穿着新衣服的两个儿子正兴高采烈和小伙伴们放爆竹、打雪仗、堆雪人,我觉得我是天底下最幸福的母亲。

那时候春节最浪漫的事情就是打扮自己。除夕晚饭后,我们左邻右舍互相搭档用土办法美发。把钢精梳放在煤球炉上加热后把洗湿的前刘海烫成一朵朵小浪花,再抹上发油,经过梳理后一个酷似蘑菇形状的时尚发型就呈现在了眼前。年初一上午,我穿着自己缝制的中式花布大盘花布扣的新罩衫,围上自己编织的彩色围巾,和邻里同事互相拜年祝福,甜甜的笑声与暖暖的阳光辉交相映,彰显了一代小三线人知足常乐、追求幸福的人生态度。

(丘惠云,1969年毕业于华南师范大学政教系。1972年10月随爱人到皖南小三线旌德旌旗机械厂子弟学校担任语文、英语教学兼少先队大队辅导员。1980年10月落实知识分子政策和爱人一起调入上海无线电专用机械厂技工学校任教。1990年调入上海市健康医学院附属卫校任教,担任党办主任,高级讲师。曾出版《杏林心语》《诗词养生心语》,在职时发表在全国《中职教育》和《上海医教》等刊物和获奖专业论文共30多篇。人生格言:顺境不骄不躁,逆境知难而上)

"猴子山"下

原井冈山机械厂　诸国良

作者诸国良

我对井冈山厂的记忆，最早应该是从厂里的职工子弟学校开始的。我在皖南整整十年，其中作为教师身份的时间要占绝大部分，屈指算来有八年之余。因此，我对它的印象可谓"刻骨铭心"。

从庙首路口沿着崎岖的"七公里半"这条山路进入厂区后，最早映入我们眼帘的建筑物便是井冈山厂职工子弟学校——矗立在职工家属区最底端的一座两层的小楼。小楼作为教学楼，它和连着的一个不大的操场便组成了这个可称为简陋的学校的全部。教学楼的二楼是各班教室，有大小共约六个；底楼从东至西依次为教师办公室、会议室、音乐教室和体育教室。校舍紧紧地依偎在黄高峰的山脚下，每天上课，师生们抬头便可看见山头上飘着袅袅白云的黄高峰峻峭身影。不过，我们当时没人知道学校旁边的这座高高的山峰有"黄高峰"这样一个名字，而只从学生们的口中听到了它的大号叫作"猴子山"。

"猴子山"下的学校里，在1976年初的那个冬天，由于我们一批当时二十岁出头的年轻人的进入而正发生着一些动荡：一部分老教师开始调出学校。

职工子弟学校,如果名副其实应该称为"子弟小学"较为准确,因为就学的都是些小学一年级到五年级的学生,且人数也不多,一个年级也就一个班,多则十来个学生一个班,少则只有六七个学生一个班。但是在我们刚进校的那会儿,可能后方的中学还没完工,学校还有几个戴帽的初中班在里面,所以学校只能被冠以模棱两可的校名。既不完全是小学,也不能算中学。不过,从学校当时强大的师资来看,教育一批初中生那还是绰绰有余的。如纪仲和、姜琦、郑以敏、曹水花等老师都是国家正规师范大学或名牌大学的毕业生,其他几位老教师的资历也很深。我记得当时借调在学校教英语的老师中还有一位是厂技术档案室的杨翻译。听说他可是个北京第二外国语学院毕业的外交官,曾在好几个中国驻外使馆工作过!

　　记得那一年调往厂其他部门的有王玲宝、曹水花、薛金培等几位老教师;调往外单位的则是王华东、张军延等。而杨大方、金志高、陈全兴、纪仲和、姜琦、郑以敏、童炜瑛等老师则留了下来,继续他们的教师生涯,和我们这些年轻的教师为伍。那一年,学校的领导是杨大方老师,他是校党支部的书记。

　　我们新进的年轻教师共有九人,而学校原本是要十人的。

　　厂里让一个工人变成一个教师,其实也是有考量的,当然,一是组织的挑选,二还看个人的意愿。所以经厂有关部门和领导挑选的最初十人中,有一个不愿来,那也就只能作罢。

　　实话说,我之所以愿意到学校来,目的也很单纯。说白了,就是看中有整整一年在上海培训的机会。

　　从繁华的大城市一下子进到封闭的山沟,我们的不适应可想而知。我们一起进山的人中,有的甚至对着四周箍桶般的大山号啕大哭,有想父母的,也有思念恋人的。女青年不用说,流点眼泪也正常,而有男青年竟然也这样。所以,有整整一年回上海的机会,这对我的诱惑,连考虑一下的余地都没有,就那么决定了!

　　其实,经历过了以后实际的工作检验,我深深体会,自己作为一名教师是有很多欠缺的,包括资质、学问、热情等诸多方面的不足。当时仅是凭了一股子年轻人的冲动,便作出了这样一个选择,不太明智。而一旦上了讲台才深感自己那哐当作响的半吊子水的浅薄。但在金老师等领导的支持和各位老教师的帮助下,学校给我的工作环境也相对较为宽容。因此,我当时也只能硬着头皮"赶鸭子上架"。不过,自己也是作了随时退出教师岗位的充分准备的。我想,我的伙伴们也是如此想的吧。所以,在短短的几年中,我们九个人中有八人还是陆续离开了学校,我也是其中之一,时间大概在1985年的8月,我由学校调到了厂工会。接替我任美术老师的是原四车间的余建林。这样,九人中留守、坚持到最后的只有笪巧英老师。

我们进学校没多久,比较熟悉的校领导杨大方老师就调往后方公司的教育科。学校组成了由金志高老师任组长的领导小组。后来金老师又调到新成立的厂总务科任科长,学校就由陈全兴老师任校长,纪仲和老师则担任了教导主任。陈老师后来因身体原因不再担任校长,并离职到上海养病,学校就由纪老师任校长。纪老师也成为担任学校负责人时间最长的一位,他一直任职到学校解散,后又到厂教育科工作直到退休。

学校恢复校长负责制后,各项教育工作进入比较正规的程序,但人员进出却比较频繁。我们九人中不断有人离开学校,也就有人不断进来顶替。从厂里小卖部调来了黄薇华老师,她原来就是中师毕业生,教低年级的语文课。还有从车间里调来教数学的王畹芳、陆黎明等老师。从外单位调进来的郁建华老师和余文妮老师则分别教中高年级数学和语文。期间,郁老师还担任过教导主任一职。

郁老师出生于中国香港,国家改革开放后,按政策他可返港生活。不久,他便赴港定居。这时学校又从外单位调来毕业于中国科大的孙肇基老师顶郁老师的班,教高年级的数学。而在此之前,郑以敏老师因为她丈夫调到部队院校工作,去了合肥,她作为随军家属也就一同前往。她走后全校英语课的教学则由新调来的赵徐芝老师接任。同时,厂里又从西南边陲的云南调来了朱光宇老师。最后到小学校来报到的是两位比我们还年轻的女老师:刘晶顾和张桃桃。她们是嫁给厂里青工后调来的,她们的丈夫分别是施建民和闵宇中。

青年老师的加入,有其生机勃勃的一面,但也有不稳定的因素,比如经常有人因婚姻生子等要请假,而教学还得继续。所以,也曾有相当一批厂里的青工到学校来做代课老师。在我的记忆中,早期有杨毅恩、徐美英、张才女、周晓伟、金骏等,还有傅新民、朱基平、葛春祥等好像也曾短时来代过课。还有一位戴眼镜的女老师,姓费,全名我已经忘了,只记得她会弹钢琴,嗓音很美,所以代的也是音乐课。

体育和音乐两门的代课老师人数最多,且时间也较短,给人有走马灯的感觉。代课时间较长的是周晓伟和金骏两位。

学校最后阶段，由于老师的缺少，从上海还请了两位退休老教师来帮忙，年龄都已不小。一男一女，男的姓胡，女的姓颜。颜老师还把她的老爱人也一同带进山来。学校最后存续阶段的那一届学生应该还记得这两位当时头发已白，面容慈祥的老人。

说起这个学校，总离不开它的主角——学生。而一说起井冈山小学出去的学生，厂里的老职工们往往只记住了印海蓉这个名字。印海蓉确实也应是井冈山小学的骄傲，但我仿佛对她的弟弟印陈杰的印象更深一些。1977年，那是我们正式执教的第一年，印陈杰则是刚入校的一年级小学生。不同于他姐姐的活跃，他是一个机智又很冷幽默的孩子。当年只有六七岁的他在应付我们这批老师的提问中，经常有些出乎意料的回答，使我们忍俊不禁。从此对他印象深刻。除了印海蓉姐弟，给我留下印象特别深的还有这么一群学生：董海科、钟伟民、陈禹杰、蔡文洁、江晨等。因我是个"副"科老师，主要教全校各班的美术课，所以对画画有兴趣并且美术成绩较好的学生当然记忆更深一些。记得当时厂部有个相当规模的职工画廊，为厂里一些书画爱好者们展示自己才华和作品提供展览橱窗。当然这画廊的主要功能还是为了开展政治宣传。学校的这些"小画家"们的作品也好几次"登堂入室"展出于画廊，在为他们争得一份荣誉的同时，也让我这个辅导老师着实借光了一把！说到这个，我们当然也不会忘记以印海蓉为代表的学生文体演出队伍。他们先后在唐伟国老师、王捷健老师、郑以敏老师及各班级班主任老师的辅导带领下，多次到后方公司或后方基地参加文艺会演和体育比赛，并取得出色成绩，为学校赢得了不少荣誉。

在老师的记忆中，除了记住了几个"好学生"外，其实更容易记住的还是几个特征明显或全校比较出名的"小捣蛋"们。譬如"小胖子"冯德军和当时号称学校"三大铁嘴"的纽海东、茅卫东、樊云峰，也不会轻易地从老师们的记忆中抹去。学校的郑老师、姜老师的孩子："小兔子"和双子给我的印象最深，只要一提起他们，几个孩子睁着好奇的眼睛紧张地盯着你看的小小脸庞就会浮现眼前。三十多年过去了，学生们当年的那些童真和稚趣，聪慧中又闪耀着顽皮神态的眼睛，憨态可掬、机敏狡黠、认真好学的情状，有的学生是开蒙很晚，无论老师如何开导，他是"坚决不开窍"的，点点滴滴现在回想起来，感觉还在昨天。眼前还是他们那喷溢着无穷精力的孩童时代，汗水给笑脸划出一道道五彩缤纷的油彩，组成一幅幅童趣盎然的生动图画，令人不禁莞尔。是啊,时间如白驹过隙,三十多年的岁月竟瞬然而逝,这中间的变故又不得不使人从心里感叹,人生如梦!……

大山里的学校,凡举行学生活动,好像都与山有关,记忆比较深刻的一是和学生一起爬"猴子山"。论爬山,与其说是我们带学生,倒还不如说是学生带着我们。因为他们远远要比我们熟悉上山的路,尤其几个男孩子,仿佛天生的登山运动员,手脚利索得很。往往我们领着女同学还在山脚边转悠的时候,眼睛一眨,他们已经登上了半山腰。

二是每逢清明节为烈士扫墓。烈士墓离我们这里较远,建在一座苍翠的小山之巅,四周群山环抱,颇有几分肃穆的气氛。从现在网上摘录的资料显示:烈士墓占地面积25平方米,建筑面积3.5平方米。纪念碑台阶分为两层,第一层10阶,第二层13阶。碑座石砌,水泥勒边勾缝,碑身方锥形,混凝土浇筑,正、背面各嵌石碑一方。正面碑上有"为革命牺牲的烈士永垂不朽"描红大字;背面碑文铭刻该地为革命牺牲的十四位烈士的名字。1976年6月10日由旌德县革命委员会所立,1986年8月被旌德县人民政府列为县文物保护单位。

蓝天白云中,烈士的墓碑显得巍然高耸,使人不得不仰而视之。此山巅一定经过人工的削凿,平平整整的一方土地,周围都用水泥砌起了栏杆,盘山路磴都用麻条石铺成阶梯。

站在墓碑下,不由让人产生一种肃然起敬的感觉。在这种感觉的浮影中,我还在心头掠过那么一丝悲壮:一个个年轻的生命就这样长眠于这块冰凉的石头下,使人从心底涌起一种痛惜。不知孩子们有没有这种感觉,但这是我去一次要想一次的问题。

……回过井冈山厂的老同事们说,"猴子山"下我们曾经度过十来年岁月的工厂现已基本成为一片废墟,但小学却仍在,如今已成当地村政府办公地。不管它还是不是学校,我想已不是什么要紧的问题,只要它的轮廓尚存,我在梦里总有了可以追忆的对象。一晃三十多年了,只怕是"猴子山"下的这片土地出现在梦里的次数也是越来越少了,哎……

(诸国良,原井冈山厂职工子弟小学教师,后调任厂工会干事。回沪后,继续在原厂并入上无四厂的分厂工作,曾在党委办公室任宣传干事等。2001年后,在上海广电信息物业分公司,始安房产公司及沧鑫投资公司任职至退休)

井冈碧云下的生活小浪花

原井冈山机械厂　沈国良

自1969年末风华正茂赴皖,到1985年不惑之年回沪,16载风雨,恰是一段筚路蓝缕的人生历程。记忆虽渐淡去,回味却依旧有着浓浓的酸甜苦辣。

以下由数些小诗拍打起那时井冈碧云下的生活小浪花。或能勾起一代小三线工友各自的趣闻乐事来。

作者沈国良

忆拉练

山峦蒙渺茫,拉练号角响。
披月踏早露,急行至斜阳。
春冬冷如冰,热血化寒霜。
更著风雨狂,荡吾心胸秽。
汗浸透浃背,足疲精气沛。
喜迎层层峰,追云舞彩虹。
越山穿诸林,铁脚展功夫。
夜宿山寨村,大爷笑相迎。
先遣作后勤,食宿巧安计。
粗茶淡饭香,草铺赛鸭绒。

热情一团火,苦犹乐中甜。
盘山似蛟龙,一路歌不停。
红旗指引路,直入岩寺中。
风幡如林立,战鼓震九天。
赛歌共交流,旧朋结新友。
欢聚尽开颜,回首重归途。

春早人勤

东露鱼白起朝晖,北归玄燕尚未还。
早春人间透寒意,田道泥农山歌哼。
柳发萌芽点点绿,桃染山川隐隐红。
忽闻雾里马达声,原是春早勤耕人。

采草药

周末偷闲上山道,采药云游乐逍遥。
自带干膳背草帽,遮日避雨免形劳。
青山峦峰屏矗立,飞瀑劲松挂绝标。
抬眼远见南来雁,不知可越斯岭峭?

山洪瀑

彻夜久雨山林涝,川流奔急汇狂瀑。
泓宏如雷拊洒珠,立崖惊观野马涛。
失控直下吞山村,大水疾转倾桥墩。
自古天威谁与比?可笑人间夜郎人。

抢修差转台

昨撒浩雪满山林,突报电视无信号。
踏雪登山修无惧,只缘山寂少娱嬉。
天冻地寒盘铁塔,风扫人摇细检测。
一线断失误千人,归来衣裤已成甲。

接　人

今有家人夜归皖,推窗遥望山道弯,
远见大巴卷尘烟,急奔小店道口站。
各迎眷爱喧平安,下客犹疲含笑颜。
车载行囊相依行,一路欢语胜新恋。

看夜电影

日落青山晚霞绯,大道小路车人绵。
拖儿带女携眷来,满座食堂大影院。
影情心情不了情,寓教文明开眼界。
剧终车铃不绝耳,夜空灯火烁一线。

16号房

石坝阶台通陋舍,松影小楼谧幽幽。
开门见山满苍翠,推窗望月照雅室。
同窗好友二三人,相伴共勉度闲日。
更喜良缘结此景,落录数行作旧证。

山后水库

水库如练静,峭壁入倒影。
坝瀑落飞沫,弯弯无尽远。
携儿游此景,嬉水皆邻里。
笑语惊白鹭,梦里画中仙。

搭车随想

崎岖颠簸车如舟,
尘扬八丈驾御愁。
盘山旋转十八弯,
恰喻人生行路难。

盼归申城

十六春秋瘁三线,年去岁来化梦醒。
欣闻有期返申还,望城兴叹祈团聚。
沪遣考察凤驾来,工眷竞相迎远客。
坦诚示交甚亲切,细问微询送关慰。
锣鼓喧谷人声沸,激盼早归动谢泪。

山沟沟里的读书梦

原向阳机械厂　王静三

我是六六届高中毕业生,1968年10月底支内进山来到旌德县城的向阳机械厂(简称向阳厂)。那一年我虚岁19,刚到向阳厂,感到特别新鲜、特别兴奋,宿舍刚建好,还在安装门窗,厂房大都处于在建过程中,建设工地热火朝天。向阳厂第一批支内职工就在这陌生的地方用了一个月的时间完成了10台Z512型台式钻床的制造组装,开创了向阳厂18年的发展历程。

向阳厂职工队伍主要由部分支内老师傅(生产技术骨干)、老三届初高中毕业生、代训学徒和少量中专技校毕业生等组成,其中青年占多数,向阳厂虽然地处县城,但下班后的大部分时间也是十分枯燥的,建厂头几年没有工余文化生活,也没有图书室,仅有一张乒乓桌,在这种环境下,有少数青年开始喝酒、打牌。随着工厂逐步建成,青年职工的工余生活和学习教育得到工厂党政领导的重视并逐步走向正规,但青年职工的文化学习因缺少教育资源,始终和上海差距甚远。小三线职工回到上海后,上海接收方工厂总感觉小三线回来的那些职工干活很聪明,手艺好,但文化素养差,纪律松散,这可能就是山里缺少文化教育资源造成的结果。

特殊年代里我们失去了继续读书的机会,在小三线山沟沟更是望"学"兴叹。有时我会突然感到十分空虚,但我性格内向,不喜欢喝喝玩玩,喜欢看书,就把父亲书架上的各类书籍轮番带到山里阅读,充实工余生活。1971年初,我调到厂政工组任文书,开始着重读毛选等经典著作,甚至自学《资本论》,在政工组的五年,我养成了自学的习惯,也算是"读书梦"的开端。

作者王静三的电大毕业证书

1973年，各单位选拔推荐工农兵大学生，向阳厂领导和群众一致推荐我报考复旦大学数学系，那年该学校在后方基地仅有一个名额，但我政审没有通过，错失良机；第二次厂里再次推荐我去报考上海机械学院，但政审还是没有通过。虽然二次入学未果，但我的"读书梦"仍然在继续，那年后方有少量函授财会中专学习的机会，我积极参加了学习并且拿到单科合格证书，为我后来的职业生涯打下了基础。

1974—1975年间，向阳厂仅有的几位大学生主动提出办一个技术培训班，有选择地挑选部分优秀青年职工进行技术培训，其中最优秀的学员将转入工厂技术岗位，当时还把培训班冠名为"七二一大学"，也算是融入当时的红色年代。我参与了组织工作并也参加学习，通过近一年业余学习，学会了机械制图、机械传动原理等机械基础知识，这也许是我能长期在企业担任管理工作的立足之本。

记得在1976年底回沪探亲，后方743书库的老董向我推荐了一套"中学数理化自学丛书"，并告诉我这套书很"吃香"，得到自学丛书后的一年多时间里，我的工余时间大多和丛书相伴，认真记笔记，熬夜做习题，夜深人静，我那办公室的灯总是亮着的，直到中班的职工下班，纷纷到食堂就餐，我才熄灯回宿舍休息，结束充实的一天。1977年国家恢复高考，这是每个圆梦青年千载难逢的机遇,恰恰正逢自己准备结婚,在结婚和考大学之间我犹豫了很久,最后在双方父母的意见下选择了前者,大学之门再次与我擦肩而过。

结婚一年后,随着女儿降生,我的工作也发生了几次变化,学习也基本停止了。直到1983年,后方基地开办电视大学(简称"电大")自学班,读电大成为广大后方青年自学成才的最佳途径,电大重新燃起我的"读书梦",经过后方基地统一考试,我正式参加了后方基地电大经济类工业企业管理专业班,向阳厂共计有十多名老三届青年参加,其中六六届高中毕业生居多,我和我爱人一同编入这个班,夫妻开始共圆"读书梦"。

后方小三线经过多年的发展,企业各类人才严重短缺,因此非常重视这一届电大自学班,上级教育部门专人负责和上海电大总校联系教学和辅导的工作。由于皖南山区收看电视的条件有限,我们几乎不能正常收看电视授课,只能靠自学,向阳厂电大班也是抱团互助,自学加上相互讨论,自行掌握学习内容。记得1983年春节放假前,后方基地教育处专门在上海组织后方电大班集中辅导,辅导一个学期所学课程的重点,确定考试范围,这个集中辅导还真有点效果,我们期末考试都顺利通过了。之后后方基地又多次组织类似的期末集中辅导,为后方学员助力。1985年我和爱人首批回沪到闵行区的上海滚动轴承厂工作,我们的电大学习统一归入闵行电大管理,每周三个半天脱产学习,不仅学习时间上得到了保证,而且有电大老师管理,我们的学习质量也明显提高,每个课目考试我们自学班的成绩并不低于全脱产班,有一门"工业会计"我考了99分,听说是全市最高分,我的毕业论文《试论制造业的专业化生产》参加了上海社科院和闵行电大联合举行的答辩会,获得闵行电大优秀论文奖。

我们学习的目的是获取知识,摆脱愚昧,明白做人,做一个对社会有用的人。回顾在山沟沟曲折的学习轨迹,算是圆了"读书梦",也算是梦的开始,学无止境,我们的生活还在继续,学习还在继续。

(王静三,六六届初中毕业生,1968年10月进山入旌德向阳机械厂,先后任厂部文书、工会专职干事、企管办主任、公司副总经济师等)

照片和其背后的故事

原安装公司第六工程队　王清逢

作者王清逢（1969年8月17日于旌德）

"这是一张什么照片"？

那天晚上，我在老班组微信群晒了一张两人合影照并发问，"有谁知道这张照片是在什么时候、什么地方拍的？"群里大多数人不知道，有人猜是在绩溪的时候拍的，但就连照片上的师弟都不记得拍过这张照片，更不记得是在安徽何处拍的了。当然，说对"旌德"的也有。再问兄弟班组，一位同事说："肯定是旌德。"原来他们班组曾在古塔旁边的大树上捉过鸟。师弟刘巽荣（胜利水泥厂）还询问了他的微信群群友。但是，即使有人猜对拍照的地方是旌德，也不知道是什么时候拍的，更说不出照片上古塔的名字和照片背后的故事。

那么，这张在旌德的照片是如何拍成的？正如有人提到："照相机是哪里来的？"这对大家来说确实有着太多的"未解之谜"，此前我一直保守着其中的秘密。

在小三线建设的那个特殊历史时期，"保密"是个绝对敏感的话题。

上个世纪60年代开始，遵照毛主席的指示，上海市根据"靠山、分散、隐蔽"的战略要求，决定在皖南徽州地区兴建一批上海小三线单位。作为六七届初中生，当时是以"上海工矿"分配的，我于1968年11月25日前往上海市工业设备安装公司（现上海市安装工程集团有限公司，简称安装公司）报到。第二天，安装公司有关领导宣布我们41个人被分配到第六工程队后，六队负责人当时就告诉我们本月底或下月初，可能就要到安徽去参加小三线建设。11月27日我们去六队报到，参加了欢迎大会，随后开始了三天的学习和参观。按照要求，我们在思想上和行动上都做好了参加小三线建设的准备，并盼望能早日出发。

同年12月5日，我们乘229工程指挥部安排的班车到达地处岩寺的徽州化肥厂，那里当时是六队在皖南小三线建设的大本营和中转站。在次日召开的大会上，单位领导和229指挥部军管会代表分别进行了关于三线建设重要意义和保密方面的教育。毛主席教导我们"三线建设要抓紧"，我们要充分认识三线建设的重要性和紧迫性。大会上还进一步明确，除徽州化肥厂外，我们还负责在旌德安装施工，1969年年底基本完成的其余五个厂的建设，具体安装什么、工程概况、工程地点等一概不讲。当时我被安排到向阳厂施工，至于六队在旌德安装的其余几个厂，我到现在也不知道厂名。

那时隐蔽在山里的小三线企业都是有代号的，和家人、朋友只能以书信联系，寄件地址也都是代号加信箱，我们当时在向阳厂用的是"皖旌德4065信箱301分箱""安徽徽州4023信箱"。甚至当时的班组也是有代号的，我所在班组为613班（小队），其中"6"代表六队，"1"代表电工，"3"代表第三班（小队）。中间那一位的其他数字，比如"0""4""7"则分别代表"管（水）工""冷作工""电焊工"，像起重工、钳工、油漆、木工甚至炊事等班都是用代号的。在以后的工作中，班组老师傅还会不断叮嘱和告诫我们，要保管好施工图纸，因为从中可以探测到工厂的规模、人数、设备等情况，即使食堂、厕所的图纸也是如此。我们都信以为真。

在20世纪六七十年代那种的特殊时期，不要说照相机是个稀缺品，即使有照相机的人也不敢带到小三线去，以致直到小三线安装工程全部结束回沪，我们都没有留下任何一张与当时安装施工的小三线工程厂区和生活区相关的照片。

现在回到这张旌德拍的照片。我是于1968年12月26日从徽州化肥厂调动至旌德向阳厂的,到1969年12月26日为止,先后五进五出,我所在的电工班不过十来个人,会同时承担几个工程的建设任务,也会在几个工地往返交叉施工。

上海小三线单位根据"隐蔽、保密"的原则,基本上都建在山沟沟里,车辆一般从山路边的某个岔路口转进去,有的要穿过村庄或零星农舍,还要开很长的路程。地处旌德县旌阳镇的向阳厂可算是个例外。该厂在旌德县的城区,出厂大门不远,就到架虹桥,过桥就是街上了。由于我们在该厂待的时间较长,进出次数多,离街又近,所以没少上街。即使不买东西,晚上也会出来逛逛。当时,虽然有些当地人调侃我们叫我们"上海佬",但是上海人的见多识广以及上海产品的牌子和质量还是能够获得当地人好评的,每当我们胸前佩戴毛主席像章走在街上,往往引起当地人的注目和羡慕……

一来二去,我们和街上照相店店主的关系搞得不错。我之所以对此印象深刻,是因为那时拍个照、留个影的奢望还是很强的:这是我第一次离开上海并看到青山绿水,而旌德又是我参加小三线建设的第一个工程所在地,这可能是唯一一次照相的机会。相约拍照的那天,店主把门关上,陪我们外出拍了一些既远离厂区、又和工程无关的照片。至于其中是怎么操作的、有着怎样的过程以及那天拍照的具体细节,我已毫无印象,但愿师兄弟们看到此文后能够想起或记起点什么。可以肯定的是,这绝非我的功劳,因为对外打交道从来就不是我的强项。

作者王清逢(右)和师弟的合影(1969年8月17日于旌德)

其实那次拍的照片我保留至今的有三张(原先一直以为只有一张)。在三张照片的背面右下方均注明"69.8.17于旌"的字样,在我的《工作手册》里,当天有"星期天下午照"的提示性文字。可能也是出于安全考虑而过于谨慎,那个年代人们大都抱有"多一事不如少一事"的心态,所以这三张照片一直深藏在家中书橱里,从未示人。在我看来,此照蕴藏着我的小三线情结,旌德就是向阳厂的代名词。但是对于外人或者仅从相片看,它只不过是普普通通的风景照,况且去过旌德的人也不一定知道照片里的地方,就像我曙光厂的一位山友那样,去过旌德多次,对此古塔却没有任何印象。照片上具体工程指向并不明确,当时我们六队在旌德安装施工的就有五个厂,但后来得知上海市于1966年初至1969年底,先后在旌德一次性建设了12个小三线厂。我想,这些小三线厂的山友,会不会对照片上的旌德古塔也感到陌生呢?

后记

小三线承载了我们太多的记忆。每每看到山友精心制作的美篇、视频和撰写的怀旧文章,都会给我带来不小惊喜和触动,产生一种回忆往日参加小三线建设的欲望,虽然我在小三线的实际工作时间不足两年。翻检尘封50余年前的《工作手册》,已经沉淀甚或忘记的往事渐渐浮现。经初步梳理,我发现在许多事情或工作经历中竟然会有众多的巧合,似乎串着一条"小三线建设之缘"的主线……

数十年来,虽撰文多多,但是叙述自己的故事还是第一次,乐意分享给各位朋友们。

(王清逢,1950年生。1968年11月25日进上海市工业设备安装公司,同年12月5日至1971年1月22日,作为安装公司第六工程队一名电工,先后参加了向阳厂、东方红厂、向东厂、燎原厂等小三线工程的安装施工;1972年5月始主要从事共青团兼工会工作和教育工作;1984年12月起先后在安装公司党委办公室、党委宣传科、政校和公司办公室从事党务、宣传教育与文秘工作;2001年1月至2010年10月任安装公司党委办公室、办公室副主任,董事会、监事会秘书,高级政工师职称)

我所经历的青工技术等级考核

原后方仪表电讯工业公司　李海洪

作者李海洪

1983年，小三线各单位大张旗鼓地开始了青工文化补习，并逐渐开展青工技术等级考核。

对于文化补习，我觉得青工们怪可怜的，三十大好几的人了，开始学习三角函数、解方程。而对技术考核，我是认真的。工人靠本事吃饭，应知的不知，应会的不会，干什么活？拿什么钱？

1983年夏天，后方仪表电讯工业公司（简称仪电公司）成立"技术等级考核办公室"，我有幸参与其中。

当时公司还调来了星火厂杨家荣任组长，但不久老杨就调后方基地管理局教育处去了。

公司组织科的周正华也参加，负责干部的考察，也是不久又回组织科了。因为干部仅是考察，也不用做什么试卷，不必与工人的考核搅和在一起。

这一来我成了光杆司令，组织指挥了这一场涉及十几家厂，数千青工参加的"战役"，公司层面上则由经理仲长林负责主管。

公司要求各厂成立领导小组，厂级领导挂帅，明确考核后由仪表局颁发等级证书，须慎重对待；时间紧迫，各厂要做好因青工培训而暂时影响生产的准备。

"应知"培训由各厂负责，抽调工程技术人员上课，19个厂的培训、考核计划汇集至我手中备案。

各厂抽调工程师，组成一个20人左右的公司"应知"试卷命题、阅卷班子；"应会"考核则由各厂结合生产实际自行拟定项目。

仪表局劳资处李连文直接领导这项工作。我将班子拉到上海，请仪表局工人技术等级考核领导小组对我们就考核的组织、考题的范围、命题的深度等等进行具体指导。

考核的依据，是一机部（机械工业部）和四机部（电子工业部）颁布的《工人技术等级标准》。青工按年龄段，分别参加三级工和四级工的考核。

仪表局领导定了调，进山后，我向仲经理做了汇报，"战役"进入战前准备。

我召集各厂考核领导小组开会，传达局劳资处、考核委员会的指示、要求，确定"应知"考试日期，各厂汇报"应知"培训计划及具体实施计划。

随后，命题班子集中，驻扎旌德县招待所，开始出卷。

出卷的工作量巨大，试卷分机械类、电子类两大类，电子类又分整机与元器件……

试卷共多少份？我忘了，反正令人吃惊，况且每个工种还分三级工、四级工，得出两份试卷。事后我们都惊叹自己的能量，不知这么多的卷子怎么出来的。

我负责电子类整机、元件的基础卷，其他人按工种、本厂产品分工，各负其责，排除干扰，紧张地工作起来。

一切有条不紊，仲经理完全放权给我，见到我时只有一句话："有困难、有问题尽管说。"我拟订的计划、通知、要求、实施方法送仲经理审批，粗粗浏览一下，大名一签，"照发"。

我把命题班子的人马又拉至上海，将试卷送仪表局审核，逐份过堂。其间双方不免有争议，领导要求严格按部里下发的标准，我们按青工们的实际水平据理力争，在不降低标准的前提下降低试卷难度，最后双方达成一致。

临走前,我再次诚恳地邀请局劳资处、考核委员会去我公司检查、指导考核工作。

粮草已备,即将发起"总攻"。

我在考前最后一次召集了各厂考核领导小组开会,重申"应知"考试的所有注意事项,严格强调考场纪律。此次工人技术等级考核,因仪表局负责颁发等级证书,所以重视程度与对待文化补习考试不可同日而语,要求相当严格,上海已出现了因考场混乱而取消考核成绩的案例。我强调各厂务必警惕,严肃对待,不得马虎,哪个厂出了乱子,势必影响公司大局,后果严重。后方仪电公司的工人技术等级考核日程排在整个仪表局各公司之后,仪表局对此也前所未有地重视,"后方乱不得",必须善始善终。最后,我和各厂再次确定了考试日期和开考时间。

会上,各厂还汇报了考场安排和准备情况及考试组织、管理、监考人员名单。

开考前,命题、阅卷班子全体集合,开赴黄山茶林场招待所,实行全封闭。考前筹备中,各厂有人出人,有物出物,全力协助。卫东厂、满江红厂各出了一名打字员,加上公司机关一人,三人负责打印全部试卷。

八月的骄阳似火,热浪腾腾,我与就近厂家商量,借来风扇,每个办公室两台,24小时转个不停。

我们已进入紧张、近似疯狂的工作状态中,生物钟全部打乱。一边,工程师们修改试题,整理卷面,计算分数比例,一份卷子接一份卷子,夜以继日;另一边,打字员们打印试卷,一张接着一张,通宵达旦,没日没夜连轴转。实在困了,打个盹,醒来接着干;饿了,上食堂抓个馒头,盛碗菜,喝点酒提个神。

确定将黄山茶林场招待所作为战役第一阶段的"前敌指挥部"后,我先期找过招待所所长小罗商量,言明我们会给招待所日常工作、接待游客带来麻烦和影响,希望招待所原谅、支持。同为上海人,小罗和服务员们表示理解和支持,人员安排尽量集中于一栋楼,食堂派人日夜值班。

我们到达后,我即给小罗和司务长送上一个包,那时,开会均将包作为小礼品,小罗家电视机坏了,我便联系了两位工程师去帮助修理。总之,我们用各种方法表示着我们的感谢。

即便如此,我们仍然打破了招待所内外的宁静。街对面,茶林场商店楼上,场部职工家庭夜晚难以入睡,对我们彻夜不停的打字机声颇有怨言,"这些人怎么都不睡觉?"

工作中我还是疏忽了一件事,试卷上有图形,打字员不善绘图,我竟忘了调集描图员。我立刻通知最近的东风厂,请他们派个描图员。东风厂虽答应,但称车辆一时调不出,不能立即赶到。我又一个电话打到遵义厂,找关系不错的顾祝林、石人权两位厂长,请求他们派车。两位领导二话没说,派遣驾驶员程鸣驾着吉普车几十公里山路星夜飞驰,去东风厂接上描图员赶到茶林场,人、车即留下听候调遣,我至今都感谢顾、石两位厂长。

考核在即,我们一个个心弦绷至极限,进行最后的突击。终于,按预定日期,试卷全部打印、校对完毕。接着,按厂、按工种、按等级,分门别类,整理装袋。

"决战"前夜,"前敌指挥部"安静下来,该好好睡一觉了。接下来还有任务:若战斗胜利结束,我们还要打扫战场——阅卷。

我将茶林场总机"霸占"了一天,一个厂一个厂询问,确定考场、监考、后勤等考前的各项事宜。各厂回复相继传来,一切准备就绪,只等试卷接回,准时开考。

我即电话打回公司向仲经理汇报。仲经理第一次向我发布命令:"为防不测,公司组织科、教育科、劳资科、技术科、工会、团委……所有能出动的人员,立即出发,分赴各厂,执行总监考,一有情况立即通报。"仲经理坐镇公司,处理一切突发事件。

"战斗"打响了。开考那天的凌晨,各厂车辆陆续赶到茶林场招待所领试卷,路远的厂隔夜就出发了。下午,十九个厂同时开考,考完,试卷即送回茶林场。

同日一早,我于招待所门口搭班车回上海,随身携带试卷,上海也设有考场。人还未出发,已通知沪办购买回山的班车票。

许多厂在上海有工作人员,也有车间,所以在上海也设考场,避免进山考试带来时间、金钱的浪费,也减少对生产影响。人数不多,集中设三四个考场,各工种混合于一考场,便于管理。考试时间,比山里晚一夜。

第二天一早,沪办分发试卷,各考场已来人等候。10时,同时开考。

借沪办小车,我巡查各考场。下午,试卷送回沪办。

第三天,我携带试卷,返回茶林场。三天,四百多公里,打了个来回。

山里,十九个考场,情况正常;上海,情况亦正常。

我们随后立刻开始阅卷,几千份试卷,继续夜以继日,通宵达旦。此时,已没有了当初的喧闹,打字员留在招待所,太累了,先休息几天,到时和大队人马一同返回。感谢与我们一同奋战的三位打字员:卫东厂的朱生妹、满江红厂的李海宁、仪电公司的徐云珣。

这里,我想说说李海宁的故事。

李海宁因与我名字相近,别人开玩笑说她是我妹妹,她是一个爱笑、干练、待人热情的阳光女孩。

八月,骄阳似火,正是最紧张的阶段,工程师们修改试题,整理卷面,计算分数比例,一份卷子接一份卷子。

李海宁与另两位打字员开始了近似疯狂的打印工作,一张接着一张,通宵达旦。

李海宁的打字速度是最快的,差错率也是最低的。

试卷全部打印完毕后,打字员们都累瘫了,还好接下来考试、阅卷没她们的事,可以好好休息几天。然而,李海宁并不愿休息,她主动请缨,于是,凡有和茶林场招待所所长、事务长联系事宜,我都交给了她。

小三线调整回沪后,我和李海宁始终保持着联系,我去过她在莘庄的家,她的女儿生病也找我帮忙,我在成套厂时,有空时会去她所在的无线电二十厂和她聊一会。

后来,我开始写回忆录,每写一篇我都用电子邮件发给她看,而她每看一篇都会回邮件,指出回忆录中哪一章节哪几个字是错别字,令我感动。她和我说她最不能容忍的就是错别字,再好的文章,错别字一多,文章的水平就降下来了。

再后来,我有段时间联系不到李海宁了,电话无人接,邮箱留言没有回音,我不知道出了什么事。后联系到她爱人邹建平,才知道李海宁已因病去世了,呜呼!天妒红颜。

我失去了一位好友。

阅卷结束后,晚上,食堂内,三张圆台面,菜摆得满满当当,我把招待所所长、副所长、司务长、服务员,通通请到,共同举杯,为庆贺、为感谢、为告别,也为我们刚刚结束了一场漂亮的"战役"。

车辆又陆续来了，来接各厂的人员，我和他们一一握手道别。此时，我已身心疲惫，只想睡觉。

试卷已全部整理完毕，分数已登记在册。试卷也都已包扎、装袋，待送仪表局存档。我送走了最后一个厂里的人，又一一向招待所我所的人打招呼："以后说不定有什么事还得上招待所，还得麻烦你们。"

遵义厂的司机程鸣还留着，他要将我送回公司再回厂。我托他带口信，感谢顾厂长、石厂长，等我下次去时，一定登门致谢。

"应知"考试一结束，"战役"第二阶段——"应会"考试随即拉开序幕。

乘胜追击，借"应知"考试的声势，各厂已做好了迎接"应会"考试的全面准备。

考题正在拟定，但用不着保密，"应会"考的是生产技术，是本职工作，是岗位技能，别看平时叫得凶，这次是"真枪实弹"，是骡子是马拉出来遛遛，青工们都跃跃欲试。

这次有个规定，"应会"考试分两步，先考三级工，再考四级工。考三级工"应知""应会"成绩双优者，可报名参加四级工考核，这无疑刺激了一些人，毫无疑问，今后若加工资，技术等级是个重要的砝码。

再者，与文化考试、"应知"考试不同。论脑瓜里的东西，大家心中知道，半斤八两，考试也是各显神通，分数的差异说明不了问题。"应会"考试可不一样，有些人平时在生产中互不买账，此番正好是个机会，手底下见真章。

生产线准备好，机床设备准备好，材料、工件、工具准备好，青工们临阵磨枪，自行操练。

9月和10月期间，"应会"考试全面打响，时间各厂自行安排。

此时，我十分悠闲，一个厂一个厂兜风，是参观，而非督战。考场纪律根本不用担心，厂领导们正好借机了解手下工人们的技术水平。

而后，驾驶员、修理工的等级考试单独进行，再后，厨工、点心工……

"战役"胜利结束，各厂申请颁证花名册上报公司，接下来我的事就是整理材料，写总结，向仪表局领导部门汇报工作。我还要在等级证书上盖上公司红印，再送仪表局敲钢印。

这次上海市仪表局后方仪表电讯工业公司工人技术等级（三级工四级工）考核的胜利完成，对我而言，其意义并不在于有多少人获得技术等级证书，而是：我认识了我自己。

我在山里放映电影

原后方仪表电讯工业公司　　陈　多

我小时候喜欢看电影,想不到长大后参加的第一份工作就是放映电影,而且是在皖南山区的上海小三线单位放电影。

1977年8月17日,对我们一起进山的七三届小伙伴来说,应该是一个难忘的日子。这天清晨,我们十几位未来的山友,坐上了后方仪表电讯工业公司(简称"后方仪电公司")的大巴,一路风尘仆仆,朝着安徽旌德县奔去。

旌德,"旌表方德",历史悠久,据说是徽文化的发祥地,因其位于皖南山区腹地,自20世纪60年代始,上海市仪表局为响应"建设好大小三线"的号召,陆续在此建起了十多家企事业单位,使它成了拥有上海小三线单位最多的县。

那时,当地与上海的差距很大。宁旌公路从胡乐到我们公司所在地旌阳镇,全程都是沙石路,车行其上,除了颠簸,还有扬起的漫天尘土,无孔不入,无比恼人。那天,近黄昏时,大巴才到达我们公司驻地,坐了一天车,大家吃饱了"炒麦粉",个个灰头土脸。

下车后,环顾四周,远近都是山,绵延起伏,幽幽深深,我不由想到,从今往后算是离不开一个"山"字了,不免情绪低落。还好,接待我们新放映员的是公司工会的贺兴根同志,他满脸笑容,发了一圈香烟后,马上作了一番热情洋溢的情况介绍,不觉让人为之一振,心情一下好了许多。进山首日,遇此情境,印象深刻,虽时隔多年,却依然没忘。

经过短暂的两周劳动锻炼后,我们正式开始了放映电影的本职工作。

前人栽树,后人乘凉。我们公司放映队在前辈们的努力下,此时已发展到拥有两套35毫米提包式电影放映机，并能放映当时最流行的宽银幕电影。全队分两个小队，负责旌德县我们公司所属单位（韶山厂除外）的电影放映任务，1978年后又发展出第三个小队，负责我们公司在祁门和黟县所属单位的电影放映任务。

总队长徐剑池师傅、师兄傅建新师傅及我三人组成的小队常驻立新厂，主要为旌德县德山里地区的"五厂一校"放映电影。

当年正在放映电影的放映员

放映电影是一门技术活，需要持证上岗，但基于上海小三线的实际情况，我们新手只能在老师傅们的带领下，先上岗后考证，边干边学，大胆实践，虽无上岗证，可也很快初步掌握了这门专业技术。直到1978年10月，我们才有机会通过正式培训，获得电影放映证照。

放映电影还是一项体力活，因为我们是流动放映队，提包机、三脚架、音箱、银幕、电线，还有两个分装电影胶片的铁箱等等，每天要从一个厂运到另一个厂，搬上搬下很沉重，遇到放宽银幕电影，几十公斤宽银幕幕布，要把它拉挺拉平，非得全小队人使出全力不可。为此，各单位的工会都很配合，总会派人帮助我们一起干，有些热心的职工见状也会出手相助。记得仪电中学有位校工，就经常为我们收拾电线，铺在地上的电线又长又重又脏，他却从不怕脏累，认真负责，有始有终，令人感动。

皖南无数山，山山有险路。在山里放映电影，除了辛苦，还有一定的危险性。德山里从路口到各单位，短短十几里路，就有几个大小不同的上下坡和急转弯，路旁虽不是悬崖峭壁，但也沟壑处处。无论严寒酷暑，不管刮风下雨，我们放映队几乎天天要和公路打交道，接送我们放电影的卡车，有时驾驶室坐不下，我们就只能坐在货斗里，与放映器材一起，随车上下颠簸，左右摇晃，双手必须紧紧抓住车挡板，遇冬天寒风凛冽时，全身冻得麻木不堪，如不知不觉放松警惕，稍不留神就有可能摔下车去，非常危险。由于大家平时注意防范，相互提醒，相互关照，所以我们这个队没有发生过任何事故。不幸的是另一个队，在某次去放电影途中，发生了严重车祸，一名放映员失去了年轻生命。多少年过去了，每每想起此事，仍让人唏嘘不已。

在山里放映电影除了辛苦和危险，当然也有许多开心和快乐。说实在的，那时候身居大山里的后方职工，工余生活非常枯燥，每天开门不是见山，就是见水，虽说是青山绿水，可远离人文踪迹，上班工作时还行，下班后就显得相当寂寞无聊。所以看电影就成了他们的主要娱乐节日，特别是放映最新电影时，更成了他们的盛大节日，不仅附近单位的众多职工会来观看，甚至四面八方的老乡也会打着火把赶来争睹，人头攒动，场面壮观。这时候我们就会感到很有成就感，非常快乐。

还有更加开心和快乐的是那些年正逢文艺重获新生，大量优秀的国产影片陆续上映，同时还进口了不少外国影片，我们因工作关系能比别人有更多机会欣赏这些经典佳作，不仅兴奋，还常有一点点骄傲。记忆中，我曾亲手放映过的优秀国内外电影有《红楼梦》《阿诗玛》《刘三姐》《青春之歌》《早春二月》《林家铺子》《舞台姐妹》《风暴》《林则徐》《甲午风云》《英雄虎胆》《羊城暗哨》《野火春风斗古城》《小花》《小街》《天云山传奇》《沸腾的生活》《追捕》《望乡》《人证》《佐罗》《叶塞尼亚》等等。

开心与快乐应该分享。每当放映精彩的电影时，我们都会主动通知一些单位的广播员，请他们来把电影录音下来，通过他们的广播，这些或抒情、或深沉、或沧桑、或伤感的电影好声音，会不时回荡在散落着一个个后方单位的徽山徽水之间，愉悦了山友们的心情，丰富了山友们的生活。

1980年上半年，因工作关系，我不再放映电影了。不过，这段在山里放映电影的经历，却让我久久难忘：

夏秋每晚放电影时的蚊叮虫咬；机器出故障后的尴尬场面；等待跑片中的焦急心情；晨昏颠倒的神仙生活；各单位结交的朋友和哥儿们；为我们放映队提供食宿便利的立新厂，以及该厂的后勤总管老妈妈；更有先后为我们后方仪电公司电影放映事业做出贡献的同仁们，他们是徐剑池、毛宗康、周占林、陆雪歧、强自民、孙树功、沈福传、陆秀文、迟巍、傅建新、陈明德、桂小芳、汤文雄、张明泽、王皓康、黄志军、胡伟民、许文跃、戚培荪、莫文汉、鲍文俊、陶经荣、邵中联等。

当年为技术科放电影时拍的集体合影（前排居中为作者陈多）

在此感谢毛宗康先生为收集和整理这份名单所付出的心血。

最是光阴留不住，一瞬间，四十多年过去了，而皖南，与我们青春有关的地方，今天已愈发美丽妖娆，吸引了无数上海小三线人纷纷前去，寻找往日足迹，缅怀过去时光。跟随其后，我也数度归去来兮，在颇多感慨与回忆中，不禁想起为两位山友作过的打油诗，现略改一下，以结束此文：

徽州一别几度春，
光影旧事心中存。
人生痴绝何处是？
最忆还数无梦村。

几件性命攸关的事件

原卫东器材厂　冯介忠

作者冯介忠

溯源到20世纪60年代末70年代初,那是一段特定的历史年代,几近十万名各行各业的上海工人弟兄姐妹们,以及后来被调配来的大批培训知识青年,来到了重峦叠嶂的皖南山区。

命运将我们抛向了一个命名为卫东机械厂(简称卫东厂)的一隅之地。

踏入德山里,跨过管家桥,濒临玉溪河,背倚丁家山;带状分布于这个区域的卫东人,在15年的经历中,被磨砺得变成一群被上海人自己都认为带有安徽气味的"外地人"。

岁月蹉跎,情愫难忘;追忆往事,历历在目……

当时卫东厂经历过几个性命攸关的事件,震撼着全厂职工的心。

第一个事件:黄鳝与毒蛇

那应该是刚进山的几年,为了要改善伙食,许多人下班或休息日就会去抓泥鳅、钓鱼、摸虾、捡田螺,本事大的,就会去钓黄鳝和甲鱼。

电镀车间的郑秀珍老师傅是广东籍,会烧一手好菜。一天下班后,夕阳西下,天色已近昏暗,他到车间旁边的稻田里去捡田螺,捡了不少后,隐约看到前面一条蠕动的"黄鳝",立即伸过手去抓,不料被反咬一口,"黄鳝"溜走了。当时他并没有多大的感觉,但是不久就开始疼痛难忍。由于从卫东厂到古田医院有60公里,且已近深夜,他就想熬一熬。不料第二天他的整个手臂肿胀变色,这次想到昨天咬他的不是黄鳝,可能是毒蛇。情急之下,有职工介绍玉溪河对面的一个本地赤脚医生,说是会医蛇伤,于是来不及绕路过管家桥,立即涉水蹚过玉溪河,请来那位土郎中。那位郎中一看就说是蛇咬了,拿出随身带的山芋烧酒,那时也就是这样的便宜白酒,含上一口,然后对着两个小孔的伤口,有力吮吸了两次,过后吐出口中紫褐色的污血和白酒的混合液,再将捣碎的草药膏体涂抹在伤口上。当天,肿胀竟神奇地消退了,几天之后他就完全康复了。

事后想想,毒蛇中如同黄鳝长短的很可能是蝮蛇,本想吃一条黄鳝,却差点搭上一条性命,太可怕了!

第二个事件:放映员的悲剧

当时后方工厂的工余生活枯燥乏味,若有放映队来厂放电影,对于工厂职工和附近农民而言可谓一件喜事。由于各厂都在山区,所以上级为放映队配备了一辆老式的吉普车,放映队按照排片表巡回于各个工厂之间。

大约是1980年,那天下午2点左右,有农民跑进卫东厂报告:"出大事啦!你们上海佬的车子在德山里口子外的公路上撞树啦!"

闻此消息,厂驾驶班派车紧急出动,到现场一看,那辆吉普一头撞到公路边一排大白杨树上,车头玻璃全部破碎,车上四人全部受伤,血流满面,呻吟不止。

伤员被立即运送到厂医护室,全部躺在地上,由我厂医生实施紧急救护。

由于那辆吉普是老式的汽车,挡风玻璃不是钢化的,所以撞击后不能像钢化玻璃那样全部自动粉碎,而仅是产生破裂。因此,其中一个前排放映员,在车辆撞击一刹那,由于强大的惯性,头部冲破挡风玻璃,颈部被破碎玻璃锋利的断口割裂,大量出血,躺在医护室地上时,他的被割裂的伤口还在流血,惨不忍睹。

我厂医护室作紧急处理之后,立即安排将伤员转送古田医院。但后来听说,那位放映员在转送途中因伤势过重,不幸去世。

这四个伤员中就有一个是由我厂调入上级公司教育科工作的陈连根,他那天顺路搭这个便车,真是运气不佳,据说他从此留下了脑震荡后遗症。

据事后上级公司安全部门组织专业人员的事故分析及涉事人员回忆,由于该路段路面平直视线良好,车辆高速行驶中,驾驶员弯腰去捡掉落的工具,造成车辆方向失控,撞向大树酿成惨剧。

都是情同手足的同事,一朝失误,让人痛心疾首,在此缅怀那逝去的生命。

第三个事件:班车之殇

1984年6月2日,发生了一起震惊后方小三线的重大车祸,我们称之为"6·2"车祸。

那天的长途班车上有许多单位的医护人员及其家属,是去参加下星期一在上海召开的一个计划生育会议的。

早上5点半左右班车从立新厂始发,接好德山里各单位人员,途经旌阳仪电公司、韶山厂、曙光厂之后,在一个叫"鸭膀弯"的陡坡下坡时发生了翻车事故。山坡很陡,班车滚下了足有三十五米深的山沟,现场一片哭声和哀叫,场面混乱,惨不忍睹。

出事客车中有一位韶山厂青工,是第一报信者,翻车后第一时间爬出车窗,走了近两里路到曙光厂门卫向古田医院打求救电话。

现场参加抢险的有几十人,有古田医院的医护人员、后方260通信站职工、后方韶山厂和曙光厂的干部职工,还有当地农民兄弟,当时天又下着小雨,场面异常惨烈。

"6·2"车祸中,古田医院全院一条心,竭尽全力救死扶伤,所有伤者都无一例外地得到了最及时的救治,只要有百分之一的希望就尽百分之百的努力。

这次震惊整个后方及上海的事故,造成了严重的后果,遇难者全部为我们后方仪电公司的人员,其中:韶山厂三人、险峰厂一人、延锋小学一人、卫东厂一人、仪电公司一人……(以上信息来源于当时担任古田医院政宣组干事陈正康的叙述记录及仪电公司安全干部所掌握的资料)

我们卫东厂的遇难者里有个医生妈妈的小女儿。据说行前晚上,可爱的小女孩还开心地和周围邻居打招呼告别:"阿拉明朝要回上海去啦!"

就此一别,一朵活灵活现的小花朵,居然阴阳两隔!全厂职工闻此噩耗,无不潸然泪下,唏嘘不已……

由于当时的工厂布局都是按照靠山、分散的原则,所以后方的生产和生活,全部都要依赖运输工具完成,而且当时的路面都是尘土飞扬、坑坑洼洼的三级公路,我们称之为"搓板路"。许多路段一边是悬崖一边是深渊,不时都会遇到角度很大的急弯,有些陡坡如"老虎岭"(宁国至鸿门途中),行驶中必须挂上低速一档,在震耳欲聋的发动机轰鸣中,慢慢地爬过坡顶。遇有长坡道下山,长时间刹车减速引起刹车片发烫,以致一股焦臭,如果刹车片烧焦失灵,就会酿成交通事故。行车途中同时也会受到山体塌方、冰雪封路、暴雨泥浆等恶劣条件的影响,所以行车时的安全系数偏低。

后方基地及各单位安全部门和运输部门,总是神经高度紧张地狠抓安全教育;但是由于自然环境原因,整个后方的交通事故总会时不时地发生,若有魂断西路,只能是天遣宿命罢了。

十五年里的山里生活,伴着豪情壮志的革命氛围,过着柴米油盐的凡俗日子;有情恋婚嫁的情感过程,有悲欢离合的家庭纠结,也有阴差阳错的生死离别……

几十年后的今天,回首望望,低头想想:路漫漫,其修远兮,我们过来了!

(冯介忠,中国摄影著作权协会会员、上海摄影家协会会员。1968—1970年于上海复旦电容器厂任生产班长;1970—1985年于上海卫东器材厂任生产班长、运输科调度、行政科副科长、企业整顿办公室负责人;1985—1990年于上海复旦电容器厂任厂长秘书、企管办主任、车间党支部书记、全质办主任、厂办副主任;1990—1993年于上海波特曼丽思卡尔顿酒店任采购部主管;1993—2010年于上海泰伦毛毯有限公司任副总经理;2010—2021年于上海兰锦带实业有限公司任副总经理)

上海小三线：宁国古田医院回忆

原古田医院　陈正康

作者陈正康

小三线建设已经过去了半个多世纪，改革开放也已历经40余年，我国发生了翻天覆地的变化。作为当年那段历史的见证人，我们都已进入迟暮之年，再次回忆那段难忘的青春岁月，记忆犹新，倍感亲切。

艰苦创业，医院初具规模

上海后方古田医院，是一所为小三线单位和当地人民群众服务的综合性医院，地处皖南山区宁国胡乐乡祠堂坞山沟内。

1969年，为了配套上海后方小三线地区的医疗服务，根据上级指示，由上海仁济医院，负责筹建上海后方古田医院。同年10月，以原仁济医院党总支书记陈一诚同志为组长的四人筹建组（另三人是朱南康、魏升科、茅好娟）奉命进驻皖南，在当地政府的大力支持下，征用荒山地11亩，组织民工劈山筑路，平整房基，为医院的组建工作做准备。

1970年6月23日，仁济医院首批支内医护人员一行19人告别亲友，离开大上海，奔赴贫穷偏僻的小山沟。这批医护人员学习武汉第二汽车厂"边设计、边建设、边生产"的先进经验，进山第三天，在住院大楼刚建好底层，各方

上海小三线宁国古田医院

面设备十分简陋的情况下,当即开出门诊,打着手电筒实施手术。他们一方面积极热忱地为小三线工人和当地人民群众防病治病、培训医务人员、开展爱国卫生工作;一方面以旺盛的斗志投身医院基础设施的艰苦创业。

我是第三批进山的34位支内职工之一。我1971年6月5日离开家乡,先是在上海仁济医院帮助建设人防工程,7月正式进山,进山后的第一项任务就是参与筑路,那时胡乐镇进古田医院的主干道尚未建成,所以每人发一顶大草帽、一个小板凳、一把小铁锤,每天敲石子筑路基。

古田医院的主体建筑由上海市建四公司承建,我们进山就住进了新建的集体宿舍,虽然白天很热,但夜里还是比较凉快的,这和上海不一样。我和朱锡仁、顾兴邦、徐元福同住底楼宿舍,推窗即是山脚。有一天清晨起床,朱锡仁掀开枕头,一下就懵了,床头竟然整整齐齐盘了一条二尺来长的蛇,就惊叫起来,用扫帚柄挑出去放生了,后来才明白这条蛇正在蜕皮,否则真不知道会惹出什么祸来,从此我们就再也不敢开窗睡觉了。

但是这一关窗睡觉的习惯在那年冬天又被颠覆了。那年大年三十,因为回不了上海过年,为了改善伙食和取暖,我们就用木炭在室内煮了一锅黄豆,

原古田医院门急诊大楼(姚乐平拍摄于1982年)

准备做咸肉黄豆汤,半夜里我就头痛欲裂翻来覆去睡不着,我就说我头疼得要命,朱锡仁、顾兴邦也说头疼,我们一下子就意识到大概是一氧化碳中毒了,于是赶紧打开门窗通风换气。第二天大年初一,人家在过年,我们在吃药……

1971年10月,随着住院大楼的基本落成和第二、第三批医护人员的陆续进山,医院初具规模,正式开出病床104张。1973年10月,根据后方的实际情况,医院又扩建了隔离病区。至此,上海后方古田医院已建成一所虽然规模不大,但各医务科室相对比较完整的综合性医院,设有门诊部、急诊部以及包括内科、外科、妇科、产科、儿科、隔离等各病区的住院部,配有检验科、放射科、病理科、药剂科、心电图科、脑电图科、B超科、理疗科、血库等各辅助科室,同时还有职工食堂、技工组、锅炉房、汽车队、电话总机、物资供应科、小卖部、幼儿园等部门作为后勤服务保障。

古田医院的职工队伍,主要由包建单位老职工、支农职工本人或其顶替子女、当地征地农民工及七二届、七三届中专技校毕业生,以及之后分配来的历届工农兵大学生、在后方毕业的三线厂职工子弟、为照顾夫妻团聚调配到古田的外地职工等六部分人员组成。

医院也是一支编制完整的预备役队伍,建成一个普通民兵连和一个基干

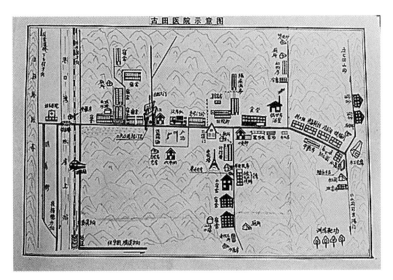

古田医院平面图

民兵排,依据实际需求和医院特点,具备医疗救护、后勤保障、医院保卫三大职能。院长朱南康和退伍军人顾惠良任连长,我是基干民兵排排长。在特殊的时期,预备役队伍进行过全员"三角巾"救护包扎训练,普通民兵进行过灭火器消防训练,基干民兵进行过消防栓灭火训练。

小三线的工作环境和生活环境是艰苦的。小三线单位选址遵循"靠山、分散、隐蔽"的原则,分布于荒山野岭之中,企业与企业之间,甚至同一企业的车间之间都可能相距几十公里。

在小三线工作生活,交通条件尤为艰苦,从上海到古田医院,每次进山或出山,由于路况不好,坐车也至少要颠簸8—10个小时,一路之上总能目睹车毁人亡的车祸现场。在宁国与胡乐之间的甲路附近要经过一个180°大拐弯的"鬼门关",从旌德来胡乐途中的曙光厂附近要经过一处连续两个180°大拐弯的S形陡坡路,再老练的驾驶员都得减速慢行谨慎通过,这也足可想象小三线企业职工来医院看病有多不易。遇上大风暴雨、大雪封山等极端情况更是寸步难行,我目睹过山洪暴发给当地人民群众造成家破人亡的严重灾难。

刚进山的时候,在计划供应的体制下,香烟、白糖、洗衣粉、肥皂等等都是凭票供应的,当地基本买不到,医院职工也会拿这些日用品去跟当地老乡换些

1976年7月古田医院民兵演习（梁素娥珍藏）

鸡蛋、芝麻、板栗、山核桃等农副产品。在我女儿出生的时候，我也串村走户地去换过鸡蛋，换不到鸡蛋，鸭蛋也行！

不过那个时候人们的思想觉悟确实比较高，也比较单纯，只要组织上一声号令，不管分内分外，大家都会抢着干，"有条件要上，没有条件创造条件也要上"是大家的口头禅。有一次七八月份刮强台风，把我们医院在"喇叭口"（医院交通主干道的三岔路口）的380伏架空电缆吹断了。医院是不能长时间停电的，否则碰上重大群体性急救病人怎么办？按照院长的要求，我跟随技工组姚乐平，一起脚踩锯齿形登杆套腰系安全带，像猴子一样一步一步爬上十多米高的水泥电杆，紧急抢修电缆线。那时台风余威尚存，登高在摇晃的电杆上俯视脚下，真有一种晕乎乎的感觉和后怕，事后也确有人评论此事涉嫌违章指挥、违章操作，但当时却没有考虑那么多，想的只是医院必须及时恢复通电。

救死扶伤，履行医疗救护职责

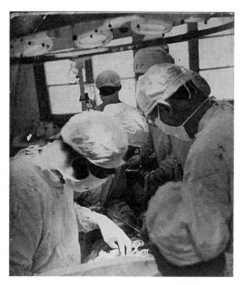

蒋惠人、姚培炎等抢救危重病员（姚培炎供稿）

"让高山低头，要河水让路"，三线职工凭着战天斗地的革命精神，硬是在穷乡僻壤扎下了根。古田建院十多年，全院医护员工在上级党委和主管部门的领导下，克服远离家乡的种种困难，发扬"救死扶伤，实行革命人道主义"的精神，积极收治伤病员，开展了大量医疗服务工作。

例如，攻克疑难杂症；开展针刺麻醉胸外科手术；多次应急处理

医疗队进驻宁国鸿门乡立新村（顾月明供稿）

施工塌方、交通事故等突发事件；下厂下乡巡回医疗（开展普查保健，为三线厂职工体检；去交通不便的深山老林开展巡回医疗，如宁国地区方塘、板桥、东岸、立新、高村等乡村）；医院自建葡萄糖盐水生产线，免去了往返上海长途运输的麻烦，同时节省了成本支出；组织医护人员翻山越岭采集中草药；开展肺吸虫、老慢支等科研活动；带教医学生；帮助小三线各厂和当地医疗机构培训医务人员；协助农村地区搞好"二管五改"（管水、管粪；改水井、改厕所、改畜圈、改炉灶、改环境）爱国卫生运动，通过群防群治，预防和控制农村地区的传染病和寄生虫病……这些工作，覆盖了后方小三线宁国、旌德、临安等地区30多个单位约三万职工、家属和当地三四个县部分人民群众，得到了上级的肯定。

截至1984年底，古田医院共收治病人2.6万人次，门急诊总人次达67万多人次，不仅治愈了大量的常见病、多发病，对一些在上海地区少见的如嗜酸性细胞增多症、重症肌无力等疾病也都积累了一定的医治经验，赢得了广大三线工人和当地人民群众的好评。

点点滴滴,为医院发展增砖添瓦

(一)想方设法解决各类技术人员缺额问题

医院的发展,首先需要大量医护人才。包建单位上海仁济医院根据"政治第一"的要求,派出了各科重量级的学科带头人。时至今日,我仍能如数家珍报出这支老专家队伍:陈曙霞(中西结合内科)、周连鸿(普内科)、蒋惠人(胸外科)、姚培炎(普外科)、姚德鸿(泌尿外科)、薛春大(脑外科)、汤希伟和周良玉(妇产科)、颜子武(儿科)、潘根长(耳鼻喉科)、陈维真(眼科)、沈崇欣(神内科)、张子应及杭燕南(麻醉科)、邓杏郴(放射科)、燕山(B超科)、徐学芳(心电图科)、万仲棠(药剂科)、乔心敏(护理部)……

门诊医生都是轮流值班的。医院初创时期,职工和当地老百姓真的好运

古田医院"七二一"职工大学学员留影

气,看的全是专家门诊,因为没有普通门诊。病人挂的是普通门诊号,享受的是专家门诊、特需门诊的待遇,因为医生少,只能这样,患者是受益的。正是由于这些老专家的传帮带,手把手地教授、指导,才成就了后来古田医院的第二代医护专家。

随着医院正式开诊和发展,院领导十分重视医护队伍建设,在引进人才的同时,着重以各种形式自主培养和委托培养各类人才,以适应新形势的需要:一是举办护士培训班,由护理部乔心敏等老师依据正规护士教材进行授课,我本人担任护士班的政治老师,学员们都亲切地称呼我"小陈老师",那时我还年轻;二是培训医专生(创办"七二一"职工大学),培养医士这一级别人才;三是本科生代培(保送二医大委托培养工农兵大学生,哪里来回哪里去);四是委托南京汽车制造厂代培汽车驾驶员;五是培养水电司炉机修工(考级培训)。

正是在委托培养和自主培养"两条腿走路"的模式下,我们这些从农村出来的"愣头青",好多人成了干实事的医护人员或技术工人(检验士、放射士、药剂士、病理医师、内科医师、驾驶员等等),工作在为小三线职工和当地群众服务的岗位上。

(二)努力稳定在职职工

对于扎根小三线的归属感、认同感,不同年龄、不同文化层次、不同工作经历、不同家庭环境的职工,其感受各不相同。一般来说,对于远离上海,家里上有老人需要侍奉,下有未成年子女需要照顾的中青年职工来说,他们有着个人发展理想与地理环境限制的现实困难,有着工作重任与家庭负担的双重压力,身在异地心系两头,想要他们安心工作,确实勉为其难,后方小三线各厂也不乏父母工作在皖南,留守子女在上海因无人照顾而走上歧途的例子。

而对于我们这些刚从农村出来或刚从学校毕业的年轻人来说,则精神负担相对较少,除医院初创时期由于条件所限,加上初来乍到对当地环境比较陌生,工余生活比较枯燥和个人发展空间受地域限制之外,尚没有更多的烦恼,也很少有家庭压力。当然从医院领导的角度考虑问题,职工队伍的思想情绪是否稳定,直接影响医疗服务工作的质量和成效,所以也就尽可能通过各种形式和途径,予以引导和关心:

一是政治指导。医院广播台早中晚一天三次通过广播开展职工政治宣传;每周一上午干部晨会,每周五下午全院政治学习;干部参加后方基地五七干校,学习《共产党宣言》等,既参加理论学习又参加劳动锻炼。

二是生活关爱。党政工团齐上阵给予慰问鼓励;对极个别家庭特困职工给予特殊照顾,"回借"包建单位上班。

三是解决大龄青年婚姻问题。小三线单位毕竟不同于在沪企业,小三线职工一旦进山,几乎就意味着要扎根山区一辈子,总不能要求男女青年不成家立业,但分散、隐蔽在荒山野岭中的大龄男女怎么谈恋爱?交通也不发达,又不像现在这样有那么多私家车,所以出现池州八五钢厂大龄青年上街打出"我们要老婆"这样的横幅标语也就不足为奇了。怎么办?于是院方又出台了"特殊政策",凡与皖南当地男女青年恋爱结婚的,可以将对方吸收到医院成为合同制职工,我们医院因此招来不少上门女婿。

四是解决新婚青年配偶就业,将其招进医院做临时工。

五是医院自办幼儿园和托儿所,解除青年职工的后顾之忧。

古田医院自办幼儿园

(三)千方百计保障职工的生活

一是定期或不定期从上海整车整车购置日常生活用品,保证职工生活需求。

有一次突发事件,皖南地区交通封闭,医院立即与当地政府求援取得支持确保粮食供应,医护人员加住院病员几百号人,吃饭问题不是小事情啊!我们也开着大卡车绕道去江苏昆山采购大闸蟹,每户职工配给10多斤,当时大闸蟹才8毛钱一斤啊!大年三十职工食堂利用当年结余,烹调了丰盛的套餐菜肴,免费或超低价改善职工生活,犒赏在山里留守的值班人员,因为这些人回不了大上海和亲友团聚。

二是新建职工住宅,不仅解决小青年婚房问题,还改善了集体宿舍条件。

三是医院自购大巴车,定期或不定期接送职工往返沪皖两地。

四是后方基地电影放映队每半月来医院放映露天电影。职工及家属购票可在工资中扣款,当地老百姓半价优惠。我们也享受过雨天撑着雨伞、冬天裹着毯子在广场上看露天电影的特殊待遇。后来医院又自购放映机、委托培养放映员,并向当地借片放映电影。

当年放映露天电影

五是在行政楼后面山顶建造电视信号差转塔,山下新建电视室,从此职工和当地老百姓又多了每天看电视的工余节目。

六是新建图书馆阅览室,书籍、杂志、画报等品种繁多。

七是医院开设小卖部,基本保证了职工及家属日常用品的供应。

八是医院领导通过工会组织,多次购置各种体育文娱用品,如篮球、乒乓球、排球、羽毛球、足球、小提琴、手风琴、扬琴、竹笛等,分发给各班组或爱好者,供职工们工余锻炼娱乐之用。

九是我们多次邀请宁国县花鼓剧团来我们医院义务演出,剧团演艺人员和我们都有很好的私交。

(四)群体性救援和个性化救治

1984年6月2日,上海往返黄山茶林场的长途大巴车发生了翻车事故。事故地点就在胡乐去旌德途中的那个S形陡坡,因为下雨之后土质疏松,大巴车开在弯道外侧时公路边缘垮塌致使大巴车掉入30多米深的陡坡,当场死伤十多人。

翻车事故抢救现场

医院接到紧急通知后，立即腾出急症室和门诊大厅，在调配施救人员和施救设备的同时，出动所有车辆（救护车和卡车），会同曙光厂、韶山厂以及当地人民群众，来回奔波，把伤者全部接来医院，全院上下投入了救治战斗，那种紧张忙碌的场面，和战场毫无二致！

又比如1972年4月，黄山茶林场职工朱建坤被山火大面积深度烧伤，医院动用一切力量，并及时向上海瑞金医院、北京积水潭医院求助，投入大量人力、物力，虽经20天左右的日夜抢救，未能挽回朱建坤的生命，但作为白衣天使的我们，已经尽了最大努力。

我院传染病区曾收治一位脑膜炎男病员，住院期间，经多科室会诊，确认并发DIC（弥散性血管内凝血），在当时的技术和设备条件下，这种病例的治愈成活率极低。我院由沈卫峰医生带队救治，医院检验科积极配合，每2小时提供一次检验报告，医务人员都是夜以继日24小时不间断守候救治，最终奇迹出现，病人转危为安重获新生。

1971年4月18日上午，一位羊水已破发生难产的当地产妇被独轮车推送来古田医院，事关两条人命，产妇家属焦急万分。我院妇产科汤主任等医护人员立即投入抢救。经过几小时煎熬的等待，婴儿呱呱坠地，产房传来母女平安的喜讯，医护人员和家属皆大欢喜。为报答古田医院的恩德，大大咧咧的产妇家属方宇昭激动不已，给女婴取名方古田。好多年过去了，当年的"小古田"现已年近五十，其女儿也已近三十岁，一家人幸福美满。方宇昭今年七十多岁仍健在，住宁国胡乐镇下乡村，提起往事，老方仍对古田医院感激不尽。

在医院筹建时期，有一天晚上，胡乐当地送来一位急性阑尾炎穿孔病人，情况十分危急，我们普外科的蒋、姚两位主任当即于简易工棚内，用沸水消毒医疗器械，在两支手电筒光照下施行手术，旁边同志扇着蒲扇驱赶飞虫，犹如战地救护，挽回了一条人命。

还有一次我院胸外科蒋主任与后勤组小周等人去安徽淮南出差，巧遇抢救外伤病人，当地医院束手无策，好在蒋主任的同学在该院工作，人命关天，救人要紧，蒋主任当仁不让，脱下外衣，套上手术衣就上了手术台，硬是把那位危重病人从死神手里夺了回来，此事当时在安徽的各大报纸上都有过报道。

再比如急诊义务献血。平时医院有一支义务献血队伍，碰上大用量或大出血病人时，医院可以派车去旌德接献血者，但在紧急情况下，只能动用内部

"血库",医院广播台随时全院广播,立马就有同血型本院职工不约而同前来义务献血,我本人就献过二次,有一次抢救一位脑外科病人,在万分紧急之际,主刀医生薛主任和麻醉科张医生立即走下手术台义务献血,献完后再上手术台继续实施抢救。

(五)力所能及支援当地建设发展

在多次派出医疗队上山下乡义诊巡回医疗,指导和参与农村"二管五改"之外,医院也在当地积极开展血吸虫病、肺吸虫病和老慢支疾病的调研和防治,宣教和指导当地群众灭钉螺、不吃寄生蟹(石蟹)和控烟,尤其是未经加工的土烟。

在防治肺吸虫病时,我们的医务人员顾元文、叶永祥、林龙娣、徐黎黎等曾深入远离医院140公里以外的黟县山村进行驻地调研。

医院职工也曾先后三次参与扑灭山火的战斗,其中两次就在医院附近的山头,还有一次是在曙光电料厂附近的山头。灭山火可不轻松,虽然我们一个个都汗流浃背、灰头土脸,活像叫花子,有的连衣服也钩坏了,胳膊腿脚划破了,但我们心里却是乐滋滋的,我们当了真正意义上的消防员,保护了当地的山林资源。我们也积极参加植树造林活动,在医院小宿舍那条山沟里种植了一片杉树林,现在早已长大成材。

(六)职工业余生活的点点滴滴

我们曾多次由中医科医生丁学屏和中药师梅占善带队,利用周休时间,自备干粮翻山越岭采集草药,现在还依稀记得那些草药的名字。

班组的五七田是个宝贝,既改善生活又锻炼身体。五七田收获的蔬菜直接送职工食堂。我们在五七田种的南瓜曾经多次被野兽啃食,我们就请了当地农民和我们一起,在漆黑的夜里守候在山脚边,结果还真抓住了元凶——一只浑身长刺的豪猪!

在农村长大的职工大多会在山脚边砍去杂草,翻松土地,除了水果树,什么都种,青菜白菜青茄子,黄瓜南瓜小辣椒,豇豆土豆四季豆,芝麻花生西红柿,一年四季应有尽有。星期天我们也会去老乡家串门,当地老乡十分好客,进门一杯绿茶一盆炒南瓜子总是有的,有的也会拿出土菜腊肉热情招待。休息时间也可以上山拔笋挖野菜,下河捕鱼捞虾捡螺蛳。医院男青年中的很多人都是合格的小木匠,结婚家具都自己打造,从下料加工装配到最后油漆,一气呵成。医院共青团也多次组织团员青年前往泾县云岭新四军军部旧址和黄山茶林场缅怀革命先烈,继承英烈遗志,增强自身修养。

汽车队旁边的篮球场是职工工余生活的主要场地,不管是领导、主任医生还是后勤工人,经常在一起切磋球技,医院篮球队也经常与隔壁通讯站篮球队及附近三线厂篮球队进行友谊赛;这块场地也是排球、

古田医院职工翻山越岭采集草药

古田医院职工参观云岭新四军军部旧址

古田医院职工参加后方卫生系统体育运动会

羽毛球爱好者的乐园;医院足球队曾两次参加上海市"陈毅杯"足球赛,也曾在二医系统足球比赛中获得冠军。

每逢盛夏时节,喜欢游泳的职工可以乘坐医院大巴车去附近水库浅水区游泳。1977年我国恢复高考后,医院领导为提高青年职工的文化程度,组织了文化补习班,由医院里有教学经验的医生当老师,很多青工在获得初中文凭后,利用工余时间自习高中课程,通过自学考试获取高中文凭,有的在回沪后又进入业余大学继续充实自己。古田医院的工余生活还算是丰富多彩、充实有趣的。

誉满皖南,留下美好印象和回忆

古田医院的声誉在皖南地区是不错的,"上海医生态度好、技术高"是有口皆碑的,也收到"白衣天使""妙手回春""华佗再世"等大量锦旗或感谢信,作为古田人我们充满了自豪。

原古田医院职工故地重游

1988年8月,古田医院跟随皖南小三线工厂一起撤回上海,既顺应了国家经济发展战略调整的需求,也顺应了广大职工回城发展的愿望,当然也解决了家庭困难职工的现实需求。进山时还是年轻人的我们,经过十几年的风风雨雨,都已成家立业。当地的众多老百姓对古田医院是很留恋的,"三线厂让他们撤走好了,医院我们需要啊!""古田医院挽救了不少人的性命!""古田医院撤走实在太可惜了!"惆怅惋惜之情溢于言表,此情此景至今让人难以忘怀!

本文在撰写过程中,得到原我院吕建英、王友娣、姚乐平、瞿潮英、陈正法、廖长荣、周培松、梁素英、张林妹、徐黎黎、黄伟琴、丁能敏、朱锡成、高明、吉凤宝、王建国、储六月、朱彩云、陈锦华、汤希伟等老同事的大力协助,在此致以感谢;由于年代久远,回忆中如有错误的地方,敬请谅解。

(陈正康,1971年7月进山,任上海后方古田医院政宣组干事,1986年4月撤回上海,返沪后先后在上海第二医科大学纪委、监察审计处、二医大分部、校办产业处、后勤处、物业管理有限公司任职。2010年11月退休)

善始善终做好古田医院撤离工作

原古田医院　顾月明

20世纪80年代初期，上海后方小三线根据上级指示，进入调整撤离阶段，在时间安排上，医院的调整撤离总体上要比后方小三线其他单位略晚一些。

医院调整撤离，主要包括资产移交和人员安置两方面。简单来讲，来自上海的职工及其个人财产全部撤回上海，其他职工和医院的财物留给安徽地方。所以，撤离工作基本也按此分成两部分，一是为回上海的职工找出路（工作安置）和其个人财产的搬迁；二是留皖职工的安置和医院财物的移交。职工的去留，政策很明确，凡是其户口是从上海迁出的，那么其本人及户口及其在医院的爱人、孩子都可以回沪，否则只能留皖。医院的财产全部移交给宁国地方政府。

有关后方古田医院的移交，其间有这样几个重要的时间点和事件。

1985年，根据上级要求，由朱南康老书记挂帅，先清点财产。抽出药剂科丁财生同志，参加财物的清点登账造册工作。宁国地方政府也专门设有接收上海小三线的领导办公室（简称接收办）。他们专门派了一位同志（宁国人民医院胡医生）常驻医院，陪同一起清点财物并登记造册。清点财产时，包括每个科室、门诊、病房、手术室的大小设备、手术台、病床，后勤总务部门的汽车、机器、工具器械，一件也不能遗漏，一件一件登记，花了好几个月，清点后汇总的账本一共121页。接收办又派人检查复核，很满意。所以，在1985年12月24日下午，我和接收办陈海水同志代表双方签字认可，即最后移交按此账册为依据，如需变动，双方协商解决。

1985年下半年，根据要求，医院进行房屋普查，医院总有面积17 937.19平方米。其中，教卫用房11 260.71平方米，住宅用房4 975.89平方米，集体宿舍1 700.59平方米。1985年10月22日验收完成。这些房屋，包括征用的土地，最后也由地方政府接收。交接那天，宁国地方接收办也来人查看医院清点的所有财物账册。

1985年11月23日之后，随着后方小三线单位陆续搬迁回上海，已经很少有病人来医院了。医院召开负责人会议，明确主要维持好门诊工作(病房已不收治病人)。

1986年1月10日，我和老朱、叶永祥到屯溪上海后方基地管理局汇报和递交《上海后方古田医院停止医疗业务、着手办理交接工作的请示报告》。但当时上海后方基地领导认为，医院先不撤，要等后方其他厂全部撤离后医院才能动。同时明确表示无论医院有没有病人，医院暂不移交，名义上医院还保留在那儿。

1986年1月18日，医院食堂不再供应早餐。

1986年2月25日，我们获知，上海市协调办公室明确，上海后方古田医院为第二批移交单位。后来实际上是最后一批移交的。

1986年6月2日，宁国县委(今为县级市)胡书记带队一行七人，二医大校领导和我院几位负责人，在上海二医大校本部举行会谈。鉴于古田医院已没有病人需要诊治，处于医疗业务停止状态，医院的医疗设备器械仪器，药品药材，后勤保障的设备机器车辆，绝大部分也处于闲置状态，不及时处理，就会破损、过期、报废，造成极大浪费。所以移交双方统一意见，达成一次性移交、分步实施的原则性协议。6日，经二医大校办公室修订，协议经我本人签字后(一式12份)交宁国接收办谢长伟主任签字，并拿回去加盖公章。

1986年6月，按协议，双方开始进行财产移交。财产移交，就是双方人员同时参加，拿着之前清点登记的财产账本，一个一个科室，一间一间房间，一件一件物品清点，可用的正常移交，过期或已坏不可用的报废，在没有差错缺失，或双方认可的异常情况后，双方签字，房间钥匙正式移交给宁国接收办。这近1个月时间，我们完成了第一阶段的财物交接。

1986年7月19日，上海市协调办公室召开会议，明确小三线人员回沪的人事政策。

1986年8月4—11日，我返回古田医院，参与了口腔科、小手术室、内科等科室的财物交接。我召集留皖安置人员开会，会后也找他们个别交谈。

之后双方按协议持续开始移交工作，移交工作共分七个阶段，至1987年1月基本结束。移交财物情况如下：

西药品：49 981.44元，另报废4 463.11元。

中药品：3 366.20元，另报废359.20元。

固定资产：2 414 442.29元，另报废188 064.24元。

低值易耗用品：145 379.70元，另报废7 832.43元。

1987年3月23日，老朱、张国富和我去宁国政府，为二医大领导来皖谈古田医院下一步移交打前站，与县委（今县级市）胡书记、接收办谢长伟主任等领导商谈：财产已移交和房屋、车库车辆尚未移交情况；七位职工需要留皖安置问题；财务移交问题；约定二医大领导来宁国的时间。

1987年4月4日，二医大和宁国地区政府在宁国宁阳宾馆召开有关古田医院移交的会议。我方参会的有二医大领导程鸿璧、陈万隆、曾瑞云等五位同志，古田医院朱南康、叶永祥、丁财生和我；宁国方参会的有书记胡紫来、县长（今县级市）洪信余和"接收办"谢长伟、王彩莲、胡嗣俭等。经讨论协商，双方对前期的移交工作予以了充分肯定，均非常满意。尚未移交的，工作做在前，可移交的都移交，包括七位留皖安置人员，尽快落实工作单位，期间工资可以照发。财务费用问题按省市一级的方案落实。双方意见统一，达成并会签了有关医院移交的会议纪要。

1987年9月上旬，我和老朱、小丁去安徽，再次与宁国地方接收办核对财产财物账本。也为两位职工要求调去绩溪县老家安置进行联系，并基本确定先调动到后方瑞金医院，在后方瑞金医院移交时作为留皖人员安置，最后顺利将这两位职工安排回老家绩溪工作。

1988年1月8日，上海后方基地管理局召开三个后方医院的移交工作会议，各医院分别汇报了医院准备和移交情况。

1988年4月7日，二医大郑德孚副院长、曾瑞云（人事）、全士珍（财务）、陈学宝（后方二医院院长），陪同上海后方基地管局翁局长等领导一同前往宁国地方政府商谈古田医院的移交问题。但由于政府领导抽不出时间，所以只与政府接收办的领导谈了移交事宜。

1988年5月23—28日，宁国接收办谢长伟主任带队共9人来上海，与我方二医大人事处长曾瑞云以及古田医院的五位同志反复商谈移交的人员安置、财务资金等问题，在基本达成统一意见后，起草了交接协议书。

总之，二医大校领导前往宁国，宁国政府领导到上海，双方人员为调整移交中碰到的问题，如财产移交、留皖职工安置、移交时间等，召开了5—6次会议。

按政策规定，我方需要宁国方安置的有十人，其中三人，经接收办同意，已调到其邻县老家附近的单位，另有一对夫妻调到了南京，所以，最后留皖安置的有五人，其中二人安置去其爱人单位，还有一人和一对夫妻安置在胡乐医院。

商调去南京的这对夫妻，男的出生在南京，是从南京到其姐姐所在的后方厂生活和读书的，初中毕业后，像后方小三线职工子女一样分配到我院工作。女方原籍是安徽宁国本地人。两人希望到上海工作，实在不行，愿到父母现居的南京工作。但政策规定他们二人不能安排回上海，宁国方面也表示愿意接收二人，但有规定，如由宁国安置，古田医院要支付每人两万元安置费，但安置回南京则需要有对调人员回上海补足相应的可回沪名额。为了联系南京接收单位，我和丁财生专程去南京梅山九四二四钢铁厂（属上海领导）联系，也去了南京市区企事业单位联系，并安排王敬泽、董晓明、张荣、钟竹鸣等同志，先后五次到南京联系接收单位。男职工较早找到对调对象，至于女职工，最后是在电线杆上看到招贴，一位在南京工作的同志希望与其对调到回上海工作才解决的。我们找到这位同志和单位，经相互介绍情况，主管部门同意，办成了对调。那时是计划经济，人员调动手续很难，跨省市的调动更是纷繁曲折又困难重重，一次一次跑，一

医院向当地政府正式移交

医院留皖安置人员合影，前排左二为作者顾月明

个一个部门送材料盖章，一直到1988年6月初才分别与南京玄武烟糖公司和南京汽轮机厂办成了二人的对调手续。

1988年6月13日下午4点，我们后方古田医院与宁国接收办举行了移交接收签协会议，会议在宁国宁阳宾馆会议室举行。参加会议人员，医院方有二医大郑德孚副校长、曾瑞云（人事）、全士珍（财务），后方基地管理局翁征祥局长、姚根福等，陈学宝院长和本院朱南康、叶永祥、张林妹、金国平、丁财生和我；地方上有宁国县（现为县级市）张贤南县长、周月云（宣城地区）主任、接收办主任谢长伟、人事局王广余局长以卫生、财办、公安等有关方面人员。

会上，双方讨论通过了《上海后方古田医院交接协议书》。协议书由我，接收办谢长伟主任签字后交换。会上张贤南县长、郑德孚副校长、宣城地区周月云主任、上海后方基地管理局翁局长等同志分别讲了话。

随后几天，我们医院几位同志和宁国政府接收办、劳动局的几位同志到古田医院，召集留皖安置人员座谈会并合影，与胡乐地区政府领导召开了告别会，把古田医院的有关档案材料移交给接收办。

1988年6月17日,我和丁财生把四位工人编制职工的个人档案材料移交给政府劳动局,把一位干部编制职工的个人档案材料移交给政府人事局。去宁国接收办在有关材料上盖章后,又赶到宣城地区政府(在宣城)有关部门在材料上盖章。1988年6月22日,宁国胡紫来书记带队共6人来上海二医大举办座谈会回访答谢。上海方参加座谈会的有郑德孚副校长,曾瑞云人事处长,原古田医院支内高年资医生和专家蒋惠人、薛春大、陈维真、汤希伟、周连鸿、黄平治、燕山、周良玉、张子应、邓杏邨、徐世芬,古田医院王瑾、张林妹、丁财生和我。

1988年8月27日,《上海后方古田医院移交协议书》分别经上海市政府和安徽省政府批复同意。我得知消息后即告知财务向宁国政府汇款:五人留皖安置费4.5万元,支持地方建设费5.8万元。1988年8月29日—9月3日,我和医院丁财生、钟竹鸣、金国平、丁自国再次去了安徽宁国办理遗留事项。我们去了宁国政府所在地的河沥溪派出所办理医院职工和家属的户口迁出手续,顺利办成;去了宁国供电局,办理停止医院电力供应手续,在明确终止日期、费用结算后,顺利办成;去了胡乐邮电局,办理医院通讯地址(徽州〔原称呼〕地区807信箱)停用,凡有信件均转上海古田办公室,医院电话也停用,均顺利办成;去了胡乐银行,办理注销医院银行账户,在送上书面报告后顺利办成。1988年9月3日下午,我们一行和一直留守胡乐医院的张国富乘车离开胡乐古田医院,离开宁国走上返回上海的路。至此,上海后方古田医院移交给安徽宁国的工作,除了五位留皖安置职工因尚未有具体单位,供给、工资行政介绍信没有开出外,已经全部结束。

需要特别强调的是,有三位同志在古田医院移交给地方的过程中发挥了重要作用:

老书记朱南康同志,他经历了医院筹建、建设发展、移交的全过程,是个大功臣。他长期负责医院后勤总务工作,而且不管是脏活重活累活,常常会主动参与,下基层动手一起做,可以说身先士卒。在医院调整移交,尤其在医院移交给地方的过程中也是这样。1984年9月医院最后一任领导班子,他作为支部书记(原是党总支单位),真正站好了"最后一班岗"。他带头参加财物的清点登账造册工作,一次次地去宁国政府所在地河沥溪,找政府接收办或有关部门领导,甚至是政府书记和县(现县级市)长,联系商量协调解决移交中的问题。其实,老朱在1985年10月前已办理了退休手续,但上级领导挽留他,他仍坚持在古田医院工作,一直到1986年5月底,老朱才搬回上海的借住地。移交时留在医院的职工已没有几个人了。我们医院除了有一个大门可以进出外,在医院里面还有一条小路,可以从鸿门那边翻山进入医院,但没有围墙和门。为防止医院财物失窃,老朱就一个人搬住进小路旁边的一间小房子。移交基本结束后,他回上海,才搬到上海南汇惠南镇和其小儿子一起住。即使这样,只要工作需要,他就会赶到上海市区,甚至再回去古田医院,先后有10多次,直至1988年6月13日,他最后一次参加了古田医院移交签协会议。

张国富是医院后勤总务负责人,在整个调整移交过程,他都坚守在后方古田医院。从双方开始进行移交到结束,前后有两年多时间,古田医院都处于财产待移交和进行移交的关闭状态,医院里本就没有几个人,后阶段甚至只有他一个。医院没有完成移交,就要维护保养好设备,保护好财产。医院安排他一人留守(为确保安全,另外请了一个民工老周陪他),负责整个医院的守护,并负责留皖人员的管理、与地方的沟通等工作。他工作认真负责,有事都及时打电话向我们反映,经常在医院内巡查。一次,他发现某个病房的一扇玻璃窗开了,经检查没有被偷迹象。随后,他连夜把这窗户钉住了。他是1986年12月20日搬家,全院是最后一位搬回上海的。1987年1月初他又回后方古田医院的时候,就住在大炉间后面山沟旁的一间小房子里,自己买米、买菜、买油盐酱醋,自己担水,在小土灶生火煮饭炒菜。我们有事去安徽古田医院,都会顺路看望他,有几次就在那小房子里共餐,享受他提供的美味。他一个人待在山沟沟里两年多,虽然事不多,但责任大,期间的冷清寂寞是非常人所能忍受的,很不容易。他坚持到1988年9月3日才正式离开后方古田医院,返回上海工作。可以说,医院能完好无损地移交给地方政府,他是功不可没的。

丁财生是药剂科负责人,医院开始调整移交时,他就被抽调来清点全院的财产。他工作非常耐心细致,字写得很工整,账本登记得清清楚楚,与接收办同志关系处理得非常好。他也和我一起,多次来来回回地上海安徽两地跑,全程参与了移交工作。

医院撤离的第二件大事就是回沪职工的安置,医院职工要在上海安置的有237人,这是有关各方根据政策基本上核定下来的。

说是回上海安置,但具体安置在上海哪里,最初根本没有方向。我们曾经到上海县(现闵行区)联系过,对方愿意接收,职工们可以安置在莘庄医院等单位。但1986年4月30日下来了文件,上级明确,古田医院职工整体安置去南市区(现黄浦区)卫生局,并负责筹建地处浦东的"上南医院"。但是,当时南市区卫生局也表示,职工中后勤人员太多,无法全部接收。所以我们也曾与耀华玻璃厂联系,询问他们是否可以接收安置后勤人员。厂方有意向,但主管的市建材局不同意,他们也有安置小三线回沪工人的任务,无法接收。最后在1988年12月23日,我们与当时南市区卫生局确定,到南市区卫生局"上南医院"报到的为189人,其余48人在二医大系统内安排工作。

1989年3月24日下午,我们在二医大办公大楼408室召开欢送大会,并要求安置职工于1989年3月27日开始到新医院报到。二医大书记、校长、南市区卫生局书记、局长、各附属医院人事处长均参加了欢送大会。古田医院约有140名职工参加。至此,古田医院正式撤销建制。

会后有几位职工围住南市区卫生局书记、局长提了不少问题,因为大家也想留在浦西的大医院,那时浦东还没有开发,"宁要浦西一张床,不要浦东一间房"的观念还比较流行。

安置职工于1989年3月27日开始到新医院报到,一周后仅9人未报到。

1989年10月21日,新医院——肿瘤防治院"上南医院"挂牌成立,这时仅有2位职工未报到。

从1985年开始调整,到1989年3月到新单位报到,近4年时间,对职工来说,高兴的是能回上海了,但更多的是艰辛和不易。回上海先要解决住的问题,当时都是职工自己解决,少数挤住在父母家,已成家的双职工多数是租房子住。八十年代,住房非常紧张,市区基本上租不到房。职工只好租近郊农民的房子,如江湾、五角场、闵行、莘庄,当时交通工具只有公交车,上下班很不方便。再是工作问题,在计划经济年代,单位的编制、经费都是严格控制的。所以,工作基本上通过"借用"的方法安排在二医大系统附属的各医院上班,工资福利仍由我院负责,奖金由"借用"单位负责,有的单位连奖金也不想承担。尽管有地方上班,但总有寄人篱下的感觉。

关于职工和家属的户口问题,留皖安置的职工,户口仍在安徽,对调去南京的职工,户口迁去宁国。其他职工的户口就都迁回上海,先迁入上海周家渡派出所,挂在南市区肿瘤防治院集体户口上,以后按照上海市的户口政策陆续迁移。所以,总体而言,户口迁移相对比较容易些,但也碰到过困难。户口迁移分两个阶段,在1984年,后方基地管理局布置分批办理后方职工子女户口迁移落户上海市区,政策照顾对象是随母亲户口从上海迁出的未入学的小孩。由于是分批报批的,在医院去向还没有明确时,职工们担心政策会变,所以希望先解决自己小孩的户口,由此产生了一些矛盾。但总的来说,随着后方小三线调整的进展,医院去向的明确,1985年前出生的符合政策的小孩,分5—6批把户口迁移进了上海市区。另外就是职工及家属的户口,是在医院整体移交,并在1988年9月,与地方签订的移交协议经批复下达后开始办理的。先是把回沪职工户口全部迁到"南市区肿瘤医院"集体户口上,然后,根据政策再迁到职工各家。整体上没碰到困难,但有两位职工的"袋袋户口"费了些周折。

所谓"袋袋户口"是指户口从原住地派出所迁出后,没有报入迁入地派出所,而把户口迁移证存放个人那里。我们有两位职工就是这样,在安徽宁国派出所的古田医院集体户口簿上没有落户,没有名字,上海这边也没有户口了。因此他们的粮油供应关系也没有(无法)在户口所在地的粮油管理机构登记办理。调整移交后,因时隔十余年,安徽地方上不同意报入户口,而且两位职工也要求在上海报入户口。我们只好一趟趟跑呀,到有关派出所查找原始材料,但始终没有找到。为此,二医大从后方瑞金医院抽出一位保卫科同志,一起做这件事。原始材料要到市公安局档案馆里面找。当时我有位老同学在市公安局办公室工作,我跟他说明了情况,经他介绍到市公安局档案室查找材料,并出具证明。两位职工的粮油关系也是周培松和我先后跑了上海市粮食局、粮食局票证科,上海后方基地管理局粮油管理部门,前后共有5—6次,查到了相关凭证,最后户口和粮油关系都解决了。

关于回沪职工的住房问题,上级也是有政策的。首先是经费,听当时后方基地管理局分管卫生、医院的后卫组办事处说,市里按在编职工总数,每人13平方米,每平方米250元的标准下拨,并且凡是调整回沪的双职工户家庭可以分配住房。我院落实住房的工作由叶永祥副院长负责。他上上下下跑,找主管领导、市卫生局领导,找市住房办领导,落实经费和用地,落实房源等等。根据回沪住房安置规定,我院共需要安置81户,其中夫妻双方为本院职工的有76户。职工夫妻一方为本院、另一方外单位的5户(10人)。这5户,一半的费用要由对方单位出,为此老叶做了不少工作,对方单位才把费用转过来。最后，职工住房问题是市住房办在已建居民住房中分批调剂给我们才予以解决的。第一批在1987年7月，我们只拿到51户，主要在上南一村，就在这肿瘤防治院的后面，只有几百米路。所以，这批房源主要分配给在浦东上班的职工。后来，又分批下来了房源，大部分也在浦东。1989年7月，又分下14套在宝山海滨新村的房源，8月分配给安置在宝钢医院、新华医院上班的职工。市里拨下来的房源，有两室户，50平方米左右，也有一室和一室半的房型，30平方米左右，当然一楼到六楼都有，要合理分配难度很大。我们成立了由各类人员组成的医院分房小组，制订了相对合理、得到绝大多数职工认可的，以个人的职称（职务）、学历、工龄打分为主的分房条例。采用根据分房条例进行打分，然后由高分户先选房拿房的办法分配住房。除个别职工对个人的打分有异议外，整个分配过程都比较顺利。

回沪职工撤离皖南时其私人财物都要搬回上海。当时物资很紧张，在上海，包括橱柜等都是计划供应，凭票购买的。在安徽后方小三线单位，很多职工结婚都是自己买了木材，请木匠做家具。所以，当时职工都把家具和日常用品搬回上海，基本上没有扔掉。除了用的搬回来，有些职工还买了木材，在搬家时一起带回上海。不管是单身职工还是家属户职工的私人财物，都搬回上海各自家中，而且都是用医院的汽车，由医院自己的司机开车，一卡车一卡车搬回上海。在整个职工个人财物搬迁运输过程中，没有发生过一次车辆事故，这是多么的不容易，说明医院驾驶班的同志都是好样的。

当然，在调整撤离期间，还有其他相关工作要做。1986年4月28日，医院的文书档案和职工的个人档案共装了满满8个铁箱，全部装运回了上海。1986年5月初，二医大领导就给我们在校本部行政楼安排了一间办公室，拿回来的8箱档案就放在这办公室。在1985年10月，医院党支部发展了王建国、张荣两位同志入党，1986年10月，预备党员一年期满，经考察合格，及时给予转正。后来，还给予新调入的曹季恒同志转正为正式党员；1986年10月，还组织党员参加二医大整党工作，学习讨论，对照检查，每位党员进行党员登记。我院有一位党员不合格，被缓登一年，经一年考察，合格后重新给予了登记。1986年，我们有一次组织近40名职工带上小孩，去上海锦江乐园玩，还去了上海动物园；还有一次组织30名职工去苏州旅游；1987年，二医大举办第十八届田径运动会，组织足球联赛，各附属医院派足球队参加。当时，医院人员已分散，但

医院足球队参加二医大足球赛及获冠军合影

在爱好踢足球的年轻职工的要求下,也组建了足球队。没有足球场地,他们就在篮球场,在空旷些的地方练,利用工作之余的时间练。比赛时一场一场地拼搏,从初赛、复赛,竟然打进了决赛。1987年6月5日,我院足球队与新华医院足球队进行冠亚军决赛,全场1∶1平,点球大战,终场2∶1,我院足球队取得冠军。

  医院调整撤离工作,时间跨度大,具体而又繁杂,但我们自始至终严格执行政策规定,加以人性化操作,让组织放心,让职工满意,妥善圆满地完成了任务。

  (顾月明,1975年7月毕业于上海第二医学院口腔系,同年分配进入后方古田医院,先后担任口腔科、外科医生,后期任医院副院长,全程负责医院的调整移交工作,1988年底回沪,曾在南市区肿瘤防治院、上海第九人民医院人事处从事行政管理工作,2009年2月退休)

上门女婿忆古田

原古田医院　王敬泽

1980年我以女婿的身份，从后方小三线工厂"入赘"古田医院，分配到宣传科，主要从事打字、印刷、编排出刊和黑板报、广播音乐等宣传工作。自己从一个车工一下子进入医院办公室岗位，虽有点拘谨不适，但更多的是自豪自喜。那时自己还年轻，刚结婚，什么事都想干、都肯干，浑身就有那么一股劲。我在1985年随小三线撤离返回上海。在古田医院虽然时间不长，但有两件事让我印象特别深刻。

"青工"文化补习

记得1983年春节过后，整个上海乃至后方小三线掀起了一股学知识、补文化的热潮，后方很多有条件的单位都办起了职工学校，自己解决师资力量不足的困难，自编教材，腾出空房作教室。大家都急于把耽误掉的时间抢回来，让"青工"这一代人补上文化知识基础课。医院领导也交给我一项任务：尽快开展和完成医院青年职工初中文化补习工作。

古田医院"青工"为数不少，除建院初始的一些老同志，资深医师护士外，都是1952年以后出生的医技人员及后勤"青工"，均属文化补习对象。那时也没什么上岗证，但每个人都清楚这张初中毕业证书对我们这批"青工"的重要性。由于医院人才济济，大学本科毕业人员众多，老师不成问题，很快古田医院第一批"青工"文化补习班就开学了，学员人数约40人。但医院不同于一般企业,尤其是在病房工作的岗位都要有人轮值,所以老师和学生必须兼顾两头,既要工作,又要补习,但大家劲头十足,想方设法挤时间调班次,争取有更多时间去教室听老师讲课。那个时候人们都特别要求上进,也好说话,不计较个人得失。参加补习班的"青工"实际上只有小学五六年级的文化水准,仅仅识一些字,对代数、物理、几何等知识几乎完全空白,老师就反复地教,学生也努力地学,硬是用一个学期的时间完成了初中的全部课程。按规定古田医院与后方瑞金医院自设考场,对口互派老师监考,共同参加上级单位命题的初中文科、理科的考试。医院领导对此工作很重视,经常给予督促指导,还要求对考试前三名的学员在黑板报上张榜公布,并给予奖金以资鼓励。"青工"文化补习工作持续了一年多时间,先后进行了三批考试,医院绝大部分"青工"完成了初中文化知识的学业,取得了毕业证书。这股学知识、补文化的热潮极大地鼓舞了我们古田医院"青工"的学习热情。1985年后陆续有王建国、王敬泽、丁自国、周烈兴、姚乐平、徐黎黎、朱剑铭等诸多学员,通过继续补习,自学

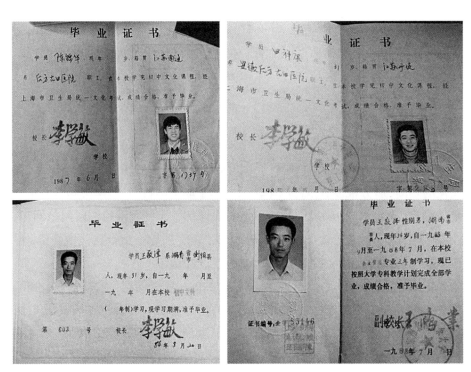

古田医院"青工"文化补习毕业证书,下方两张为作者王敬泽的

完成成人大专或本科学业，这同当初的初中文化补习是分不开的。在这里，也让我们再一次铭记和感谢为我们古田"青工"进行文化补课的三位老师，他们是：赵焕昌老师（内科医师）、龚永纪老师（心电图医师）、胡瑞丰老师（财务科工作人员）。

古田足球队荣获二医系统第十八届运动会足球赛冠军

我从小喜爱踢足球，1971年初中毕业后分配在上海锅炉厂（代训），曾多次目睹师兄们在绿茵场上拼搏、捧杯的喜悦，足球给我留下了深刻的印象。

1975年，我被分配到后方小三线工厂。工厂建在隐蔽的山沟树林中，令人惊喜的是在厂区竟有一块平整的小型足球场地，凭着自己对足球的喜爱，我顿生建立一支足球队的念头。征得厂领导同意，经过一番几近疯狂的努力，工厂足球队成立了，丰富了本厂职工足球爱好者的工余生活。

1980年，我入赘古田医院，随身带来了一个黑白相间的4号足球，再次期盼重新踢球的机会，但进入新单位，人生地不熟，时间长了也就渐渐淡忘了。直到第二年，又有两位外来女婿入赘古田医院，其中一位小高多年前曾与我一起踢过球，是老朋友，加之本院木工间的小王也爱好足球，我又萌发了组织古田医院足球队的念头。先后串联了几位对足球感兴趣的同事，仿效当初在工厂建队的经验，利用工作之便几次同领导谈起此想法。只有想不到，没有做不到，功夫不负有心人，领导同意了，还支持我们买了足球和队服。于是古田医院足球队于1981年6月正式成立。大伙儿欣喜若狂，赤膊上阵，会踢的带不会踢的，互带互帮，互助互踢。那时条件有限，没有像样的足球场，我们就按比例自行制造了两个小木架球门，经常放置在相对空旷一点的汽车库前、小卖部前和篮球场等水泥地上操练。每天傍晚甚至下雨天总能看见一群满头大汗热血沸腾的古田足球队员在踢球、运球、争抢……足球队成立后，我们先后同后方协作厂、联合厂、练江牧场、胜利厂等兄弟单位进行友谊比赛，当时足球场地很少，一般都要驱车几十公里。医院当时正好有一辆大客车（接送职工往返沪皖两地之用），取得领导支持，好几次比赛都驱车前往赛场，俨然像个国家队的阵容，我们也不负众望。每次比赛都胜多负少。于是也就小有名气，周围单位都知道古田医院有一支足球队。

原古田医院足球队合影

我们还先后参加了两次"陈毅杯"足球比赛,一次是在1984年,当时人还在皖南,医院派车让我们前往上海参加比赛;还有一次是在返沪后的1989年,参加原南市区的分组赛,遗憾的是在第二轮淘汰赛中输给了上海溶剂厂队。1985年古田医院随后方小三线单位一起撤返上海,先后有序安排(临时外借)

职工赴上海第九人民医院、仁济医院、新华医院、宝钢医院等单位上班,也有不少职工参与筹建肿瘤防治院,球队队员随之离散。但就在1986年,二医系统召开第十八届运动会,其中有足球比赛项目。一看机会来了,原足球队的队员们情绪高涨,纷纷报名要求参赛。医院领导也很重视,组建了一支参赛的队伍,领队顾月明,教练王建国,队长王敬泽,随队医生朱建国。队员有叶永强、董晓明(守门员)、朱正升(守门员)、王士春、金国平、高明、杜佩庆、侯玉斌、丁能敏、张立国,教练组设有一个临时办公室,由于队员分散在不同的单位,有在

照相簿中的珍贵留影

外系统上班的,也有在市区上班的,有在宝山区宝钢医院上班的,那时去宝钢医院还没有地铁,到市区要换三四次公交车,没有两个小时是到不了的。球队要想集中训练是不现实的,于是大家就相约同一个单位的几个人一起练,也有混搭在其他医院足球队一起练的,在正式集中参赛时,我们就提前来到现场,利用比赛前的间隙,熟悉场地,练练球。好在队员们以前在山里都踢过几年球,彼此间的默契配合都比较熟悉。大伙儿摩拳擦掌只等开战。5月27日首战宝钢医院足球队0∶0握手言和;5月29日迎战九院足球队0∶0平分秋色;6月1日是一场硬仗,对手是二医系统本部队,球技好、资格老、经验丰富,教练组仔细研究排兵布阵,以我们的敢打敢拼勇猛冲杀,终以2∶0获胜,进入半决赛;6月3日半决赛对阵的是瑞金医院足球队,我队越打越凶,越战越勇,一鼓作气又以2∶0杀入决赛;6月5日那是一个难忘的日子,古田医院足球队同上海新华医院足球队进行冠军争夺战。比赛在下午3点举行,观众不少,场边都有自己的啦啦队,领导也到场助阵观战,整场90分钟鏖战,双方战成1∶1,根据比赛规则,双方各派三名球员以点球方式决胜负,我队守门员董晓明表现神勇,扑出两粒点球,最终以3∶2赢得了这场艰苦的比赛。比赛结束后,双方队员拥抱握手拍照留念。古田医院足球队也荣登二医系统第十八届运动会足球赛冠军宝座。全体参赛队员获得二医系统赠送的精致照相簿一册,队员们至今还完好无损地保留着这份珍贵的纪念品,时不时打开看看那些激战的场景,回味无穷。

古田医院足球队的成长历程,为当时医院职工工余文化生活带来了一抹亮色,给我留下了难忘的记忆,同时也时常成为医院"青工"茶余饭后聊天的一个话题。

本文撰写过程中得到原古田医院顾月明、姚乐平、董晓明、陈锦华、徐黎黎、朱剑民等老同事大力协助,在此深表谢意。

(王敬泽,属七〇届无去向代训,1975年从上海锅炉厂分配进山入后方工农厂,1980年调入后方古田医院政宣组,1985年撤回上海,边读书边参与筹建肿瘤防治院,1990年辞职自谋,现任上海森本红木家具有限公司总经理)

后方古田医院是我成长的起点

原古田医院 徐黎黎

1977年我从上海普陀区卫校毕业,分配到后方小三线古田医院工作。当年正值恢复高考,我很想参加,也不想离开大上海。无奈我们卫校的工宣队正是由我父亲厂里派遣的,而我父亲又是"资产阶级",工宣队队长对我讲"成分

后方基地青岛疗休养集体照

不好是不能参加高考"。同年10月我乘着一辆救护车前往地处安徽胡乐的古田医院。救护车一路经过平望、湖州、长兴、广德后就进山了,当年看着绵延起伏的群山和尘土飞扬的山路,心中的悲伤掺杂着忐忑又夹杂着害怕,双眼含着泪水,至今历历在目。来到古田医院,同事们、室友们热情的帮忙和关心,使我忐忑的心情平静了不少,也断了参加高考的念想,积极地投身护理工作了。

  我开始在内儿科当护士,工作勤奋努力。在古田医院,参与了叶永祥医生、顾元文医生领衔的肺吸虫病研究与防治,并前往安徽黟县山区做了实地取样调研。当时我们救护车开进了仅有一辆车宽的蜿蜒山路,来到了与江西一山之隔的一个徽州村庄,山里的人都没见过救护车,抚摸着车子非常好奇。这里的山民肺吸虫病发病率很高,我们每天都要做几十例肺吸虫的皮试,在调研中我们发现阳性者都有在溪水边生活并常生吃小螃蟹、小虾,而有趣的是在他们手腕内侧皮试时会出现小丘变大,同时伸出几只脚的情况,就像个小螃蟹,我记忆尤深。为寻找中间宿主,我们爬着陡坡、沿着小溪的流水,徒手翻搬着石头,的确寻找到很多小螃蟹、小虾等。山区特别阴冷,雨水又多,记得他们吃的主食是葛根,如能吃到腊肉小炒就是过年了。我们在那里调研了近一周,回院后继续进行实验,完成了上级交给我们的课题研究,整合了肺吸虫病预防治疗的一整套方案,出版了论文集。在古田工作没几年我就被评为后方基地先进护士,参加了去青岛的疗休养,成了激励我人生努力向上的基点。

  后来儿科独立成科,我便成了一位儿科护士。护士长是陈士英老师,她是一位细心、严谨、很有爱心的护士长。在儿科我们抢救过诸多病人,颜子武主任、钱元忠、刘德菊、朱一平等医生精湛的医术,特别是刘德菊医生对我生活上的关心,给我留下了深刻的印象。儿科教会了我作为护士应具有的慎独、细致、好学的品德,我给自己立下了"别人不会我要会,别人会了我要精"的座右铭。1980年5月,我被提升为儿科和传染病病区的护士长,护理部主任乔心敏和朱淑婷严格教诲、严谨管理的示范,慢慢形成了我对工作要干事、干练、干净的作风,并唤起了我对知识的渴求,在理想追逐和作为一位管理者自律的基础上,个人情操得到不断升华,在传染病区病房我们成功抢救了一位脑膜炎合并DIC的男性患者,抢救时间较长,一次在导尿管脱落重插时,我看见医生费了较长时间才艰难地插进,我依稀记得上课时老师曾讲过这种状况,于是我回宿舍后翻出了上课的笔记,记着当输尿管可能有损伤时,保持尿道呈一直线并插管的方向和手势尤为重要。几天后,病人的充气导尿管又脱落了,我便自告奋勇,当时也没有任何顾虑,按着笔记的手法,顺利地插进了导尿管,当冲完气往外试拉的一瞬间,我突然觉得脸上火辣辣的,毕竟我是一个年轻的女护士,还是大姑娘……经过医生护士的积极抢救,病人转危为安直至痊愈,后来每次看到他来医院我都觉得很害羞。当时医院因条件限制,二楼儿科和一楼传染病区病房为同一批护士,一楼肝炎病人较多,为防止交叉感染,我们将两个拐角楼梯严格划分为半污染区和清洁区,白天两个病区的护士工作分开,中夜班我们规定先完成儿科工作后再去传染科病区工作,并非常严格地要求做到一楼的衣、帽、裤、口罩不带入半污染区,手也必须严格消毒和冲洗。由于大家非常努力并自觉做好消毒隔离工作,我们从未发生过交叉感染。

1983年,文化补习正在古田医院乃至整个后方小三线如火如荼地展开,除了上班,便是上课,领导请了老师和部分医生来授课,1984年大家都拿到了初中文凭。同年上海开始了成人高考,后方基地重视人才培养,为准备参加高考的人员开办了高中复习班。弥补遗憾的时候到了,在医院院长以及人事科负责人的支持关心下,我如愿以偿地参加了后方基地举办的全脱产职工高中复习班。1985年参加了成人高考,同年9月入读上海市职工医学院护师班,带薪全脱产三年就读。

我在1988年8月毕业,那时小三线已全线撤离皖南回到上海。我们医院在浦东忙于筹建肿瘤防治院。由于我住在宝山,我们夫妇俩便调入宝山区吴淞中心医院。当时宝山区的两家中心医院中,大专毕业的护士仅我一人。我把来自乔心敏、朱淑婷老师的教会医院理念和现代先进护理的理论结合起来,运用到我的工作中,使我的护理工作面貌一新,很快从手术室护士长升任ICU护士长,再到护理部副主任,业务职称也升为主管护师,还加入了民主党派。1995年调任宝山中心医院护理部主任,2000年调任仁和医院院长助理,2001年担任院长,业务职称也升为副研究员。

2006年,我又被借调到卫生局三产公司任总经理,保留仁和医院的职称和职务,期间还兼任一年妇幼所所长。2014年"八项规定"出台,事业领导不能担任企业法人,我又被借调至宝山区原卫计委药械监管中心任副主任,直至2017年享受仁和医院的职称和职务退休。在业务工作方面,我从2001年到2014年始终担任宝山区医学会护理学组组长,发表了数十篇业务论文,完成了

作者徐黎黎的政治工作留影

上师大行政管理研究生的学习。在政治工作方面，我从2002年到2016年担任宝山区农工民主党区委副主委；1998年至2017年任宝山区政协委员，先后担任政协常委，副秘书长等；1998年至2008年担任上海市妇代会代表；荣幸的是2008年至2013年被选为上海市第十三届人大代表。退休至今我还担任宝山区台胞台属联谊会副会长，上海市政府采购评审专家，发挥着余热。

  回顾过去，我常常愉快地怀念着在古田医院时大家工作的认真和相处的随和，回想着在空余时间上山采野山笋、采野茶叶的情景，特别是遇上看电影的日子，上午就早早在广场摆放椅子……我始终怀着一颗感恩的心，今天的一切，起步于刚踏上工作岗位不久的青岛疗休养的激励；起步于像乔心敏、朱淑婷和陈士英等老师的教诲；起步于当时医院领导对文化教育和人才培养的重视；更起步于我奉献8年青春年华并在那里成家立业的上海后方古田医院。

  （徐黎黎，1977年10月上海普陀区卫校毕业后分配进入后方古田医院从事护理工作。1985年参加成人高考，进入上海职工医学院护理班。毕业后先后在宝山区吴淞中心医院、宝山中心医院、仁和医院和卫生局三产公司工作，先后担任护部主任、副院长和总经理等职，为卫生管理副研究员。2017年6月退休。现被聘任为上海市政府采购评审专家）

小三线肺吸虫病调研防治之回顾

原古田医院　叶永祥

我1975年毕业于上海中医学院医疗专业,同年7月分配到上海仁济医院的后方(皖南)小三线古田医院,开始了我的内科、中医医疗工作,在这里度过了我最美好的青春年华(23—33岁)。

在这不起眼的山沟、不起眼的病房诊疗室和门诊部里,集聚了以上海仁济医院为主的技术精湛的高年资医务人员和部分来自其他省份的家属医务人员,加上我们这批从上海刚刚毕业的大学生、中专生和医院自己培养的年轻护士,形成了古田医院的中坚力量。经过几年的运转,这条名不见经传的胡乐小山沟居然

作者叶永祥在撰写论文

声名鹊起。因为他不仅承担小三线工厂职工的医疗保障任务,同时也肩负着对当地老百姓的医疗救治工作,从宁国、旌德到宣城、景德镇甚至更远的省城也有人慕名而来,我们的医生也经常出去协助当地和边远地区的医院开展医疗救助交流,古田医院在当时确实发挥了很大的医疗救助作用。

在这短短的十余年中,给我留下最深刻的印象就是肺吸虫病的研究、防治工作。1976年5月,生活在皖南山区的上海小三线厂某职工突然患上一种"怪病",莫名的发热(低热)、咳嗽、痰中带血丝,偶尔皮肤出现红晕块物,有些痒,

作者叶永祥当年与顾元文医师一起抓小溪里的蟹

过些时间又不见了,病人的血常规中的嗜酸性细胞异常增高。鉴于当时的技术和这种症状,来自大上海的医务人员几乎没有碰到过,凭感觉怀疑是一种寄生虫病,但究竟是什么病,病因缘何等,还是未知数。一时间恐怖感笼罩着上海小三线职工,影响着小三线职工的生命安全和生产任务;当地人也流传上海人得了山里的"怪病"。为保障小三线职工的生命安全,打消对"怪病"的恐惧感,稳定小三线民心,上海后方基地卫生处特地成立了由三家医院(古田、瑞金、长江)牵头的上海后方肺吸虫病防治组并下拨经费,各医院也成立相应的防治工作组开展肺吸虫病的防治工作(后来才明确是肺吸虫病,当时只能确定为某种寄生虫病)。我们古田医院肺吸虫病防治组由顾元文主治医师任组长,成员有叶永祥、林龙娣、徐黎黎等。工作的重点主要是搞清到底是什么病,并查清致病源和感染方式及明确治疗方案等等。

上海人来到皖南山区生产小三线产品,建设上海大后方,节假日空余时间,看到山涧小溪里的水生生物没有人吃,感到惋惜了。吃货上海人真的能吃,什么蜊蛄、鲫鱼、黄鳝、山石蛙尤其是小溪里的蟹很多(这些水生生物当地人基本不吃),这里最主要的是蟹与蜊蛄,蟹就是"中华绒毛蟹",蜊蛄就是类似小龙虾的虾类,在我们小三线厂周边的山涧小溪里到处都有,随手都可以抓到。据多数患者描述都是吃了腌制的醉蟹,当然小三线职工中也有极少部分人还吃过山里的野味等。我们先后去宁国、旌德、休宁、歙县的小三线厂周边河流,检测了野生动物的粪便,尤其是小溪水里的蟹,抓了很多回来专门捣碎筛检,在显微镜下找到了肺吸虫囊蚴,它只有200微米大小,呈乳白色,我们将这些囊蚴喂给实验的狗吃,两个月后在狗的肺里找到大量的肺吸虫成虫。有一年冬天我们中药房的小顾从农民那里买了一只小豹子(后来鉴定为云豹),在其肺里也找到大量的肺吸虫成虫而且发育良好。安徽马鞍山有一小学有不少学生也有类似的病症,我们去检查了其中一位小学生的痰液,发现其中存在肺吸虫的特有物质"夏科雷登结晶",该学生有吃蟹的既往史,嗜酸性细胞高达2 500%(正常值0—5%),经过治疗,该学生已完全康复。

历时几个月的跋山涉水调查,我们从流行病学的角度已经找到它的致病源和致病原因。致病源就是人们吃了那些感染了肺吸虫病的蟹和野味等;致病原因则是由于烹饪过程中没有杀死肺吸虫的囊蚴,人们间接被感染。接下来就是如何诊断和治疗。按照当时的寄生虫诊断指标:有流行病史,有相关症状(低热、皮肤抓痒或有游走的块物、咳嗽偶尔带血丝),血常规嗜酸性细胞增多明显。其实这个诊断指标一般的寄生虫病也会有这些症状和血象,而我们则考虑寻找肺吸虫病的特殊诊断方法。在上海寄生虫病研究所谢研究员和蚌埠医学院樊教授的支持帮助下,我们将肺吸虫成虫制成的皮下检测试剂,在小三线厂的职工中对有流行病史的人群进行了皮下测试(和青霉素皮下试验一样),绝大多数的人皮试结果都呈阳性。有明显症状的人,其咳嗽痰液中也检测到肺吸虫特有的"夏科雷登结晶",这为我们下一步的防治工作带来了明确的方向。所以接下来我们就广泛宣传肺吸虫病的预防知识,正确食用蟹和其他野味,只要不吃生腌制品和将这些食物煮熟煮透,肺吸虫的囊蚴就可被杀死。职工们了解了这些知识后,对"怪病"的恐惧感也就消失了。

关于对肺吸虫病的治疗问题,当时这方面的资料是很缺乏的,国内的文献也少有报道,我们的顾元文医生找了很多国内外文献资料,终于找到几篇关于硫双二氯酚(又名"别丁")治疗肺吸虫的论文,这种药物当时找遍上海及周边地区都没有。时间又过了几个月,在协助单位的推荐下我们联系了西南制药厂,结果药厂说该药物早已停产,他们的销售员最后终于在库房里找到了几箱,便立即安排发货。有了药物我们更是如虎添翼,在防治肺吸虫病过程中游刃有余。经过一年多的努力,肺吸虫病的防治工作取得了显著成效,对稳定小三线建设,保障小三线职工的生命安全发挥了积极作用。

在顾元文医生的主导下,我们编辑了一本《肺吸虫病防治论文集》,并将有些文章投稿到《动物学报》《中华流行病学》等报刊,受到同行的高度评价。

虽然已经离开皖南山区三十四年了,可是当年的情形就像电影一样一幕一幕呈现在眼前。在那里我学到了很多课本上学不到的知识,结识了很多忘我工作而不求任何回报的前辈医师和教授,他们的榜样精神和工作热情一直是我学习、研究的动力,我的青春年华有了更好的绽放。地处皖南的上海后方古田医院——我的第二故乡,我一定把你深深地铭刻在自己心中。

（叶永祥,1975年毕业于上海中医学院,同年分配至上海后方古田医院,从事中西医医疗工作,担任主治医师、副院长等职。1986年撤离皖南回沪,担任上海原南市区肿瘤防治院筹建负责人之一,以后在上海原南市区传染病医院任主治医师、副院长,1993年起任上海医科大学妇产科医院副院长、卫生管理副研究员。现已退休）

我为宁国协同机械厂架设电视信号转播塔

原协同机械厂 刘定建

1976年前后,我在宁国协同机械厂(简称协同厂)工会工作,那时生活在皖南的山沟沟里,干部和职工的工余生活十分单调,怎样才能改变这种状况呢?我忽然想起了电视。

可是要在这山沟沟里看电视,愿望很好,要实现起来却非常困难,主要是这里的电视信号很微弱,远远达不到接收要求。

除了极个别偏远的角落以外,全国各个乡村、地方都能听到中央

作者刘定建当年经过吴江时的留影

广播电台的无线电广播。然而电视却不一样,电视信号是点对点传播的,遇到高山或建筑物会被阻挡或反射。所以,两点之间一般只能传播50公里。

我们所在的协同厂距杭州、无锡和上海直线距离却远超50公里。即使爬到附近的山顶,也不能直接收看电视。

怎么办?是迎着困难上还是就此放手不干?反正也不是上级布置的任务,不干没有人会指责。但自己想想,还是觉得应为广大职工和周围百姓做点实事,于是我决定义无反顾勇往直前!

原协同厂厂门

首先,我们得选点,即选取电视信号相对好一点的地方。

我们跑去黄山脚下的旌德井冈山厂借了一个专用仪器"场强仪",用来检测电场强度。不辞劳苦,我们带着场强仪跑遍了厂区周围大小山头。山上荆棘丛生,没有现成的路,还要背上一台仪器,大有地质勘探队员的架势,也颇有战地记者带上"长枪短炮"冲入战场的模样!我们先后检测了十几个山头,信号最强的是第十五栋家属楼后右上方的山头,但即便如此,信号强度还是远远不够的。

于是我到处求教。跑到上海电视台,技术人员表示他们的设备已更新换代,建议我们去无锡看。于是我又到无锡,爬到无锡电视台天线的半空,远远地看他们的接收天线。观察后我知道了这是"八木天线"。还好,大学学过相关课程。这个"八木天线",细心的人可能记得,在20世纪市区有些地方电视信号不好,有人自己在窗外或屋顶架起一个简易的天线以达到图像清晰的目的。

这个天线是一个叫"八木"的日本人发明的,所以叫"八木天线",结构简单,效果好,性价比高!

知道了原理,也有了方案,接下来就是施工。看图虽不复杂,但施工却很困难。当地海拔七八百米,又是百余米灌木丛生的荒山野岭,根本没有路。生长在城市里的人就是徒步上山也是气喘吁吁,何况我们还要将材料手提肩背地运上去。

和我一起的有瞿惠相、颜世琪、戚正源,还有一个邱大爷,他是厂里起吊作业的行家。在这样高的山顶架起20余米的天线架,不但要考虑机械强度,还要使它能转动方向,真不是一件简单的工程。

我们众志成城,经过千辛万苦,八木天线终于架设成功,电视信号强度从27分贝提高到了40分贝,达到了一般电视机接收信号的最低标准。但我们总不能每天爬到山顶去看电视。

要想把电视信号传下山,我们就需要配置差转机。差转机能把一个频道里接收的微弱信号放大后转换至一个频道并输送给电视机。这个差转机有现成的。人杰地灵的浙江淳安,不但有千岛湖,还有淳安无线电厂,专门生产电视差转机。

买来了差转机,几经调试,勉强可以收看杭州和无锡的电视节目。但是新的问题来了!费了这么大的劲好不容易安装好天线,电视信号

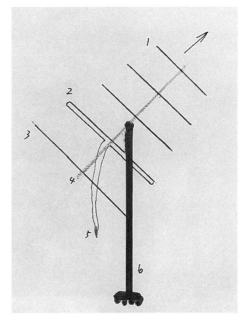

八木天线

作者刘定建当年在山顶

作者刘定建重游小三线

增强了，山下是可以正常收看，但电视机放在生活区的大食堂或十字路口的广场，从差转机接线到几百米外的电视机，接收效果就大打折扣了。其原因是信号在线路传输过程中大大衰减了！

只有另想办法。想来想去，问题出在"线"上。我们原来从差转机接到电视上的线是300欧姆的扁平线，信号衰减得厉害，我们改用50欧姆同轴电缆后信号就好多了！

那年故地重游时我问老乡："电视转播塔还在吗？"回答说："你们走后不久，由于没有人管理维护，就办不下去了。"

原来职工没有什么文化生活，下班后不是喝酒打牌，就是下河捉鱼摸虾。这个电视转播台的建立，不但大大丰富了职工的文化生活，而且给当地的农民也带了福音。毫不夸张地说，这一辛苦硕果是对协同厂及当地的一大贡献！

我在宁国协同机械厂的日子

原协同机械厂 瞿惠相

我1965年初中毕业时,经华东机要局批准,由上海市水产局把我招录去培训学习机要翻译(那时叫机要译电)。1968年6月,因我所在的机构撤销而改行,被分到了小三线宁国协同机械厂(简称协同厂)。

我第一次进山是坐在卡车后面,三百多公里路程开了八个多小时,半夜才到厂里。当时厂里还没有电,都是点蜡烛,喝的也都是山里面的水,没有自来

协同厂生活区全景图

水。住的是干打垒，就是土夯起来的简易房。一直到了1968年年底厂里才通了电，我们就开始筹备车间和生产线了。

小三线的生活点滴

我们厂坐落在杨狮村，村民就住在厂周围。当地村民常与我们职工相互走动，有的还交了朋友。

为什么交朋友呢？一因为村民认为职工们都是上海人，上海的东西多、质量好，有些东西可以托职工从上海带过去，比如肥皂、牙膏等日用品和卷面，他们当地买不到。我们职工在当地也会买一些鸡蛋、土鸡之类的，有时候我们用上海粮票、全国粮票到农民那里换鸡蛋，两方面互补，关系处得很好。

另外厂里经常会放映露天电影。有的村民会带着干粮从很远的地方翻山越岭要来看电影，有老有小，他们很早就占好位置，满心欢喜地等待放映。当地人看了电影后高兴得不得了，回去后一讲，那些从来没有看过电影的大人和小孩来得就更多了，拖家带口翻山越岭，从四面八方赶来。

当地有些老人以前连汽车都没有看到过。我们厂最早的一辆是吉普车，开进村后老人家都搞不清这"牛"到底是吃草的还是吃什么的。

后方职工的娱乐应该说是比较少的，厂里为了丰富职工文化生活，千方百计地组织一些活动，除了前面说的放映电影，还会联系一些小分队、歌舞团来厂里演出。除了这些以外，厂里也搞一些自己的文体团队，如文艺小分队、乒乓球队、篮球队，每年还会组织厂运动会等等。

文艺小分队都是自己创作，自己排练，自己演出的。这些文艺题材都是从厂里的生产和生活中提炼出来，然后编成节目，很受职工欢迎，搞得还是比较像样的。我们有一位同志原在浙江越剧团，随爱人进厂后，在她的组织带领下，厂里排练了越剧《红灯记》并在厂内外演出，获得职工和群众的一致好评。

努力解决教育问题

职工教育是很重要的问题，当时很多年轻的职工都是大中专毕业的，他们感觉到自己虽然在山区工作，但不能耽误了孩子的教育。在读书条件差，信息闭塞的环境下，许多职工对办子弟学校的呼声很高。我是负责教育工作的，于是我们排除万难办了一所职工子弟学校。

开始的时候厂里只有一个职工子弟小学，后来我们又办了一个中学。另外还有职工教育这块，统一由教育科管。我既管教育科又管学校，兼学校副校长。

协同厂当年的搪瓷碗

当时我最大的压力来自学生的升学率。为了提高升学率，首先就要把好老师找来。原来厂里面有一些人本来就是老师，是跟着自己的爱人进厂的，有的是正规的师范大学毕业的，有的是中专毕业的。

我先把这部分老师集中起来，不够的话再到外面去引进一些老师。另外再从工人当中培养一些教师，有些工人外语学得比较好的，进行短期培训后，就请他们来担任外语老师。我们的师资力量就是这样不断增强的。

我的压力为什么大呢？因为家长对学校的要求是很高的，他们都是有一定文化基础的。假如说这个学生今天考试考得不好，回去一讲，家长会一个个电话打给我们问："有的学生为什么能考九十几分？有的学生为什么能考八十几？我家孩子为什么就考不好？"他们可能不会怪学生，但他们一定会怪老师，有些家长可能还会打电话给领导。

为了提高学校教育质量，我们动足了脑筋。我们跟上海的重点学校联系，子弟小学与上海比较好的北京东路小学挂钩；中学则和控江中学、松江二中以及嘉定二中挂钩。另外一个小三线厂与格致中学、向明中学挂钩。我们利用每年暑假让教师到上海接受培训，也会把上海的老师请过来上公开课，提高我们的教学水平。

但是上海的老师说我们这样还是不行的，学生的试卷自己出的话，无论考高还是考低，都无法客观评价教育质量。我们后来想了个办法，比如北京东路小学中考参加区考，我们把他们的卷子拿过来，考我们的学生。这样做不只是

作者瞿惠相当年的工作证

在考学生,也是在考老师。中学也是这样,控江中学的卷子拿过来考我们学校的学生。

这样一来,老师反映比较大:这不仅是考学生,更是在考老师。老师们实际上已经很辛苦了,那个时候的老师加班加点都是没有报酬的。他们对学校有意见,特别是考得不好的时候,家长责怪老师,个别老师就闹情绪,不愿意当教师了。我们只好出来做老师的工作,希望老师以大局为重。

在这样的坚持下,硬是逼着大家把教育质量搞了上去。后来老师们慢慢地也适应了,我们的教育水平与市里的教育水平的差距逐渐缩小了。一段时间后,我们的教育质量有了明显提高,毕业的学生中有学生考入交大附中的,也有考入控江中学的,职工们都觉得我们的教育质量抓得还可以,也就放心了。

有次我还在路上遇到一名学生,他叫我校长。一问才知道原来他是我们学校某一届学生里最调皮的"皮大王"。他现在在花旗银行工作,收入很高,硬是要请我吃饭。这些小孩当时都在那里读书,而且他们也很留恋这段时光,

厂子弟学校人员与上海通用公司教育科领导合影

现在他们好多人都回去重游了小三线的那些老地方。

稳步调整，有序撤退

小三线调整是上级的决策，当时下达文件撤销小三线，让大部分人员撤回上海，安徽当地招工的就地安排，厂房、机器设备和其他设施全都留在当地。

准备撤退的时候，我们厂应该说做得还是比较好的。我们那个地方的组织体系比较全面，一些干部的责任心也比较强。所以他们该工作的还是工作，该生产的生产，努力做到搬迁跟生产两不误。

厂里与当地交接的时候工作也做得很细。上级规定小三线的所有财产都不带走，全部留在安徽。但是实际上从企业来说，若要回上海办厂，很多东西都还派得上用场，所以还是将一些重要的设备、有用的机器偷偷放在卡车上运回了上海。

但是更多的还是留在了当地，那个时候我们是很规矩的，生产上面用的比较好的设备都是要有记录的。这些东西都有账本，当时的人也是比较淳朴，真缺了几件设备也没有追讨。

我们1986年开始撤退，可以说是逐步有序撤退的。我们厂有一二百户职工家庭，那么多家具要往上海搬。要组织好力量分期分批运送。一部分单身的职工先行回上海安排工作。撤离的过程也很复杂，毕竟有那么多人、那么多家具，而且还不能损坏职工家中的东西。粗略估计，一户人家至少要一卡车。

机电局局长朱老具体负责小三线安置工作，安排落实造房子、安置人员和干部。

当时我们很多企业回沪后都安排在闵行，就决定把房子造在红旗新村那里。刚到闵行的时候房子还没有造好，于是没有房子的职工们有的住在亲戚那里，有的住在厂里。

当时小三线职工回到上海的时候，上海重型机器厂的人觉得给小三线回沪职工的条件已经不错了，每家都有一套房子。他们在厂里工作了一辈子都没有分到房子，很羡慕我们。

这是国家为了安置小三线职工所做的考虑，目前很多人还住在那里，也

杨狮村的路

有一部分人将原来的住房置换处理掉了,到外面买房子了,但大多数人还在那里。

(瞿惠相,1948年出生于上海崇明。大学学历,1966年8月任上海市海洋渔业公司机要通信科总台机要译电员。1968年7月起先后在上海小三线协同机械厂试验场、政工组、宣传科、教育科和职工子弟学校等部门工作。返沪后曾经在上海重型机械厂工会办公室、上海市总工会办公室、上海市机电工业局党委办公室和上海电气集团总公司信访办等工作)

大 麻 鸭

原胜利水泥厂　胡展奋

大麻鸭可不是对某类人的指称,而是一只实实在在的鸭子。

说来很遥远,那是1979年的春节。我们厂附近只有山货,要鸡鸭鱼肉必须去40公里外的宣城,再远就是湾沚,那已是百把公里外的芜湖县了。

海斌是我采购农副产品的老搭档,此次采购,父亲来信嘱我务必买一只四五斤重的大麻鸭,他的老同事查出肺结核钙化,医嘱5斤老鸭炖芋艿,可以滋阴补元气,但上海那时哪有这么大的鸭子呢?

希望也就落到我身上。

那天一早4点出发去宣城,找遍市场都不见大麻鸭,老乡说,此地的鸭子都只两三斤,你要那么大的"鸭王",只有去湾沚,但绿皮火车奇慢无比,到达湾沚站,居然中午了,鸭毛都没见。大概一周后,海斌搞定了一辆从水泥厂直达芜湖的货车,但凌晨3点就得出发,简直比鸡起得还早的节奏,路上颠了将近3个小时,到达湾沚正是6点的早市,我们不吃早餐,赶紧找鸭,鹅倒是不少,鸭却都是3斤以下的,有一只4斤重,我心有不甘,放下了,兜一圈回来,居然被人买走,正顿足懊悔之际,一个当地小孩来报信,说有一只大麻鸭,他知道在哪,但要给他1毛钱"报信费",我大喜,那时居然有这样的孩子,岂不是天才吗?赶紧跟他走,曲折拐弯地正疑惑间,听到了一阵洪亮的鸭叫声从一小院里传出,推门一看,这么大的鸭子啊!一问,5斤半!我表面平静,淡淡地问主人:"卖不卖?"主人犹豫了一下:"不卖!"

海斌拖了我就走,低声嘱咐:"越求他,他越不卖!"果然,刚出巷子,他追了上来,大叫:"你给个价嘛!"海斌缓缓转身,说:"鸭子太大,肉太老。"鸭主人连说:"不老!不老!这样的大麻鸭整个芜湖都找不到!"

最后达成的价,8毛钱一斤。彼时鸭子卖猪肉价,猪肉是7毛2分钱一斤,临交割,鸭主人还是舍不得,我干脆给了他5元钱,方抱得肥鸭归,因羽色如麻雀,俗称"麻鸭",品种很多,如广西大麻鸭、江苏昆山麻鸭、高邮鸭、浙江绍鸭、福建金定鸭和安徽巢湖麻鸭等,鸭主人介绍,我们这只超级鸭王正是广西大麻鸭,属肉蛋兼用型,细细打量它,方身,大尾,细长脖子光亮得缎子一般,一对小眼睛贼亮贼亮,偏着头看人,又傻又调皮,因为体形硕大,那对肉掌红红的像一双肥大的塑料拖鞋,想想回家尚有半个多月,我把它养在后窗的小夹弄里,这鸭也奇怪,见生就逃,唯独见到我,侧着头大叫,讨吃,而且胃口奇好,砻糠拌饭,食量比我还大。为防其逃走,平时总是一根绳吊着它的脚,后窗是高高的篱笆,我日常的规律是:晨起放风,让它在窗后空地溜达溜达,我那根绳子可以放得很长很长,一上班就把它收进屋内,下班乘着暮色再次放风,天黑收进。

那天一不小心,上班前忘了收进,大约三小时后突然想起,都快午饭时间

作者胡展奋1978年留影于宁国胜利水泥厂后山上

了,急急赶回,鸭不见了!陡闻隔壁一阵鸭香,推门进去,一大桌人围着吃鸭,看到我脸色都变了,我问:"你们这鸭哪来的?!"一桌人都不说话,眼睛全都看着那个起重组的三角眼"小矮子",那三角眼小矮子高踞桌头,面不改色,反问我:"你这个问题问得奇怪得很,不是买来的难道还是偷来的?!"我看着地上大堆的鸭毛,桌上大块的鸭肉,不是我的大麻鸭,哪有这么大的体量?!可是鸭子已经不会说话。那时也没监控探头,更没人为我作证,捉贼捉赃,凭什么一口咬定人家偷鸭呢?

只好悻悻地退出,背后是一阵阵的狂笑。

我心疼大麻鸭,"一对小眼睛贼亮贼亮,偏着头看人,又傻又调皮"。

以后"小矮子"每次与我邂逅,脸上都挂着诡异的笑,那潜台词直接就是:就我吃了你的鸭,你有证据吗?嘿嘿嘿嘿……

有时想想,鸭固有一死,总得被吃,只可惜着了魔道,化成了歹徒身上的一部分。它若转世,也四十岁了。

(胡展奋,原后方宁国胜利水泥厂职工,属七二届无去向培训。1976年11月进山,1985年5月左右回沪的,当时分配在上海吴淞水泥厂。1986年5月入上海市教委所属杂志社,后毕业于上海复旦大学新闻学院。1994年加入《劳动报》报社;1998年加入《新民晚报》,翌年随单位加入文新报业集团,入《新民周刊》任主笔到2015年退休)

关于胜利厂矿山车间情况的回忆

原胜利水泥厂 戚德平

作者戚德平

胜利水泥厂(简称胜利厂)生产水泥的主要原材料石灰石矿山就在水泥厂西南边,有大小两座主矿山,西部的叫小海螺山,西南部的叫大海螺山,矿山储量都很丰富,根据勘探测量和胜利厂生产规模,矿山可连续开采50年以上。胜利水泥厂水泥所使用商标因海螺山而得名为"海螺"商标,1985年根据上海、安徽两地协议,胜利厂移交安徽接收,而水泥商标沿用至今也没换过。

刚进水泥厂时,由于矿山开采工艺落后,采用的是最原始的人工开采方式,开采矿石简单说就是"五个一":一双草鞋、一根撬棒、一根麻绳、一把风镐、一包炸药。整个开采过程和工作环境都相当艰苦,操作时,人吊着绳子在悬崖上清理开采面(塘口)浮石,然后在悬崖上吊着麻绳用风镐钻孔,钻孔到一定深度后(一般在3米左右),通过安装矿山炸药,将石灰石炸下,最后通过挖机将石头装载到矿车上,由矿车运输到轧石机轧碎,然后通过皮带机输送至原料仓库,这样矿山石料开采工作基本完成。

1975—1979我的工作情况

1975年11月,因胜利水泥厂扩建项目需要,以上海建工局无去向培训人员及其他一些单位的无去向培训人员一起约650人被分配到胜利水泥厂,而我被分配到矿山车间(一车间)工作,当时的车间党支部书记叫杨守玉,厂部分配时,有意将一些调皮捣蛋的青年安排到矿山车间,而为了管理,也将少数优秀的青年分到矿山车间,约20人搭配组合,我因为是团员,按老书记的说法,算是优秀青年。

最难忘记的就是第一天上班,我的师父是陈长贵(当地人),在他的带领下,我也跟着直接爬上了山,而大多数上海人因胆小,是用四肢撑地一点一点爬上山的,个别人走到山下不敢上去,直接哭着往回跑,所以大多数上海人很快就下山担任其他工作,而我通过1年的学习,自己能独立操作,并担任炮工和爆破工,2年后,真正在矿山坚守的上海人也就没几个了。

由于矿山开采工作是在露天,刮大风或下大雨都不能上山,每年夏季和冬季对开采作业也会造成较大影响,所以,当夏天高温季节,由于矿山开采面(塘口),空气不流通,在太阳直晒下,工作温度往往达到40℃,人很容易中暑,所以我们往往采用凌晨四五点钟上班,到中午十二点之前下班的弹性工作制,避开高温时段。

由于工作环境差,又具有危险性,到1977年整个矿山炮工只有少数几个上海人还在坚守,这年6月,炮工钱英瑞(上海人)因在点炮过程中失误,从几十米的半山腰摔了下来,人已失去知觉,当时在地面工作的我和几个当地职工一起,在山上炸药已经点燃的危急时刻,没有退缩,冲上去把小钱背下了山,刚跑出危险区不远,后面的炸药就炸响了。还好,飞石虽在身边飞溅但却没有伤及我们,由于

作者戚德平所获嘉奖

施救及时,小钱被送到医务室救治,并没有生命危险。

1978年底,因我工作表现出色,在上海市举行了首次"上海市先进生产(工作)者"评选中,我被光荣评为"上海市先进生产(工作)者",1979年,又被评为"上海市新长征突击手"和首届"全国新长征突击手"。

"计件制"改革

由于当时是计划经济时代,大家工作都是凭觉悟,实际工作好坏和收入并不挂钩,"干好干坏一个样",所以造成部分人员劳动热情不高,"吃大锅饭"现象普遍。

在每年的5—6月,由于安徽当地处于雨季,一个月有时没几天好天,为此造成石料告急,这时管生产的副厂长最头痛,往往带着香烟上山,到各个岗位发烟,以此提高大家的劳动积极性,确保矿石供应,防止水泥生产受影响。

约在1978年,受"抓革命、促生产"路线的影响,在车间党支部书记任光淼的策划下,提出在矿山开采班组搞"计件制",即每月按各班组生产的矿石量,除保本工资外,其他按吨位计算工资,上不封顶,经厂部同意试行后,大家的工作积极性得到了较大提高,当月产量就打破建厂以来的最大单月开采量,当月大家拿到的工资是平时(33元)的二至三倍(100元左右),大家积极性更高了,许多在后勤食堂工作的人员也积极报名主动要求到矿山工作,以后几个月,产量月月攀升造成石料仓库爆满,一举解决了原料不足的问题。

在"计件制"工作几年中,大家积极性高,收入也得以提高,同时确保了全厂水泥生产的原料供应。

在当时的历史背景下,应该说,"计件制"是我厂打破"大饭碗",具有开创意义的改革创新之举。

(戚德平,1975年11月—1979年10月任上海胜利水泥厂一车间爆破工;1978年被评为上海市先进生产者,1979年被评为全国、上海市新长征突击手;1979年10月—1981年3月任上海胜利水泥厂一车间生产调度员;1981年3月—1985年3月任上海胜利水泥厂纪委干事,此后回沪工作,2016年退休)

光淼述事

原胜利水泥厂　任光淼

我叫任光淼,曾担任原胜利水泥厂(简称胜利厂)党委书记,1970年进山,1987年3月离开宁国撤回上海前,我负责胜利水泥厂的移交工作,现负责上海小三线联谊群工作。

坚守岗位,春节不回家

在远离家乡的小三线工作,深山环绕的工作环境与封闭的生活圈

作者任光淼

不免让人枯燥乏味,寂寞难耐。尤其是到了中国人传统佳节春节,"倍思亲"的年轻人更是思家心切,他们都急切地想回家探亲,与亲人团聚。而厂里的生产不能因为春节假期而停顿,为保障厂里的正常生产,春节期间必须有一部分职工坚持留守在厂里。

记得我刚主管矿山工作的第一年,春节前,车间按惯例安排职工春节留守岗位。动员工作刚开始,就有职工流露出非常抵触的情绪,"春节留守厂里,没门!"并信誓旦旦地表示春节回家探望父母亲义不容辞,回沪相亲搞对象更是意义重大,不容协商。千奇百怪的理由尽管有温馨更有浪漫,有斩钉截铁不容

协商的、更有理直气壮与荒唐可笑的理由,让我啼笑皆非;"如果春节不让回沪探亲,对象找不到,耽误终身大事,对国家与个人都是重大损失"。这冠冕堂皇的政治觉悟真不忍心去破坏!

想不出更高明理由的职工,干脆用苦肉计,当着我的面,把手指放在门缝,用力将门一关,弄伤自己的手指,然后"心安理得"地换取病假,对自己下手这么狠的职工我真是无计可施了,我只有同情并真心地怜悯他,希望他的伤痛别留在心灵深处。

最滑稽的一个职工竟然当着众多职工的面,摔碎自己的眼镜,然后堂而皇之告诉我,他要回沪修配镜片!简单明了的诉求,这么合理的要求我真没法拒绝!

临近春节了,车间的职工渐渐地少了,留厂的名额还是没法定下来,真是迫在眉睫啊!我有点焦虑,怎么办?

预料不到的事情再次发生。一天下午,车间班组长会议结束,来了几个车间职工,都是厂里有名的"捣蛋鬼",他们竟然来告诉我,如果春节留守职工不够,他们愿意留下来。我心头一热,这又是什么情况?

矿山车间的头号捣蛋鬼"憨三子"及"枪毙鬼""光明刘"等人(这些热血青年的绰号太有幽默感了,有点不堪入目,但他们似乎很乐意这些称呼)围着我,竟然态度诚恳地告诉我,他们愿意春节留在厂里上班,刚开始,我以为他们在逗我开心,知道我为安排春节留守职工的事情犯愁。人高马大的"憨三子"再次表情认真地告诉我:"光淼,你不用再担心了,今年春节我和车间的老弟兄们都不回去,我向你保证,春节期间我们都在厂里上班。"

"憨三子"等人的态度是认真的,旁边几位小兄弟也同时向我表示,他们愿意留厂过春节。我犯愁的内心顿时得到释放,这帮平时生活与工作漫不经心的家伙,关键时刻又挺身而出,我不由再次被深深地感动。他们真是说到做到的好汉,整个春节上班期间,他们坚守岗位,上班的职工,没有一个喝酒,工余时间也没有人参与"赌博"活动。他们认真负责的工作态度,让厂部的值班领导都刮目相看,赞不绝口!以后,每年的春节,我不再为安排留守职工而犯愁。

进厂工作的17年,我竟有15个春节没回家,与这些坚守岗位不回家的员工一同留在安徽的水泥厂,为确保水泥窑24小时正常运转,坚守岗位孜孜不倦地认真工作着。

"海螺"印我心

  时光荏苒，岁月如梭。2019年6月29日，自20世纪80年代中期，撤离小三线回上海工作后，这是我第七次回访曾经工作过的安徽宁国上海胜利水泥厂。回到当年工作过的矿山采石场，眼前的一切已是沧海桑田、斗换星移。每一次来这里追寻往日的记忆，我都感慨万千，站上开采的矿山平台时心中久久不能平静。在矿山现场，看着山的高度，它正不断地下降，而那下降的石层均被开采为水泥生产的原材料，在大窑的煅烧下，变成了优质水泥，源源不断地运往祖国各地的建设工地和世界各处，曾经雄姿巍峨的"海螺山"，以惊人的速度被"蚕食"，被"吞没"。尤其是近20年现代工业气吞山河的发展速度，千万吨矿石转制成高质量的"海螺"水泥。多年来，"海螺"水泥为共和国创下的丰功伟绩，让世界瞩目。

  我站在已被夷为平地的小海螺山遗址处，站在大海螺山的半山腰，远眺连绵的群山，叠嶂翠绿的山峦被云雾笼罩。不远处，原胜利厂高耸林立的生产装置，酷似火箭发射塔巍然屹立，它在盼望着曾在此献青春年华的矿山职工们回娘家。

  此刻，阴沉的天空飘来一块裹着雨水的云层，下雨了。望着天公戏弄般的绵绵细雨，我思绪万千，浮想联翩。它唤醒了我内心深处的历历往事，澎湃的心犹如这丝丝细雨，浸润了我回首往事的记忆闸门，它慢慢地打开了：

  我是上海公用事业中专毕业后分配进入地处安徽宁国山门的原徽州808信箱——上海胜利水泥厂的，当时被安排在矿山车间工作。矿山车间主要是为生产水泥提供矿石原材料，生产装备非常简陋，工作条件极其艰苦。我干过上山手持风镐钻眼开采矿石，"剥"过山皮，最艰苦最累的工作是在矿山上敲大块石头，冬天迎着刮脸生疼的凛冽西北风，夏天顶着烈焰如火的太阳，由炮工们在山上用风镐钻眼，装上炸药，炸下的石块有大有小，那时老式的石料粉碎机进料口直径很小，从山上开采下来大块的石头必须经人工砸碎成小块石头。

  刚进矿山车间，我就干敲石头的活儿，每天头戴安全帽，手拿一把二十四

胜利水泥厂全景

磅的竹柄大铁锤及一根铁翘棒，推着一辆竹排围起的两轮板车，车后绑着一根长50公分的钢钎（用于下山时刹车），我们像熟练的铁匠，二十四磅大铁锤在我手中左右飞舞，找准大石中的缝狠狠地敲下去，一次不行就再敲，反复几下，直到将石头敲碎成小块，然后将小块的石头用手搬到板车上，待板车装满石头，拉起板车从山上沿着山坡下行，拉到老式的轧石机里粉碎，卸好石块后，再将板车沿上坡用力拉到山上装石块。

周而复始，一天工作下来，筋疲力尽，双臂酸疼抬不起，双腿胀得迈不动，毕竟是年轻人，精力充沛，晚上头一入枕就呼呼地大睡，一晚下来，第二天又来劲了，精神抖擞地干活了。我们这些年轻的小三线建设者日复一日，在胜利水泥厂的初创之路上艰苦地工作着，同时也在如此条件下煅炼了自己，塑造了我们这一代人不畏艰难的意志品质，海螺山上的磨炼伴我成长，海螺山上的这种工作情节永驻我心。

"海螺"品牌有今天的辉煌成就，我作为创业史上曾经付出青春汗水的一员，感到无比欣慰与自豪。

三线海螺事　难忘同事情

1975年夏天，在胜利水泥厂矿山车间，有位上海水泥厂支内职工的妻子，

矿山装炸药

突患重疾,闻讯,我和后勤支委的同志立马送病人去后方古田医院抢救,手术中病人急需输血,正巧我和她的血型匹配。此时在脑中响起"救人要紧,立即献血",我二话不说,撸起袖子当场输血给病人。

因当年的古田医院医疗条件比较简陋,血库储备的适配血浆也已告罄,病人情况危急,我当场献血的量更是杯水车薪,远远不够。当时病人的情况非常不乐观,急需大量的新鲜血浆,真是十万火急啊!容不得犹豫,我立即驱车赶回厂里,紧急动员车间职工伸出援手!很快,整个矿山车间闻风而动,出乎我意料的是那些"捣蛋鬼"员工们都积极响应,他们放下手上的工作,带着满脸的灰尘,汗水还贴着工作服,赶到办公室,嚷嚷着:"光淼,光淼!抽我的!"在宿舍里休息的"捣蛋鬼"们也闻讯赶到车间办公室,强烈要求加入献血队伍。

当时的热烈场面,我平生第一次看到。那些平时令人讨厌的不大听话的"捣蛋鬼"们,此刻顾不得擦一下满头的汗水,挤在我办公室里,纷纷举着手臂,大声嚷嚷道:"我是万能的O型血,光淼,让我去吧!让我去吧!"如此温馨感人;他们一个个急切的表情、认真的态度和真诚的心意瞬间撼动了我曾经顽固的观点;这些热血沸腾的青年原来如此可敬可爱!一股从未有过的热流涌上来,我顿时热泪盈眶……

一个小时不到,厂部已安排好车辆,载着将近20名满腔热血的青年立即疾速赶往古田医院。一路上,只见公路上的车"嗖嗖"地被抛在我们身后,很快就到了古田医院。医院的医生和护士都已做好了一切准备,人一到,立马抽血,健康的新鲜血液源源不断地流入了病危者的体内,病人原来苍白的面部很快呈现出红润,转危为安,脱离了危险。

看到病人安然无恙,那些饿着肚子奔赴医院,慷慨撸袖,无偿献血的可爱"捣蛋鬼"们疲惫的脸上露出了欣慰的笑容。那天,他们的壮举,感动了古田医院众多医生和护士,更是感动了整个胜利水泥厂!他们甘洒热血,勇救病危同胞,不计个人得失,慷慨无私的献血行为,彻底扭转了他们的负面形象。正是我们的这些职工,用英雄般的壮举,让矿山车间打了个"翻身战",从此名声大振!

他们踊跃参与献血的那一刻,如凤凰涅槃,唤醒了人内心深处的真诚与善良!并且随着他们生活阅历的不断丰富,他们的人生价值观必将得到提升。

两年前,在宝山美兰湖,我们举办了原胜利水泥厂职工回沪三十年庆典大聚会。老朋友们分别几十年,此刻相聚一堂,兴奋的心情难以言表。当年因病危在后方基地古田医院抢救的女职工,那天和她丈夫双双参加大聚会。容颜愈发年轻,神采奕奕,容光焕发!闺蜜们紧握着她的手,满脸羡慕地说道:"当年输入你体内的是童子血哦,其效果作用巨大,你看上去比我们至少年轻十岁啊!你看你细嫩的皮肤,让人真的很羡慕啊。"幸运的女职工也频频点头,她说她真的很感激当年那些救命恩人,是他们让她获得了健康和新生命。她对现在的生活很满意,她一直用行动回报社会,平时积极参加社区活动,做公益、做热心的志愿者,她和她丈夫永远不会忘记曾在山里的朋友!

四十多年前一个感人的献血故事,一段令山里人难忘的历史佳话,久久留在我的脑海中,值得怀念与传颂。

(任光森,1970年9月毕业于上海市公用事业学校,分配到安徽宁国的上海胜利水泥厂矿山车间,先后任车间书记、主任,厂部纪委书记、党委书记。1985年起负责厂的移交撤离工作,任留守组组长、书记。1987年2月回沪,2009年9月退休,现为上海建材集团退休支部书记并负责上海小三线联谊群工作)

不悔的青春

原胜利水泥厂　刘巽荣

20世纪70年代中期,我在市安装公司学徒三年后,转去上海水泥厂培训了半年。之后我于1976年7月6日赴安徽宁国上海胜利水泥厂(简称胜利厂)工作。

上海胜利水泥厂地处群山环绕的宁国山门乡(当年是宁国县山门公社),那是个山清水秀风景很美的地方,此起彼伏的山川丘陵中,蜿蜒曲折的简易公路倚山而建。

作者刘巽荣

三通一平

我与多名同在上海水泥厂培训的青工统一安排在刚成立的新厂808扩建指挥部直属队工作,我们直属队主要负责即将扩建的新厂基础设施的前期"三通一平"工作。

新厂选址距离老厂(上海胜利水泥厂)5公里左右,那个地方原是个灌木与杂草丛生的坡地,地势比较开阔,有利于大规模开发。我们扩建直属队的工作就是通电、通水、打通道路,平整土地。我是名电工,负责从老厂通往新厂的架空线铺设工作。"三通一平"是项条件相当艰苦的全天候野外作业的工作,每个人都将经受严冬酷暑日晒雨淋的考验。我们即要有热爱工作的激情,还要具备坚强的个人意志与熟练的操作技能。在离地距离十米的高空中作业首先要克服恐高心理,安装架空线时必须一丝不苟极其认真地执行操作规范。这是个高风险工作,由于我曾在市安装公司培训三年,所以有着扎实的操作技术与丰富的工作经验。

为了早日完成基础设施的建设工程,我们直属队的工作安排非常紧迫,既要抓安全与工作进度,又要高质量地完成每项工作。夏天,我们顶着烈日暴晒,汗流浃背坚持工作,10分钟不到湿透的工作服就可以拧出大量的汗水。尤其难以忍受的是强烈的紫外线照射,我们的脸部皮肤与双臂皮肤都经历了炙烤后全面"更新",一个个成了非洲兄弟。到了严寒的冬季,更是考验我们每个人的意志是否坚强:迎着凛冽的寒风,我们要爬上十来米高的电线杆架设电缆线,呼啸的西北风如鞭子一般抽打我们,许多人耳朵冻僵后生冻疮,冷风一吹又痛又痒十分难受;双手冻得工具都拿不住,搓搓双手用嘴吹几口热气继续干。为防止工具下坠砸伤下面的工作人员,我们都用绳子系着工具,这是个万无一失的好办法。

当然,我们在野外作业也并不都是恶劣的气候。每当春暖花开的时节,工地附近山坡上满山遍野的杜鹃花争奇斗艳,此刻,我们在赏心悦目的优美环境中工作,心情是快乐的。

直属队野外工作的流程总的来说还是异常艰辛的,但那段时间的艰苦锤炼,奠定了我正确的人生观。

十年的小三线工作经历,妙笔生花的文学家赞誉为"激情燃烧的岁月",也有人把它描绘成"不悔的青春"。我认为"不悔的青春",正是我们这代人曾经"不讲条件,只谈奉献"的高度概括!当年,许多有志青年怀着崇高的理想鞭策自己谱写亮丽的青春年华从而功成名就,而更多的普通人以平凡的行动默默地奉献了宝贵的青春。十年的小三线工作,我们每个人经历过的故事形形色色各不相同,而留下的记忆却是刻骨铭心的。青春已不在,我们走过的路、留下的足迹,却是共和国史无前例的。

支农建设

在808指挥部直属队工作,我是名普通的电工,十年的小三线工作经历波澜不惊,没有轰轰烈烈的传奇故事,仅仅做了一个普通工人应该做的工作,而我所回忆与讲述的故事同样也很平凡。

胜利水泥厂生产的"海螺"牌水泥质量很好,国内市场销售供不应求,企业的经济效益蒸蒸日上。当初胜利水泥厂建厂时得到了当地政府与农民的大力支持。

古有造福桑梓的先贤,我们"海螺人"更懂得知恩图报。我们新厂808扩建直属队积极参与了由厂部安排的支援当地农村经济建设:为改变村与村之间坑坑洼洼的乡村小路,我们为附近农村铺设交通便捷的水泥路,为生产队铺设架空线。这是我们胜利水泥厂造福一方回报社会的义举。我们进入农村施工时,当地的农民非常感动,纷纷从家里拿出鸡蛋、山核桃来慰劳我们。当我们的架空线铺设到山门大队第一生产队时,队干部们高兴得手舞足蹈,有了三相电源,他们从此改善了农村的贫苦落后条件。

生产队王队长激动地带着我们参观了村里的老式油坊。走进昏暗的作坊,只见一个赤裸上身的中年男子,双手抱着一根粗圆木,这根圆木足有五米长,圆木的顶端包裹着撞击木楔的铅块,中间用绳索系着挂在屋顶的悬梁上,该男子蓬头黑脸似中世纪干苦力的劳工。抱歉啊,在此我申明一下,我丝毫没有贬损该榨油工的意思,他黝黑的肤色,已经疲惫不堪,脊背上布满的汗珠在不断地往下流淌,他腰间缠着一根灰色的布条,阻挡着汗水继续往下流,其实他下身所穿的黑裤衩已经湿透了。榨坊里昏暗的灯光,随着一声高亢的吼声,悬挂着的圆木被他瞬间爆发的冲击力狠命撞向木榨的楔子。他似乎用生命之力在不断地撞击木榨。悬挂屋梁上的电灯泡摇摇欲坠中发出微弱的亮光照亮着油坊空间。该榨油装置看上去笨重无比,我无法用精准的词语把它描绘清楚。大概是一根直径一米多的古樟树,也可能是坚硬的紫檀木,中间开槽,槽内摆满了一块块蒸炒后做成的菜籽饼,然后把一根根木楔通过悬挂的圆木荡秋千式地一次次撞击挤压,醇香浓郁的菜油在木榨槽内慢慢地渗出来,流淌至四周的储存槽内,最后这些菜油全部流入一只装油大铁桶里。这个漫长而艰难的过程将消耗掉榨油工多少体能,我无法揣测,但从他每一次声嘶力竭的怒吼中我知道,这活既不省心,更不省力。他挣得每一个工分都是无比沉重,无比艰辛的。世界已经迈入工业化时代,而我此刻看到的画面却似穿越至古代的原始作坊。王队长介绍:"古人的榨油设施有许多种,木榨、杠杆榨、楔形榨、撞榨,还有人力螺旋压榨等各种原始的榨油方法,我们队这个就是通过撞击楔子的方法榨油,而撞榨其实就是木榨,没什么区别。"

王队长对原始的榨油设施很了解,如数家珍。我很震惊!但心情却有点沉重。王队长看着我们有点凝重的表情,脸上却出现了一抹淡定的笑容,他告诉我们:"他每个星期至少有一天在这里干活,这个榨油工作确实非常苦,非常累。我们队为供销社加工芝麻油、菜籽油,可以增加生产队收入,所以,再苦再累,我们也要干啊!"

农村人田间的劳作十分辛苦,而油坊原始的榨油工作的艰辛程度更是无法形容的。

已是中年的王队长显然是个实干家,他挥手让那个正在竭尽全力干活的榨油工歇停一会。王队长亲自上前,他撸起袖子,双手抱着悬挂的圆木,脸上的笑容瞬间转换成刚毅如铁的表情,紧接着一声怒吼,圆木猛烈地砸向木榨,王队长像个威猛无比的战士,我佩服王队长竟然还是个熟练的榨油能手。

不一会儿,王队长停了,他看着我,笑着说道:"怎么样,小刘你来试一下吧!体验一下我们农村人的生活。"

我没有拒绝,欣然跃跃欲试,我走过去,双手紧紧抱着圆木,匆匆撞向木榨的楔子,效果很差,如隔靴搔痒。站在旁边的王队长告诉我,必须放开嗓子大吼一声,否则使不上劲。于是,我也像他们一样放开嗓门,大吼一声,弓着腰板全身的劲猛然汇聚于双手间,用力推向木榨,这次效果明显好于前一次,我连续撞击了十余次,身上骤然冒汗了,这看似简单工作,果然不是每个人都能胜任的。其他几位同伴也纷纷上去体验了一把原始的榨油工作,感觉这活太繁重,很难养活自己,强度太大了。

"如今,我们农村人看到了希望。"王队长爽朗的大嗓门放声大笑。紧接着他又说:"我们真心感谢胜利水泥厂领导,感谢你们工程队,给我们生产队接通了电缆线,我们有了这个新电源,这个落后的榨油设备很快就会改变,我们村贫穷落后的面貌也将逐渐换新颜。"

队长的感言与自信让我们深感欣慰。那天我们在队长家里吃了午饭,我们尝到了秋收的新米。王队长很客气,炒了几个简单的菜,喷香的新大米很诱人,我们每个人吃了两大碗,连锅巴也被我们吃光了。王队长告诉我们,生产队还想自己安装一台碾米机,方便村民就近碾稻谷与麦子。家徒四壁的队长家,与村民的干打垒土屋一样,家里没有像样的家具,透光的屋顶,麻雀可以自由出入。他老婆是村里的赤脚医生,说话做事十分麻利,据说年轻时是山门乡的大美女,她性格开朗,心直口快。她说村里读初中以下的小孩全是她接生的。我们闻之感到十分惊奇,敬佩之余又感叹,那个年代实行的农村赤脚医生的惠农政策真好!

参观原始的榨油作坊让我们见识了沉重的农村缓慢的发展史。我们直属队代表胜利水泥厂,为改善当地民生做了点工作,这段历史,与我们结下深厚友情的王队长同样不会忘记。

抗洪抢险

回忆在安徽宁国上海胜利水泥厂十年工作经历,最令我难忘的还是1983年夏季的抗洪抢险经历。

洪水突袭前毫无征兆。

连降两天的暴雨,胜利水泥厂的水泥生产按部就班,厂部针对连降暴雨已开展防汛工作,一切都有条不紊地部署落实到每个车间的具体负责人。

我们扩建直属队负责厂区的供电系统的高压电路,队长陶士良工作经验丰富,他熟悉胜利水泥厂供电系统的各个重要环节。滂沱大雨的第二天,陶队长就带领我们一部分年轻力壮有实际操作经验的男电工巡视厂区周围的高压输电电缆设施。

如注的大雨在继续,厂区附近的泄洪水渠的水位不断上涨,处于铁路大桥附近的低洼地有数根架设高压电缆的电线杆已危在旦夕。该高压线是电网输入我们厂的动力与生活用电,异常重要。

第三天傍晚,倾盆大雨还在令人揪心的狂泻,厂生活区已经被水淹至膝盖了。黄泥山地势较高,不担心被洪水围剿,而黄泥山周围已经一片沼泽,黄泥山正成为一座孤岛。

情况不容乐观,厂部的值班铃声一夜未停,陶队长在家休息了两个小时就被厂部的值班人员上门告知,高压电缆线被暴风雨刮断,高压输电线路中断,情况十万火急!

凌晨,天色未明,乌云压顶,暴雨丝毫没有停歇。

疲倦乏力的陶队长因为熬夜，黑眼圈已似熊猫眼，而且眼里布满了血丝，他别无选择，义无反顾，振作精神后再次猛敲我们宿舍门，昨晚巡查至十二点半，我们才回宿舍睡觉。此刻我们睡眼惺忪，三天如注的暴雨，我们都没有好好休息过。

大家都疲惫不堪。此刻，顾不得吃早饭了。

我们带着抢险工具，火速赶到事故现场。405变电房沿途的两根电线杆已被湍急的洪水冲倒，断线的高压电缆线在洪水中随波摇曳，一片狼藉。

突然，山门乡的水库决堤，洪水排山倒海呼啸而至。大片农田瞬间变成汪洋。洪水夹杂着农家的门窗、房板、简易的木制家具等一路狂奔，流向远方。

山门村瞬间倒塌了许多房屋，农民损失惨重。通往厂区的公路被洪水淹没，桥梁危在旦夕，水泵房大型储水箱在洪水猛烈冲击下竟然移位了。

此刻，考验我们扩建直属队的关键时刻来了。陶队长一声怒吼："兄弟们！马上重竖电线杆，拉上高压线，快！快！中午前必须完成！"

陶队长一声号令，我们十几个队员如猛虎下山，更似蛟龙入海，果断投入事故现场抢险。

幸运的是，洪水嚣张了没一会儿，就退去了，应该是水库已经泄空了。

狂风暴雨还在肆虐。

我们直属队所有队员全部投入紧张的抢险工作中。汽车队的吊车司机与我们配合默契，把两根倒塌的电线杆快速吊起竖正，我们马上对电线杆紧急加固。然后，我和几个同伴冒着暴风雨爬上电线杆，密集的雨水狂泄在我们脸上，眼睛都睁不开，眼前一片模糊，灌进嘴里的雨水却很解渴，感觉有点甜。此刻我们都饥肠辘辘，高空作业又很消耗体力。我们只能咬紧牙关坚持！收紧高压线必须同时配合，一声声呐喊中，我们终于把电缆线全部一一加固并细心地连接上。

整整五个小时的紧急抢险，我们饿着肚子，坚持到最后，只是吞了不少雨水。当我们从电线杆上下来后，个个都累得倒在洪水刚退去的泥水地上再也不想起来了。

此刻，尽管天空仍然乌云密布，雨却停了。

中午12点，滔滔洪水还在泄洪渠里咆哮，斑驳的公路已经畅通无阻，留下的是累累水痕。

桥梁看似破相,却坚如磐石。

我们厂的生产很快一如既往。

我们的抢险工作胜利完成了。

三天暴雨如注,水库决堤,我们胜利水泥厂在这三天中,排除了许多故障与险情,我们厂打了一场准备充分的抗洪抢险的胜仗。

为了表彰我在这次抗洪抢险中表现突出,厂部特发奖状鼓励。看着珍藏多年的奖状,我心潮澎湃,哦!这就是我曾经"不悔的青春"!

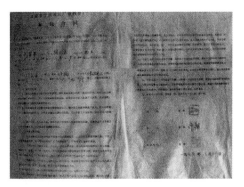

当时上海员工在撤离时,与安徽新进青年工人陶小臣、许翔签的技术培训"师徒合同"

1985年,小三线单位开始转入移交当地的阶段,我被厂部安排收了两名安徽当地的学徒,这是新老移交的战略部署,我必须在半年内把自己的电工技术传授给两名徒弟。两个求知欲望强烈的徒弟,认真好学,我很欣慰。我毫无保留地把自己掌握的技术,以及各种设备的工作原理,

作者刘巽荣当年获得的奖状

可能遇到的问题,经常会发生故障的要点一一告诉他们。

三十多年的时间一晃而过,忆往昔峥嵘岁月稠,不悔的青春也远离而去!十年间与同事结下的友谊还在,美丽的山门洞魅力还在,山门村已经发生了翻天覆地的变化。我们这一代初创"海螺"品牌的人已经退休了。

历史的洪流浩浩荡荡奔向前方!

海螺山不见了,"海螺"品牌水泥正大放光彩。我还是那个牵挂"海螺"的"海螺人"!

(刘巽荣,1955年1月生。1972年12月8日于上海工业设备安装公司(代训电工)工作;1976年1月于上海水泥厂培训;1976年7月6日于安徽宁国上海胜利水泥厂任电工;1986年4月回沪)

抢修生料磨的回忆

原胜利水泥厂　沈新康

作者沈新康

仔细看了兰宝的拍摄生料磨现场，看到了2号生料磨的主电机，想起了当年一个由于事故引起的停产风波和抢修过程，因为这件事给我留下了很深刻的记忆，现在回想起来好像刚过去不久。

记得那时我们还进山不久，当天早班我在生料磨电工值班室值班，设备运行均保持正常状态，因为有规定要定时巡视设备的运行状况，到了下午的时候，来了一群子弟学校的学生，到生料磨来参加劳动，他们当天的劳动项目是在磨子间分检钢段，即把没有敲断的钢段与已经敲断的钢段分离开，当时子弟学校的学生是边检边玩，不知是哪位同学贪玩把钢段抛入了正在运转中的电机转子中，刹那间就听一声巨响，随后刺耳的报警声大作，我冲到操作室切断高压电开关，当时也不知道是什么引起故障的，便爬上电机去一探究竟，只见主电机的高压线圈已全部打坏。这是一起重大的事故，在旁的老师、学生已不知所措。

由于主电机损坏，一台生料磨被迫停产，其进一步影响到大窑的正常运转，事故重大，因厂里没有备货，正常生产将遥遥无期。厂部有关方面立刻召开会议，商讨对策，联系后得知电机制造商也没有备货，如果把电机拆下运回上海将需要更长的时间与精力，最后决定采购电机成型线圈回山里自己修理。

大概等了一个星期左右线圈进厂,之前我们都在做准备工作,把损坏的线圈全部拆除并做好技术数据的记录,那天线圈到厂已接近黄昏了,所有参加修理的人员都等在我们值班室内,等线圈一到马上开始维修。因为当时对大功率电机的维修缺少经验,开始时并不顺利,大家群策群力,力争在最短的时间内修复电机。厂长轮流督战,工人分批进行,当时会修理电机的老师傅确实不多,轮流工作。那时候我也进山不久,也没有人知道我有这方面的特长,看到这样的情况我斗胆向领导毛遂自荐一起参与抢修工作。当时两位领导呆呆地看着我,心里大概在想重大设备修理不放心让"小屁孩儿"去参与,但我以央求的口气跟领导说明,当下人手不够,自己可以跟老师傅们一起参与修理。其实当时自己在心里想,在上海学徒期间跟着自己的师傅也修理过好几台了,至少知道怎么弄(但在领导面前不敢说),但当时领导最终未同意,毕竟责任重大啊,我也理解领导的决定。

等到第二天晚上,先前做准备工作的老师傅们都筋疲力尽了,工作节奏也有所放慢了,看到有机会来了,我再次向领导提出,估计领导也体谅老师傅们的工作强度太高,动了恻隐之心,就让"小赤佬"试试看吧。记得当时我和"老大炮"、电焊工是张金根(技术很好的焊接师傅)搭班开始修理,其他师傅都在一旁喘粗气。记得当时我还没有完全发育好,力气不够大,成型线圈又非常硬,要放入槽内很是吃力,进度并不快,想想并不是办法,后来记得领了两根煤锹柄,头上削扁,打磨光滑,用力一挠就轻松地放进去了,每槽2组,一共72槽,旁边的领导与老师傅们都夸我会动脑筋。做了一会我也就得心应手了,领导和师傅们看我做得还可以,关照了几句就回去了。就这样,我们到早上已基本放好了一半线圈,领导早上来视察时很是惊讶,一个劲儿夸我速度快。

经过连续五天的奋战,终于在这天要试车了。这里必须提一句,所有的银焊接头都是张金根师傅完成的,且没有一点瑕疵,一次性检验合格,真的不容易。大家的心都紧张到了极点,虽然在试车前的静态测试中机械、电气参数都在正常范围,但毕竟是静态测试,大家还是提着一颗忐忑不安的心,来不得半点的差错,查了又查,看了又看,确实电机一切正常!当时是戴鸿贵下的试车命令,接到命令,我屁颠屁颠地到操作室准备试车,当时胆子也大,我眼睛一闭合上电动闸刀,电机瞬间转动起来了,这时在场的人们都长舒一口气,成功了!经过一段时间的空转,再到低负载运行,最后到额定运行,直至我们撤回上海,电机一直正常着!

　　这件事确实给我留下了特殊的记忆,至今回想犹如身临其境,终生难忘!这件事过后,当年我还被评为"先进生产者",好像得了50元嘉奖,再加带薪放假半个月,休假回来后我荣升值班电工大班长。说说在安徽的往事,旨在与大家共同分享个人的经历与回忆。

潜 水 情

原胜利水泥厂　陆玉明

作者陆玉明在山门洞留影

我是1976年11月去安徽宁国工作，1986年离开的，转眼三十多年过去了。最近几年，由于眷恋年轻时曾经工作的小三线胜利水泥厂（简称胜利厂），便与曾共同奋斗、奉献青春的几位老友多次重返宁国，以解思念之情。

回顾20世纪60年代后期，小三线开启建设大潮，基础建设需要大量的水泥，胜利水泥厂应运而生，从选址到建厂，前辈们只争朝夕艰苦创业，用了不到两年的时间，第一包高质量的"海螺"水泥便成功下线。

小三线企业逐渐撤离后，胜利水泥厂又迎来了更大的发展机遇。国家百业待兴，基建大发展，需要大量高质量水泥。如今的"海螺"水泥已经名扬天下，成为誉满全球的大品牌。

记得1998年夏天，长江沿岸遭遇特大洪涝灾害，许多沿江城市被滔滔洪水淹没。1983年7月，安徽宁国地区也遭遇特大暴雨，引发山洪灾害，面对排山倒海的洪水,胜利水泥厂全厂干部和职工临危不惧,众志成城,英勇奋战,坚持安全生产、抗洪抢险两不误。

我站在胜利水泥厂当年被山洪冲击而倾斜的巨型储水罐前,被岁月封存的记忆渐渐地呈现出来……

洪水过后,很快迎来了天高云淡的金秋十月。某天下午,机修车间第二钳工组组长陈顺才接到抢修任务:厂部水泵房一台深井泵发生故障,情况比较急。于是,陈组长带领我和陈鸣、屠兴发三人火速赶到水泵房。泵房操作工告诉我们,原先1号泵与2号泵正常工作,半小时前2号泵突然停止工作,200吨储水罐水位开始下降,如果傍晚6点前2号泵不能工作,将会影响全厂的供水。操作工对业务流程很熟悉,表述的情况有点严峻,尽管他面带微笑。

陈组长听得很认真,随即问操作工:"不是还有备用的两台机组吗?怎么?不能用吗?"

操作工回陈组长道:"备用的是3号泵与4号泵,昨天我们按常规操作守则,每隔10天去开机1小时,检查是否运转正常,没想到都出问题了。电工师傅检查后,发现距离最远的3号泵出现跳闸,可能是线路出了问题,现在还在紧急查找原因。4号泵电机运转半小时就发烫,现场有电线烧焦的气味,今天上午该电机已拆除。至于2号泵的问题,电工师傅说,2号泵电机没问题,就是水上不来,这就是目前水泵房的情况。"

听了操作工的情况介绍,陈组长紧皱的眉头很快舒展了,眯着的小眼睛眨了几下。他拍了拍操作工的肩膀说道:"嗯嗯!知道了,我们去2号泵房检查一下,争取下午5点前正常供水。"

陈组长胸有成竹,几年维修保养累积的工作经验,让他对几台深井泵可能会发生的故障了如指掌。

水泵房共有4台机组,它们分布在黄泥山生活区东北面的低洼地,附近沟壑纵横,水源丰富,就算几个月不下雨,河渠干涸,蕴藏于地下的水资源仍十分的充沛,它就像个地下水库,常年取之不尽。这块山青水秀的宝地,仰仗得天独厚的自然资源,依偎黄山山脉广阔的胸怀,莅临风景秀丽的文脊山脉,背靠巍峨的柏枧山(俗称百尖山)连绵的群峰,溪谷深邃,茂密的参天大树,潺潺的山泉水经年不息,它养育与灌溉着方圆数百公里的土地与数代农耕的乡民。

进入2号泵房后我们火速检查,故障有点出乎意料,当我们按常规用起重

"葫芦吊"一节节拆卸长长的输水管后发现第一节涡轮叶装置失踪了。显然，它掉入原房的井底了。情况有点复杂，仓库里没有这个专项备件。陈顺才组长摸着自己的脑袋说："嗯嗯！这个有点麻烦了，嗯嗯！怎么办？"他习惯性地用右手掌在鼻子上撸了下，这个无意识的撸鼻子的习惯动作，有点年头了，每次还没正经干活他就会弄一鼻子油污，为这常常让我们忍俊不禁。

我们仨看着陈组长等他决策。

陈组长陷入沉思。

"抽根烟吧！"屠兴发拿了包东海牌香烟，每人发了一支。

我点了烟，笑着对陈组长说道："急什么？我们把掉下去的涡轮叶装置打捞上来检查一下，如果没有问题，重新装上去就好了呀！"

陈组长小眼睛瞪着我，说话有点急："我，我也知道这个方法好，这个深井至少有七八米深，下去打捞有危险，知道吗？"

这时站在旁边的陈鸣说道："阿才，只有想办法下去打捞了，没有备件，厂部供水不能停，这是唯一的选择。"

屠兴发也表态："下去捞吧！阿才。"

我们平时习惯称呼陈组长叫"阿才"，他还有个雅号，全厂闻名："小醉醉"。他平时嗜酒成瘾，一日两顿小老酒，不超量，略有醉意，故而"小醉醉"成名。每日喜欢饮酒的陈组长酒瘾虽然很大，我们一块儿工作多年，却从未见他因喝酒而耽误工作。他工作时非常认真，而且一丝不苟。作为机修组长，他以身作则，每次安排工作，他总会把最难啃的抢修任务揽下，然后，满怀激情地带领我们冲锋陷阵。我们跟着他虽时有怨言，但在实际工作中却总能出色地完成任务。为此，我们这个小团队常在厂部生产会议上得到厂长表扬。那个年代，一个小小的精神鼓励，往往会焕发我们无穷的工作热情。

4个人统一思想后，接着就准备下井打捞。谁下去呢？这是不是很危险呢？我们都不清楚井下的情况。已经入秋的季节，井里的水温肯定很凉！

经过一番热血沸腾的争执，我们3个年轻哥们儿都执意要勇敢一回。阿才年龄大了，而且不会游泳，站在井口负责照明与拉绳索。我这个人没什么突出的技能，平时都低调做人，此刻却有点激动，我对两位争相要做勇敢者的哥们儿说道："你俩别争了，我曾经第一次去黄浦江游泳，就一个来回。"

屠兴发显然不服，他有异议："游黄浦江算啥？我还在黄浦江里救过人。"

他又重提当年英勇救人的壮举。

这个救人的故事,只是听当事人讲述过:当时的情况确实很惊险。那会儿他和几个同伴正在黄浦江深水区小心翼翼地游泳。他是个有心人,他的眼睛始终警惕地关注着江边。忽然,他发现双手抱着篮球在江边戏水的同伴,怀抱的篮球突然脱手了,身体不由自主地滑入黄浦江的深水区,求生欲望让不会游泳的溺水者手忙脚乱地扑腾,大口灌水,连呼救也顾不上,挣扎中身体开始往下沉。在这危在旦夕的时刻,屠兴发快速游过去,毫不犹豫地出手相救,谁料这个溺水者人高马大,危急之中竟然不顾一切地熊抱施救者的身体。措手不及的屠兴发被他紧紧抱着,身体不能动了,俩人很快往下沉了,屠兴发灌了口水,他急中生智,双手用力往上挣脱,分离了溺水者索命的拥抱,然后身体往下一沉,在水下用尽平生之力把他往岸边推。最终,他成功了,溺水者死里逃生,他俩瘫软在江边,半天都惊魂未定。

救溺水者最终被拖下水的惨案在生活中经常会上演,而自己的水性与救助的经验非常重要,否则,很容易酿成更大的悲剧。

记得某年的盛夏,胜利厂团委组织了一次宁国西津河游泳活动,我也参加了,在西津河大桥的桥墩上,我们不亦乐乎地轮番跳水。突然,我发现子弟学校的中学生孙某在河中双手乱舞,显然这孩子不会游泳,扑腾中他正大口呛水。情况十分危急,我没有犹豫,跳下去奋力游到他身边想拉着他的手往桥墩靠,没曾想,这一米八的中学生像拉到救命稻草似的,把我紧紧地抱住,毫无防备的我瞬间被他拖下水,陷入灭顶之灾,我喝了一大口河水。危急之间,我奋力往水下一沉,挣脱了溺水者的拥抱,然后重新浮出,向着桥墩上站着观望的众多游泳者大声呼救。很快,两位人高马大的游泳好手跳下去,左右挽着这位胆大而又冒失的溺水学生,从容地把他救上了岸。那次在宁国西津河大桥下的历险,让我深深体会到做一个勇救溺水者的英雄是很有风险的。

此刻,屠兴发当年英勇救人的故事虽然很让我感动,但并不能说服我,他虽能胜任下井打捞涡轮叶装置的任务,这毕竟是一个陌生的环境,我们赤手空拳,没有任何水下防护装备,潜入水下七八米,危险性很难预估。于是,我再次表态:"我在水下可以憋气100秒,我应该下去,你们都别争了。"

我很自信,我的憋气功夫很好,从小在乡下外婆家的河道里潜水摸鱼捕蟹,潜水基本功很扎实。

"呵呵！阿屠英勇救人的故事我也听说过,作为今天潜入深水的依据,我还是不认可噢,毕竟水下情况不同。"站在井口手指着阴森漆黑的深水井,"小诸葛"陈鸣神情淡定地说道,"学生时期,我曾参加区少年组游泳比赛,得了第二名,你们说,我是不是可以下去呢?"

我称呼陈鸣为"小诸葛",是因为这家伙特别聪明,作为一个优秀的机修工,他做事稳健,言语不多。他的才华有目共睹,工作中遇到任何疑难杂症,他都能想出解决的方法。

陈鸣不甘示弱据理力争,否决了屠兴发的自我推荐。

此刻,站在我旁边的屠兴发开始脱工作服了,他健美的体型曾倾倒无数姑娘,半路出家的机修钳工,已经是个技术精湛的主力军,他曾是上海重型机器厂设备动力科机床组的车工,学艺三年,技术超越师傅。

"别争了!"陈组长突然发话了。

争执不休中,陈组长表态了,他像个将军,最终点将,他的"金手指"点了我。"陆玉明,你下去探探情况,千万注意,安全第一!"

此刻,大将军威风凛凛,一锤定音。我很兴奋,对着阿才拱手表示感谢。

我如愿第一个下水探摸水下情况。我沿着井壁的铁扶梯,慢慢进入水中,井里的水果然是透心凉!刚入水不由浑身哆嗦了一下,紧接着我为自己壮胆,故意大声喊道:"啊!这井水好爽,好刺激啊!"在井里说话,声音环绕井壁,金属般的嗡嗡声振击耳膜,震耳欲聋。

阿才不放心我,放了根麻绳让我拦腰系着。我猛吸一口气,一个翻身,直接潜入水中,我睁开眼睛往下观察,清澈的井水能见度却很低,也许水下的光线太暗,手电筒透光又差,隐约感觉水井深不可测,尽管内心有点恐惧,我还是继续深潜,终于,涡轮叶装置出现了,它静静地躺在井底,欣喜中我解开腰间的麻绳,想直接系在其上。此时,水底的压力开始显现,耳膜与眼睛有股强大的压迫感,眼睛没戴防护镜,特别难受,憋气不到40秒就感觉肺部要爆炸了,潜水超过两米,压力会倍增,这太危险了。我立即回旋转身,奋力往上浮出水面大口喘气。

没想到,陈鸣与屠兴发都下来了,他俩关切地问我:"身体没问题吧?"

原来,我一个人潜入深水,他俩不放心,随后就下来了。真的是兄弟情深啊!顿时有股暖流涌上我的心头,我很感动!他们此刻都真切地关心我的安危,危难时刻见真情！这本是一桩很平常的设备故障的抢修工作,没想到会有不可预测的风险。我们都发自内心地想由自己去承担困难与危险,去解决,谁都不愿意做个旁观者。这就是有担当有情义,配合默契的兄弟情。

最终,我们仨人同时潜入水底,把几根绳子一起系在涡轮叶装置上,成功将其吊起。检查后我们高兴地发现涡轮叶片完好无损,连接泵体的接口松动才使其掉入井底。正如两小时前陈组长承诺的,下午5点不到,我们干净利落地完成了此次抢修任务。

傍晚,陈顺才说要犒劳我们。他从小卖部买了两瓶熊猫乙曲白酒,又去食堂弄了几个炒菜,坐在阿才的宿舍里。四个人举起酒杯,我们四目相望,那一刻我们酒还没有喝,已经醉了,我们自豪。危难之际,潜水的兄弟情让我们顺利完成了抢修任务！我们很兴奋,两瓶白酒很快见底了。夜深了,"小醉醉"有点酩酊大醉了,这难忘的一天,我们哥仨也醉意浓浓地回到宿舍。

那晚的酒让我终生难忘！

这段小插曲,已经过去了几十年,对我们十年的小三线建设时光而言也许是微不足道的,但留给我的记忆最深,最为难忘,这就是"潜水情"！

（陆玉明,1976年11月22日至安徽宁国胜利水泥厂工作,于三车间任机修钳工；后至厂水泥厂包装部任机修钳工；1986年12月返沪在上海新型建筑材料厂供应科工作,直至退休）

我的思念 我的情怀

原胜利水泥厂 杨 浦

作者杨浦

原胜利水泥厂（简称胜利厂）的老朋友们，大家好！我是杨浦，原胜利厂基建科杨国强的第二个儿子，我的父亲已经过世，我和老大杨庆、老三杨农都是原胜利厂的职工。按照1985年小三线撤离回沪的有关规定，我本已被分配到上海浦东水泥厂工作。由于我那时和我的爱人已经相恋多年，且她是当地的姑娘，我们是同学，有着青梅竹马的感情基础，胜利厂有我欢乐美好的童年，所以我选择了继续留在胜利厂工作。1986年我和爱人喜结良缘，从那一天开始，我的生活开启了崭新的一页。我要创业，我想改变旧有的生活与工作模式。于是，我在山门洞右侧开了家饭店，饭店的名称就是我的名字——杨浦饭店。其实，我开饭店有两个原因，首先我不甘平庸一辈子，我想利用山门洞这块旅游资源的宝地，实现我自主创业的梦想，同时可以改善家里的生活。再者，我的内心深处有一种念旧的情怀，我相信胜利水泥厂广大回沪的职工也同样有这样的情怀，在他们中肯定会有许多老职工会怀着深深眷恋来此回访，释放内心的思乡之情。在饭店经营方面，我准备了适合上海朋友口味的菜肴，同时又可以让他们品尝到具有安徽特色的美味。我在饭店的柜台上特意安放了一本"记事本"，这是我的初心,我的愿望。假如我正巧不在饭店,上海来的朋友可以在本子上留下电话号码,我会及时和你们联系。

我今年59岁了,也许年龄大了,继续经营饭店有点力不从心了。现在的"杨浦饭店"我已经交给我的小舅子经营,不过"杨浦饭店"的店名依然还在,我希望胜利厂的朋友们在回访故地时来光顾我"杨浦饭店",我接到电话一定会在第一时间赶过来,我将热情招待你们,因为我们年轻时曾经是同甘苦共命运的同事。

2020年9月15日傍晚,我见到了已有三十年多年没见面的聂鸿书老师。当她站在我面前的一刹那,我真的不敢相信,我非常激动,眼前的聂老师仍然神采奕奕、容光焕发,我的记忆深处瞬间浮现了我在学校读书时的情景,我仿佛回到了学生时代……我曾经是个调皮捣蛋的学生,是聂老师的耐心与谆谆教诲让我明白如何做一个好孩子、好学生。她使我懂得了父母的爱与辛劳。在这我要感谢聂老师,是您让我明白做人要常怀一颗感恩的心。我为了感恩与报答养育我们的社会,我参加了宁国地区的"小红帽"慈善组织,积极参与做善事、献爱心的活动!

聂老师告诉我,胜利水泥厂的老职工们正在酝酿编写一本当年在胜利水泥厂生活与工作的回忆录,我听后心里也非常激动,我期待这本有意义的书早日编写完成,早日出版,我一定好好珍藏。感谢聂老师,感谢每一个编委成员,你们辛苦了!最后,我想再一次真诚地向胜利厂的老同事、老朋友说:"我杨浦欢迎你们来安徽宁国旅游,来老厂回访,我在山门洞等你们!"

回忆胜利水泥厂的后勤工作

原胜利水泥厂 徐敏敏

半年前的一个星期天,我儿子为了圆我一个魂牵梦绕的心愿,开车陪着我去宁国胜利水泥厂(简称胜利厂)回访,三十多年过去了,不知道我原来工作生活的地方变化如何。

我们的汽车直接停在胜利水泥厂大门口。曾经年轻人聚集的生活区已面目全非,曾经的职工食堂、职工宿舍、职工保健站等等,都成了杂草丛生的废墟。唯有一栋两层楼的建筑,当年的职工图书阅览室还孤独地伫立在那里,不知是它的幸运,还是它另有用处。它就像一个坐

作者徐敏敏

标,一座见证历史的纪念碑。面对眼前的废墟,残存的遗址,此时此刻,我感慨万千,国家建设的战略转移,现代化科技大发展,这里的一切已是沧海桑田,它是时代变迁留下的烙印。我站在大礼堂的旧址旁,这里曾经喧闹,曾经庄严,在激情岁月时期,是全厂政治宣传与文艺表演的场所,如今,也成了一片废墟……

噢!我还是先介绍一下自己吧。我叫徐敏敏,70年代初,我曾经在胜利厂一车间轧石机房工作,后由于后勤部负责人退休,我被厂部领导推荐,直接调

入后勤部工作。刚接手后勤部工作,我有点不知所措,不知从何入手,厂领导对我寄予厚望,希望我在新的工作岗位能有个好的开局。我到后勤部上班的当天下午,就召集后勤、食堂的骨干班组长开会,我必须了解后勤部的具体工作,然后才能深入细致地展开工作。简短的会议后,我首先对食堂的冷库进行货物盘点,及时清除了冷库内过了保质期的肉类食品。厂里有两个食堂,两个大冷库,冷库的容量有40吨,每天的正常消耗约为500斤。到了冬季,如果大雪封山一个月,我们食堂的伙食供应也丝毫不受影响,每日的新鲜蔬菜供应如常。每年11月初,我就会提前安排后勤人员到上海梅林食品厂采购大量真空包装的脱水蔬菜干。同时常备了许多可以储藏的蔬菜,如土豆、洋葱、海带干等等。民以食为天,我自从负责后勤工作后,深深感觉到食堂工作的重要性,它就像杂技演员走钢丝,必须全神贯注,丝毫不能懈怠,尤其是对食物食材的质量管控,我与厂保健站共同制订了严格的日常卫生检查、食材检测的规章制度。食堂是供应全厂职工伙食的重要部门,我最担心的问题就是食品安全。记得有一年,后方基地有一家企业,为欢度中秋佳节,厂里为改善职工伙食,特供应烤鸭,结果弄巧成拙,好事变坏事,发生了令人恐慌的食物中毒事件,全厂有两百多名职工急送往后方基地医院治疗,当时有两个驾驶员也上吐下泻,由于情况危急,驾驶员仍坚持开车送食物中毒的职工去医院,顺便把自己也送进了医院急诊。这起食物中毒事件,震惊了整个后方的小三线企业。为此,胜利厂厂部领导和后勤部、保健站一起制订了相关应急预案,职工保健站配备了相关药品。由于我们后勤工作坚持执行责任制,在我负责管理的几年里,没有发生一起食品安全事故。

  当年胜利厂黄泥山上有一个"五七"连队的小农场。这个袖珍小农场有个养猪场,当时圈养了300头猪,场内有15亩田,种植了各种蔬菜,平时向厂食堂补充副食品。农场内有7名职工,他们的日常工作就是喂猪种菜。我刚到后勤工作没几天,就有农场职工向我反映,300头猪养了几个月,体重停留在30斤左右,就停滞生长了,这些养不大的小猪胃口却很好,每日槽内三吨猪食哄抢而空,顷刻见底。我赶到养猪场仔细观察了半天,果断决定,这300头猪,每头30元卖给山门村附近的农民。然后,我联系了宣城畜牧局,重新购买了300头猪崽饲养,为这自作主张的卖猪崽事件,厂部收到了举报信,说我擅自做主,把养不大的僵猪病猪卖给当地老乡,坑害农民。为这事我专门写了一份卖猪与买猪的详细过程的报告。最后得到了领导的谅解。其实,我做这个决定是有科学依据的。原来我们的饲养方法不科学,这300头猪并没有科学地分类饲养,导致过早繁殖。这些小猪不分公母全部混养在一起,情窦初开的小公猪与小母猪每天兴高采烈,兴致勃勃。小公猪就像打了鸡血,在猪圈内有恃无恐地追逐小母猪,而那些原本矜持腼腆的小母猪们在小公猪勇往直前的轮番攻击下,无聊变有趣,小母猪也慢慢地乐意配合小公猪的缠绵。养猪场管理的失当与放任,让这些早熟的猪崽体能消耗殆尽,因而,拖延了它们的生长周期。

新买进猪崽后我们改进了饲养方法,那些小公猪长到稍大一点,还不懂风情,就采用小手术及时地对小公猪结扎。几个月后,那些没有遐想的猪崽很快长到一百多斤,每天出栏两只,供应厂里的食堂,让全厂职工品尝到新鲜的猪肉。至于那些被举报坑害农民的长不大的"僵猪",在这我也顺便说一下。那些猪进入了农民的猪圈,它就孤独一头,只能日复一日,吃了就睡,醒了再吃,没多久,身体恢复生长,农民还会投诉吗?

有一年中秋节后,厂部决定让后勤部门去采购700条稻草编织的床垫。那时,厂职工宿舍的床垫都是草垫,即保暖又能缓解木板床的坚硬,厂里决定为职工集体更换新草垫。于是,我们开着卡车赶到安徽宣城畜牧局。结果,当地百姓热情高涨,纷纷身背编好的草垫赶到收购点,5毛钱一条的草垫,一会儿工夫,就完成了700条的采购计划。但是,当地的农民还在不断涌入采购点,围着卡车的那些年轻的农村妇女,她们身背几个沉重的草垫,怀里还抱着在哭闹的孩子,她们的眼神透着一丝无助和期待。我站在车上不断地向她们解释,突然,卡车边上有几个拖儿带女的年轻妇女,用沪语喊了一句:"帮帮阿拉吧,师傅,阿拉编织了一天一夜的草垫,走了几十里山路。"我听到熟悉的沪语,顿时一愣,看着她们,我说:"咿?你们是上海人,哪能会在此地?"车下的妇女回道:"阿拉是插队到这里的上海知青,到此地已经安家落户好多年了。"听了这句话,我当时的心情一下子沉重如山,我不知如何回答,采购的任务已经完成,本应让驾驶员马上开车离开,此刻,我有点犹豫不决了,那些求助的眼光在我眼前不断地闪动,熟悉的家乡话在耳边响起,这让我很纠结,我内心震动很大,油然而生的同情,让我很难拒绝她们的诉求,那些刚二十出头的姑娘,背井离乡、远离父母,插队到穷乡僻壤的山区,她们疲惫不堪,缺少营养的脸色灰暗憔悴,她们和当地的农妇已经"打成一片",没什么区别了。如果没有熟练的沪语交流,她们就是土生土长的农家妇女。我没再犹豫,毅然选择了"帮帮她们"的想法。我站在车上大声喊道:"你们送来的草垫,我今天全部收下。"围栏边上的十多个神色焦虑的上海女知青们,此刻脸上露出了欣慰的笑容:"谢谢侬啊!谢谢师傅!"女知青们不约而同地感谢我们,她们的笑容瞬间灿烂如花,生活的磨难没有淹没她们纯真的感恩之心。此刻,她们如花的微笑在我的眼里却酿成了模糊的泪水,我隐约看到的是难言的苦涩一笑。我当时的情绪有点激动,我的怜悯之情不可阻挡地爆发了。我打定主意,决不食言,善解人意的驾驶员也默默配合我,认真地继续收购草垫,到下午5点,我们总共收购了1 800条草垫。深夜回到厂里,我连夜写下了采购草垫的整个过程。第二天,我把书写的报告上交厂部领导,这是一个难以拒绝的超额收购过程的报告,我没认为自己办了件愚蠢的错事,我也不会后悔。而随后发生的预料之外的事情,却让我超额收购的草垫成了"救猪命的稻草"。那一年的冬天特别早,临近年底,一波波的强冷空气夹着暴风雪席卷而来。养猪场的几百头猪在呼啸的寒风中冻得瑟瑟发抖,不停尖叫,如果不及时采取保温措施,这些猪很可能全部冻死,我当即向厂部请示,然后,快速用库存的草垫把猪圈全部包得密不透风,这是一场几十年一遇的超级寒流。胜利厂"五七"连队的养猪场却创造了奇迹,那个冬天,没有冻死一头猪。显然,那些自作主张超额收购的草垫发挥了非常大的作用,否则,寒流突袭,肯定会冻死许多猪,这样的损失才是让人无法接受的。超额收购的草垫能有这样圆满的结局,我感到很欣慰。这件事情虽然过去了很多年,今天我重新回想我那时在某些工作处理中,面对突发的事情,确实很容易感情用事,也许这是我个性中存在的某些弱点,我承认,有时候我做事确实有不按常理出牌的秉性,但是,我有一颗不忘追求完美事业的初心。草垫事件,证明了我的做事风格,果敢而又不乏人情味,而且有一个完美的结局。

  食堂的工作看似简单,只要把食物烧熟、烧透,职工吃了不犯病,就万事大吉了。我讨厌一成不变的工作方法,为了丰富职工的餐饮,我会鼓励食堂内部几个掌厨的师傅利用假期去饭店或者其他企业的食堂观摩学习,博采众长汲取经验,即提升了我们厨师的厨艺,同时又丰富了职工的伙食。

  搞后勤保障工作,与生产部门相比,看似很不起眼,而恰恰这不怎么光鲜耀眼的工作,必须每天做得完美无缺。"让领导放心"这句话,仅仅是一个鞭策自己更努力工作的口号,而"让职工真正满意"才是我工作动力的源泉与追求。

一名看火工的回忆

原胜利水泥厂 唐丁子

一晃离开安徽宁国胜利水泥厂（简称胜利厂）也有三十多年了。回忆三十年前在安徽宁国工作的经历，感慨万分，酸甜苦辣的记忆令人难以忘怀。当时工作分配是"听党话、跟党走"，党号召一定要把小三线建设好，作为一名有志青年，我服从分配进了宁国小三线企业胜利水泥厂。根据当时需要，我们厂生产的水泥主要供应小三线建设及附近

作者唐丁子

地区的当地企业。那时水泥是计划分配供应，我厂生产的水泥直接由上海市委统一分配，属于紧俏物资，供不应求。为了最大化地生产水泥，当时提出了"抓革命、促生产"的口号。我们厂也根据上海市委精神，提出"抓革命、促生产，努力学习党的一切方针政策。"促生产就是如何更近一步将水泥的产量和质量提高，实现效益最大化，在厂委的正确领导下，厂里号召全厂职工搞起了"增产、节约、增效"的活动。"增产、节约、增效"的主要工作落实在我们车间，水泥厂生产设备是"两磨一烧"。"两磨一烧"是指生料磨、水泥磨和回转窑。当时回转窑可比喻成人们的心脏，类似炼钢厂的炼钢炉要回转移动生产，其他各部门会协同配合起来，做到全厂一盘棋，做好"增产、节约、增效"活动。我

们二车间听从党委们指挥,支部召开了生产动员大会,然后根据车间指示落实到各个车间小组、工段、班组中,要宣传到每个职员,使每个员工知道"增产、节约、增效"的重要性,知道重要性就有了目标,有了目标就要落实。

我是一名看火工,看火工是生产一线的职工,看火工也是技术操作手,高温煅烧主要由看火工掌控,熟料质量好坏全掌握在看火工手里,而好的熟料是生产优质的水泥的基础。为创建一流,做好"增产、节约、增效",我们车间领导组织工程、技术人员商讨制定最佳操作工艺参数。我记得很清楚,为了进一步提高热能的利用,也就是节能减排工作,我们车间有个同济大学毕业的大学生,为了提高厂的产能效益,对回转窑的链条进行了改进,改进的结果是将窑的热能吸收面积扩大,同时窑尾废气中的粉尘最大化的回收利用,做到了效益最大化,这项改进工作我是体会最深的。为了充分发挥煤的燃烧热能,工程技术人员还制定了最佳工艺参数。通过一系列的改进和优化,我们不仅改善了环境,还节约了成本,增加了产量。

窑内延长转窑周期是增产、节能最好的措施,为了延长回转窑周期,我们看火工就要精心操作,三班保一窑。要做到三班保一窑,首先要求看火工要有过硬的技术和熟练的操作。因此,看火工必须认真学习书本上的知识,翻阅有关技术书籍武装自己。另外,有车间工程技术人员给看火工上技术课,通过一系列活动提高看火工的技术。班组也加强看火工的日常培训,让看火工做到勤看火、勤观察、勤检查,将事故隐患消灭在萌芽之中。通过努力,我们做到了一年修理计划三次减为二次修理或一次修理,成本不断降低,产量不断提高,这项措施使胜利厂职工收入都有所提高。

另外,如何更进一步提高水泥质量,车间开展了劳动竞赛,劳动竞赛是将每天生产的产量指标分到每个班组,包括看火工,由车间统计员每天将产品产量写到黑板上,使每个班组、看火工,一目了然,差距显出来了。为了互相竞争,每个看火工都有了很强的责任感,不断找差距,互相帮助、互相学习,每月召开交流会。通过学习、交流、互助,使每个看火工都在操作中发挥出了最佳状态。通过劳动竞赛,我厂的产量不断提升,质量也明显提高,我厂生产的熟料质量在当时的水泥行业中名列前茅,同行提到上海胜利厂生产的水泥标号都不由地认同或赞许。我记得当时全国生产高标号水泥的只有几家。全国三线建设需要用高标号水泥,任务落实到了我们厂里,为做好动员,上下级都开了会,说明了工作的重要性。通过各部门的努力,我们光荣地完成了这项任务。

回忆在安徽宁国胜利水泥厂的这段岁月,有快乐,也有艰辛。离家太远,来回不便,交通落后,这些我们都能克服。但遇到雨季,山里便会下大暴雨,大暴雨过后会发大洪水,洪水的到来,会使厂里到处都是积水,给生活带来很多不便。冬天,每年都下雪,大雪之后,道路结冰,遇上封山,吃住条件都会很艰苦。夏天,天气炎热、蚊子叮咬都不算什么,最怕的是大热天宿舍没有一台风扇,我们热得没办法,只能多洗几次澡来降温。我们窑上工作是三班倒,加上窑上高温,有些同志真的吃不消,那痛苦只有在窑上工作过的职工才深有体会。但山里的艰苦,锻炼了我们的意志,培养了我们吃苦耐劳的品格,这为今后回上海工作,积累了宝贵的财富。且以后遇见其他困难,我们都能理性对待。人经过磨炼,才知当下生活之美好,回忆是财富,也是资本。我怀念在安徽宁国胜利厂的日子,感谢那段时光,让我好好珍惜当下生活,健康快乐地过好每一天。

忆一次从宁国到屯溪的拉练

原胜利水泥厂　郭亨文

作者郭亨文

1973年初，厂里组织拉练。拉练队伍以大学生和中专生为主，每30人组成一个排，自带炊事班。拉练队伍由军宣队和工宣队带队，步行约140公里到屯溪，预计历时一个月。

出发前我们每人斜背了一条白布袋，里面装了5斤炒麦粉充饥。我们穿的矿山工作服较别致，头戴蓝色披风帽，上身是黑色中装棉袄带阔皮带，下身白色帆布裤绑上山袜草鞋，棉被、水壶随身带。当时规定不准走公路，我们手持红旗，浩浩荡荡，冒雨从离宁国中心17公里的厂区出发，沿着蜿蜒崎岖的山道行军。我们翻山越岭，遇到湍急的溪流时，男背女，赤脚趟过去，真是"雨中行军情更迫，满怀壮志练脚板"。

一到宿营地，我们个个又冷又饿，柴火湿，饭夹生，就吃酱菜拌泡饭。难为炊事班的战友了，他们除了要背自己的背包外，还要背锅碗瓢盆，到宿营地要安排住宿和伙食，甚是辛苦。就这样，在风雨交加中，在烈日当空下，在阴雨绵绵时，我们擎旗高歌行军在皖南山区蜿蜒崎岖的古道上。甲路、胡乐司、绩溪、歙县、岩寺等地都已在我们身后。

皖南山区梯田层层、群山连绵，加之黛青色起伏的山峦、白墙黑瓦的徽派建筑、清澈的池塘、古桥牌坊、青石板路边的店铺街坊，这些原生态的美，给我们留下了深刻的印象。

一路上，口袋里的伊拉克蜜枣让我们既解馋又补充能量。在田野中行军中偶尔能遇见红波厂的拉练队伍，大家激动腾跃，挥舞红旗，呼喊致意。最难忘的是在公路夜行军。天空漆黑一片，伸手不见五指，只有远处星星点点的灯火，四周田野一片寂静，只听见沙沙的行军声和偶尔的咳嗽声，有人边走边犯瞌睡，凌晨2点队伍到达胡乐，当天已行军80里，我们入宿民房，睡在稻草上，一觉醒来，只见房梁上窜过好几只老鼠，真是吓人。

一次队伍冒雨爬山，山陡峭，路湿滑，旁边是深渊，大家小心翼翼，手脚并用，相互照应，终于爬上了山顶。雨停了，只见烟雨濛濛，云雾袅袅，远处白云绕群山，山下村落、牌坊、梯田、小桥，显得格外清晰，一位美校的同学在队伍后面，看到身披着五颜六色塑料雨披，行进在蜿蜒陡峭山间的队伍，在绿荫丛中时隐时现，美极了，情不自禁地冒雨速写。

山顶上只有一户人家，此时我们的衣服早已湿透，风吹过浑身哆嗦，又冷又饿，只得吃一口炒麦粉喝一口路边的山泉。在到达离屯溪4公里的新安江边的养蜂场后，队伍在那里休整了3天。休整期间，万里晴空，阳光灿烂。我们漫步江边，远眺江阔水清，白云蓝天，鸟翔鱼跃，江中白帆点点，极目徽天舒；近观绿荫丛中的古桥溪流、徽派古村落、古牌坊祠堂，几多古韵扑面而来。如此美景，只见美校的同学正全神贯注速写。

我们游览了屯溪老街，青石板路两旁的徽派建筑高大深邃。店堂古色古香，摆设和招牌都给人一种厚实悠久的历史感和浓郁的徽商文化气息。三天后，后方各厂的拉练队伍赶到培新汽车制造厂，举行万人会师大会。当天，人山人海，红旗招展，人声鼎沸，群情激昂，口号声响彻整个汽车装配车间。会师后，我们顺公路返回，经过歙县，领略了古徽州府历史的厚重和精美的徽派古建筑。拉练虽然结束了，但皖南山区的秀丽风景，原生态自然景象深深地吸引着我，回沪后，我多次来皖南（黄山）摄影采风，并写了《重返徽州游故地　徽派建筑多古韵》的短文，以追忆我的青春年华。

我们的车队叫683

原683场 张永斌

1974年5月间,接上级指令,由我们683运输团组织一支小分队,负责从山西太原运送一批重要部件到安徽贵池的前进机械厂和胜利水泥厂。

小分队全体同志合影,前排左四为本文作者张永斌(1974年5月)

当时，由683运输团团长苏传智亲自组织，亲自带队，从原贵池683-4连和泾县683-5连抽调21辆解放牌卡车（其中一辆为后勤保障车），配备近30名精兵强将，包括驾驶员、修理工、安全员、领队等组成小分队，以半军事化形式成立指挥通讯小组、驾驶小组、后勤保障小组，由安徽出发经蚌埠，过河南商丘、郑州、焦作至山西晋城、高平，直达太原，装载部件后再原路返回。

途中为了节省时间，采用集中就餐，在蒙城区域一处荒地上，我们小分队就地挖灶，用后勤保障车带的大米、酱菜，自制午餐充饥，用后及时赶路。沿途我们小分队跋山涉水，两次翻越太行山脉，在海拔1 600米的山路上，碾过泥泞的沙石路，单程绕过268个盘山弯道，登上五六层楼高的险道，闯过古战场孟门关，其艰难程度可想而知。

尤其是在装载部件返回到安徽途中，在合肥区域突遇暴风骤雨，整个车队夜间无法前进，大家想方设法绕道慢行，当时没有手机，更没有导航设备，仅凭对讲机在雨中前后联系，硬是在摸索中安全到达了安庆，由安庆摆渡至贵池地界，圆满完成了运输任务。

理 发

原683场　罗文生

作者罗文生

上海683场主要承担上海小三线各单位基建所需的建筑材料,生产、生活用煤,生产产品的运输。但我们还注重和当地政府、老乡、驻军搞好关系,尽力为他们排忧解难。

一天,驻扎在云岭的解放军的某团,要进行营房改造,急需大批红砖,由于时间紧,当地政府抽调不出车辆,就求助我们683场,场领导毫不犹豫地答应下来,但是抽不出第一线的驾驶员,怎么办?于是他们就从科室、车间和其他人员中抽调有驾照且有经验的同志去完成这项任务。最后经过大家努力,任务顺利完成。

有趣的是其间有个插曲,有位参加这次任务的同志头发较长,被部队的团长看到了,就命令一位会理发的战士立即给这位同志理发。但是我们这位同志觉得不好意思,就对团长说:"现在时间紧、任务重,等完成任务再回单位去理发。"团长说:"不行!挺俊俏的小伙子留长头发有损形象。"这位驾驶员就说:"谢谢!"说完就想溜,那位团长见此,立即命令战士去追。

这位战士绕着小路赶到前面拦住车辆,边敬礼边说:"这是团长的命令,军令如山倒,您必须服从!"驾驶员只好对战士说:"等我装完货回来再理。"结果回来后理好了头发才了事,团长在旁说:"这才对嘛,挺俊俏的小伙子,姑娘看了会爱上你。"说完就哈哈大笑起来。

两个搪瓷碗

原683场　徐亚平

作者徐亚平

我的小三线记忆还得从手里的两个搪瓷碗说起……

1975年12月26日是我进山到旌德驾驶员培训班的日子,当时发给我们每人两个搪瓷碗,但这两个用破损后扔掉了,接下来的两个搪瓷碗是1976年到绩溪二车队后发给我的。这两个碗我至今还保留着,因为这两个碗跟随我好多年,曾盛过一百多位食堂厨师的饭菜,特别有感情。

在二车队,我开的是683-249号解放牌液压倾卸车,由于我们车队是为皖南地区的上海小三线单位服务的,小三线单位的基建、生产资料、生活用品(煤等)都是我们683车队运输的,所以我开车跑遍了绩溪地区的各个小三线单位。

因为当时我们683场的饭菜票在所有上海小三线单位是通用的,这两个碗也随我进出了几十家小三线单位的食堂,每个单位食堂都打过饭,盛过不同单位厨师烧的大小锅菜,要算起来肯定有一百多位厨师的美食装进过这两个碗。

每天出车时,我必将碗洗干净,然后将碗放进塑料袋,再装进布袋,然后再把它放在工具挎包里。在碗与工具之间垫上块厚厚的抹布防震,最后将挎包放在驾驶员座位的背后。

我跑得最多的是绩溪地区的四家小三线厂：光明厂、燎原厂、光辉厂和万里厂。他们基建用的大石块、黄沙、石子、水泥等几乎天天由我们车队运输。离我们车队很近的红星板箱厂、利民厂、后方260通信站绩溪分站，也会让我们帮忙运输木材、砖块等，遇到就餐时间也就在这些单位吃饭了。

我的两个搪瓷碗

我也在绩溪的瑞金医院、旌德的古田医院吃过午饭。其他诸如练江牧场、黄山茶林场、军天湖农场的食堂我也吃过。雀岭地区的一家小三线厂食堂的菜烧得非常可口，让我印象深刻，可惜我忘了厂名。

我在683场泾县场部、宁国一车队、广德县祠山岗休息加油站、芜湖市煤场683休息站、二车队休宁县休息站等本系统内单位的食堂也都用这两个碗用餐。

到了1981年，这两个搪瓷碗又随我来到了上海金山石化总厂，伴随着我在新的683车队建设石化二期工程。随后又随我到过龙吴路683办事处、永兴路长途公司、潭子湾路长途货运三站、场中路长途货运七站，在这些单位，我依然使用着这两个碗。

对我来讲，这看似不起眼的搪瓷碗却是伴我几十年的老物件，它盛过百家饭菜，融入了我对小三线岁月深深的感情，也承载着我的青春年华。那种怀念和记忆是永恒难忘的，是没有经历过的人难以理解的，特别值得珍藏。

这正是：

车轮滚滚走皖南，满载货物跑各家，
出门常带两个碗，吃了东家又西家，
三线建设铭心上，青春岁月最美好。

1979年,红波厂的那场传染病

原红波设备厂 奚莺娅

1979年春夏之交,红波设备厂(简称红波厂)里许多职工都莫名其妙地突然腹泻,有的还伴有呕吐、发烧,晏公镇上的卫生院容纳不下那么多病人,许多人随后住到了当地的煤矿医院。随着病情的发展,厂里的单身宿舍底楼也全部用作临时病房了。我不幸也染上了,很清楚地记得两小时里拉了12次,人

1978年在黄山的留影(前坐者为本文作者奚莺娅)

浑身无力还发起了烧。

紧急情况下,厂领导及时上报,上海邮电医院火速派出医疗队进山,迅速抑制了传染病的蔓延并治愈了患者。事后统计发现患病的小青年居多,老职工基本安然无恙。

面对突如其来的病情,全厂职工犹如一个大家庭,关键岗位都有人及时顶上去。赵五瑞、张沪生、王翠清、陈美华等许多人勇敢地站了出来,去煤矿医院和镇卫生院当志愿者,守护在病人身旁,替他们端屎倒尿,吊瓶快滴完时通知护士……小青年们平时一日三餐都是吃食堂的,肠胃经一番闹腾后最想吃的是热粥。老职工徐良凤想到了这一点,她烧了几大锅碱水粥,还拿出了自己家里的酱菜等给刚好转的员工们吃。记得小青年任天玲从上海带回的一听肉松一直没舍得吃,这次也贡献出来让大家分享。一点一滴的细微小事折射出了温馨与关爱,让远离家人的我备感这个世界的纯真与美好。

这虽然是四十多年前的往事,但现在想起来还是非常暖心,关键时刻总会有人不顾个人安危挺身而出。

(奚莺娅,1975年12月进山,1980年12月回到上海)

西坑缘,红波情

原红波设备厂 任天玲

在我的记忆里,皖南山区的冬天很冷很冷……

我是1975年底技校毕业,分配到安徽泾县红波设备厂的。还记得在第二年的冬天,有几天的雪下得非常大,住的宿舍又朝北,半夜里我被冻醒,被窝里没一点热气,床底下就像有一台电扇,冷风呼啸着直灌被窝。我几次忍住寒

本文作者任天玲留影于1977年

冷,从被窝里爬起,点上煤油炉子烧水灌热水袋,放进被窝,用不了多久,热水袋就凉了,而我的双脚从来就没有热过。

就这样,躺下、起床烧水灌热水袋、再躺下……一个夜里来回折腾数次。我冻得瑟瑟发抖,那时真盼着时针快快走,盼着黑夜快快过去。好不容易熬到凌晨4点多,我干脆起床出门,外面白茫茫的一片,我深一脚浅一脚地踏着晨雪,哆嗦着来到食堂,食堂师傅已经上班,我赶紧借用食堂的铁锹扫把,在食堂门前铲起了雪,没想到这样一动,浑身开始热了起来……

现在回忆起来,当时的雪景其实很美,满山遍野被雪覆盖着,仿佛走进一个银装素裹的世界。但那时的我,只感觉寒冷,根本无暇去欣赏身边大自然的美景。

熬过了冬天,春天悄悄地来到了我们身边。放眼望去,绿色裹满山坡,竹叶青青随风摇曳,还有那杜鹃花开映红了山坡,好一个花儿争艳,鸟儿争鸣,春光无限好的季节。这可乐坏了我们这些小伙伴,大家利用起休息日,相邀去爬山。我们那里应该算是丘陵地带吧,到了山顶后发现山头一个连一个,山顶上的路宽宽的,我们沿着一个山头向另一个山头跑去,一簇簇、一片片的映山红映红了山坡,甭提有多美了! 一起爬山的小伙伴,有的诗兴大发,有的唱起了山歌,还有的拿起自己的手绢在山顶上找一棵树扎上……开心得"乐不思蜀"。

离开西坑28年后我们自发组织了第一次故地重游,当大巴驶入安徽泾县晏公小镇时,呈现在眼前的就是经常出现在梦中、难以忘怀的那条通往厂区、宿舍区的山坡道,年轻时就听老职工说过,从晏公镇到厂区,它的"海拔"相当于上海的国际饭店那么高,当年在这里工作生活的五年时间里,经常要走这条依山小道,那天又看见了它,那激动的心情难以言表……最后我们一致要求司机把车停下,下车一起沿着这条曾经走过多年的"红波大道"向前迈进。

我之后又陆续去了两次,每次都有不同的感受。非常庆幸人生中有这一段经历,感恩时代赋予了我们这些人在那个年代的特殊使命。红波人的情永系西坑的山沟沟……

(任天玲,1975年12月进山,1980年12月回到上海)

真正的拉练

原红波设备厂　李守仁

作者李守仁

45年前,我在红波厂里,目睹了一次真正大规模的部队实战拉练。那是1975年,根据中央指示,各地方军区部队纷纷举行拉练训练。芜湖军区大部队在皖南地区拉练,途经晏公镇暂时驻扎休整,基层部队战士全部借住晏公民房休息。

那时我已结婚,住在新二层楼后面那排,同住那排的还有潘志卿、王中奇、黄全根、王福康、沈大勇等夫妻。由于一群上海青工还没进厂,所以前面那排两层楼是空着的。部队看中了这地方,借这楼作为指挥部,通讯兵沿着西坑山沟从镇上拉来了电话线,一些部队首长就住在楼上。围墙门口及那栋楼梯口各有两名荷枪实弹的战士站岗,我们进出都要受到盘问。那几天楼附近进进出出的都是五星帽徽红旗领章四口袋的威武军人。

那天我去饭堂泡开水,只见部队在饭堂开大会,我好奇地张望一下,只见墙上面挂着一大张地图,一群首长都坐在下面听,上面讲话的是多大官我就不知道了。看到有卫兵过来,我赶紧识相地离开。

部队在我厂待了有十来天,渐渐跟厂里职工熟悉了。那天中午,我在食堂看见炊事兵把固体燃气灶放在空地上烧菜,边上用围栏网着好几只鸡。那炊事兵竟是上海人,因为人聪明又能烧一手好菜,特让他给首长做饭,他告诉我这些鸡是拉练时随车带着的,随吃随杀。

1980年我所在的红波设备厂停产,全厂人员全部撤回上海,安置在邮电系统的各单位。厂房等设施借给泾县,改名为"泾川山庄",作为文化活动场所。1985年正式移交当地政府,红波设备厂就此结束了光荣的一生。

红波设备厂女民兵(1977年)

(李守仁,1969年上海邮电中专毕业,1970年分配到红波厂,主要从事电报系统设备的开发工作,1980年回到上海。回沪后在上海电信设备厂技术科从事电报设备产品的电路生产工艺开发工作,1985年以后一直从事产品电路设计工作)

皖南记事

原红波设备厂　邵志刚

进山

1970年9月，上海还处盛夏之际，我们一群来自市内电话局、长途电信局的支内职工，在上海邮电管理局门口，经邮电军管会及管理局领导欢送，就集体乘上大客车，向皖南山区进发。

汽车经广德以后，就渐渐进入了山区，对于我这种从未离开过大城市的上海青年而言，望着沿途青山绵绵，绿水潺潺，一路充满了好奇。

汽车在宁国、胡乐相继放下了这两个站的职工，车内显得空旷起来。车到绩溪，已是傍晚时分。

绩溪分站领导把我们引到新建的通讯站里，安顿下来后，天已全黑了。两边的山黑黝黝地已完全看不清了，天黑沉沉地同山融为一体，初次入山，一切都显得那么神秘。

新建的通讯站里有一栋二层小楼，楼上即是我们的宿舍，后来才知楼下是通讯站机房。

作者邵志刚1975年拍摄于皖南山道公路边

我环视我的宿舍，一张单人木床，一张旧的写字桌和一把椅子，很简陋。房子刚刚造好，一切都是新的。石砌的厚墙，房间内新糊的石灰还是软软的，弥漫着一股石灰味。

我们通讯站是由市建四公司承建，各个通讯站都是同一套建筑图纸，依山而建，因此规格布局完全相同。

今后，这里就是我的新工作单位，260通讯站绩溪分站，对外只用代号260。我躺在单人床上，很久才进入梦乡。

电影

在皖南的山沟里，每个月几乎都有几场电影可看，放映队来自上海后方基地管理局。为了丰富后方小三线各厂的文化生活，放映队每天轮流到各厂去放映电影。他们每天工作到深夜，第二天又要赶到下一个厂，也很辛苦！

在绩溪时，由于我们通讯站是小单位，因此，凡卫海厂放电影的日子，我们也得到通知。

卫海厂有一个大食堂，放电影时，一块大银幕挂在墙上，整个食堂就成了电影院，黑压压的观众，不用在乎外面刮风下雨，卫海厂的大食堂，真正成了山沟里的"电影院"。总之，在卫海厂看电影还是比较"享受"的。

后来，我由于工作需要，调到泾县的红波厂，此后如遇到时新的电影，领导会预估到四周村庄会来很多老乡，而红波厂的食堂不能容纳很多观众，为了安全，大多数情况下就只能看露天电影了。

而看露天电影就比较辛苦，尤其是在冬天，冻得人真受不了。

记得有一次放映越剧《红楼梦》，这是一部新上映的电影，享誉全国！考虑到放映时职工老乡一起来，人肯定很多，厂里决定在露天球场放映。

下班以后，厂里职工把椅子、板凳早早放在球场上，各式椅子高高低低，占据了球场中间位置。当时正是12月，天虽还未到严寒，但晚上已经很冷。待电影放映时，职工们及家属都穿上厚厚的棉衣，整个身子裹得严严实实。晚上实在太冷，再加上山沟里特有的晚霜也降了下来，看电影时，呼出的气也有点白色了。周围的老乡，也穿了很厚的衣服，他们同职工一起看电影，四周远近的村庄相约而来很多老乡，有些老乡已同职工熟识成为朋友，自有预留位置一同坐着看电影,但大部分老乡来自远近不同的山村,他们把整个露天电影场围得水泄不通。山沟里的夜是很冷的,但大家看电影的热情很高,已不在乎天冷了。

一场电影放完,已是午夜时分。喧闹的人群逐渐散去,此时,幽黑的山道上全是回家的人,有职工,也有老乡,山路上一群一群的星星点点的手电筒灯光,一闪一闪地照在山路上,远远看去,像一条缓慢移动的星龙,蜿蜒在山路上,渐行渐远,直到拐过山脚,才不见了。

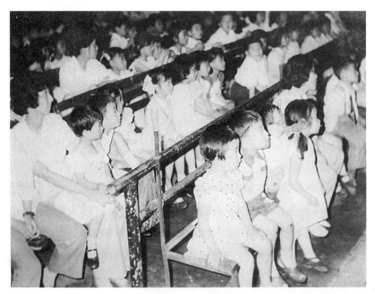

卫海厂食堂观看电影的老照片,拍摄于1983年

夜读

在山沟里的生活,白天忙于工作,还是比较充实,但到了晚上,当时通讯站也没有电视,显得很空闲,此时,难免有思乡情绪漫上心头。于是,我就只能用看书学习来打发时间。因此,在晚上夜读,已成为通讯站里青年度过夜间空闲时间的好方法,成了一道风景线。

有一次晚上,我照例关上房间日光灯,打开桌上的台灯,翻开从上海带来的书,开始夜读。

晚上的宿舍往往很静,窗外的山风吹起阵阵林涛,桌上的台灯射出的光照在书上,四周暗暗的,此情此景很适宜晚上学习。

这天,我正同往常一样,在桌前看书,忽然觉得右小腿上有一种痒痒的感觉,好像有什么东正顺着腿往上爬,我一惊,赶紧站起来,随手打开日光灯,然后使劲跺右脚,没有几下,一条赤黑的大蜈蚣扭动着身子从裤腿里跌落出来,我连忙用扫帚把它打死,一量足有十五厘米。

山里的宿舍常有大蜈蚣出没,有时蜈蚣也会从屋顶上掉下来,跌到蚊帐上。更多的是在山路边、草丛间,石头缝里时常能看到大蜈蚣出没。不过,那次夜读,这条蜈蚣竟异想天开爬到我裤腿里,实在想不到,也有点后怕。

山火

通讯站依山而建,入沟而藏,是后方小三线的重要通讯枢纽,一般外人是不可以进站的,但由于附近洪富村老乡要到山里来砍柴伐薪,所以还是有老乡进山沟来劳作,而与他们彼此熟识,这也是减少同当地矛盾,搞好团结的一个举措。

一次,正逢星期天,我们都在站里休息,突然发现机房后面的山上起了大火。只见山火顺风往山上烧去,一烧一大片,火势很大!

由于事发地正在我们站边的山上,我们站里的几个青年(其中有女青年)都奋不顾身往山上冲去。当时,也没有经验,手里啥也没有,只知道去山上救火!我们沿着老乡放柴下山的滑道往火场冲去。滑道很陡,只有手脚并用才能爬上去。

到了火场,我们才发现根本救不了火,一则无工具,二则山火顺坡往山头烧去,我们在下面,也无啥可救,只能把还在冒烟的余烬用脚踩灭,把一些有残火的矮枝折下后弄灭,但对于上面的火根本无计可施。此时火势依然很大,一线排开,往山头烧去,一直烧到山顶,因山顶已无物可烧,山火才自动熄灭。

在山上时,常有很小的碳粒随风飘落进鞋里,很烫,要不及时把它倒出来,怕是鞋袜都得遭殃。

在往山上冲时,碰到一位洪富村老乡,他一脸惊慌往下走,问他才知是他吸烟不小心引着山火。山上的枯枝残叶堆积很厚,吸烟非常容易引起山火。

这次山火就是该老乡吸烟所致。后来听说绩溪城关派出所来人把该老乡叫去关了两天。

实际上，像这种山火发生以后，当地老乡往往不去山上去救火，因山火猛烈，如果迎火而上很危险，而像我们这样在火尾下面，也根本救不了火。所以，本地老乡如无人组织基本听任山火烧，烧到山头没有树了，火自然熄了，如果再降一场雨就更好了。所以这次山火，当地老乡无人上山救火。但是，我们三线厂青年工人都有一种纯朴的觉悟，只知道山火起来，要及时扑救，因此，不但我站有近十位青年职工往山上冲，就连卫海厂也有一批青年职工赶到站里，往山上救火。

待我满面尘烟从山上下来后，正巧光明厂的救火队伍也来到站里，他们是光明厂的消防队员，装备很好，个个英气豪迈！见到我刚从火场下来，只听见领队一声口令，近十位救火队员个个立正，领队跑过来，说他们是光明厂来的，询问山上情况。我据实回答，火已烧到山头，已无东西可烧，火已自灭。光明厂的同志到我们这里来救火，车子要开很长时间，可见，小三线各厂的同志觉悟都是很高的！

后记

我们后方通讯站隶属于上海邮电管理局，由后方基地管理局管理，有六个分站一个厂，即宁国、胡乐、绩溪、旌德、贵池、东至等分站，以后又增加了屯溪机房和一个厂（即红波设备厂），所有这些单位都属后方通信站党总支领导，因此，其间人员的工作调动是很平常的事。我即在1975年因工作需要，由绩溪分站调往红波厂。

几十年的岁月，已物是人非，回首以往，皖南的琐事渐已淡忘，然而每临夜静月明之际，却依然会偶尔记起一些零星的皖南旧事。尤其是最近两年曾到绩溪分站及泾县红波厂探旧寻梦，虽然两处地方已是残垣断壁，杂草丛生，但这里曾是我工作、生活过的地方，我们在这里贡献了青春，有着不可磨灭的记忆。这也是人生长河中不时掀起的几朵浪花！在皖南的生涯，也是浮生一世不可多得的宝贵财富！

追思以往，不由得写下小诗一组。

皖南抒怀
修竹满坡起翠烟，
杜鹃烂漫映山田。
清溪欢跃迎新客，
最忆皖南四月天。

绩溪寻梦
绿雾翠烟石径斜，
轻盈红伞步苔花。
休言沟静屋空破，
寻梦绩溪探旧家。

泾县红波
林间布谷唱春歌，
梦里相思游泾河。
山道弯弯篁竹碧，
山花开处泛红波。

那一年我们抗洪救灾

原朝阳器材厂 赵 杰

作者赵杰

采访人员简介：

王妙才：朝阳厂厂长，厂党总支副书记；

黄瑞鹏：朝阳厂计划供应科副科长；

杨宝康：朝阳厂动力机修组生产组长，厂工会委员；

王建国：朝阳厂产品车间磨床组工会组长；

赵杰：朝阳厂团总支书记。

1982年夏天，我们朝阳器材厂（简称朝阳厂）以及整个皖南地区遭受百年不遇的洪水灾害。朝阳厂的干部群众经受了严峻的考验！

那天，清澈见底流水潺潺的当地母亲河阊江，一夜间暴涨漫岸。汹涌激流中，逐浪漂浮的树根木排撞倒了岸边的高压电线杆，断线处冒出一片火花，然后四周一片漆黑。有个老乡去江边捞木头，结果被洪水卷走了。

暴雨倾盆，江水猛涨，车间进水，家属区遭淹，房屋倒塌。供电中断，自来水中断，交通中断，通讯中断……情况十分危急！

王妙才：那天下午，各级干部根据以往经验，都已组织职工实施抗洪救灾工作，在各个底层工作场所用泥沙麻袋和木板筑坝来堵截洪水。但洪水涨得

方棚间和发电机房,当年洪灾时,这个"神经中枢"在维持生产和生活方面发挥了重要作用

太快,金工车间、热处理车间的部分机床设备下部还是泡水了。大家又赶紧转移产品及生产物资。党总支书记兼厂长宋振源同志召开厂级干部会议,明确各厂级干部在抗洪救灾工作中的分工:宋振源同志总抓全局;徐序发同志主抓厂内这一块;王妙才、周鸿泉两位同志主抓家属生活区这一块。同时明确并强调了各中层以上干部在各自所辖部门抗洪救灾工作中的职责。

王建国:周鸿泉副厂长赶去家属生活区落实工作,半路一根高压线断裂,断线冒着火花甩下来,差点碰到老周。好危险!老周躲过一劫。如果这个带电高压线落入水中,那是性命攸关的大事!

杨宝康:供应自来水的打水间在闽江边,地势很低。洪水泛滥,它必是首当其冲。我原本在进水的车间里拆卸马达。晚饭后接到去紧急拆卸打水间设备的任务,就与电工王炳法等人赶到打水间准备拆卸设备。打水间师傅帮忙一起先弯着腰拆地脚螺丝,再用"葫芦吊"吊起水泵,后又硬是用杠棒将这大家伙抬起,转移到漫不到水的高地。当水泵吊起时洪水已涨到半扇门那么高。我们浑身湿透,上半身是汗水,下半身是洪水。洪水退去之后,我们又第一时间抢装归位,确保生活和生产的需要。

办公大楼前的小桥,当年山洪暴发时连桥栏都已淹没

赵杰:那天夜半我赶去广播室叫醒职工抗洪救灾并告知安全事项。我住在托儿所后面,那里人称"夹皮沟",地势比较低。拉开宿舍门我吃了一惊,外面汪洋一片,道路和农田都不见了。发电机轰鸣呻吟,路灯昏暗忽闪。雨倾盆,水湍急,伞无用。我找了根拖把柄,拄着棍沿着路边建筑的墙边或者以电杆树木为路标涉水探索前进。脚下似有一股邪力在推我,走路不大稳当。尤其是过办公楼前那座跨溪小桥时,我被漫过桥栏汹涌而来的洪水冲得差点站不住,幸亏拄了根棍。当时真有点害怕。心想,若在这里被冲下去,我便永远失踪了。

王妙才:我和周鸿泉副厂长负责家属生活区这一块。家属公房是依山势自下而上一排排梯次建造的,"干打垒"房子的石头基础只有一米高,经不起洪水浸泡。我赶到那里时已有48户人家进水了,水位高达60厘米,大家正在自救。我招呼大家不要慌乱,相信集体相信组织,强调听从指挥有秩序行动。然后我和周鸿泉现场进行了抢险救灾的工作动员和安排。夜间一片漆黑,职工们打着手电筒提着煤油灯与洪水比速度,互相帮助把受灾家庭的贵重物品和生活物资抢出来,转移到地势较高的职工家里。

赵杰：朝阳厂经历过多次洪水灾害。但这场洪水来势凶猛，让人措手不及。刚开始进水时，受灾职工把怕水的东西移放到床上和凳椅上，家门口筑个挡水小坝。随着水位快速上涨，床上叠桌子，五斗柜上叠凳子，人只能站在凳子上转移东西，最后只能转移到大橱顶上。实在没地方搁置了，只能放弃衣裤被褥等，任其泡在水中。有的人家把小孩子放在木盆里。

黄瑞鹏：洪水越涨越高，已过胸口，眼看就会有房屋倒塌的危险。领导指示：坚决撤离！生命安全第一！当时有一位职工在二楼公房里守着他的电视机不肯撤离。王妙才、我还有周卫平、严志祥等四个水性较好的人，冒着危险推着一只长腰大木盆游水从二楼窗口翻进去，连劝带拽地将他拖出窗门口，坐着大木盆抱着电视机护送到安全地带。

王妙才：在洪水刚刚退下一点点时，就听到"轰"的一声，底楼内墙坍塌了。有一户四口之家，儿子情急不听劝阻，硬要从二楼窗口翻进去拿出家电和值钱的东西。几个青工兄弟立刻强行拽住制止他的莽撞危险行为。同时用原木支撑好倾斜的二楼地板，稳固后帮他取出了部分财物。

杨宝康：我最感动的是我的老父亲杨兆根。他是来我这里探亲的。洪水泛滥那天，他毫不犹豫加入抢险救灾行列，一件件一次次来回奔波搬运东西，帮助受灾的人家尽量减少损失。

王妙才：阊江对岸山坡边，有我厂两位职工的自建家属房，也是"干打垒"，石头基础只有我厂的一半高，很危险。有人看见他们在向我们这边招手求助。我赶紧派中层干部陈志明带领十几个人冲过被洪水涌得摇晃摆动的江桥，帮助他们把家属自种自收的稻谷安全转移到高地，避免了损失。

王建国：我看到王妙才副厂长背着职工转移到高地；周鸿泉付副厂长忙着统筹解决受灾户的食宿问题；徐序发副厂长带领车间干部群众抗洪排涝恢复生产。

天亮时分，洪止水退。安排好厂内抗洪救灾工作的宋振源书记来到家属生活区，探访了48户受灾家庭后，召开在场中层以上干部会议，了解情况商讨布置后续工作。他还向在场的职工通报灾情鼓舞士气，大家人心稳，信心强，决心更坚定了。

王妙才：就在前一天深夜，老宋与我沿阊江边公路来来回回边走边商讨救灾工作。当时后续工作最要紧的是压缩办公及仓储场所，腾出房屋让受灾

2018年5月,朝阳厂都已退休的百余位职工赴祁门开展探乡之旅,背景为原厂办公大楼

的48户家庭临时入住过渡。还有就是确保供电供水,尽快恢复生产,降低灾害带来的损失。

王妙才:洪水刚退,我们就组织人员抢修高压线路。在祁门供电所和当地驻军部队协助下,经过十天努力抢通了高压线路,电力供应恢复正常。

杨宝康:当时的口号是"抓救灾,促生产"。洪水退去后我们动力科全力以赴修复进水设备,保证供电供水。三天后,产品车间恢复生产,还完成了当月生产任务。

王建国:洪灾过后,篮球场等处到处晒满了洗刷过的衣被家具生活用品,像个难民营。那也是不得已而为之,大家都谅解。木工间帮助修复了损毁的家具,厂工会按三个受灾等级进行了补助。职工之间的支助帮困更是踊跃。领导有方,百姓同心,真可以说是众志成城。

王妙才:事后,我们受到了后方基地管理局以及后方仪电公司的表扬和支持,上级还批准我们新建三千多平方米的新公房。不到两年,受灾家庭就全部搬进了新公房。

惊心动魄,灾过天晴。这场洪水,损失的是财物,增添的是情义,得以秉持和坚守的是患难与共艰苦奋斗的创业精神。

难忘那年,我们曾众志成城抗洪救灾!

难忘那天,老一辈人记得1982年6月26日。

山沟沟里的大年夜

原朝阳器材厂　周林云

小三线朝阳器材厂（简称朝阳厂）是1969年10月注册正式建厂的，它的包建单位是上海微型电机厂，厂址定在离皖南祁门县城不远的薛家坞。我是在包建单位工作了一年后，被"通不通三分钟"式批准去朝阳厂支援小三线建设的。

我们第一批赴皖建厂的共有108位，人称"一百零八将"。其中24位是学徒工。上面明确，要移风易俗，春节前到祁门驻地报到，在皖南小三线的朝阳厂过革命化的春节。而作为先遣队的一员，我就得更早领命进山了。

那个冬天天气特别冷。年逾六旬的父母泪眼汪汪地送我登上开往祁门厂里的长途专车。我没有哭。虽然有离别家人的不舍，但我也有光荣支内的自豪，还有种年轻人一起过集体生活的向往，更有对山里生活的好奇和憧憬。

当晚，我们旅宿宁国。由于被褥异味很浓，加上环境不习惯，我和我的闺蜜坐了整整一宿。第二天再出发，下午时分，我们到达了祁门，朝阳厂的驻地的具体地名叫薛家坞。

那天是1979年1月25日，离春节还有十天的样子。下得车来，没有我憧憬中的锣鼓喧天横

当时的工作证

当年的女工宿舍楼

幅高悬。这里如同一个荒芜的村庄，一切冷冷清清，一丝失落感油然而生。

从未出过远门的我，这回尝到了独立生活"自由自在"的苦辣酸咸。一路颠簸，几夜没睡好，加上提行李挂帐子铺被褥，我累得双手无力。面对从家里带来的卷面等等一大堆东西，我竟束手无策不知如何是好。

终于迎来了大年夜，吃年夜饭了。说是年夜饭，只是每人一份青菜打底，一块咸肉加二两米饭。许多人都愣了，哭了。已经有两天没有好好吃饭的我虽没有哭出来，但也强忍着泪水，念想着家里此时正是暖锅佳肴其乐融融的景象，饥不择食地扒拉完了这餐移风易俗的、革命化的、令我终生难忘的年夜饭。

团圆之夜客居他乡，许多人不平静了。小夫妻两地分居想老婆孩子，单身男女落寞清苦想父母好友。许多人在质疑，为什么非要赶在这时赶到这里赶着这样来过大年？我没有时间多想，因为我的闺蜜发高烧了，我得赶紧陪护她去县城医院挂急诊看病。

子夜已过，新年来临，我们疲惫地回到厂里宿舍。不料更揪心的事正在发生。一位比我小一岁的男生独自跑到厂门口的闽江边上，他要游过闽江走回上海！大家闻讯都很焦急，赶紧摸黑去寻找劝说。当看着被劝回的男生已被江水浸湿了鞋子和半截裤腿，被泪水打湿了半个袖管，大家都心酸极了……

从此，我们"一百零八将"开始了磨炼意志艰苦奋斗，听从军号声作息餐眠的集体生活。我们这一辈，为建设上海皖南小三线，奉献了整个青春年华。

图左为作者周林云，1973年留影于朝阳厂

（周林云，六七届初中毕业生，1970年1月进山，是首批援建上海朝阳器材厂的老职工。在担任产品车间电工班班长期间，班组获得"上海市先进班组"荣誉称号。1985年底调整回沪，调整回沪前任厂工会副主席，回沪后负责朝阳厂职工住房的筹划和分配工作）

民兵野营拉练日记

原朝阳器材厂　冯金牛

作者冯金牛

1972年12月26日周二　阴

厂里的民兵野营拉练活动已经组织过二次,我都没有参加。这次年底组织了第三次,厂部通知我做好参加的准备。想想要出去十来天,每天走不同的山路,住不同的宿营地,对我而言是一个挑战,让我有点小兴奋。

连长王妙才本来要我担任连部通讯员。后来因为给养员缺人,便要我换接这个工作。给养员就是财务兼采购,要管整个队伍的钱款粮票,还要记账。事情比较多,自然是休息少,麻烦多。但既然领导任命,我也不便推脱,也就是忙个十来天的事。通讯员职务推荐给了沈大牛。我们比较熟悉,可以同住连部。

今天是厂里又完成当年生产计划的日子,截至昨晚累计装配1 510台电机。上午厂里喜气洋洋地开了个大会,又把已经有些日子未用的锣鼓家什抬出来,在厂区里敲锣打鼓转了一圈,好不热闹。

下午拉练队伍集合操练,学习打背包。从厂区北端的中华山沟翻山下到家属生活区,在山脚试挖行军灶学习生火做饭等等。初次上阵,大家不免手忙脚乱。

1972年12月27日周三　阴

今天出发,上午7点离厂。60多人的队伍大多是年轻人,英姿飒爽颇为精神。队伍穿过祁门县城,途经七一厂,沿右侧山路走了十多里路,渡过阊江上游,向东行军。

昨夜下雨,清晨才歇。乡间小路泥泞滑脚很不好走。连长王妙才要我与炊事班组成先遣队先行先至,置办好粮油菜品支灶烧饭。待大部队一到就可开餐。于是我和炊事班单独行动了。

皖南的冬季,山林萧瑟人烟稀少,田里只留下些许残草败梗,没有农人劳作。我们五六个人背着铁锅挑着担子行军在山

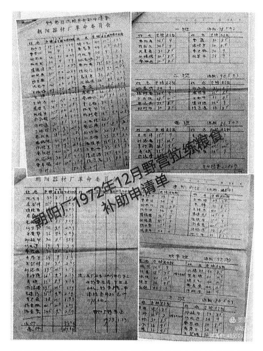

这是当年由给养员冯金牛编制的《粮食补助申请单》

间小道,倒也是一道风景。偶遇乡民,常会引来些好奇的目光。中午抵达白塔村,休息,午餐。下午翻越西武岭。一路都是有点年头的五尺宽的青石板路,铺得很好。西武岭标高300米,虽然不过是一座小山,可队伍中的一些女民兵已经力不从心了。也难怪,本是上海城里的娇娃,哪里经受过如此翻山越岭长途跋涉的苦?我在山脚下将一位女同事的背包抢了过来,替她减轻一点登山的负重。

登上岭头,眼前豁然开阔,枯燥疲乏似有缓解。只见环山之中有一大片盆地,数十间农舍稀稀落落分布在树丛间,溪水蜿蜒炊烟袅袅,山风徐来鸡犬无声,寂静犹如世外桃源。不觉一时走神,坐在岭头竟不知起身。

今晚宿营西武公社星火大队。

1972年12月28日周四　阴有雨

早上离开西武,经黟县,在屏山午餐休息。屏山是一个典型的徽派古村落。村里有不少颇有气派的高墙大院。虽然有些老旧破落,但依然显示出这里曾走出过不少名宦富商。小溪在两条青石板小道间流淌,清澈见底。它见证了上千年来此地的悲欢离合。我一时浮想联翩,差点忘了买菜。

下午经过东方红水库。只见在群山环抱中的水面波光粼粼。环绕水库的是一段平坦的公路,行军速度加快了很多。

天快黑时,大部队抵达宿营地际联。

际联是个大村庄,村里石板路四通八达。我们宿于一座深宅大院内,条件比昨晚好多了。吃过晚饭,几位同事到际联街上转了转,四周一片漆黑寂静无人,偶尔传来几声狗吠,也辨不出从何处深巷而来。怕迷路,遂折回。

忽然传来一段男声唱的宁波滩簧,抑扬顿挫分外动听。在徽州腹地能听到如此乡音不觉称奇。寻声走近营地大门,才看清楚是同事吴斌!真没想到这位老兄竟有如此才艺。

夜晚还发生了一件事。当地一所学校失火了。我们一帮人赶去学校帮助当地老乡扑灭了大火。

晚上开始下雪了。对于我们野营拉练行军来说,这可不是好事。

1972年12月29日星期五　阴有雪

原计划今天队伍要翻越标高900米的甲西岭。可是昨夜开始下雪,山路肯定不好走。连部一早决定绕过甲西岭改道而行。派我与汪松遂打前站当尖兵,侦查沿途情况,随时向连部报告,保证大部队行军路线无误。汪松遂是当地人,向当地老乡问路了解情况时有优势。

匆匆吃过早饭,我俩出发了。这里是山区,绕得过甲西岭,却绕不过连绵山脉。行至半路忽见云开日出,阳光照耀在半山云端,霞光万道,美极了!精神为之振奋。一路翻越两座小山,来到历舍村这个预定的午餐休息点,为大部队联系了灶头柴火,采备了菜肉豆腐,又借用村办电话向连部报告沿途侦查情况。之后,我俩又匆匆上路继续侦查。

下午要翻越标高600米的罗岭,这座山岭坡陡路窄,都是没铺石板的简陋小道。雪时停时下,山路湿滑。尤其是一段下山路更陡,甚是险峻。人在半途,前不着村后不着店的,无法与连部联络。只能遥祝战友一路平安。

下午4时许,我俩到达今晚宿营地冈村。两个小时后,大部队也平安抵达。

有人告诉我,大部队在翻越罗岭时,天上下起了小雪,行军艰难,大家相互搀扶小心翼翼。有位女民兵嫌穿着鞋子走路滑脚,干脆脱了鞋子只穿袜子行军。还有一位女民兵在翻越罗岭时累得脸色煞白粗气直喘,走三步歇二步,但依然坚持自己背着背包走完全程,精神着实可嘉。

1972年12月30日周六　　多云

队伍上午在冈村休整了半天,以恢复体力。下午出发,目的地是仅20里地之外的汤口镇。全程走公路,轻松多了。

晚上宿营在汤口镇上的黄山林校。厂领导关心民兵野营拉练队伍,派车送来了粮食蔬菜肉类,同时把两位生病的女职工接回厂里。

汤口镇距黄山仅五里路,已在黄山风景区范围内。举目四望,重山叠嶂奇峰绝壁,移步换景目不暇接。我来徽州已有两年,却是第一次来到黄山脚下,真想立刻上去一游。

连部召开班长以上干部会议,讨论组织登山事宜。雪天路滑,要求各班一定要男女互助照顾好,确保安全。

会后,连部下了通知:明天放假一天,组织登黄山。众人欢呼雀跃,积累的辛劳疲惫一扫而空。

1972年12月31日周日　　雪

天刚蒙蒙亮,一些伙伴已三五成群迫不及待准备登山了。炊事班也理解大家心情,早早起床蒸好了馒头一人发了两个。性子急的也顾不上吃,拿上馒头就赶紧上山了。看着同伴们兴高采烈,我可叫苦不迭。我必须先采办好全天的伙食材料才可以去登山。于是我叫上周嘉栋,赶到镇上的菜肉店,人家还没有开门。我们又转到粮店,也是铁将军把门。是啊,天还没亮呢,哪有那么早做买卖的。无奈,只能挨冻受寒耐心地等待。等我们买齐了食材送回伙房,发现早已空无一人。大部队已经开拔一个半小时了。

天上开始飘雪,石阶上积起厚厚一层雪白。我和周嘉栋紧赶慢走,在月牙亭追上了队伍的尾巴。那是几个体力稍弱的女同事。石阶上的积雪被前面的队伍踩实而结冰,以至于后来者登山几乎是在爬冰坡,一步一滑,只能小心翼翼慢慢前行。我尽量选择石阶两边不易打滑的路走,稳多了。

在半山寺,我遇到了杨树荣和沈大牛,他们正在喝茶休息。我也喝了一杯。半山寺往上的路越发陡峭。攀登到天门坎附近,遇到不少从玉屏峰折回的同事,他们不敢远行,怕误了集合时间迟到违纪,不得不半途而归。看我有点不甘心,便说:"你想上就上,但要抓紧时间。我们在这里等你。"我正想:好不容易上了黄山,连向天都峰玉屏楼远眺一下的机会都没有,这算什么事呢?于是独自前行。

跨过天门坎,极目天都峰巍峨耸立于右,玉屏楼秀出其表于左,银装素裹

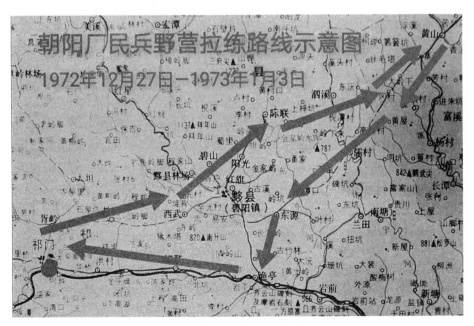

第三批民兵野营拉练训练行军路线示意图

煞是妖娆。此时，雪越下越大，山道上唯我一人。六出无声，瑞雪有情。在新年来临之际，于纷飞白絮中，登临鬼斧神工之境，实乃可求而难得之美事。岂非缘分？只叹身边没有照相机，无法留下雪景美影。

意欲临楼登峰，可规定的餐前回归集合时间也近。不敢违纪，只能作罢。回到天门坎下凤处，杨树荣他们还在等候我。他们不放心我的安全。连长王妙才一直等到我们这最后几个下山到位，才放心去吃饭。同事情谊让我深感温暖。

听人说，有位女同事在登山途中脚下一滑，这一瞬间正好被在旁边的庄龙祥眼疾手快一把抓住！好险。

下午休息。我们结队去泡温泉，浴资一角钱。拉练出来五天了，没有洗过澡。能在此美美泡上一小时，真是好享受。这五天中，最大的享受就是热水泡脚。每天热水供应有限，七八双脚泡在向房东借来的大木盆里，搅作一团打打闹闹，也算是享受快乐时光。

1973年1月1日元旦周一　　多云

我没有想到1973年元旦的朝阳，是在黄山脚下的汤口镇迎来的。特别有感觉，值得记载。

1971年的元旦，我是在朝阳厂驻地祁门度过的。那时我刚投身小三线建设，到朝阳厂才两天，印象十分深刻。两年来，我逐渐融入朝阳厂职工的集体生活，越来越有感情。乘上午休息，我去汤口镇转了一圈。镇子不大，可能是冬天的缘故，街上行人稀少，有点冷清。

午饭后队伍集合，连长王妙才作了一番动员。他说："这次拉练我们已经走完了一半路程，今天开始要往回走。这几天大家经受了考验，表现不错。气可鼓而不可泄。希望大家继续保持饱满的精神状态，顺利完成这次野营拉练任务。"

下午两点，整队出发，返回上一个宿营地冈村。

1973年1月2日周二　　阴

今日，一天赶了两天的行军路程。

上午从冈村出发。和来时不同,回程走了另外一条线路。往南而行。本来今天的行军计划是翻越双岭后,直奔宿营地儒村。路程只有二十多里地,不会很累。可昨晚儒村方面传来消息,因故无法安排住宿。这一下子打乱了行军计划。

指挥部连夜开会决定,今天必须穿越儒村,赶到黟县的东源村。那里是计划中明天的宿营地。这样今天要走原计划三倍的路程。这可是着实考验我们"苦练铁脚板"的能耐。上午一路急行军,中午赶到儒村。匆匆去老乡家买了农家自腌的咸肉和农家自磨的豆腐,做成了一锅味道不错的行军菜。说实话,这些农家土法自制的豆制品真是价廉物美,烹饪简单,在上海就是凭票供应也吃不到的,是我伙食采购中的常选品种。

午后稍事休息,继续行军,方向折而向西,要翻越标高600米,横亘于休宁和黟县交界处的虎岭。部队登山,逶迤而行,渐行渐慢。半道上还有倒卧的松树挡拦于路中。今天下午的路程有五十多里。大家感到十分疲惫,有人开始掉队,队伍拉得很长很长。

从祁门到黄山单程近三百里。来回计程近六百里。走了七天,完成路程的大半。要说不累那是假的。

翻过虎岭后个别队员一瘸一拐走不动了,落后于大部队越来越远。怕他们迷路,连部要我负责压尾收容督阵,先遣队转职收容队。

终于,天黑前我们安全到达了东源村。此地住宿条件不好,房屋破旧漏风,地铺上稻草铺垫得很薄,感觉有点冷。

1973年1月3日周三　　多云

今天是野营拉练以来训练强度最大的一天,也是实现提前两天凯旋的一天。

拂晓五点,忽然响起紧急集合的哨声。这是野营拉练训练科目之一。不过这次是"突然袭击",连我这个连部成员都不知道。睡梦之中闻声而起,连煤油灯都不及点亮,手忙脚乱地摸黑穿衣叠被整装打包出门集合。队伍中手电筒昏暗的光亮胡乱晃动着,一时间真有点混乱难堪。

队伍在村口集合出发,在月黑星稀凛冽寒风中开始了又一个训练科目:

夜行军。大约走了一个小时,来到一个村庄,黑乎乎一片农舍,规模似乎不小。指挥部决定在村外休息,生火做饭。这可苦了炊事班。想去井边打水,井口结了厚厚一层冰,无法取水。不得已,只能去找村干部求助。因为不是宿营地,队伍只能驻扎在村外打谷场。清晨,滴水成冰,估计气温已经降至零下七八度。大家冻得受不了,只能靠不停跺脚跳跃来活动身子激发热量。有人设法找来些枯枝柴草,燃起火堆烘烤取暖。这应该是这次民兵野营拉练中最为艰苦的一场。

终于,炊事班好不容易熬好了白米粥,人手一碗热气腾腾,解饥解寒增加热能。

吃罢,部队沿西武河向南行进,经过渔亭后又向西进发。下午两点,到达横路头,吃中午饭已经是三点钟的事了。这半路上还发生了一件趣事。

原本连部准备在这一程开展预防空袭的训练,要求大家听到枪声完成在田埂边卧倒的动作。部队在经过一个村庄的时候听到一声很响的轰音。大家闻声快速卧倒在田埂边上。有人借京剧台词问:"哪里打枪?"一查原来是村里有人家办喜事放鞭炮的声响,并不是演习的警示枪声。

此地已是祁门县境内,距县城四十里路,也是本次野营拉练计划中最后一个宿营地,明天开拔返厂。正要安营扎寨安排住宿,问题又来了。此地竟连垫在地铺下的稻草都没有!如此天寒地冻怎能过夜呢?有人提议,今夜不在此宿营,再行军四十里路,晚上八九点钟可直接到厂。也有人担心,这样的"连续作战"大家会吃不消的。

是的,回顾近两天,感觉特别辛苦劳累。昨天因为宿营地问题延长行军路线,一天完成了两天的训练里程。今天拂晓紧急集合,冒严寒急行军,又在零下七八度气温中迎风露餐。然后又是五六个小时的翻山越岭,刚刚三点钟才吃午餐,无意中还完成了预防空袭的训练。现在再加四十里行军,能坚持下来吗?

然而,一听到今晚回厂,大家不由精神振奋,无须动员全体赞同!有人巴不得马上动身。连长王妙才立即向远在祁门厂里的总支书记兼厂长宋振源电话请示。之后宣布:放弃宿营,连夜返厂。

从横路头到祁门,尽管有四十里地,却是一条坦直的公路。队伍整齐前行,没有一个掉队的。尽管是黑灯瞎火,但这条路大家都熟悉。眼看距朝阳厂越来越近,脚下生风越走越快。不到九点,已经看到祁门县城了。

队伍在厂外稍作停留整理行装,按各班编制重新排好队伍,精神抖擞列队走进厂区。总支书记兼厂长宋振源带领职工在灯光球场敲锣打鼓迎接我们这支跨年训练并且提前完成训练任务的民兵野营拉练部队凯旋。同事相见嘘寒问暖,分别不过八天,却似已度数月,分外亲热。

顺利回来了。虽然途中经历了不少艰难困苦,但我们得到了锻炼。这次拉练,让我一生难忘。

自己动手建造灯光篮球场

原朝阳器材厂　黄瑞鹏

我是首批进山援建朝阳器材厂（简称朝阳厂）的青年职工之一。五十年前建厂初期，山里的工余生活相当枯燥乏味。因为场地、器材、设施等一无所有，活跃好动的小青年们无法开展文体活动。我们看中女工宿舍围墙外的一块空地，想改造为篮球场。这个想法得到厂领导大力支持，伙伴们踊跃参与。

朝阳厂灯光篮球场

作者黄瑞鹏

我们首先平整土地打好了基础,接下来就是制作器具设施。在有关工种的师傅们指导配合下,我们克服了许多困难,自己动手制作成一对标准尺寸的篮球架,还做了用于球场照明的路灯柱杆。十几天多少人工余时间的辛苦付出终于见到了成效。亮灯,开球!朝阳厂有了一个在当时看来还相当不错的有灯光照明的标准的篮球场。枯燥乏味中出现了龙腾虎跃。

这个灯光篮球场的建成,不仅丰富了职工的文体生活,还成为一个多用途场所,平时放电影、看演出、分西瓜、露天开会、班车集散点等等,都在灯光篮球场。它是当时我们朝阳厂的"地标"。

救 死 扶 伤
——山友之情浓于血

原朝阳器材厂　杨宝康

我们朝阳器材厂（简称朝阳厂）选址祁门薛家坞就有一点好，就是附近刚好一所部队野战医院，治疗护理条件比县城医院还好。我们和医院的关系很好，厂里人但凡有大病急病都喜欢到那里。

有些职工家属在上海住院治疗不方便，也就到这里来看病就医。

有一天，厂里广播喇叭紧急呼叫："B型血的同志赶快来医务室自愿献血！"我是B型血，便毫不犹豫直奔医务室。原来是一位女工患病住在部队野战医院，血色素超低，有生命危险，急需输血。

作者杨宝康

我奔到医务室，有好几位同事已上厂车等候出发。"我是B型血""我也是"……车外还有多人赶来报名参加。很快，车到医院，我们在化验窗口排队撸袖伸臂挨个验血。军医们也在紧急行动。

我的血是合格的。验血合格的都留下来立刻为患者献血。一滴又一滴；一位又一位……一会儿，面无血色的病危女工脸色泛起了红润。她淌下感激的泪水，我们露出欣慰的笑容。

朝阳厂医务室旧址（2018年5月）

是朝阳人的热忱战胜了病魔的冷酷，朝阳兄弟的阳刚热血涌入了朝阳姐妹的生命之泉！当时的人，没有考虑过个人得失，只想到朋友之间多帮助。而用今天的话说，就是：山友之情浓于血。

在我们朝阳厂，这样的事例还有好多好多。

粪坑救人后他淡然一笑

原朝阳器材厂　王建国

作者王建国

1974年7月中旬的一个上午，蝉鸣声声中传来，一阵惊叫："不好啦，小孩掉进粪坑啦，快来救人啊！"即刻，距粪坑50米开外赶来一拨人。领头的那位三十出头的汉子一番端详，毅然抬腿跨入粪坑，摸向正在哭闹的小孩。暑天高温，坑里肮脏恶臭勿表皆知，尚若稍有不慎绊摔滑倒，后果不堪设想。只见那汉子移步摸索靠拢小孩，伸手抓住环抱于胸。然后他转身托举，将小孩递送给在周边接手的同事。

那汉子是谁？他就是王妙才同志。那天他听到呼救声便从厂部办公室夺门而出寻声飞奔，奋勇救人。人们纷纷夸赞他精神可嘉，军人本色，党员表率……可他却淡然一笑说："遇到这种事，许多人都会这样做的。"

王妙才同志秉持"二不怕"精神粪坑救人的事迹在当地老乡中传为美谈，特地送来了感谢信。他的义举，加深了当地人对上海人的感情和友谊。

夸夸朝阳厂小分队

原朝阳器材厂　朱克成

作者朱克成

后辈人可能不相信,当年小三线工厂实行准军事化管理,车间称"连",生产小组称"班"。驻厂军代表规定,星期日上午十点以班为单位组织政治学习。厂休日大家去祁门城关镇逛街买菜,但必会卡着时点匆匆返回。政治挂帅。无须领导点名督促,鲜有迟到者,更别说无故缺席了。

所谓政治学习,无非就是读文件,念报纸。读念之前照例要唱一段"样板戏"。读念时昏昏欲睡,唱戏倒是精神抖擞。规定一个小时的学习时间,有五十分钟几乎都在唱戏。

当时我在三班(车工组),对门是四班(钳工组)。这边扯着嗓子"朔风吹",那边饱含深情"谢谢妈"。此起彼伏,声绕山谷。

终于,荒漠下萌动的野草种子破土发芽了。在领导关心支持下,朝阳器材厂"文艺宣传小分队"应势成立了。"小分队"是这支队伍的简称,其实就是一支人员并不固定、以年轻人为主的、有共同文艺爱好的业余群体。

那是样板戏红极一时的年代。在小分队,一出京剧《海港》,居然被几个从未学过表演的青年工人煞有介事地演上了舞台。蒋玉凤饰演方海珍,脖子上搭着白毛巾,跟着铿锵有力的京胡伴奏,有板有眼地唱起"进这楼房常想起当年景象……"。唱到"盼望你心红志坚,立足在海港,忠于人民忠于党"时,与之配戏饰演青工韩小强的王更新紧皱双眉眼含热泪接唱:"我沾染了资产阶级坏思想……"。那情景令人动容,整台戏演下来掌声不断。

另一出戏中陈师傅唱的"自从退休离上海……马洪亮探亲我又重来"又响起。陈师傅正值盛年,无论嗓音还是扮相颇有几分朱文虎的范儿,自然是满堂彩。此后"老码头"这个外号因为亲切上口,竟替代了陈师傅的尊姓大名。

还有,沈金海杨彬珍夫妇的小学生儿子小勇,居然穿着定制的杨子荣"土匪装"上场唱了一段《打虎上山》! 这小鬼童声稚嫩,嗓子冲,满弓满调,手眼身法步俱佳。他在上海小学生汇演中得过大奖,难怪毫不怯场。

朝阳器材厂文艺小分队留影

文艺小分队的舞蹈是强项,队长经惠丽擅长的就是舞蹈。当年时兴的《延边人民热爱毛主席》等等,姑娘们驾轻就熟,略经排练即可上台。周林云个子高手臂长,双手摆起打朝鲜长鼓的舞姿格外抢眼。《洗衣舞》常被安排在压轴节目,饰演解放军班长的是伙食采购员林振华。小伙子平日里借工作之便常给姑娘们捎这捎那人缘极好。演出时,身穿藏袍的姑娘们围着班长泼水嬉戏边舞边喊"出达出达,觉过出达,嘿勒斯……"。而班长手托洗衣盆仓促应对,压过去退回来,退回来又压过去……场景有趣,表演生动。这个小林是百花丛中一点翠。舞台上地板被蹬踏得咯吱作响,演员们的青春朝气宣泄得酣畅淋漓。然而舞台地面的蓬尘随着蹬踏一团团飞扬四散开来。这下苦了前几排观众。可是，没有人躲逃离去，大家兴趣依然不减。

那时厂文艺小分队常被邀请出去演出，颇有"名誉祁门，声传徽州"之势。

那年头是讲"突出政治"的。为了配合"忆苦思甜"教育活动，小分队排了个配乐朗诵加情景造型的小品。厂里有一位随迁职工叫勇浩良，原是上海木偶剧团演员。随妻子迁来我厂，自然成了导演兼主演。他是上戏表演系毕业，具有专业水准。一幕收租院的人物造型，在灯光效果衬托下形神兼备惟妙惟肖。他饰演的地主老财身着长袍马褂，头戴铜盆帽，手持文明棍。一个亮相，两眼阴森之光似电劈一般，居然吓得老乡的小孩惊声大哭起来。

朝阳器材厂文艺小分队在外演出

后方基地要组织职工文艺汇演了。小分队队员们既喜又忧。盛会难得，一定要为厂里"出出风头"。而万一失败颗粒无收，对不起那"名声在外"。压力即动力，队员们集思广益，最后决定首推成熟节目舞蹈《雪山上的好门巴》，再创作一个表现电机女工工作场景的舞蹈《女电工》。而我这个乐队手风琴手被逼上了创作舞蹈音乐和主题歌词的"梁山"。几经冥思苦想，几度搜肠刮肚，总算是交卷了。拿给乐队一试奏，还行！

更难创作的是表现电机女工以定子转子绕线嵌线为工作场景的舞蹈肢体语言。一筹莫展之际来了"救星"。陈根娣师傅的弟弟暑假来祁门探亲了。他是上海市舞蹈学校的芭蕾舞演员。这回自然被请来成了这个自创舞蹈的艺术指导。科班出来的教头就是不一样。经他调教，这个草创的节目初步具备了舞蹈的三要素：表情、节奏、构图。

脱产排练时正值三伏天。那时没有空调，姑娘们练了一遍又一遍，乐队跟着伴奏也是一遍又一遍。反反复复地练习难免疲劳厌倦。乐队师傅为调节精神奏起了《紫竹调》《花儿与少年》等乐曲。周德清扬琴敲得飞快，杨长荣竹笛吹得神气，加之我的手风琴助阵，大家全神贯注自得其乐。直急得队长经惠丽面孔

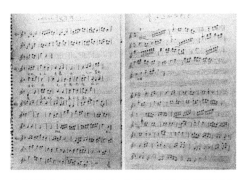

左图是本文作者朱克成当年创作的舞蹈《女电工》曲谱和主题歌手稿，右图是舞蹈《雪山上的好门巴》主旋律曲谱

一板跺脚呼喊："哎，哎，快抓紧时间排练，不要开小差！"喝令一声，步调一致，排练重开。就这样，白天排练汗水洒一地，夜半饥饿烂糊面一碗。终于迎来了汇演的那一天。

那次文艺汇演的举行地点我有点记不清了。只记得那天那里大巴停满，人众爆棚。我们一到那里就找地方化妆。二十几个男女演员一字排开，按"工序"流水作业。现在，我又由作曲改任化妆师。先是朱红加淡黄油彩涂脸打底色，用泥沙赭红油彩画眼影，用扑粉定妆。先画眉毛勾眼线（这是"眉目传神"的关键），再画嘴唇和腮红。望着一张张扮相俊俏粉墨出彩的脸，围观的人们问："这个搞化妆的是专业的吗？"其实我这点小本事是向上次来祁门慰问演出的上海歌剧院老师学来的，得歌舞妆真传。

最后，我厂参演的具有浓郁藏族舞风韵的《雪山上的好门巴》和自创自排自演的似有"四小天鹅"风格的《女电工》二台节目双双获奖。

那天深夜，返厂的大巴上歌声一路，笑声一路。

我 的 父 亲

原培新汽车厂　戚大年

作者戚大年（左）与父亲

我的父亲戚家仁是原上海小三线培新汽车厂职工，在厂医务室任主任医师。他1987年离开我们，至今已经30多年了。回想起父亲生前的点点滴滴，历历在目，久久难以忘怀，趁此机会撰写本文来追思我的父亲。

父亲1918年出生在浙江余姚临山镇的一个贫苦家庭，15岁离开故乡来到上海打拼，做过童工，当过小伙计，偶遇机会开始自学医务知识。父亲没有进过高等医科大学学习，完全凭自己努力，刻苦学习，才获得行医资格，靠行医挣钱养家糊口，经过多年的行医经验的积累和刻苦努力学习，成为一位小有名气的内科医生。特别是在儿科方面，父亲更是技高一筹。上海解放后，父亲就积极投身上海市失业救济委员会（即上海市劳动局的前身）担任医疗救护工作，随后就在上海市劳动局内成立的医务室担任医师，不但要为局内的工作人员提供医疗服务，而且他们的家属特别是年幼的儿童也都来找父亲看病求诊。由于父亲医术高超，当时根据医师定级标准定为三等八级主任级别医师（属于高级职称，享受高级知识分子待遇），工资也定为150元/月。父亲辛勤的工作得到了局内领导和同事的一致好评，连续被评为"上海市先进工作者"和"上海市五好职工"等荣誉称号，并在1964年光荣加入中国共产党。

父亲是在1966年随上海市劳动局第二技工学校支内人员来到安徽歙县岩寺镇的。当时上海市劳动局在这里包建一所技工学校，即培新技校，配置了100多名技校教职员工。考虑到当地的医疗条件，领导指定要我父亲随队支内，担任校医务室的医师，并带了一名学徒作为助手。当时父亲已经48岁了。之后，上海市汽车修理公司的汽修三厂和汽修十一厂支内人员陆续加入，培新技校便更名为培新汽车修配厂（简称培新厂）。随着职工和家属人数不断增加，医务室出现了人员紧缺，除了有个别从事医务的职工家属从外单位调进厂外，当时小三线企业是无权从社会上招聘医务人员的。在这种情况下父亲向厂领导提出自己培养医务人员的计划，经过厂部批准同意后从厂内各部门抽调若干名人员参加培训。培训由父亲亲自带班指导，给他们上理论课和实践课。这样边学习边实践的效果很好，经过一段时间培训后，受培人员均取得了长足进步，基本掌握了基础医务知识，能够完成平时的厂医疗救护工作。这些受训人员成了医务室的一支有生力量，解决了厂医务人员紧缺的问题。在医务室人员充足的情况下，父亲把医务室改为三班工作制，并在医务室内增设若干病床以便留观突发疾病的病人。为适应特殊需要，父亲还增设了若干特殊科室，如妇科、牙科、外科、X光室等，尽量做到不向后方瑞金医院转诊（厂距离后方医院有40公里路程），尽可能减少病人路途劳累和痛苦。此举也得到厂领导们的支持，投入大量资金购买了X光机等必备的医疗设备。

1976年唐山发生了大地震，全国各地抽调大批医疗救护队赴灾区抢救伤病员。上海后方小三线也从各企业和后方医院抽调了精兵强将组成医疗队，赶赴抗震第一线救治伤病员。当时父亲不顾一切第一时间报名参加了医疗队。在生活条件和医疗条件十分艰苦的情况下，经过了近二个月的奋战，胜利完成了任务，得到了上级嘉奖。在救治伤病员期间，由于经常顾不上吃饭加上长期劳累，父亲自己出现了消化道疾病，但父亲一直坚持着不下"火线"，边自我治疗边医治伤病员，直到救治工作结束回到家，还自我治疗了一段时间身体才得到恢复。

父亲的医术是全厂职工和领导一致公认的。当时厂领导曾说过："有戚医生坐镇厂医务室,我晚上能放心睡好觉。"全厂近2 000名职工和数量不少的职工家属,如果没有一位医术过硬的医者守护,确实令人担心。记得有一次一位职工突发心肌梗塞,是父亲及时替她做心脏复苏,才挽救了她的生命。已上了年纪的父亲为此也累趴下了,一连休息了好几天才恢复元气。父亲白天工作本来就很忙,晚上总想好好地睡觉,但是时常半夜里有职工的小孩因突发高烧等疾病上门来请求帮助,父亲总是有求必应,毫无怨言。父亲的口头禅就是为"大家服务,做一位白求恩式的白衣战士"。父亲有这般觉悟,离不开党对父亲的教育,父亲也用同样的理念教育我们,要我们听党的话,在工作中全心全意为人民服务,父亲以身作则为我们树立了榜样。

父亲与周围当地人的关系也非常好,只要当地人找上门,他总是热情接待并给予诊断治疗。因此,当地人有疑难疾病总是要到厂里来找父亲,在支内的若干年间,父亲的名气已经传遍方圆几十公里,人们都知道培新厂有位医术了不起的戚医师。1980年父亲经诊断患上肺癌,在上海胸科医院手术治疗后回到岩寺培新厂的家里休息养病。尽管已经办理了退休手续,但是有职工或家属(特别是小孩子)生病时,还是来找父亲寻求帮助,父亲总是尽力而为给他们诊治。1985年父亲随小三线调整先行回沪定居。1987年父亲肺癌复发救治无效,不幸离开了我们。父亲没有留给我们丰厚的物质财富,而是留给了我们取之不尽的精神财富。在父亲的引导下,我们四兄弟妹都先后加入了中国共产党,在党组织的教育下,更好地实践和坚持全心全意为人民服务的宗旨。

父亲的高大的形象永远铭刻在我的心间。

(戚大年,原上海小三线培新汽车厂职工。1969年跟随父亲支内小三线来到安徽歙县岩寺镇培新厂,是标准的"山二代"。1948年出生,刚进培新厂时在三车间汽车小修班任扳金工,跟师傅忻光厚学徒近三年后调入劳资科任工资核算员、考勤员、劳动力调配员等职。小三线调整回沪后,在重建的新华汽车厂人事科任人事调配员,1999年加入了中国共产党。2004年调入新华汽车厂工会任工会副主席,2008年退休)

我心中的培新厂

原培新汽车厂　滕承光

采访人：王来东
口述者：滕承光
整理人：王来东
采访时间：2018年4月16日
采访地点：上海新华汽车厂办公室

作者滕承光

作为一名曾经与小三线上海培新汽车厂（简称"培新厂"）休戚与共多年的职工，在培新厂逐渐淡出历史舞台的今天，我将尽个人所知所见，描述一个被遗忘的角落——我心中的培新厂。

一个特立独行的单位

几十年的光阴对于悠长而深邃的历史而言犹如白驹过隙，但记忆却不会因此磨灭，当年的小三线企业培新汽车厂之于我也是如此。

这个企业现在想想也可算得上是众多皖南小三线单位中的"另类"。一是管理体制奇特，除党务工作委托后方代管外，既不属后方二级公司管理，又没有横向兄弟单位,行政、生产、经营、生活等均属上海交通局和上海汽车修理公司管理,可以说在后方是独成一家,以致在这几年有关上海小三线的历史记忆中渐渐为世人遗忘;二是交通位置极好,地处皖南重镇屯溪与历史名城歙县当中的一个重要市镇岩寺,出门就是徽州的交通要道,也是当年从沪、杭等地去黄山的必经之地,与另一家小三线单位上海跃进机械厂形成犄角之势。由于交通方便,生活物品比较丰富,培新厂成为当年小三线中令人羡慕的地方;三是行业经营特殊。当年计划经济体制下,一般日用商品都要凭票供应,何况是有一定科技含量的汽车行业?就是在那种历史条件下,培新厂从一个定位修理汽车的工厂,经过多年的磨炼逐步发展成为兼具修理、改装、制造于一身的企业。由于汽车是当时的主要交通工具,企业又能提供整套汽配服务,无疑又成为稳定队伍、集聚人才及后方众多人士向往的单位。在这样的历史环境中,培新厂的生产经营不断发展,凝聚力不断增强,员工家属渐渐"入乡随俗"。培新人在缺憾、困惑和诸多矛盾中逐步分享和融入那个时代,在情感、心灵里留下了既苦涩又甜蜜的记忆,皖南、徽州也就理所当然成为所有培新人的"第二故乡"。

一个自强不息的企业

我是1977年年中调进培新厂直到1997年秋才离任的,经历了前后两个十年,前十年在皖南小三线度过,后十年回上海继续在这个单位工作。回顾培新厂的变化发展,我总的感觉它是一个值得我们记忆和尊敬的企业,是一个在特殊年代不甘落后、自强不息的单位。从时空的角度来看,培新厂的历史可以概括为创建、发展、调整和再创业这几个阶段。

创建

1969年5月上海市交通运输局决定在皖南小三线建立"上海培新汽车修配厂",由上海汽修三厂、上海汽修十一厂和上海培新技校三个单位合并而成,主要承担汽车仪表配套、汽车修理和汽车配件生产等任务。随着企业的业务范围不断扩展,培新厂逐步开展了改装制造业务,并于1980年更名为"上海培新汽车厂"。1985年进入上海小三线的调整期,因为培新厂在小三线的知名度和业务范围都比较广,在当地也有比较好的声誉,"培新"两字有一定的含金量,而且接收我们厂的安徽企业也是汽车行业,所以安徽方面表示希望将"培新"的品牌留给当地,成立"安徽培新汽车厂"。为此,我们改名为"上海新华汽车厂"(简称"新华厂")至今。如此的"舍生取义",在今天讲究知识产权的时代难以想象,但当时却成为小三线调整过程中的一段佳话。

发展

培新厂从建立之初就秉持自力更生、艰苦奋斗、不断发展的理念,历经从计划经济向市场经济转变的过程,从一个主要从事汽车修理的工厂逐步成长为一个修造并举、产品丰富的企业。这种成功应该说是凝聚了各级领导和广大职工的智慧和努力。

初期阶段由于我们国家的汽车制造能力薄弱,产品不仅数量上跟不上需求,品种也比较单一,即使是汽车的零配件也非常紧缺。培新厂当时凭借比较先进的工装设备、一大批熟练的工人师傅和工程技术人员,承接各类汽车修理、改装业务,从部队车辆到各种民用车辆,从笨重的卡车到精致的轿车,从国产车到进口车,为客户提供了优质的服务,受到小三线内外甚至外省市客户的一致好评,用"门庭若市"、"车水马龙"形容当时的情景一点也不为过。随着市场变化,不断进取的责任驱使着几代职工瞄准市场需求,主动挑起从修到造的担子,经历了从零部件到整车,从卡车向客车发展过程。

20世纪70年代初刚刚建厂不到一年的时间,面对生产作业需要重组、职工思想情绪需要稳定、各方面工作需要从头开始的众多困难,为了支援上海的交通运输事业,超乎许多人的想象,培新厂职工硬是于1970年7月1日仿制生产出了第一辆自主品牌的"七一"牌卡车。连续多年,我们欣喜地发现在上海、在后方的道路上,时常能看到"七一"牌卡车熟悉的身影。这是在当年生产力水平和科技水平不高的情况下,培新厂依靠自身力量艰苦奋斗的结果。与此同时,我们培新厂不断加强人力、技术投入,不断完善提升技术水平和设备水准,逐步具备了比较完整的工艺流程,从翻砂浇铸汽车的主要部件如缸体、变速箱、后桥等,到金加工、热处理,再到锻压加工大梁等汽车主要的部件,企业具有了较强的自主生产能力。那些年生产的2 200辆"七一"牌卡车,成为培新人永远值得骄傲的一份财富。"七一"牌卡车的生产奠定了培新厂生产、改装汽车的重要基础,也为以后的发展积累了经验和技术力量。后来随着市场和客户要求的多元化,我们先后试制了许多型号的改装车,如倾卸车系列、厢式车系列等等。

进入20世纪80年代,培新人并不满足已有的成绩,顺应汽车行业发展趋势,又向着更高目标攀登——生产客车系列产品,成为上海能生产城市乘用车为数不多的企业之一。20世纪90年代小三线调整回上海后,企业没有因为调整而停下脚步,继续研制了当时在国内大客车领域比较亮眼的产品,多次赴北京参加全国乘用车展示会,并获得交通部的嘉奖。

20世纪90年代新厂建成后,整齐的厂房、全新的工装、配套的设施,特别是经历过小三线二十年洗礼的广大职工焕发出新的创造活力,实现了生产销售和产品创新的佳绩。

随着改革开放的深入,市场经济日益发展,在激烈的市场经济变革面前,新华厂单兵作战已显得力不从心,也逐步显露出不符合市场经济规律的行政决策所带来的后遗症,错失了改革、改制的良机,成为培新人心头深深的痛楚。

调整

1985年初国家决定小三线调整,这是一项纷繁复杂的任务,也是一项政策性非常强的工作,涉及企业、个人的利益和前途。我们在各级领导的关心、支持和帮助下,形成党委集中领导,班子成员调整分工,全体职工积极参与的工作机制,出色地完成了各项任务。培新厂整个调整的基调是"服从大局,立足长远,统一协调,稳步推进"。我们把领导班子分三块,分兵把守,各司其职。一块在闵行负责筹建新厂,一块在江湾借用场地组织过渡生产,一块在皖南负责安置、移交。

根据分工,我负责在皖南的调整工作,由主要业务部门领导组成工作班子,广泛发动和依靠职工,形成网络化的工作格局。整个过程我们主要抓好几方面工作。第一是夯实内部的基础工作,包括人员分类、财务账目、资产状况,要求数据精准,人员对号,账卡物相符,有步骤地开展工作。第二是加强内外和上下的沟通。这很重要。调整工作不仅仅是单纯的搬家和双方的交接,其中有大量的思想工作和矛盾需要我们一一解决。我们强调以政策为依据,把政策讲透,让每一个职工都能明确自己的定位;加强沟通联系,了解职工的思想情绪和疑问,该上报的上报,该走访的走访,该争取的争取;注意交接双方的协调,逐项落实,力争比较圆满地完成移交工作。第三是实事求是,妥善安排。培新厂原来有将近两千名职工和家属,根据政策,回沪的职工及其家属均在交通局的统一安排下,通过三个渠道妥善安置回上海:其一是留在新华厂,大约一千人;其二是以一个车间的建制,包括职工和家属,约五百人完整地划分到兄弟单位;其三是原来在培进中学工作的属于我们厂的,分配到局属教育系统。与此同时,我们还对附属于厂的一个大集体性质单位(主要由厂职工家属组成)同步实施调整,使得近百人的企业顺利完成搬迁、重组,保证其回沪后继续正常经营。在整个调整过程中,我们贯彻"坚持原则,不乱开口子,又要人性化处理"的原则,花费很多精力,处理了不少复杂的个案。现在回想,我们的调整工作是成功的,近两千多人的调整,没有发生一件上访或社会影响不好的事件,应该说是难能可贵的;从一个侧面反映出培新厂职工、家属识大体、顾大局的精神风貌。第四是妥善解决留皖职工安置问题。我们厂有80多位职工按政策规定不能回沪。这些职工和我们一起生活了十几年,建立了深厚的友情,他们不能和我们一起迁回上海,不仅他们有情绪,我们心里也接受不了。但上级政策必须执行,我们一方面加强思想工作,积极正面引导,防止产生对立情绪;一方面通过留皖职工中的骨干,做好其他人员的工作;同时与接收单位加强沟通,介绍和推荐这些职工的情况,为后续安排,发挥他们的才能做准备。经过耐心细致的工作,被称为移交中难度非常大的留皖职工安置工作顺利完成。

在整个调整过程,各级领导和有关方面的指导帮助,是调整工作健康、稳定进行的根本保障。市委、市政府领导莅临厂里考察调研,提出指导意见;后方基地领导多次来厂听取情况汇报,提出工作要求;市后方局调整办负责同志多次现场办公,处理、协调具体问题,特别是及时与地方单位沟通、协调,帮助解决双方在移交过程中出现的分歧和困难;交通局、汽车修理公司建立由分管领导负责的工作机制,制定调整方案,决策企业移交、人员安置、新厂筹建等事项;市有关专业机构如公安、财政、银行等部门,多次对调整中涉及的人财物进行调研、指导、审核;上海接收单位领导及部门负责人专门来厂进行对口洽谈,落实具体安置工作。同时,安徽方面,地区调整办、县委、政府及接收单位对培新厂的调整工作基于"求同存异",给予了尊重、理解,使我们愉快地达成了交接协议,顺利完成了交接任务。所以,借今天的回忆再次表示深深的谢意!

再创业

我们和所有迁回上海的单位一样,回沪时可以说是一穷二白,当时还借贷了几十万元作为留皖职工的安置费。在这种情况下,我们广大干部职工克服住房、交通等各方面困难,自力更生,找米下锅,开始了第二次创业的艰辛历程。

在刚开始调整时,我们就未雨绸缪,依靠职工群众在当时的江湾机场借租了一块场地,自己动手,搭建办公、生产的工棚,安装仅能满足生产最低标准的设施,在极其简陋的条件下,开始过渡生产,前后经历了五年时间,直到1990年新厂竣工。很多职工每天往返于闵行与江湾之间,光路上就要花费四五个小时,一部分职工临时借住在外,生活条件很差,就是在这种情况下,凭借对未来新生活的期盼,大家没有怨言,不畏艰苦,坚持生产,保证了调整期间企业生产经营的连续性和稳步发展。

新厂的落成,标志着新华厂走向新的征程。组织架构和生产架构进行了新的组合,产品不断丰富,产品线越来越长,包括双排座、厢式货车、客车系列等;经营理念也发生了变化,以市场为导向,探索"一业为主,多种经营",开展自主经营、协作经营、联合经营,建立闵行第三汽车检测站,此外还搞了一批第三产业。虽然返回上海的我们身无分文,但很快就恢复了元气,并取得了很好的经济效益。至1994年,我们年生产、改装各种车辆六百多部,产值超7 000万元。在市有关部门的关心、支持下,事关职工生活的住房、交通等条件不断改善,人心稳定,小三线调整的社会效应和企业效益逐步显现出来。

一个具有归属感的家园

作为一个远离上海的工厂,培新厂与其他小三线单位一样,在发展生产的同时必须解决影响职工思想情绪和产生后顾之忧的实际问题。厂的历届领导都把改善职工生活条件作为重要内容,精心谋划,逐步形成了具有多种功能的"小社会"。

一是完善基础设施。我们先后建设了三个职工和家属居住区,建设了职工食堂、医务室、小卖部、浴室、自来水厂、招待所等各种附属机构和设施,基本满足了近两千名职工及其家属的生活需求。

二是抓好基础教育,在那个"献了青春献终身,献了终身献子孙"的特殊年代里,为了下一代的成长,企业尽最大的努力,先后创办了从哺乳室、幼儿园、小学到职工教育的教育保障体系,在后方基地领导下与跃进厂联合建立了正规化的"培进中学",保证了职工、子女能够及时接受文化知识的教育和熏陶,有书读,读好书。

三是丰富工余生活。培新厂职工老中青的队伍结构,客观上为职工的"自娱自乐"提供了条件。我们自筹搭建了电视信号塔,在小小的黑白方寸中让大家享受外部世界的愉悦;当年职工自演的京剧《沙家浜》曾轰动后方,自排的沪剧《阿必大回娘家》至今为大家津津乐道;不时组织的职工琴棋书画活动,让职工一展才艺,陶醉在艺术的氛围中;看电影在当时属于一种奢侈,尽管是露天的,也颇有点过年赶节的味道;职工们并没有因为远离亲人而放弃生活的理想,他们努力改善工余时间的生活,或三五成群,或单兵作战,品茗、烹饪、弈棋、垂钓、探古等不一而足;职工之间、师徒之间,走门串户,促膝谈心,举杯酣畅,倾诉思想,互诉衷肠;不少青年职工通过交往和了解,从相知、相爱到成家立业,一些职工子女在这个新的故乡喜结良缘,成为令人羡慕的神仙伴侣……

那时的培新厂就是一个处处洋溢着勃勃生机"田园牧歌式"的社会,是一个到处弥漫着浓浓人情的家园,是所有人展现心灵手巧、技能技艺的舞台,更是一个全体员工和家属用理想、乐观战胜孤独、寂寞甚至悲观情绪的战场。

某种意义上讲,正是这样的环境和条件,铸就了培新人"以厂为家、休戚与共"的主人翁精神,打造了培新人"艰苦奋斗、不断进取"的意志品格,成为培新人永远的精神财富,共同的精神纽带。

培新厂,小三线单位中一个值得大家关注的地方,一个永远珍藏于培新人心中的家!

(滕承光,1944年生,1968年毕业于复旦大学原生物系,经济师、高级政工师。先后在中国人民解放军某部、皖南屯溪新安江制药厂接受工农兵再教育。自1977年4月到1997年9月在上海皖南小三线单位上海培新汽车厂工作20年,曾先后担任厂工会主席、职工教育负责人、副厂长,在上海小三线调整期间负责培新厂调整、移交工作,回沪后于90年代初担任上海新华汽车厂党委书记直至离任)

上海小三线培进中学回忆

原培新汽车厂　余瑞生

作者余瑞生

时间：2018年4月22日

地点：上海市宝山区余瑞生寓所

口述人：余瑞生

整理者：王来东，上海大学历史系硕士研究生

我从去安徽皖南参加上海小三线建设、在培新汽车厂（简称"培新厂"）的工作经历、培进中学的办学及其调整、返沪后的情况等几个方面进行介绍。

去皖南参加上海小三线建设

1961年我从上海师范学院（现上海师范大学）物理系本科毕业，1960年大三时入党，大四时被选送到南京工学院无线电师资格培训班进修，大四毕业后留在上海师范学院物理系任教。1967年夏初，系党支部书记找我谈话。他说："因特殊需要，根据'发展精华，保存精华，一分为二'的方针，上海正在皖南山区筹建一所既有理科又有工科的大学，叫上海理工学院，还要建研究所，需要抽调部分干部、管理人员和中青年教师到皖南山区参与这项工作。去的人员政治上要符合一定条件，专业业务和身体条件都要好。如果愿意的话，还可以将爱人从南京调到学校。"当时我想领导已经找我谈话，肯定是希望我去。另外我也有一种荣誉感和责任感，还可以解决夫妻分居问题。所以就表示愿意服从组织上的安排。时隔不久，冒着炎热酷暑，我只身从上海出发，乘火车到杭州，第二天又从杭州乘长途汽车到皖南歙县，再沿着已开辟好可通汽车的山间沙石公路步行近20里，到达了上海理工学院的校址所在地——皖南歙县雄村。当时所谓的校舍只不过是在雄村校本部造好的几栋集体宿舍。食堂还是征用当地的一座大祠堂和部分民房建起来的。家属宿舍还在建造中。航埠（自然村）的半导体专业也征用了当地一座大庄园，部分设施已安装。山坞的机械专业已造好一栋集体宿舍。安装柴油发电机和机床的厂房已建好，发电机和进口的精密机床已安装。有趣的是上海理工学院在上海只有其名，但找不到校址。在皖南歙县雄村有校址，但校名又叫安徽青年耕读学校。外人不知内情一头雾水。1967年夏我到雄村的时候，已在后方的人员正为学校要不要继续筹建下去而争论不休。大约是在1968年春季，上级决定学校停建。上海理工学院的人员主要来自上海科学技术大学、上海工业大学和上海师范学院。停建后，人员各自回原单位。我因爱人和小孩的户口已经从南京迁到了皖南歙县，只好留在安徽，等待上级重新安排。这段时间，因为我的人事关系还在上海师范学院，工资还由原单位发。所有从外地调来的家属和在当地招收的工作人员的工资由高教局发放。

为了看护好余留的设备和物资，上海理工学院成立了十几人的留守小组，我是留守小组的副组长。1968年的冬季，上海有关部门的领导来雄村视察，因此我也结识了严秀坤同志。小三线调整的时候，他也是小三线调整办公室的负责人之一。上海理工学院停建以后，设备基本都运回上海。余留的办公用品等由高教局调剂到在后方办的"五七"干校，一台柴油发电机调拨给后方立新厂。

1969年4月，终于等到了上级通知，留守小组的所有人员全部调入上海交通运输局所属的皖南后方培新汽车厂。

在培新厂的工作经历

培新厂的工作人员主要来自上海汽修三厂、上海汽修十一厂和劳动局的下属技校,第一任党委书记是来自劳动局的一名处长。刚到培新厂时厂里安排我做电工,从一名教师转岗做一名工人。时间不长,我调到厂办公室工作。由于当时后山的翻砂车间、热处理车间、办公楼等还未建造,我和另几位同志进行了土地征用等工作。受特殊时期影响,不久又被分配到热处理车间。因热处理车间还未建造,我主动要求去做司炉工。热处理车间建成后,我就去参与车间的设备安装等工作。期间因生产需要,在其他几位同志的配合下,设计安装了一台中温油回火炉,基本符合要求,既满足了生产需要也节约了资金。

1972年,一批都是厂职工子女的初中毕业生被招收进厂。在他们未分配工作之前,厂里抽调我和几位同志负责这批新工人的管理工作。他们在厂"五七"生产队边养猪种菜边学习,进行所谓的"思想教育"。

由于培新厂是上海后方党课教育的试点单位,也许领导认为我还有可用之处,就交给我写党课教材的任务。后来我还被后方基地借用了一段时间,任务是调查小三线单位与地方的关系和支农情况。我走访了旌德的立新、工农、险峰等厂以及休宁的新光厂和群星厂。从调查的情况看,小三线各单位与地方的关系是融洽的,没有什么大的矛盾。各单位都会尽力帮助当地农村解决一些困难,如农机具的修理、抗洪抗旱等。有些工厂每逢春节还为当地农民免费开放浴室。就是有些小矛盾,也能得到妥善的处理。我想想这段时间的工作是五味杂陈,就像一首歌词里写的:"哪里需要就到哪里去……"

1976年,我被调到厂办任秘书,算是落实知识分子政策吧。这段时期虽然也经历了不少事,但工作还算稳定,未再折腾。1980年我调入培进中学任副校长,主持工作。

培进中学的办学及其调整

上海小三线单位建设初期,职工子女的就学问题不太突出。随着时间的推移,职工子女读书问题的矛盾逐渐显现,为此上级决定在皖南后方分片办几所中学。培进中学就是其中一所。1977年初,培进中学开始招收第一批学生。培进中学是以培新厂和跃进厂联合创办的,所以取名为培进中学。该学校主要是解决歙县至祁门小三线单位职工子女的就学问题,教职工主要也是由培新厂和跃进厂调派,向东厂和红光厂也调派少量教师和工作人员。教职员工的人事关系都在原单位,工资也由原单位发。培进中学坐落在芜屯、杭屯公路旁,离培新厂和跃进厂都很近。学校有一栋三层的教学楼,设有图书馆和理化实验室等,一栋三层的家属宿舍楼,两栋两层的集体宿舍楼,一座大礼堂兼食堂,还有一排平房。学校建有一个标准的足球场和一个篮球场,还有一个25米长的短道游泳池,配备一辆货运卡车。学校还设有小卖部,主要供应各类学习用品。校医务室可解决学生的小伤小病。教学经费则根据各厂学生人数平均摊派。

经过几年办学,教学质量不尽如人意,学生家长颇有微词。我是1980年调入培进中学任副校长主持工作的。对我而言,这是回到了教学岗位,重操旧业,但从一个大学教师到中学行政管理,又是一个新的课题。教学质量上不去,问题到底出在何处?我想大致有以下几个方面的原因:一是生源不足,每个年级只有一个班,没有平行班,没有平行班就没有比较,教师的积极性也就不高。二是师资力量薄弱。教师多数是工农兵大学生和一些中专生,大学生很少。三是受"读书无用论"的影响,学生学习积极性不高。由于后方小三线的特殊情况,学生即使考不上高一级的学校,所在厂也会解决其就业问题。

针对这种情况,学校做了几个方面的工作:第一,加强管理,严肃纪纪。对严重违纪且屡教不改的个别学生,该处分的处分,该清退的清退,使学校有一个良好的教学秩序,为此我还得罪了个别学生家长。对教师加强考核。学校组织教师上公开课,教师相互听课,领导听课并进行评议。要求教师有一定的备课量,并进行抽查。第二,采取"走出去"和"请进来"的方法以提高教师的教学水平。所谓"走出去"就是在上级有关部门的领导和支持下,利用假期让教师在上海进行短期培训,并与有关学校进行挂钩,取得对方的帮助。我们不定期选派教师到上海向明中学参加他们的教研组活动,随堂听课。我们还将个别学习努力、成绩较好的学生送到松江二中学习,激励学生的学习积极性。所谓"请进来"就是请向明中学的骨干教师到学校来上公开课,听课并进行指导。第三,做好后勤保障工作。教师住在家属宿舍的人数不多,尽管只有一两名哺乳期的幼儿,学校还是在当地聘请了一名保姆,解决教师的后顾之忧。星期日学生都回家,住校的单身教师不多,学校的食堂正常开放,早餐还相应增加花色品种。住在厂里家属区的教师还特地赶到学校食堂买早点,其他厂里的职工特地通过学校的教师来买早点。为了使教师能吃到新鲜的枇杷,学校派车去歙县采购,还通过当地的粮食部门调拨上海人爱吃的粳米供应给教职工。尽管做了上述这些工作,但收效甚微。1984年,风闻小三线要调整,教职工的思想也有所波动,学生人数也逐渐减少。学校继续办下去的难度很大,停办进行调整势在必行。培进中学的调整不像工厂那么复杂,教职工都各自回原单位安排。除了校舍和教学用具外也没有什么设备,也没有流动资金,但学校还是按照上级要求,认真清点物品,小到一把菜刀都登记造册,核对账目,最后顺利地移交给当地的教育部门。学校移交后,属培新厂编制的大部分教师和一些家属及医务室的几名医生被交通运输局重新安排到上海交通运输技工学校工作。

回上海后的工作情况

1986年1月我回到上海,首先通过大学同事在靠近上海交通技校新校址附近借了房。因爱人和女儿的户口还未迁入上海,为了解决女儿的上学问题,我去小三线调整办公室找了严秀坤同志,开了有关证明。开始时借读学校领导质疑后方学校的教学质量,怕影响他们学校的升学率。还好女儿很争气,从小学、初中直到高中,她的学习成绩都名列前茅,高中毕业被保送进入大学。1986年春,我正式进入上海交通技工学校工作。到了新单位,一切从头开始,我被分配到校政工办做组织员。不久,学校车辆维修车间人心涣散,严重影响了教学车辆和生产实习车辆的维修。学校因此调我去维修车间做支部书记,从教育工作者变成政治思想工作者。面对车间的实际情况,我和车间主任研究商量后,先是建立健全必要的规章制度,建立奖金发放的考核标准,做到奖金发放有依据有指标,不是个人说了算,做到公平公正,职工心服口服。通过个别谈心,消除了人与人之间的隔阂,增强团结。在校部的支持下,学校派一辆大客车组织车间职工去苏州旅游。这是车间也是学校首次派车组织教职工外出旅游。工人师傅说这是前所未有的事情。为了不让工人在上班空闲时到处乱跑,我们在车间空余的工房内设立了一个活动室,内有报刊、棋类和乒乓球台。没有任务时可在活动室活动,有修理任务时必须随叫随到。工作时间无特殊情况不得离开车间。通过一段时间的工作,车间面貌大为改观,保证了车辆维修任务按时完成。

1987年,上级调我到校部任副校长并兼任政工办副主任。在这段时间内,除正常的教学管理外,我还担任了交通部交通技工教育研究会理事,参与了在济南召开的高级实习指导教师培训班教学计划的审定,先后参加了在浙江金华召开的全国交通技工学校音像教材审定会,在四川成都召开的全国交通系统驾驶员培训教学计划和大纲及考核标准审定会。

1993年,交通技工学校与上海福赐驾驶员培训中心合并,我任副校长,副总经理。1995年又与上海市交通学校合并,我任督导,合并后体制不变。上海市交通学校为事业单位,交通技工学校和驾驶员培训中心为企业单位。我的人事关系在合并时由交通技工学校转入上海市交通学校,1998年退休。

时间飞逝,不知不觉离开皖南已有三十余载。去时还不到30岁,如今已到耄耋之年,岁月沧桑。回忆在皖南小三线时的工作与生活情景,往事并未如烟。如果不去小三线,如果上海理工学院项目不下马,也许我在专业学术上会有所收获。但人生没有如果,必须面对现实。上海小三线建设是当时形势所需。20世纪80年代小三线调整也是由形势所定。在皖南的十多年,就我个人而言,还是欢乐多于烦恼。生活基本安定,厂区离家近,上下班很便利,不像现在的上班族,生活节拍很紧凑。皖南山区田野间池塘较多,是垂钓的好场所。每逢节假日,提上钓竿,在塘边既可垂钓又可观览田野风光。皖南岩寺周边的不少田间小路都曾留下我的足迹。皖南山区翠绿的青山,清澈的流水,怡人的空气,至今令我难以忘怀。

(余瑞生,江苏南京人,1938年出生。1957—1960年于上海师范大学物理系读书,1960年入党。1960—1961年于现东南大学无线电师资培训班学习。1961—1969年于上海师范大学物理系任助教,1967—1969年于上海后方上海理工学院工作。1969—1980年于上海后方培新汽修厂先后担任工人、厂办和党办秘书。1980—1986年任上海后方培进职工子弟学校副校长。1986—1995年任上海交通运输技工学校政工办组织员,维修车间支部书记,政工办副主任,副校长。1995—1998年任上海市交通学校督导。1998年退休)

风 雨 之 夜

原260通讯站绩溪分站　过正海

　　1975年3月，我由胡乐通讯站调至绩溪分站工作。我们是通讯单位，主要负责连接绩溪地区小三线厂相互之间及与上海的联系。

　　绩溪分站处在距县城5公里左右的一处山坳中，在流经群山连绵而下的河道平坦处。历史上此处常因大雨而造成洪水，洪水冲来的上游沿途的各类物资，到此处地形稍平缓而常有滞留。当地农民拾而利用，形成了因洪水而富

作者过正海

"洪富村"

有的"洪富村"。

绩溪分站在外侧的一条山沟,内侧那一道山沟里的是相邻的卫海厂。当时卫海厂筹建工程初成,但时有一些零星小项目需逐步补充。所以有一批施工人员在我们两个单位之间空地上搭了十几间二层的简易宿舍供他们居住,屋背靠近一座山体。

八月是雨水较多的季节。话务小姐不紧不慢地接续各厂间的联系。临近深夜,狂风大作,夹带着瓢泼大雨,突然间,标示着卫海厂的各路信号灯都闪亮起来。卫海厂发生山体垮塌,农民工的临时宿舍被压垮,有多名人员被压在碎石砖瓦之下,急待救援。除了农民工自行抢救外,卫海厂也有大批人员投入抢救,有用钢钎撬石块的,有用钉耙耙泥石的……这里要联系相关医院做好抢救准备,那里要调度车辆送伤者去医院……

当时小三线各厂与地方政府为两个系统,平时联系不多,此时要急报当地政府做好相应的抢救工作。话务员根据当时的规定,请示通话费用如何结算,急待领导回复。"血浓于水",通讯站领导答复,"不计一切费用,以有利、方便抢救为首要条件。"这样,小三线各厂、地方政府、医院……都得到及时联系和配合,使受灾伤亡人数减到了最小。

半世年华忆绩溪

原260通讯站绩溪分站 胡勤英

作者胡勤英工作照

说起我们小三线生活，前后足14年。记得刚进绩溪分站时，我们先是搭伙在卫海厂食堂吃饭，后来在站领导主持下，自己开办了食堂，还养了两头猪，我们各班组都开垦了五七田，种了番茄、青菜、毛豆、扁豆、山芋、冬瓜、南瓜等蔬菜，统统交给食堂烧大锅饭菜，很开心。

王雪清、曾师傅、小鲍、小吴负责食堂，还兼养猪，记得凡在国庆节、毛主席生日等重大节日，我们各班组在较大的线务室表演节目，食堂还特意杀猪庆祝过节，全站一下子热闹了起来。随着我们大家都陆续成家，去食堂的人也少了，不久便关了。由于山区文娱活动少，只要卫海厂广播说晚上放映电影，无论天气有多冷，无论放映电影的时间有多晚，我们照样拿着小板凳，带着孩子，赶去看电影。

在这十四年里，我们话房为三工区领导接了很多电话，有时还是半夜。于是在电话中认识了三工区的负责人陈子虎和后勤处史执中。他们经常问我们:"有没有困难,有困难找我。"于是之后的每年春节,他们就打电话给我们话房:"小胡我派车子送来一条排骨、一板梅鱼、一板带鱼,一共多少钱交驾驶员带来。"就这样,我们话房也为站里解决了一些生活困难。站领导对我们有了更高要求,每半年到一年,走访各厂家,听取意见,提高我们的服务质量。

  50年过去了,生活比较艰苦,但我们的青春年华很灿烂。我们每个人都曾默默为之奉献。

在水泥厂一干十余年，从上海小三线走出来的夫妻画家

徐 萧

胡震国王守中一家在皖南

他们出身名门，却在深山水泥厂一干十余年，终成沪上画家伉俪。

1970年秋，刚刚从上海工艺美术学校毕业的胡震国只身来到皖南大山里的胜利水泥厂，在接下来的十三年里，这个拿画笔的文弱书生要拿起榔头和石灰岩、水泥打交道。同一时间，他的同学王守中则在该厂销售科办公室熟悉着业务。

他们在学校时只是普通同学，因为上海小三线建设而在安徽重逢，他们工作上为国家军工事业奉献青春，业余时切磋研习绘画技艺、互相鼓励坚持梦想，后来成了沪上著名的画家伉俪。

2019年3月22日，"墨彩和韵——胡震国·王守中精品展"在上海敬华艺术空间开幕，展出夫妻两人精品近百幅，其中包括设色山水、园林、油画等佳作，展现了他们近年来创作的成果。展前，澎湃新闻记者在两人长宁路寓所对他们进行了专访，听他们回忆亲身参与的上海小三线建设，和"守得云开见月

胡震国王守中画展现场

明"的翰墨人生。

书香世家

胡震国和王守中是共和国的同龄人,均出生于知识分子家庭。

胡震国的祖父供职于中华书局,父亲则在商务印书馆工作。在知识获取手段相对匮乏的年代,他近水楼台,坐拥书城。那些一般人很难见到的新出画册、西方艺术作品,比如贺友直的连环画作品《山乡巨变》、苏联写实主义画作,胡震国更是可以先睹为快。

胡震国在家中展示他有关江南庭院的近作(未完成)

在水泥厂一干十余年,从上海小三线走出来的夫妻画家 | 551

胡震国关于胜利水泥厂车间生产场面的写生作品,被认为是上海小三线建设的珍贵史料

从小学三年级开始,胡震国就对绘画着了迷,不成体系地画些水墨、漫画。到初中开始比较正规地接受了素描的启蒙,并逐渐萌生了当画家的想法。

这时候的王守中已经在父亲的指点下初窥画艺门径。她的父亲王康乐是现代海上著名的书画家、美术教育家,先后师从黄宾虹、郑午昌、张大千研习山水画。王守中从小耳濡目染,在严父的监督下,反复临摹董源、巨然、王蒙、石涛等先辈大师的作品,打下了良好的古典基础。

1966年,胡震国和王守中同时考入了上海工艺美术学校(现为上海工艺美术学院),开始了系统而专业现代绘画训练。1970年毕业时,身处特殊年代的同学们均对未来感到茫然忐忑。这时,一纸通知改变了他们的命运。

深山筑梦

胡震国、王守中接到的通知是参与上海小三线建设,分配到安徽宁国县胜利水泥厂工作。

所谓三线建设，是指20世纪60年代至90年代，中国中西部的13个省、自治区进行了一场以战备为指导思想的大规模国防、科技、工业和交通基础设施建设。三线以地理位置区分：沿海和边疆的省、市、自治区为一线地区，位于中国腹地的西南、西北大部分地区为三线，作为战略大后方，一线、三线之间的中部地区为二线，此三线为大三线。一线、二线地区也要有自行投资的后方基地，这就是小三线。

上海是当时新中国最大的工业基地，自然是三线建设的重要参与者，仅小三线在安徽的建设工程就有7万余名上海职工背井离乡，远赴皖南深山开山炸石、架桥修路，奉献自己的青春和生命，在密林中建设了近80家军工企事业单位。

胡震国和王守中被分配前往的胜利水泥厂就是这近80家军工企事业单位之一。以绘画为志业的二人，在听到这个消息时，既兴奋又担忧——参与小三线建设、为国家贡献青春让他们兴奋，但两个文弱书生去当工人又让他们担忧是否力有不逮。没经过太多考虑，他们毅然决定服从组织安排。

胜利水泥厂俯瞰（胡震国画作）

胡震国在胜利水泥厂的写生作品

当他们进到皖南大山里时,水泥厂已经颇具规模,周边配套也在逐渐完备中,到后来已俨然一个小市镇。胡震国开始时在矿山作业,钻孔、炸山、敲石,既辛苦又危险,每年都会出现工伤事故。

"从来没干过体力活,还是这种重体力活,但知道小三线的意义,咬牙坚持嘛!"胡震国回忆道。因为毕竟是稀缺的知识分子,后来他被调整到车间工作。

王守中则一开始就被安排在了销售科,后在子弟学校当老师。"开始时要教全科,就我一个老师嘛。后来学生多了,老师也陆续增加,就分工了。"

随着工余时间多了起来,也被热火朝天的建设场景感染,他们二人重新拿起了画笔,爬上山头,将很多生产生活画面记录了下来。

"他们夫妻有关上海皖南小三线建设的作品,是作为亲历者眼中和笔下反映小三线建设乃至三线建设的艺术作品,在全国范围内也是非常罕见的,具有珍贵的史料价值。"上海大学历史系教授、2013年度国家社科基金重大项目

胜利水泥厂生产建设场景钢笔速写（胡震国作品）

"小三线建设资料整理与研究"首席专家徐有威评价道。

但是他们当时没有这个意识，他们心里想得很单纯，就是绘画的笔不能放下，艺术这条路无论如何也要走下去。他们要一手为国家搞建设，一手为自己延续艺术梦。原本上学时只是普通同学的两人，在皖南崇山峻岭的一次次写生中，在工作后的一次次交流里，走到了一起，绘画技艺和内涵不断延展，开始在全国范围内崭露头角。

艺林伉俪

上海小三线建设的后期，后方管理局为了人尽其用，将各厂里的文艺人才抽调出来，不定期开设艺术创作基地让他们搞创作，胡震国和王守中都是其中的成员。

他们辗转于江南山水和园林建筑之间，逐渐形成了各自的绘画风格和艺术理念，作品也开始出现在一些绘画展、美展里。随着艺术功力渐臻，俩人先是在1983年调入苏州工艺美术技校，后又回到了沪上母校任教。

胡震国王守中画展现场（王守中作品《山水四屏》）

"当年去的时候，也做好了回不来的打算。没想到因为画画，又回到了上海。"回顾大半个人生轨迹，王守中感慨道。

尽管回到上海，但在皖南的十余年成为了两人绘画创作的底色之一，不断发酵出新芽。

胡震国将早年习得的法国印象色彩、苏联写实主义与中国江南湖光深情融合，形成了浓烈的个人绘画风格，其连环画、年画、水彩画作品多次入选全国各大画展，并应邀为沪上机构创作大型壁画数幅。

王守中则在绵密繁复的传统技艺里融入皖南山色的灵动内敛，于磅礴中见柔美，在细腻处有丘壑。2003年，其作品《万壑烟云图》入选第二届全国中国画展，王守中从此声名鹊起。随后，王守中作品《春华秋实》先后入选2004年第二届全国少数民族美术作品展及2006年上海市山水画大展，其多幅作品曾数次参加上海艺术博览会。此外，王守中还编著了《写意山水十招》。近几年，王守中又转研金笺山水画，其作品风格有"碧海金沙"之誉。

现在他们已年届古稀，退休在家，潜心绘画。访谈中，回忆起那些艰难困苦的岁月，那些改变他们命运的重大转折，他们波澜不惊、平淡随和。人生至

王守中展现胜利水泥厂生产场景的作品

此,二人除艺术探索外别无他求。

"他们夫妇几十年如一日,无论环境的变化,始终不放弃艺术追求,这也是千千万万小三线建设者精神的一个缩影。"徐有威告诉澎湃新闻记者,整个上海工艺美术学校七〇届毕业生,最后坚持下来并在艺术上有所成的只有他们两位。

"我们从上学时脑子里唯一的念想就是走专业道路,一辈子都要画画。"

(作者系澎湃新闻记者。本文于2019年3月23日发布于澎湃新闻客户端。转载时有改动)

上海小三线企事业单位名录

序号	单位名称	单位所在地
1	机电公司（机关）	安徽省宁国县县城
2	胜利机械厂	安徽省贵池县棠溪乡
3	前进机械厂	安徽省贵池县棠溪乡
4	五洲电机厂	安徽省贵池县刘街乡
5	永红机械厂	安徽省贵池县刘街乡
6	火炬电器厂	安徽省贵池县棠溪乡
7	联合机械厂	安徽省宁国县霞西乡
8	协同机械厂	安徽省宁国县南极乡
9	协作机械厂	浙江省临安县岛石乡
10	卫海机械厂	安徽省绩溪县华阳镇
11	跃进机械厂	安徽省歙县岩寺镇
12	红旗机械厂	安徽省屯溪市屯光乡
13	813汽车运输队	安徽省宁国县西津乡
14	机电中学	安徽省宁国县西津乡
15	轻工公司（机关）	安徽省绩溪县华阳镇

(续表)

序号	单 位 名 称	单位所在地
16	万里锻压厂	安徽省绩溪县北村乡
17	光明机械厂	安徽省绩溪县瀛洲乡
18	燎原模具厂	安徽省绩溪县瀛洲乡
19	光辉器材厂	安徽省绩溪县瀛洲乡
20	红星木材厂	安徽省绩溪县北村乡
21	曙光电料厂	安徽省宁国县胡乐乡
22	红光材料厂	安徽省屯溪市屯光乡
23	利民机械厂	安徽省绩溪县临溪乡
24	轻工中学	安徽省绩溪县华阳镇
25	仪电公司(机关)	安徽省旌德县旌阳镇
26	电子器材二厂(井冈山)	安徽省旌德县孙村乡
27	电子器材三厂(东风)	安徽省旌德县白地乡
28	电子器材四厂(旌旗)	安徽省旌德县白地乡
29	险峰光学仪器厂	安徽省旌德县孙村乡
30	韶山电器厂	安徽省旌德县俞村乡
31	立新配件厂	安徽省旌德县孙村乡
32	延安机械厂	安徽省旌德县孙村乡
33	工农器材厂	安徽省旌德县孙村乡
34	卫东器材厂	安徽省旌德县孙村乡
35	满江红材料厂	安徽省旌德县朱庆乡
36	星火零件厂	安徽省旌德县朱庆乡
37	小型轴承厂(向阳)	安徽省旌德县旌阳镇
38	东方红材料厂	安徽省绩溪县大源乡
39	遵义器材厂	安徽省绩溪县大源乡

(续表)

序号	单位名称	单位所在地
40	向东器材厂	安徽省屯溪市屯光乡
41	新安电工厂	安徽省黟县渔亭乡
42	朝阳微电机厂	安徽省祁门县城关镇
43	为民器材厂	安徽省祁门县城关镇
44	七一医疗设备厂	安徽省祁门县城关镇
45	仪电中学	安徽省旌德县孙村乡
46	化工公司（机关）	安徽省东至县合镇乡
47	红星化工厂	安徽省东至县合镇乡
48	卫星化工厂	安徽省东至县建新乡
49	金星化工厂	安徽省东至县合镇乡
50	自强化工厂	安徽省东至县合镇乡
51	长江化工机修厂	安徽省东至县建新乡
52	龙江水厂	安徽省东至县香口乡
53	化工中学	安徽省东至县合镇乡
54	八五钢厂	安徽省贵池县刘街乡
55	新光金属厂	安徽省休宁县溪口乡
56	半导体材料厂（群星）	安徽省休宁县渭桥乡
57	培新汽车厂	安徽省歙县岩寺镇
58	胜利水泥厂	安徽省宁国县山门乡
59	红波设备厂	安徽省泾县潘村乡
60	312电厂	安徽省泾县白华乡
61	366电厂	安徽省宁国县青龙乡
62	325电厂	安徽省贵池县墩上乡
63	703供电所	安徽省绩溪县华阳镇

(续表)

序号	单 位 名 称	单位所在地
64	后方电力处（机关）	安徽省绩溪县华阳镇
65	海峰印刷厂	安徽省绩溪县杨溪乡
66	后方卫生处（机关）	安徽省绩溪县华阳镇
67	后方卫生防疫站	安徽省绩溪县华阳镇
68	瑞金医院	安徽省绩溪县临溪乡
69	古田医院	安徽省宁国县胡乐乡
70	长江医院	安徽省贵池县刘街乡
71	天山医院	安徽省东至县合镇乡
72	565供应站	安徽省宁国县洪门乡
73	707仓库	安徽省宁国县西津乡
74	培进中学	安徽省歙县岩寺镇
75	683汽车运输场（场部）	安徽省泾县潘村乡
76	260通信站（总站）	安徽省宁国县胡乐乡
77	后方基地计量检定所	安徽省绩溪县华阳镇
78	后方基地干校	安徽省歙县桂村乡
79	后方基地农场	安徽省歙县桂村乡
80	上海市后方基地管理局（机关）	安徽省屯溪市屯光乡
81	祠山岗中转站	安徽省广德县

资料来源：徐有威主编：《口述上海：小三线建设》，上海教育出版社2013年出版，第448—451页。

《小三线建设研究论丛(第一辑)》目录

(上海大学出版社 2015 年版)

特　稿

宋平谈三线建设及工业布局
　　……………… 武力　陈东林　郑有贵　段娟采访整理（ 3 ）
毛泽东最早做出决策：三线建设的启动和调整改造 ……… 于锡涛（ 8 ）
我与三线建设 ………………………………………… 王春才（ 14 ）

专　题　研　究

50 年后的回眸：三线建设的决策与价值 ……………… 陈东林（ 37 ）
北京市小三线建设初探 ……………………… 谢荫明　张惠舰（ 45 ）
20 世纪六七十年代广东的小三线建设 ……… 杨汉卿　梁向阳（ 55 ）
三线建设对中国工业经济及城市化的影响 …… 徐有威　陈　熙（ 63 ）
上海小三线建设在县域分布特点的历史地理考察
　　——以安徽省宁国县为例 ………………………… 段　伟（ 78 ）
三线建设研究的发展趋势与社会学视野 ……………… 张　勇（ 91 ）
困境与回归：调整时期的上海小三线
　　——以新光金属厂为中心 ………………… 徐有威　李　云（ 102 ）

江西小三线专辑

我和江西小三线建设 …………………………………… 钱家铭（ 115 ）
总结经验　开拓进取 …………………………………… 钱家铭（ 121 ）

《江钢志》序	钱家铭	（124）
回忆江西小三线建设	张小华	（127）
他们铸造了光明精神	程渝龙	（133）
我的江西小三线回忆	伏如山	（138）
江西小三线光明机械厂(9334厂)	程渝龙	（147）

手　　稿

三线建设日记选编(1)	宫保军	（165）
上海皖南小三线调整时期工作笔记	王德敏	（223）

口述史和回忆录

调整三线存量，为国家发展出力		
——回忆甘肃的三线建设和调整	宫保军	（237）
采访孟繁德	徐有威等	（261）
一个山东小三线家庭变迁史	刘寅斌	（275）

我和三线建设研究

我所经历的上海小三线田野调查	李　云	（291）
触摸鲜活的历史：我亲历的小三线研究	杨　帅	（298）
五集纪录片《千山红树万山云——"小三线"青春记忆》		（303）
凡人歌	陈和丰等	（347）
三线记忆：家国五十年	白晓璇等	（357）
"小三线"建设50周年|一个上海工人家庭的回忆	罗　昕	（368）
一个人　一代人		
——记大学生口述历史影像记录计划最佳人气奖得主、		
文学院历史系硕士生陈和丰	张瑞敏	（377）
跟着爸爸走小三线	徐其立	（381）

档案整理和研究

上海档案馆馆藏上海小三线建设资料介绍(上)	霍亚平	（387）
上海档案馆馆藏上海小三线建设资料介绍(下)	杨　帅	（394）

上海小三线八五钢厂《团讯》目录(1) ·················· (400)

译　稿

越南战争与"文化大革命"前的三线防卫计划(1964—1966)
　　················· 吕德量　著　徐有威　张志军　译　(431)

学　术　动　态

弘扬三线精神　促进经济发展——读《三线建设纵横谈》······ 王春才　(459)
"三线建设学术研讨会暨研究生论坛"会议综述 ······ 徐有威　胡　静　(461)
"全国第二届三线建设学术研讨会"会议综述 ······ 徐有威　杨华国　(465)
江西三线建设研究正式启动　课题组第一次工作会议
　　召开 ··························· 张志军　(472)

索引 ································· (473)
后记 ································· (476)

《小三线建设研究论丛(第二辑)》目录

(上海大学出版社 2016 年版)

特 稿

三线遗产概念、类型、评价标准的若干问题 ……	徐嵩龄 陈东林	(3)
巴山蜀水三线情 ……	王春才	(26)
20世纪六七十年代中国国防工业布局的调整与完善 ……	姬文波	(33)
20世纪六七十年代中国大战备的基本过程 ……	赤桦	(45)
安徽旌德历史上的上海小三线 ……	刘四清	(50)

专 题 研 究

皖南上海小三线职工的民生问题研究 ……	张秀莉	(55)
上海皖南小三线东至化工区个案研究 ……	徐锋华	(74)
落地不生根:上海皖南小三线人口迁移研究 …… 陈熙	徐有威	(90)
上海小三线与皖南地方关系研究 …… 李云 杨帅	徐有威	(117)
北京小三线建设研究 ……	李晓宇	(132)
山东原小三线企业民丰机械厂今昔 ……	王吉德	(154)

手 稿

三线建设日记选编(2)
　(1991年4月22日—11月22日) …… 宫保军 (161)
上海小三线新光金属厂工作日记(1)

（1982年1—3月）……………………………………… 孟繁德 （212）

上海小三线自强化工厂厂部会议记录(1)

（1977年10月13日—12月26日）………………… 陈耀明 （244）

口述史和回忆录

上海皖南小三线工程勘察内幕 …………………… 阮仪三 （273）
一位徽州学生记忆中的上海皖南小三线 …………… 徐国利 （276）
我所知道的上海小三线自强化工厂 ………………… 陈耀明 （282）
原江西远征机械厂回忆 ………… 倪秀玉口述，沈亦楠、徐有威整理 （297）
遥忆在原江西远征机械厂的少年时光

……………………………… 毕蔚华口述，沈亦楠、徐有威整理 （304）
我们是三线人 ………………………………………… 顾 筝 （309）

我和三线建设研究

上海小三线寻访之旅 ………………………………… 胡 静 （327）
悠悠岁月三线情（剧本） ……………………………… 李 帆 （342）

档案整理和研究

江苏淮安地区小三线建设史料选编 …… 江苏省淮安市档案馆整理 （355）
北京市档案馆馆藏有关北京小三线建设档案资料

概述 ………………………………………… 耿向东 李晓宇 （380）
上海小三线八五钢厂《团讯》目录(2) ……………………… （389）

译　稿

中国三线建设的展开过程 ………… ［日］丸川知雄 李嘉冬 译 （433）

索引 ……………………………………………………………… （476）
《小三线建设研究论丛（第一辑）》目录 ………………………… （480）
后记 ……………………………………………………………… （483）

《小三线建设研究论丛(第三辑)》目录

(上海大学出版社 2017 年版)

专题研究

三线建设与中国内地城市发展(1964—1980) ………… 周明长 (3)

机遇与创新:小三线企业改造与地方经济的腾飞
——以宁国县企业发展为中心 …………………… 段 伟 (20)

为了祖国的青山绿水:小三线企业的环境危机与应对
………………………………………… 徐有威 杨 帅 (32)

情寄昌北——上海小三线协作机械厂专辑

我的最后一份《工作报告》 ……………………… 张章权 (55)
我记忆中的协作机械厂 …………………………… 赵岳汀 (68)
我是工厂的生活后勤兵 …………………………… 徐绍煊 (79)
建厂中的工农关系 ………………………………… 赵振江 (91)
我在小三线的日子里 ……………………………… 曾柏清 (98)
我与协作机械厂财务科 …………………………… 唐定发 (108)
我与协作厂 ………………………………………… 高球根 (136)
七律两首·去上海小三线 ………………………… 祁学良 (235)
醉太平·赠战友老汤 ……………………………… 祁学良 (236)
三回故地 …………………………………………… 徐梦梅 (237)

口述史与回忆录

上海后方小三线教育工作点滴 …………………… 陶银福 (319)

宁夏小三线宁夏化工厂(5225厂)筹建始末 …………… 王廷选 （323）
我所知道的上海小三线 325 厂
　　…………………………… 钱学勤口述,余顺生、武昌和采访 （330）
辽宁小三线新风机械厂(965厂)忆旧 ………… 冯伟口述,黄巍采访 （335）

我和三线建设研究

残雪浦东 ……………………………………………… 李　婷 （351）
那些上海小三线女职工 ………………………………… 邬晓敏 （357）
"难忘的岁月——上海小三线建设图片展"接待日记选
　　………………………… 李　帆　韩　佳　王来东　耿媛媛 （375）

档案整理与研究

中国地方档案馆和企业档案馆小三线建设藏档的状况与价值
　　……………………………………………………… 徐有威 （393）
江西工具厂早期规章制度选编 ………… 葛维春　代　祥　徐占春
　　　　　　　　　　　　　　　陈荣庆　胡中升　袁小武　辛从江 （408）
江西省宜春地区小三线建设及其档案资料 ……………… 张志军 （455）
福建三明市档案馆馆藏上海迁三明企业资料介绍 ……… 刘盼红 （462）
三线建设研究成果及相关文献目录初编(1)(1975—2013)
　　………………………………………… 徐有威　李　婷 （468）

索引 ……………………………………………………………… （513）
《小三线建设研究论丛(第一辑)》目录 ………………………… （518）
《小三线建设研究论丛(第二辑)》目录 ………………………… （521）
后记 ……………………………………………………………… （523）

《小三线建设研究论丛(第四辑)》目录

(上海大学出版社 2018 年版)

江苏省淮安地区小三线研究专辑
江苏省淮安市档案馆 编

江苏省淮安市档案馆馆藏小三线档案资料简介 …………… 王来东 (3)
江苏淮安市小三线职工口述史选编 …………………………… 王来东 (54)
江苏淮安小三线口述采访日记 ………………………………… 王来东 (215)

后小三线时代研究

上海小三线企业对安徽贵池工业结构调整和工业经济发展的
　影响 ……………………………………………………… 夏天阳 (245)
安徽贵池在上海小三线企事业单位建设生产经营中的作用与
　贡献 ……………………………………………… 余顺生　武昌和 (250)
改革开放以来河南前进化工科技集团股份有限公司的发展
　纪实 ……………………………………………………… 牛建立 (256)

档案资料与研究

湖北省宜都市档案馆藏三线建设档案资料概述 …… 冯　明　袁昌秀 (283)

上海小三线八五钢厂《八五通讯》和《八五团讯》特辑

《八五通讯》简介 ……………………………… 徐有威　陈莹颖 (297)
《八五团讯》简介 ……………………………… 徐有威　耿媛媛 (313)

《八五通讯》编辑历程忆往 ………………………………… 谈雄欣 （334）
难忘的《八五团讯》 …………………………………………… 史志定 （340）

我和小三线研究

"尘封记忆——安徽小三线纪实摄影展"值班日记选编
　　………… 陈莹颖　宣海霞　王来东　周升起　窦育瑶　耿媛媛 （347）

口述史与回忆录

安徽师范大学新闻学院皖南上海小三线口述史汇编
　　………………………… 马星宇　王　豪　胡银银　汪梦雪 （371）
上海小三线培进中学追忆 ……………………………………… 余瑞生 （390）
上海小三线计划生育工作的回忆 ……………………………… 陈金洋 （396）

译　　稿

带标签的群体：一个三线企业的社会结构 …… 陈　超著　周明长译 （405）

研　究　与　回　顾

三线建设研究成果及相关文献目录初编(2)(2014—2018年)
　　………………………………… 徐有威　耿媛媛　陈莹颖 （437）

书　评

一部意蕴深厚的口述史著作
　　——评《口述上海——小三线建设》 ……………………… 李卫民 （465）

索引 ………………………………………………………………………… （476）
《小三线建设研究论丛(第一辑)》目录 ……………………………………… （483）
《小三线建设研究论丛(第二辑)》目录 ……………………………………… （486）
《小三线建设研究论丛(第三辑)》目录 ……………………………………… （488）
后记 ………………………………………………………………………… （490）

《小三线建设研究论丛(第五辑)》目录

(上海大学出版社2019年版)

上海市协作机械厂专辑

上海市协作机械厂档案资料选编 ……………………… 徐有威 (3)
为了让毛主席睡好觉
　　——我的上海小三线17年生涯 …………………… 高球根 (265)
撰写回忆录,抢救小三线的历史 ……………………………… (293)
追忆小三线建设者的青春年华
　　——主编"情寄昌北"专辑的始末 ……………………… (299)
上海市协作机械厂档案资料概述 ……………………… 张程程 (307)
上海小三线民兵活动档案资料简介:以八五钢厂和协作机械厂等
　　为中心 ……………………………………………… 宣海霞 (330)
情系仁里:追寻上海小三线印记 ……………………… 郑　颖 (339)
我眼中的上海市协作机械厂 …………………………… 屈晨熙 (345)

我和三线建设研究

上海小三线医务工作者采访日记选 …………………… 陈莹颖 (357)
为小三线治安工作研究打底色:我的上海大学保卫处实习
　　日记 ………………………………………………… 宣海霞 (364)
暑假四川小三线寻访记 ………………………………… 曹　芯 (377)

档案资料与研究

四川小三线建设口述史资料概述 ……………………… 曹　芯 (389)

辽宁省辽阳市档案馆藏小三线建设资料概述 ……………… 黄 巍（395）
江西小三线新民机械厂档案资料简介 ……………………… 张雪怡（403）

研 究 信 息

首届中国三线建设史研究工作坊综述 ………… 张志军 徐有威（411）
努力打造小三线建设研究的基石：读《小三线建设研究论丛》
　（第1—5辑）有感 …………………………………… 张程程（414）
"记忆与遗产：三线建设研究"高峰论坛会议综述 ……… 张梦鸽（423）

索引 ……………………………………………………………（430）
《小三线建设研究论丛（第一辑）》目录 …………………………（446）
《小三线建设研究论丛（第二辑）》目录 …………………………（449）
《小三线建设研究论丛（第三辑）》目录 …………………………（451）
《小三线建设研究论丛（第四辑）》目录 …………………………（453）
后记 ……………………………………………………………（455）

《小三线建设研究论丛(第六辑)》目录
(上海大学出版社2021年版)

三线建设研究者自述

从参与者到研究者:我与三线建设................................. 王春才 (3)
从目击者到研究者:我的第一篇三线建设的研究文章................ 宁志一 (23)
行进在四川三线建设研究的征途中................................. 江红英 (28)
从历史研究到遗产保护:我和三线建设研究......................... 陈东林 (42)
难忘的峥嵘岁月
　——攀枝花中国三线建设博物馆诞生记........................... 莫兴伟 (55)

忆峥嵘岁月　树山橡丰碑
　——编辑《山橡记忆》的前前后后............................... 马　祥 (65)
尊崇历史,唯实求是
　——湖北小三线原卫东机械厂厂史编纂感悟....................... 杨克芝 (72)
万水千山不忘来时路
　——国营五〇五七厂建厂50周年文集编纂记...................... 吴学辉 (81)
唤起三线记忆　传承三线精神
　——遵义1964文化创意园三线工业遗址的保护与利用............... 何可仁 (95)
此生愿做传递三线圣火之人....................................... 何民权 (106)
从四川雾山深处走来
　——我主持了中国科学院光电所遗址开发利用..................... 周　健 (112)

浸润书香，硕果芬芳

　　——读李洪烈先生《我与三线结书缘》有感................秦邦佑（120）

从参与者到记录者

　　——我和三线建设的一生缘................倪同正（125）

《我们人民厂》出版记................潘修范（149）

从"近"到"进"：我与三线建设的距离................王佳翠（154）

学术之花盛开于特别的学术情缘之上................王　毅（164）

我与青海三线核工业705厂的不了情................左　琰（170）

剑出偏锋：从工业遗产视角切入三线建设研究................吕建昌（185）

走近三线的心路................李彩华（193）

我与三线建设研究：四川大学团队所做的工作................李德英（204）

情牵八闽：我与福建小三线研究................刘盼红（216）

寻找那些即将消失的三线建设音乐记忆................苏世奇（228）

巨人肩膀上：我的三线建设研究"速成"之路................邹富敏（237）

风起心静：关于三线单位居民生活区研究的心路历程................辛文娟（246）

拓碑：我的三线研究私家思................张志军（257）

八年磨一剑：我与三线建设研究的不解之缘................张　勇（266）

我的"三线企业工人"研究................陈　超（283）

移民史视角下的三线建设研究................陈　熙（293）

建主题特色干部学院　让三线精神绽放光芒................欧阳华（299）

我的三线建设研究始于我的家乡安徽宁国................段　伟（304）

2013年，在申请国家社科基金重大项目的日子里................徐有威（313）

在三线建设之地结下的三线建设学术之缘................崔一楠（320）

探寻三线建设的"非城非乡""非古非今"的建成环境................谭刚毅（325）

从"我们厂"到"我的杂志"：三线建设与我................翟　宇（337）

大山深处的记忆：我拍上海皖南小三线工业遗址................刘　洪（344）

感知历史　记录三线

——电视纪录片镜头外的三线历程 .... 刘洪浩（351）
从三线子弟到三线文化传播者 .... 刘常琼（356）
用照相机镜头记录三线建设,只为那一念之差的缘 .... 李　杰（365）
我与三线结书缘 .... 李洪烈（373）
为三线建设研究办微信公众号和网站:我的三线寻根路 ...... 余　皓（383）
千山红树万山云:我为三线建设拍了两部纪录片 .... 钟　亮（389）
传承三线建设精神:我奔走在杂志、散文和新媒体之路 ..... 郭志梅（401）
噙泪写《归去来兮——一部亲历者的三线建设史》 .... 唐　宁（409）
永不褪色的那抹军工彩虹
　　——电影《崮上情天》诞生记 .... 唐　亮（415）
我在追寻三线历史中的爱与际遇 .... 戴小兵（428）

心慕笔追:我的三线建设学习之路 .... 方锦波（445）
蹒跚学步:我的江西小三线建设学习与研究 .... 朱　煮（454）
皖南上海小三线寻访日记选编 .... 杨华国（470）
勿忘种树人:我心中的小三线今昔 .... 张雪怡（485）
跟着徐有威老师从事小三线研究的"四个一工程" .... 张程程（491）
历史无声处:师门小三线挖掘记 .... 周升起（502）
曲折中前进:我的广东小三线建设研究 .... 周晨阳（508）
从无到有:小三线记录者在路上 .... 周曼琳（521）
从不甚了了到心领神会:奇妙的"小三线今昔"运营之旅 ...... 屈晨熙（528）
"跨界"的我:从身份探寻,到使命担当 .... 袁世超（536）
从相遇到相知:我与小三线的情缘 .... 窦育瑶（543）
从旁观者到探索者:一位社会学本科生参与的三线建设研究 ...... 蔡茂竹（550）

《口述上海:小三线建设》后记 .... 徐有威（564）
《三线军工岁月——山东民丰机械厂(9381)实录》序 ..... 徐有威（569）
《征程——前进中的江西9404厂》序 .... 徐有威（573）
《尘封记忆》序 .... 徐有威（579）

《上海小三线在贵池》序......徐有威（581）

档案资料与研究

湖北省十堰市档案馆三线建设藏档状况及保护利用
......计毅波　刘明辉　马保青（587）
醉了,又醉了......徐有威（592）

书　评

东风浩荡,回声嘹亮:《十堰文史·三线建设专辑》读后感
......张程程　计毅波　霍亚平（599）

《小三线建设研究论丛（第一辑）》目录......（606）
《小三线建设研究论丛（第二辑）》目录......（609）
《小三线建设研究论丛（第三辑）》目录......（611）
《小三线建设研究论丛（第四辑）》目录......（613）
《小三线建设研究论丛（第五辑）》目录......（615）

后记......（617）

后　记

　　现在回想起来，在我的小三线建设研究的口述史收集、整理和出版中，有三个时间节点具有非常意义。

　　第一个节点是2010年3月29日，在上海大学文学院A楼618室，我安排我的硕士研究生吴静同学采访我的上海大学历史系同事吕建昌教授。建昌兄是我开始小三线建设研究时，第一位接受我采访的小三线亲历者。1985年上海小三线调整回到上海后，时隔二十多年，人员四散，人海茫茫，很难找到一位可采访的对象。而此时此刻，我意外获悉建昌兄曾经在上海皖南小三线的一家医院工作过多年，真是喜出望外。

　　第二个节点是2016年11月1日至17日，我在上海大学图书馆举办"难忘的岁月——上海小三线建设图片展"。这个图片展是和上海大学档案馆合作举办的，目的在于向上海大学的学生介绍小三线故事。结果有可能是被某位朋友发在了微信朋友圈中，起到了广告的奇效。很多上海小三线的亲历者，成为这个图片展参观的主力军。同时我有幸认识了一批可以采访的上海小三线的老同志。

　　第三个节点是2018年1月13日，由人民摄影报社和上海大学文学院等单位主办的"尘封记忆：安徽小三线纪实摄影展"在上海陆家嘴美术馆成功举办。在这次为期10天的摄影展中，蜂拥而至了一大批上海皖南小三线的亲历者，其数量远远超过上海大学图书馆的那次。也就是在这次摄影展结束的最后一天，来参观的各位亲历者建议搭建一个微信群"上海小三线联谊群"，把昔日在上海皖南和浙江西部的81家企事业单位全部联系起来。今天摆在各位读者面前的这本书，就是这个三年前成立的联谊群结下的硕果。

在"上海小三线联谊群"全力以赴的帮助下,这本书稿收集了上海小三线39家单位中的129位作者的回忆录,这些回忆录生动地追忆了他们的小三线生涯的方方面面,具有非常高的史料价值。我相信该书一定会得到小三线包括大三线研究者的关注。本书的封面下半部是上海小三线原胜利水泥厂青年职工胡震国在小三线建设期间的绘画作品,这个作品来龙去脉的故事,有兴趣的读者可以阅读收入本书的最后一篇即澎湃新闻记者徐箫的文章《在水泥厂一干十余年,从上海小三线走出来的夫妻画家》。在此,我向"上海小三线联谊群"的各位同志表示由衷的谢意和敬意。

这本书中的许多作者是我的老朋友,多年来他们全力以赴地支持我们团队的研究工作,真正做到了有求必应、一呼百应。我们现在研究上海小三线取得一些成绩,都是他们热情帮助的结果。今天我看到他们的文章得以出版,真是替他们感到高兴,更替他们感到自豪。几十年前,他们为国家的小三线建设默默无闻地做出贡献,流过汗流过血,现在他们青史留名了。

据我所知,全国各地小三线和大三线的亲历者,已经自发地撰写和出版了大量同类回忆录。可惜限于各种原因,最后得以正式出版的只是其中很少的一小部分。但是无论是正式出版的,还是作为自印本交流的,这些文字都是对三线建设研究的巨大贡献,都是值得敬佩的。我愿借此机会,向他们深深鞠躬致谢!

本书得到教育部人文社科重点研究基地遵义师范学院中国共产党革命精神与文化资源研究中心2020年基地项目(20KRIZYYB05),以及2017年度国家社科基金重大项目"三线建设工业遗产保护与创新利用的路径研究"(项目编号17ZDA207)的资助;亦作为贵州省哲学社会科学规划文化单列课题"贵州三线建设口述史料搜集整理与研究"(19GZWH03)阶段成果,"贵州三线建设文艺研究创新队"(LPSSYKJTD201910)阶段成果。同时得到东华大学马克思主义学院张胜博士等的大力协助。特此鸣谢。

徐有威

2021年8月16日上海